槿域千字文

- 訂正本 -

朴 永 信 著

李 應 百 監修

뱅크북

차 례

머 리 말

몇 해 전(前)에 자녀(子女)의 어학(語學) 독해력(讀解力)을 향상(向上)시킬 수 있는 한자(漢字) 교재(敎材)로 무엇이 적절(適切)한가에 대한 누군가의 물음에 나는 깊은 생각도 없이 천자문(千字文)을 추천(推薦)하였으나, 이는 두고두고 개운치 않은 뒷맛을 남겼습니다.

우리나라의 초학아동용(初學兒童用) 한자교재(漢字敎材) 중에서 흔히 접하게 되는 천자문(千字文)에 대해 평소(平素) 아쉬운 점이 많았던 것은 아마도 나의 경우(境遇)만은 아니었을 것으로 짐작이 됩니다.

단순(單純)히 각각(各各)의 글자에 대한 음훈(音訓) 공부(工夫)에만 그친다면 모르겠으나, 지금(至今)으로부터 1500여년(餘年) 전(前)인 중국(中國) 남조시대(南朝時代) 양(梁)나라의 주흥사(周興嗣)가 지은 천자문(千字文)은 그 구성(構成) 배경(背景)이 중국(中國) 중심(中心)의 이야기일 뿐만 아니라 그 소개(紹介)되는 문물(文物)이나 시대상(時代相)이 오늘날에 이르러 진부(陳腐)한 내용(內容)으로, 더 이상(以上) 교재(敎材)로서의 가치(價値)를 인정(認定)받기에는 한계(限界)가 있다고 보아도 무리(無理)는 아니라고 사료(思料)되었습니다.

그러한 관계(關係)로 현재(現在) 우리의 실정(實情)에 맞고 유구(悠久)한 역사(歷史)와 문화적(文化的) 우수성(優秀性)을 지닌 나라로서의 정체성(正體性)이 제고(提高)된 교재(敎材)를 만들어야 되겠다는 생각을 하게 된 것이 천학비재(淺學菲才)가 어설프나마 필(筆)을 들게 된 이유(理由)입니다.

천문(天文)과 자연(自然), 그리고 인문(人文), 사회(社會) 등의 방면(方面)에 걸쳐 가장 기초(基礎)이면서 활용(活用) 빈도(頻度)가 높은 글자를 선택(選擇)하여 초학아동(初學兒童)들이 학습(學習)하기에 적절(適切)한 4자(四字)로 성구(成句)를 하고 가능(可能)한 우리의 이야기로 편집(編輯)하여 '근역천자문(槿域千字文)'이라 명명(命名)하였습니다.

국제화(國際化)가 심화(深化)되면서 여러 영역(領域)의 언어(言語)를 배우기에 급급(汲汲)한 시점(時點)에서 한자교재(漢字敎材)를 굳이 내놓아 학동(學童)들을 힘들게 해야 하는 이유(理由)가 무엇인가 라는 질문(質問)에 대해서는 편집(編輯) 말미(末尾)에서 다루도록 하였습니다.

그에 앞서 나는 후학(後學)들에게 한 가지 간곡(懇曲)히 부탁(付託)드리고 싶은 말이 있습니다.

학동(學童)들이여! 공부(工夫)하라.
이는 아무리 외쳐도 지나침이 없다.
시(時)는 흘러가니 기다리지 않으며, 공(空)은 머무르니 와주지 않는다네.

檀紀 4339年(西紀 2006年) 2月　　저자(著者)

일러두기

□ 교재(敎材)의 구성체계(構成體系)

□ 한자(漢字)의 부수(部首)와 구성상(構成上)의 틀에서 가장 바탕이 되면서도 일상생활(日常生活)에서 빈번(頻煩)히 쓰여지고 있는 한자(漢字) 천자(千字)를 가려서 뽑고,

□ 한문학습(漢文學習)에 있어 초보단계(初步段階)에 있는 학동(學童)들에게 적합(適合)한 사자성구(四字成句) 250구(句)로 구성(構成)하였으며,

□ 우리나라를 기준(基準)으로 한 천문(天文)과 기후(氣候) 및 지리(地理), 그리고 시대(時代)의 변천(變遷)에 따른 인문(人文)과 사회상(社會相)을 망라(網羅)하고, 인간(人間)의 사회생활(社會生活)에서 요구(要求)되는 덕목(德目)과 학습(學習)에 따른 잠언(箴言)의 순(順)으로 편집(編輯)하였습니다.

□ 교재(敎材)의 편집원칙(編輯原則)

□ 왼쪽으로부터 첫째 칸에는 근역천자문((槿域千字文) 본문(本文)에 해당(該當)하는 글자를 서체(書體)가 수려(秀麗)하여 글씨 연습(練習)에 유리(有利)한 붓글씨체로 배치(配置)하였으며,

□ 왼쪽으로부터 둘째 칸에는 부수(部首)에 이어 훈(訓)과 음(音)을 넣었으며, 주(主)된 내용(內容)이거나 활용빈도(活用頻度)가 많은 항목(項目)은 특별(特別)히 **짙은 글씨**로 구분(區分)하여 표현(表現)하였고,

□ 왼쪽으로부터 셋째 칸에는 본 글자로부터 파생(派生)되는 어휘(語彙)와 속담(俗談) 및 고사성어(故事成語)를 예시(例示)하므로써, 본 교재(敎材)가 초학아동(初學兒童)은 물론, 한문(漢文)의 고등과정(高等課程) 이수자(履修者)들도 유익(有益)하게 참고(參考)할 만한 내용(內容)들을 수록(收錄)하였습니다.

□ 왼쪽으로부터 넷째 칸에는 사자성구(四字成句)에 대한 음(音)을 《 》괄호에 넣고, 이에 대한 해석(解釋)을 하였으며, 의역(意譯)이 필요(必要)한 부분(部分)에서는 < >괄호로 묶었습니다.

□ 또한 본 교재(敎材)의 뒤편에는 천자문(千字文)에 대한 색인(索引)과 부수요결(部首要訣)을 첨부(添附)하여 참고(參考)하도록 하였습니다.

□ 교습방법(敎習方法)에 대한 당부(當付)

□ 학동(學童) 여러분은 언어(言語)의 표기(表記)에 있어 다소(多少)의 불편(不便)이 따르더라도 한자(漢字) 어휘(語彙)나 외래어(外來語) 어휘(語彙)를 원자(原字)로 써 주시기 바랍니다.

□ 불편(不便)을 호소(呼訴)하면서 투덜대는 학동(學童)들의 모습이 어른거립니다. 그러나 그 효과(效果)에 대해 고개를 끄덕이는 날이 올 것입니다. 반드시...

天	<部首> : 大(큰대) ①하늘 천(乾也) ②운명 천(運命) ③진리 천(眞理) ④임금의경칭 천(帝王之敬稱)	*天界(천계) :하늘나라, 천상계(天上界). 天國 *天氣(천기) :하늘의 기운. 氣象狀態 *天然(천연) :본디 생긴 자연(自然) 그대로 *天文(천문) :천체(天體)의 모든 현상 *天壤之差(천양지차) :하늘과 땅 사이와 같이 　　　　　　엄청나게 동떨어진 차이 *天長地久(천장지구) :하늘과 땅이 영구함. 　<喩>사물이 길이 이어나감을 축복하는 말	《천지간인》 하늘과 땅 사이에 사람이 있음
地	<部首> : 土(흙토 변) ①땅 지(天之對,載萬物坤也) ②곳 지(所也)	*地殼(지각) :지구(地球)의 외각(外殼:거죽) *地球(지구) :인류(人類)가 살고 있는 천체(天體) *地理(지리) :땅의 생긴 모양과 형편(形便) *地面(지면) :땅 거죽 *地下(지하) :땅 속 *地方(지방) :어느 한 방면의 땅, 시골 *地勢(지세) :땅의 생김새나 형세(形勢) *大明天地(대명천지) :아주 밝은 세상 *惶恐無地(황공무지) :두려워서 몸둘 곳을 모름	
間	<部首> : 門(문문) *閒의 俗子 ①사이 간(中也隙也) ②사이할 간(隔也) ③이간할 간(反間)	*間隙(간극) :틈, 사이 *間隔(간격) :물건과 물건의 거리, 사이 *間食(간식) :샛밥을 먹음. 샛밥 *間月(간월) :한달씩 또는 몇 달씩 거름 *間接(간접) :중간에 다른 것을 두고 관계함 *間歇(간헐) :일정한 시간을 두고 그침 *間或(간혹) :이따금, 어쩌다가 *間世之材(간세지재) :썩 드물게 태어난 인재	
人	<部首> : 人(사람인)=亻 ①사람 인(動物最靈者) ②남 인(己之對)	*人間(인간) :사람, 인류(人類) *人格(인격) :한 개인(個人)의로서의 자격(資格) *人工(인공) :자연물을 사람이 가공하는 일 *人口(인구) :1.사람의 입 2.사람의 수효(數爻) *人道(인도) :1.사람다니는 길 2.사람의 도리 *人品(인품) :사람의 품격(品格) *人之常情(인지상정) :사람이 보통 가질 수 　　　　　　있는 인정(人情)	
宇	<部首> : 宀(갓머리) ①집 우(居處之屋) ②처마기슭 우(屋邊簷下) ③하늘 우(上下四方)	*宇內(우내) :온 세상 안, 天下. 世界 *宇下(우하) :처마 밑 *宇宙(우주) :1.천지사방(天地四方)과 고금(古今) 　　　　　(宇 :天地四方, 宙 :古往今來) 　　　　2.천체(天體) 그 밖의 만물(萬物) 　　　　　을 포함(包含)하는 전공간(全空間) *宇宙開闢(우주개벽) :세상(世上)이 처음 열림	《우주홍황》 우주는 끝없이 넓고 큼
宙	<部首> : 宀(갓머리) ①집 주(居也) ②하늘 주(天也) ③때 주(無限時間)	*宙水(주수) :하천(河川)의 퇴적물(堆積物)로 　　　　　된 토지(土地) 따위에 국부적 　　　　　(局部的)으로 끼워있는 점토층 　　　　　(粘土層)에 고인 지하수(地下水) *宇宙精神(우주정신) :世界精神 *宇宙引力(우주인력) :萬有引力	
洪	<部首> : 氵(삼수 변)=水=氺 ①넓을 홍, 클 홍(大也) ②성 홍(姓也)	*洪大(홍대) :큼. 크고 넓음 *洪濤(홍도) :큰 파도. 大濤. 巨浪. 洪瀾 *洪量(홍량) :마음이 넓은 것. 큰 도량(度量) *洪水(홍수) :큰 물. 강물이 넘쳐 흐름. 洪潦 *洪福(홍복) :큰 행복, 홍복(鴻福), 경복(景福) *洪恩(홍은) :큰 은혜(恩惠). 鴻恩. 大恩 *洪荒(홍황) :끝없이 넓고 큰 모양 *洪範九疇(홍범구주) :天下를 다스리는 大法	
荒	<部首> : ++(초 두)=++=艸 ①거칠 황(蕪也) ②흉년들 황(四穀不升饑也)	*荒畓(황답) :거친 논 *荒野(황야) :거친 들. 荒原 *荒年(황년) :흉년(凶年) *荒淫(황음) :함부로 음탕(淫蕩)한 짓을 함 *荒廢(황폐) :내버려 두어 거칠고 못쓰게 됨 *荒蕪地(황무지) :버려진 거친 땅 *荒唐無稽(황당무계) :말이 허황(虛荒)되고 　　　　　　터무니 없음. 황탄무계(荒誕無稽)	

辰	<部首> : 辰(별진) ①별 신(日月合宿謂之辰) ②날 진(日也生辰)	*辰宿(신수) :온갖 성좌(星座)의 별들 *辰駕(신가) :임금의 수레 ·임금을 北辰(북극성)에 비유 *生辰(생신) :태어난 날. 생일(生日)의 높임말 *星辰(성신) :별. 星座 ·星은 四方의 中星 ·辰은 해와 달이 서로 마주치는 위치 *日月星辰(일월성신) :해와 달과 별	《신수열장》 온갖 성좌(星座)의 별들이 죽 벌리어 펼쳐져 있음
宿	<部首> : 宀(갓머리) ①잘 숙(夜止) ②성좌 수(星座)	*宿命(숙명) :타고난 운명(運命), 숙운(宿運) *宿所(숙소) :머물러 묵는 곳 *宿食(숙식) :자고 먹음. 침식(寢食) *宿願(숙원) :오랜 소원(所願) *星宿(성수) :모든 성좌(星座)의 별들 *宿泊(숙박) :여관,주막 등에서 잠을 자고 머묾 *東家食西家宿(동가식서가숙) :동쪽 집에서 먹고 서쪽 집에서 잠 <喩>떠도는 신세	
列	<部首> : 刂(칼도 방)=刀 ①벌일 렬(分解) ②베풀 렬(陳也) ③항오 렬(軍伍)	*列强(열강) :많은 강대(强大)한 여러 나라 *列擧(열거) :여러가지를 하나씩 들어 말함 *列島(열도) :열(列)을 지어 죽 늘어선 섬들 *列立(열립) :여럿이 죽 늘어섬 *列傳(열전) :여러 사람의 전기(傳記)를 서술(敍述)한 책(冊) *列車(열차) :기관차에 연결한 차량(車輛) *名列前茅(명렬전모) :시험에 수석으로 합격함	
張	<部首> : 弓(활궁) ①베풀 장(施也) ②벌일 장(開也)	*張燈(장등) :<國>등불을 켜 놓음 *張目(장목) :눈을 부릅뜸 *張皇(장황) :번거롭고 긺. 지루함. 張大 *張本(장본) :1.일의 발단 2.글의 머리말 *張本人(장본인) :어떤 일을 빚어낸 그 사람 *張三李四(장삼이사) :장서방 셋째 아들, 이서방 넷째 아들 <喩>평범한 사람들 *虛張聲勢(허장성세) :실속 없이 허세만 떠벌림	

恰	<部首> : 忄(심방변)=忄=心 ①흡족할 흡(恰足=洽足) ②흡사할 흡(宛然)	*恰似(흡사) :거의 같음. 그럴 듯하게 비슷함 *恰宜(흡의) :꼭 마땅함 *恰好(흡호) :알맞게 좋음. 흡가(恰可) <王陽明> 此乃是恰好處 *恰恰(흡흡) :1.새울음 소리의 형용(形容) <杜甫詩> 自在嬌鶯恰恰啼	《흡사서옥》 마치 옥(玉)을 펼쳐 놓은 듯함
似	<部首> : 亻(사람인 변)=人 ①같을 사(肖也) ②본딸 사(模倣也) ③이을 사(嗣也)	*似類(사류) :비슷하게 닮음. 유사(類似) *似續(사속) :대(代)를 이음. 자손(子孫) *似虎(사호) :고양이의 이명(異名) *似是而非(사시이비) :보기에는 그럴 듯하나 사실(事實)은 틀림. 似而非 *大姦似忠(대간사충) :매우 간사한 사람은 교묘해서 충성을 다하는 사람처럼 보임 *非夢似夢(비몽사몽) :꿈인지 아닌지 명한 상태	
舒	<部首> : 舌(혀설) ①펼 서(伸也, 展也) ②천천할 서(徐也) ③자세할 서(詳也)	*舒卷(서권) :1.책을 펼침 2.펴는 것과 감는 것 *舒展(서전) :펼침 <禮記 疏>舒展兩足 狀如箕舌 *舒情(서정) :생각을 펼침. 敍情 <楚辭>發憤以舒情	
玉	<部首> : 玉(구슬옥) ①구슬 옥, 옥 옥(石之美者) ②사랑할 옥(愛也) ③이룰 옥(成也)	*玉輪(옥륜) :달 *玉几(옥궤) :옥(玉)으로 장식한 책상 <書經>皇后憑玉几 *玉音(옥음) :1.남의 편지의 존칭(尊稱) 2.임금의 음성(音聲) *玉童子(옥동자) :몹시 소중한 아들을 지칭(指稱) *玉不琢不成器(옥불탁불성기) :비록 옥이라도 다듬지 않으면 그릇이 안 됨	

衛	<部首> : 行(다닐행) ①호위할 위(宿衛, 侍衛, 護也) ②막을 위, 지킬 위(防也, 捍也)	*衛兵(위병) :경계(警戒)를 위한 병사(兵士), 　위사(衛士), 금병(禁兵) *衛生(위생) :신체(身體)의 건강(健康)을 위한 　조건(條件)을 갖춤 *衛星(위성) :혹성(惑星)의 주위를 운행하는 　별(地球에 대한 달 따위) *正當防衛(정당방위) :부당한 침해(侵害)에 　대해 정당하게 행한 방어행위(防禦行爲)	
星	<部首> : 日(날일) ①별 성(列宿總名) ②세월 성(歲月)	*星霜(성상) :일년(一年) 동안의 세월(歲月) *星期(성기) :1.칠월칠석(七月七夕) <轉>婚禮日 　2.일주기(日週期) 　3.일요일(日曜日) *星宿(성수) :모든 성좌(星座)의 별들 *星座(성좌) :별자리 *殘月曉星(잔월효성) :새벽달과 새벽별 *戴星而往(대성이왕) :별을 이고 감. 일찍 나섬	《위성이좌》 혹성(惑星)의 주위(周圍)를 도는 위성(衛星)이 자리를 옮겨 다님
移	<部首> : 禾(벼화) ①옮길 이(遷也) ②변할 이(變也) ③모낼 이(禾相倚遷)	*移管(이관) :관할을 옮김. 옮겨 관할함 *移動(이동) :옮겨 움직임. 자리를 바꿈 *移轉(이전) :옮기어 바꿈. 장소나 권리를 옮김 *移住(이주) :집을 옮기어 삶. 이거(移居) *移民(이민) :1.구휼책 <周禮>若凶荒 令移民通財 　2.자기나라를 떠나 외국에 移住함 *怒甲移乙(노갑이을) :갑에게서 당한 노염을 　을에게 화풀이 함	
座	<部首> : 广(엄 호) ①자리 좌(坐具) ②지위 좌(位也)	*座席(좌석) :앉는 자리 *座長(좌장) :으뜸으로 추대받은 사람. 席長 *座中(좌중) :여럿이 모인 자리 *座右(좌우) :1.좌석(座席)의 오른편 2.곁, 座右 *座右銘(좌우명) :늘 앉는 자리의 옆에 두고 　반성(反省)의 재료로 삼는 격언(格言)	
球	<部首> : 玉(구슬옥 변) ①구슬 구(美玉) ②둥글 구(圓也) ③지구 구(地球)	*球狀(구상) :공 같이 둥근 모양. 구형(球形) *球技(구기) :공을 사용하는 경기. 구희(球戲) *地球(지구) :인류(人類)가 살고 있는 천체(天體) *球琳(구림) :아름다운 구슬 (喩)빼어난 재능 *球技種目(구기종목) :공을 사용하는 운동경기 　종목 <例>야구(野球),축구(蹴球),농구(籠球), 　배구(排球) 等	
軸	<部首> : 車(수레거) ①속바퀴 축(轂乎) ②중요할 축(中心樞要) ③질책 축(卷軸書帙)	*卷軸(권축) :표장(表裝)하여 말아놓은 　두루마리 글씨나 그림의 축(軸) *詩軸(시축) :시(詩)를 적은 두루마리 *中軸(중축) :물건의 중심이 되는 요긴한 곳 *車軸(차축) :수레바퀴의 굴대 *地軸(지축) :지구(地球)가 자전(自轉)하는 　회전축(回轉軸) *天方地軸(천방지축) :너무 바빠서 허둥지둥함	《구축측립》 지구(地球)는 그 축(軸)이 옆으로 비스듬히 기울게(23.5°) 서 있음
仄	<部首> : 人(사람인)=亻 ①기울 측(傾也) ②옆 측(側也) *側과 通 ③漢字音韻 四聲中 平聲을 뺀 　上·去·入의 三聲	*仄陋(측루) :비천(卑賤)한 신분. 측루(側陋) 　<漢書>孝宣緣 仄陋而登至尊 *仄聞(측문) :소문(풍문)에 들음. 측문(側聞) *仄日(측일) :저녁때의 기우는 햇빛. 사양(斜陽) *仄行(측행) :옆으로 비켜서 길을 사양(辭讓) 　하여 걸음. 側行 *足重目仄(족중목측) :발이 무거워 떼어지지 않고 　옆으로 흘깃거려 봄 <喩>몹시 두려워함	
立	<部首> : 立(설립) ①설 립(起住) ②세울 립(樹也, 建也) ③곧 립(速意) ④리터 립(Litre 定)	*立件(입건) :사건(事件)을 성립(成立)시킴 *立法(입법) :법(法)을 제정(制定)함 ≒ 立憲 *立志(입지) :뜻을 세움 *立體(입체) :모양, 크기, 위치의 실체(實體) *立候補(입후보) :候補者로 나서거나 세움 *立地條件(입지조건) :地勢,地質 따위의 條件 *鶴立鷄群(학립계군) :학이 닭 무리에 끼어 섬 　<喩>눈에 띠게 훌륭함	

自	\<部首\> : 自(스스로자) ①스스로 자(躬親) ②몸소 자(己也) ③부터 자, 좇을 자(由也, 從也)	*自己(자기) :저, 제몸, 자신(自身), 자가(自家) *自覺(자각) :스스로가 자기(自己)를 깨달음 *自强(자강) :스스로 힘써 마음을 가다듬음 *自彊(자강) :자기 힘으로 노력하고 격려함 *自然(자연) :천연(天然) 그대로의 상태(狀態) *自激之心(자격지심) :스스로 미흡하게 여김 *自古及今(자고급금) :예로부터 지금에 이름 *自强不息(자강불식) :스스로 힘써 쉬지 않음	
轉	\<部首\> : 車(수레거) ①돌 전(回也) ②굴릴 전(運也) ③변할 전(變遷)	*轉機(전기) :사물이 바뀌는 때, 전환의 시기 *轉落(전락) :이리저리 굴러 떨어짐 *轉業(전업) :직업을 바꿈 *轉移(전이) :옮김. 옮아 감 *轉入(전입) :옮겨서 입적(入籍)함 *輾轉反側(전전반측) :뒤척이며 잠을 못이룸 *陰地轉陽地變(음지전양지변) :음지가 양지로 됨 \<喩\>성쇠(盛衰)의 반복(反復)	《자전순행》 스스로 돌면서 천체(天體)가 서쪽에서 동쪽으로 돌아감

順	\<部首\> : 頁(머리혈)
	①순할 순(循理不逆)
	②차례 순(次第, 順席)
	③좇을 순(從也)
		*順理(순리) :도리(道理)에 순응(順應)함
		*順番(순번) :차례대로 갈아드는 번(番)
		*順序(순서) :정하여져 있는 차례
		*順位(순위) :차례를 나타내는 위치나 지위
		*順行(순행) :1.차례대로 감
		            2.도리(道理)를 좇아 행함
		            3.천체(天體)가 西에서 東으로 돎
		*隨時順應(수시순응) :때에 따라 좇아서 응함	

行	\<部首\> : 行(다닐행) ①갈 행(往也) ②행실 행(身之所行) ③항오 항(列也) ④항렬 항(等輩)	*行脚(행각) :어떤 목적으로 여러 곳을 돌아다님 *行客(행객) :나그네 *行動(행동) :몸을 움직임 *行事(행사) :일을 행함. 또는 그 일 *行使(행사) :취하여 행동하거나 부려서 씀 *行列(항렬) :血族의 傍系에 대한 代數 관계 *馬行處牛亦去(마행처우역거) :말 가는 데 소도 간다 \<喩\>누구라도 노력하면 할 수 있음	
永	\<部首\> : 水(물수)=氺=氵 ①길 영(長也) ②오랠 영(久也)	*永劫(영겁) :대단히 긴 세월(歲月) *永訣(영결) :영원히 헤어짐. 永別, 死別 *永久(영구) :길고 오램. 오래 계속(繼續)됨 *永生(영생) :오래 삶. 영생불사(永生不死) *永續(영속) :오래 지속(持續)함 *永遠(영원) :영구(永久)한 세월(歲月). 千古 *永久不變(영구불변) :영원히 변하지 않음 *永世不忘(영세불망) :길이길이 잊지 않음	

劫	\<部首\> : 力(힘력)
	①겁 겁(佛一世之稱)
	②위협할 겁(勢脅)
	③겁탈할 겁(强取)
		*劫姦(겁간) :강제로 부녀자를 간음함. 强姦
		*劫劫(겁겁) :1.부지런히 힘쓰는 모양
		           2.세세(世世), 대대(代代)
		*劫迫(겁박) :위력(威力)으로 협박(脅迫)함
		*劫奪(겁탈) :남의 것을 강제(强制)로 빼앗음
		*億千萬劫(억천만겁) :무한(無限)한 시간(時間)
		               영원(永遠)한 세월(歲月)
			《영겁윤회》
			
			오래도록
			끝없이
			차례대로
			돌고 돌음

輪	\<部首\> : 車(수레거) ①바퀴 륜(車所以轉) ②돌 륜(輪轉廻旋) ③땅길이 륜(廣輪九州域縱橫)	*輪廓(윤곽) :테두리, 겉모양 *輪讀(윤독) :책(冊)을 돌려가며 읽음 *輪轉(윤전) :바퀴 모양으로 돎 *輪回(윤회) :일정한 궤도로 빙빙 돎. 回轉 *輪廻(윤회) :1.차례로 돌아감 2.(佛)輪廻生死 *輪番制(윤번제) :차례로 번들어 맡아보는 제도 *輪廻生死(윤회생사) :衆生의 영혼은 육체와 함께 멸하지 않고 수레바퀴처럼 無始無終으로 돎	

廻	\<部首\> : 辶(민책받침)
	①돌아올 회(還也)
	②피할 회(避也)
		*廻顧(회고) :(지난 일을)돌아다 봄. 回顧
		*廻轉(회전) :일정한 궤도를 빙빙 돎. 回旋, 廻旋
		*廻風(회풍) :회오리 바람. 선풍(旋風)
		*廻天之力(회천지력) :1.하늘을 돌리는 힘
		    \<轉\>쇠약해진 國勢(국세)를 다시 일으킴
		    2.천자(天子)의 마음을 좋은 방향(方向)
		       으로 돌리는 힘	

朝	<部首> : 月(달**월**) ①**아침 조**(早也) ②조정 조(朝廷) ③뵐 조(臣下覲君) ④찾아갈 조(訪也)	*朝夕(조석) :아침과 저녁 *朝廷(조정) :국정을 의논하고 집행하는 곳 *朝變夕改(조변석개) :아침에 변경한 것을 저녁에 뜯어 고침 <喩>자주 변경함 *朝三暮四(조삼모사) :아침에 셋, 저녁에 넷 <故>간사한 말주변으로 어리석은 사람을 속임 *人生如朝露(인생여조로) :인생은 해가 뜨면 사라지는 아침이슬과 같이 짧고 덧없음	
昇	<部首> : 日(날**일**) ①**해돋을 승**(日上) ②풍년들 승(昇平) *升과 通	*昇降(승강) :1.오르내림 2.西瀜의 卑語 *昇格(승격) :어떤 표준(標準)으로 격이 오름 *昇級(승급) :등급(等級)이 오름 *昇平(승평) :세상이 잘 다스려짐. 升平, 太平 *昇華(승화) :기체가 고체로, 고체가 기체로 화함 *旭日昇天(욱일승천) :아침해가 하늘로 떠오름 *魂昇魄降(혼승백강) :죽은 사람의 영혼은 하늘로 올라가고 시체는 땅으로 내려감	《조승석모》 아침이 되면 해가 뜨고 저녁이 되면 날이 저물음
夕	<部首> : 夕(저녁**석**) ①**저녁 석**(朝之對) ②저물 석(暮也)	*夕陽(석양) :저녁 햇빛. *夕飯(석반) :저녁밥 ↔ 朝飯 *夕煙(석연) :저녁밥 짓는 연기 *夕陰(석음) :해가 져서 어슴푸레함 *夕暮(석모) :저녁 무렵. 夕陰 *一朝一夕(일조일석) :짧은 시일을 뜻함 *花朝月夕(화조월석) :꽃 피는 아침과 달 뜨는 저녁 <喩>경치 좋은 시절	
暮	<部首> : 日(날**일**) ①**저물 모**(日晚) ②더딜 모(遲也)	*暮景(모경) :날 저문 경치. 晚景 *暮境(모경) :늙바탕. 晚境, 暮年, 老年, 晚年 *暮色(모색) :날 저문 경치 *暮春(모춘) :늦봄 *暮歲(모세) :저무는 한 해. 歲暮, 年末 *暮夜(모야) :늦은 밤. 昏夜, 深夜 *朝令暮改(조령모개) :아침에 내린 령을 저녁에 고침. 朝改暮變 <喩>법령을 너무 자주 고침 *朝開暮落花(조개모락화) :무궁화의 별칭	
東	<部首> : 木(나무**목**) ①**동녁 동**(日出方) ②오른쪽 동(右側) ③봄 동(春也) :五行說	*東國(동국) :1.동쪽의 나라 2.中國에 대해 우리나라를 일컫는 말 *東夷(동이) :중국에서 우리민족을 일컫는 말 *東奔西走(동분서주) :동서(東西)로 뛰어다님 <喩>바삐 부산하게 이리저리 돌아다님 *朝東暮西(조동모서) :아침에는 동쪽, 저녁에는 서쪽 <喩>정처없이 여기 저기 옮겨다님 ≒ 東家食西家宿(동가식서가숙)	
出	<部首> : 凵(위튼입구 몸) ①**날 출**(進也) ②낳을 출(生也) ③자손 출(子孫)	*出家(출가) :집을 떠나 수도(修道)하는 일 *家出(가출) :집에서 나감 *出嫁(출가) :처녀(處女)가 시집을 감 *出發(출발) :길을 떠나감 *出身(출신) :겪어 나온 신분(身分) *出入(출입) :나감과 들어옴 *出必告反必面(출필고반필면) :나갈 때 반드시 말씀드리고, 돌아와서는 반드시 뵈어야 함	《동출서입》 동녁에서 나와서 서녁으로 들어감
西	<部首> : 襾(덮을**아**) ①**서녁 서**(日入方) ②서양 서(西洋)	*西歐(서구) :유럽의 서쪽 여러나라 ↔ 東歐 *西紀(서기) :서력기원(西曆紀元)의 준말 *西方(서방) :서녁, 서쪽 *西席(서석) :스승이 앉는 자리 <轉>스승. <故事> 太公望이 서쪽에 자리잡고 武王에게 黃帝의 書를 가르침 *東西古今(동서고금) :동양과 서양, 옛날과 지금. 때와 장소를 통털어 일컫는 말	
入	<部首> : 入(들**입**) ①**들 입**(出之對) ②드릴 입(納也) ③받을 입(受也)	*入閣(입각) :내각(內閣)의 일원(一員)이 됨 *入格(입격) :시험에 뽑힘. 合格 *入庫(입고) :물건을 창고에 들임 ↔ 出庫 *入學(입학) :학교에 들어감 *入國(입국) :다른 나라로 들어감 ↔ 出國 *不入虎穴不得虎子(불입호혈부득호자) :범굴에 들어가야 범 새끼를 잡는다 <喩>위험을 무릅쓰지 않으면 큰 성과를 얻지 못함	

照	<部首> : 灬(불화)=火 *炤와 同 ①비칠 조(明所燭) ②빛날 조(光發) ③비교할 조(比較)	*照鑑(조감) :1.대조하여 봄. 조람(照覽) 　　　　　　2.神佛이 밝게 보살핌 *照度(조도) :빛의 밝기 *照明(조명) :전등(電燈)으로 비추어 밝힘 *照察(조찰) :똑똑히 잘잘못을 알아 살핌 *照會(조회) :서면(書面)으로 불어봄 *肝膽相照(간담상조) :간과 쓸개를 서로 보임 　　　<喩>서로의 마음을 털어놓고 격의 없음	
白	<部首> : 白(흰백) ①흰 백(西方色素也) ②분명할 백(明也) ③깨끗할 백, 결백할 백(潔也) ④말할 백, 아뢸 백(告也)	*白骨(백골) :죽은 사람의 흰뼈 *白骨難忘 *白旗(백기) :항복(降服)의 표시로 쓰는 흰 기 *告白(고백) :숨겼던 일을 사실대로 털어 말함 *白骨難忘(백골난망) :죽어 백골이 되어서도 　　　입은 은혜를 잊기 어려움 <意>지극한 은혜 *白駒過隙(백구과극) :흰 망아지가 문틈을 　　　달려서 지나감 <喩>인생의 덧없이 짧음 *白面書生(백면서생) :세상 경험이 없는 사람	《조백영흑》 햇빛이 비치는 부분(部分)은 밝고 그림자 진 부분(部分)은 어두움
影	<部首> : 彡(터럭삼 방) ①그림자 영(物之陰影) ②형상 영(形也)	*影像(영상) :광선(光線)에 의한 물체의 상(像) *影印(영인) :서적(書籍) 따위를 사진(寫眞)으로 　　　복사(複寫) 인쇄(印刷)하는 일 *影幀(영정) :화상(畵像)을 그린 족자(簇子) *影響(영향) :그림자가 형상을 좇고, 울림이 소리 　　에 응함과 같이 다른 사물에 미침 *形影相弔(형영상조) :자기의 몸과 그림자가 　　　서로를 불쌍히 여김 <喩>몹시 외로움	
黑	<部首> : 黑(검을흑) ①검을 흑(北方陰色, 晦也) ②그를 흑, 잘못 흑(是非黑白)	*黑色(흑색) :검은 빛 *黑幕(흑막) :1.검은 장막(帳幕) 　　　　　　2.겉으로 드러나지 않은 　　　　　　음흉(陰凶)한 내막(內幕) *黑心(흑심) :음흉(陰凶)하고 부정(不正)한 마음 *近墨者黑(근묵자흑) :먹을 가까이 하는 사람은 　　　먹이 묻어 검게 되기 쉬움 ≒ 近朱者赤 　　　<喩>악한 사람과 가까이 하면 물들기 쉬움	
明	<部首> : 日(날일) ①밝을 명(照也) ②총명할 명(聰也) ③나타날 명, 밝힐 명(顯也)	*明君(명군) :밝고 총명(聰明)한 임금 *明年(명년) :내년(來年) *明文(명문) :명백히 규정된 조문(條文) *明示(명시) :분명하게 보여줌 *明哲(명철) :재주있고, 세태나 사리에 밝음 *明若觀火(명약관화) :불을 보듯 환함 　　　<喩>의심의 여지가 없이 확실함 *先見之明(선견지명) :앞을 내다보는 슬기로움	
暗	<部首> : 日(날일) ①어두울 암(不明) ②몰래할 암(秘也)	*暗室(암실) :어두운 방 *暗記(암기) :외워서 잊지 아니함. 암기(諳記) *暗賣(암매) :물건을 몰래 팖 *暗算(암산) :마음속으로 계산함 *暗殺(암살) :몰래 죽임 *暗示(암시) :넌지시 알림 *暗中摸索(암중모색) :어둠속에서 더듬거려 찾음 　　　<喩>어림으로 알아내거나 찾으려고 함	《명암교질》 밝고 어두움이 서로 서로 번갈아 들며 바뀜
交	<部首> : 亠(돼지해 머리) ①사귈 교(相合也) ②바꿀 교(更代也)	*交感(교감) :서로 접촉하여 느낌 *交流(교류) :서로 뒤섞이어 오고 감 *交尾(교미) :성교(性交) *交友(교우) :친구와 사귐. 交遊, 交際 *交替(교체) :대신하여 갈아 바꿈. 交迭 *交通(교통) :서로 막힘없이 오고 감 *水魚之交(수어지교) :물과 고기처럼 떨어질 수 　　　없는 친밀한 사귐을 말함	
迭	<部首> : 辶(책받침)=辵 ①갈마들일 질(更遞) ②대신 질(迭代) ③침노할 질(侵突)	*迭起(질기) :서로 바뀌어 일어남. 迭興 *迭代(질대) :1.바뀌고 바뀌어서 세상(世上)의 　　　　　　대(代)를 이어가는 것. 　　　　　　2.서로 바꾸어서 대신(代身)함 *更迭(경질) :어떤 직위에 있는 사람을 갈아 　　　내고 딴 사람으로 대신함.	

日	<部首> : 日 (날일) ①날 일, 해 일(太陽精人君像) ②하루 일, 날짜 일	*日刊(일간) :매일 간행(刊行)함 *日光(일광) :햇빛 *日工(일공) :날품팔이 *日課(일과) :날마다 하는 일 *日氣(일기) :일정한 때와 장소의 기상상태 *日記(일기) :날마다 있었던 사실을 기록함 *日程(일정) :1.그 날에 한 일 2.그 날의 道程 *日就月將(일취월장) :날로 나아가고 달로 　　　나아감 <喩>학문이 날로 달로 발전함	《일주월야》 해가 뜨면 낮이 되고, 달이 뜨면 밤이 됨
晝	<部首> : 日 (날일) ①낮 주(與夜爲界) ②대낮 주, 한낮 주(日中)	*晝間(주간) :낮 동안 ↔ 夜間(야간) *晝夜(주야) :밤낮. 晝宵 *晝耕夜讀(주경야독) :낮에는 밭을 갈고, 　　　밤에는 책을 읽음. <意>낮에는 　　　일하고 밤에는 공부를 함 *不撤晝夜(불철주야) :밤낮으로 걷어치우지 　　　않음 <喩>밤낮을 무릅쓰고 일함	
月	<部首> : 月 (달월) ①달 월(太陰精水精土精) ②한달 월(三十日)	*月間(월간) :한달 사이 *月頃(월경) :달포, 한달 쯤 *月經(월경) :성숙한 여인에게 있는 경도(經度) *月例(월례) :다달이 정해놓고 하는 절차 *月末(월말) :그 달의 마지막 *日中則昃月盈則食(일중즉측월영즉식) :해는 　　　정오가 되면 기울게 되고, 달은 둥글게 　　　차면 일그러지게 됨	
夜	<部首> : 夕 (저녁석) ①밤 야(晝之對) ②해질 야 ③어두울 야(暗也)	*夜間(야간) :밤. 밤 사이 *夜客(야객) :1.밤손님 2.도적(盜賊) *夜勤(야근) :밤 일. 夜工, 夜役 *夜景(야경) :밤 경치. 夜色 *夜事(야사) :밤에 하는 방사(房事)를 속칭함 *夜行(야행) :밤에 길을 감 *夜行性 *夜半(야반) :한밤중. 夜深, 夜陰, 夜中 *夜半逃走(야반도주) :한밤중에 몰래 달아남	

季	<部首> : 子 (아들자) ①사철 계(四時) ②끝 계(末也)	*季節(계절) :철. 해마다 규칙적으로 되풀이 되는 　　　자연현상을 시간적으로 구분한 것 *季冬(계동) :섣달. 늦겨울 *季方(계방) :사내 동생 *季嫂(계수) :동생의 아내. 弟嫂 *季氏(계씨) :남의 남자 아우에 대한 존칭 *伯仲叔季(백중숙계) :형제(兄弟)의 맏이, 둘째, 　　　셋째, 넷째 順	《계절급환》 계절(季節)은 때가 되면 바뀜
節	<部首> : 竹 (대죽) ①마디 절(竹節) ②때 절(時節) ③절개 절(操也) ④절제할 절(檢制)	*節氣(절기) :한해를 24로 가른 철. 時令, 節侯 *節度(절도) :생활과 행동에서 정도에 맞는 한도 *節約(절약) :아껴서 비용을 줄임. 節略, 節減 *節制(절제) :알맞게 한정(限定)함 *貞節(정절) :여자의 곧은 절개(節槪) *忠節(충절) :충성스러운 절개(節槪) *盤根錯節(반근착절) :서린 뿌리와 엉클어진 　　　마디 <喩>세력이 굳어져 흔들리지 않음	
及	<部首> : 又 (또우) ①미칠 급(逮也) ②및 급, 과(와) 급(兼詞)	*及落(급락) :급제(及第)와 낙제(落第) *及第(급제) :과거(科擧)에 합격(合格)함 *及門(급문) :배우러 문 앞에 옴 　　　<轉>문하생(門下生)이 됨 *及其時(급기시) :그 때에 다달아 *及其也(급기야) :필경(畢竟)에는 *過猶不及(과유불급) :지나치면 오히려 미치지 　　　못함과도 같음	
換	<部首> : 扌(재방변)=手 ①바꿀 환(易也) ②교역할 환(交易)	*換氣(환기) :탁한 공기를 새 공기로 바꿈 *換算(환산) :단위가 다른 수로 고쳐 계산함 *換率(환율) :환산하는 비율 *交換(교환) :서로 바꿈 *轉換(전환) :이리 저리 변하여 바뀜 *換節期(환절기) :계절이 바뀌는 시기 *換骨奪胎(환골탈태) :뼈대와 태를 바꿈. 　　　<意>얼굴이 변하여 아름답게 됨	

每	<部首> : 母(말 무) *無와 通 ①매양 매, 늘 매, 일상 매(常也) ②각각 매(各也)	*每每(매매) :늘, 번번이 *每年(매년) :해마다 *每名(매명) :사람마다. 每人 *每物(매물) :온갖 물건 *每事(매사) :일마다 *每生(매생) :목숨을 아껴 장수를 바람 *每日(매일) :날마다 *每回(매회) :매번 *每名下(매명하) :사람마다, 앞앞이 *每人當(매인당) :각 사람 몫 *每事不成(매사불성) :하는 일마다 이루지 못함	
還	<部首> : 辶(책받침)=辵 ①돌아올 환(反也) ②돌아갈 환(退歸) ③돌려보낼 환(償也)	*還却(환각) :주는 물건을 되돌려 보냄 *還國(환국) :나라로 돌아옴. 歸國 *還軍(환군) :군사를 돌이켜 돌아옴. 回軍 *還給(환급) :돌려 줌. 還付 *還納(환납) :다시 바침 *還元(환원) :근본(根本)으로 되돌아감 *還鄕(환향) :고향에 돌아감 *錦衣還鄕(금의환향) :성공하여 고향에 돌아옴	《매환세단》 매번 돌아오는 새해 아침
歲	<部首> : 止(그칠 지) ①해 세(年也) ②나이 세(年齡) ③세월 세(光陰)	*歲旦(세단) :정월 초하루 아침 *歲暮(세모) :세밑. 歲晩, 歲末, 歲尾 *歲拜(세배) :대그믐이나 정초에 하는 인사 *歲歲(세세) :해마다 *歲首(세수) :설. 年頭, 年初 *無情歲月若流波(무정세월약류파) :무정한 세월이 　　　흐르는 물과 같음 <喩>세월의 빠르고 덧없음	
旦	<部首> : 日(날 일) ①아침 단(朝也) ②일찍 단(早也) ③밝을 단(明也)	*旦旦(단단) :1.아침마다 2.간절하고 성의있는 　　　모양 3.明白한 모양 4.나날이 *旦望(단망) :1.朔望 2.周公 旦과 太公 望 *旦明(단명) :새벽. 아침. 黎明 *旦暮(단모) :1.아침과 저녁. 旦夕, 朝夕 　　　2.위급한 시기가 절박한 모양 *月旦評(월단평) :어떤 사람인지를 비평하는 것. 　　　卽 인물비평(人物批評)	

送	<部首> : 辶(책받침)=辵 ①보낼 송(遣也) ②전송할 송(餞也) ③가질 송(將也) ④줄 송(贈也)	*送金(송금) :돈을 보냄 *送還(송환) :돌려 보냄 *送達(송달) :보내어 줌. 送付 *送信(송신) :통신(通信)을 보냄 *送客(송객) :손님을 전송함. 餞送, 送別 *虛送歲月(허송세월) :세월을 헛되이 보냄 *雨後送傘(우후송산) :비 온 뒤에 우산을 보냄 　　　<喩>일이 끝난 뒤의 조치는 소용없음	
舊	<部首> : 臼(절구 구) *旧와 同 ①옛적 구(對新之稱昔也) ②오랠 구(久也) ③친구 구(故舊交誼)	*舊觀(구관) :옛 모양 *舊交(구교) :오랜 사귐. 舊誼 *舊面(구면) :전(前)부터 아는 사이 *舊友(구우) :사귄 지 오래된 벗. 舊朋 *舊習(구습) :1.옛적 버릇 2.오래된 관습(慣習) *舊式(구식) :예전의 방식이나 형식. 舊套 *舊態依然(구태의연) :옛 모양 그대로임 *一面如舊(일면여구) :처음 만났는데 옛벗 같음	《송구영신》 가는 해를 보내고 새해를 맞음
迎	<部首> : 辶(책받침)=辵 ①맞을 영(迓也接也) ②만날 영(逢也)	*迎賓(영빈) :손님을 맞음 *迎聘(영빙) :남을 맞아 들여 모심. 請待 *迎送(영송) :맞는 일과 보내는 일. 迎將 *迎入(영입) :맞아 들임 *迎接(영접) :맞아 대접함 *迎合(영합) :남의 마음에 들도록 함. 迎意 *送往迎來(송왕영래) :떠나는 사람을 보내고 　　　오는 사람을 맞이함	
新	<部首> : 斤(날 근) ①새 신, 처음 신, 새로울 신(初也) ②고울 신(鮮也) ③새롭게할 신(革其舊)	*新舊(신구) :세 것과 헌 것 *新規(신규) :새로운 규정 *新年(신년) :새해 *新綠(신록) :새로 난 잎의 푸른색 *新設(신설) :새로 베풀어 둠 *新式(신식) :새로운 격식 *溫故而知新(온고이지신) :전에 배운 것을 　　　연구하여 새로운 것을 알아냄. 溫故知新	

數	<部首> : 攵(등글월문)=攴 ①헤아릴 수(計也) ②몇 수, 두어 수(幾也) ③운수 수(運數) ④자주 삭, 여러번 삭(頻屢)	*數間(수:간) :서너 간 *數數(삭삭) :자주 자주 *數窮(수궁) :운수(運數)가 사나움 *數値(수:치) :계산하여 얻은 수값 *數回(수:회) :여러 번, 두서너 번 *數爻(수:효) :사물(事物)의 수(數) *數間茅屋(수간모옥) :몇 간 안 되는 초가집 *不知其數(부지기수) :수효를 알 수 없이 많음 *數數往來(삭삭왕래) :자주 오고 가고 함	
爻	<部首> : 爻(점괘효) ①괘이름 효(易卦六十四爻) ②사귈 효(交也) ③변할 효(變也) ④본받을 효, 닮을 효(效也)	*爻象(효상) :1.좋지 못한 상태(狀態) 　　　　　　2.괘상(卦象) *爻周(효주) :글자를 효자(爻字) 모양의 　　　　　표(標)를 그어 지워버림	《수효일이》 수효(數爻)가 하나, 둘
一	<部首> : 一(한일) ①한 일(數之始) ②온통 일(統括之辭) ③같을 일((同也) ④낱낱 일(個個) *壹과 通 ⑤오로지 일(專也)	*一家(일가) :1.한채의 집 2.한가족 3.유파(流波) *一刻(일각) :아주 짧은 시간 *一介(일개) :보잘 것 없는, 한낱 *一個(일개) :한 개의 *一擧(일거) :한 번에 *一般(일반) :두루 전체에 해당되는 것 *一石二鳥(일석이조) :돌 하나로 두 마리 새를 　　잡음 <喩>한가지 일로 두가지 이익을 얻음 *初志一貫(초지일관) :처음 뜻한 바를 끝까지 지킴	
二	<部首> : 二(두이) ①두 이, 둘 이(數, 一之加一) ②다를 이(異也) ③두마음 이(異心)	*二分(이분) :1.둘로 나눔 2.春分과 秋分 *二世(이세) :1.현세(現世)와 내세(來世) 　　　　　　2.이대(二代) 3.다음 세대(世代) *二心(이심) :1.이심(異心) 2.반심(反心) 3.의심(疑心) *二重(이중) :겹침. 거듭함 *一口二言(일구이언) :한 입으로 두가지 말을 함 *如廁二心(여측이심) :뒷간에 갈 때 마음이 　　　　　　　　다르고 올 때 마음이 다름	
三	<部首> : 一(한일) ①석 삼, 셋 삼(二之加一) ②자주 삼(頻也)	*三昧(삼매) :정신(精神)을 한곳에 집중(集中)함 *三春柳(삼춘류) :능수버들 *三綱五倫(삼강오륜) :삼강(三綱)과 오륜(五倫) 　・三綱 :君爲臣綱, 父爲子綱, 夫爲婦綱 　・五倫 :君臣有義, 父子有親, 夫婦有別, 　　　　　長幼有序, 朋友有信 *三顧草廬(삼고초려) :<故>유비가 제갈량을 세 번씩이나 찾아가 모셔옴 <喩>특별한 신임	
四	<部首> : 口(큰입구 몸) ①넉 사, 넷 사(數名) ②사방 사(四方)	*四季(사계) :춘하추동(春夏秋冬) 4계절(季節) *四苦(사고) :생노병사(生老病死) *四敎(사교) :시서예악(詩書禮樂) *四方(사방) :동서남북(東西南北) 네 방위(方位) *四海(사해) :사방(四方)의 바다. 온 천하(天下) *四顧無親(사고무친) :사방(四方)을 돌아보아도 　　친한 사람이 없음. <意>의지(依支)할 　　곳이 없는 외로운 몸	《삼사오륙》 셋, 넷, 다섯, 여섯,
五	<部首> : 二(두이) ①다섯 오(數名) ②다섯번 오(五回)	*五感(오감) :눈, 코, 귀, 입, 피부의 오관(五官) *五臟(오장) :폐(肺), 심장(心臟), 비장(脾臟), 　　　　　　간장(肝臟), 신장(腎臟) *五行(오행) :우주의 다섯 원기. 金木水火土 *五慾(오욕) :사람의 다섯가지 욕심(慾心) *五欲七情(오욕칠정) :오욕(五慾)과 칠정(七情) 　・五慾 : 재색식명수(財色食名睡) 　・七情 : 희노애락애오욕(喜怒哀樂愛惡慾)	
六	<部首> : 八(여덟팔) ①여섯 륙(數名) ②여섯번 륙(六回)	*六德(육덕) :여섯가지 덕. 　　　　　　인의예지신용(仁義禮智信勇) *六味(육미) :여섯가지 맛. 　　　　　　고산감신함담(苦酸甘辛鹹淡) *六腑(육부) :대장(大腸), 소장(小腸), 위(胃), 　　　　　　담(膽), 방광(膀胱), 삼초(三焦) *三十六計走爲上計(삼십육계주위상계) :싸움에 　　졌을 때는 도망가는 것이 상책이라는 말	

七	<部首> : 一(한일) ①일곱 칠(數名)	*七大(칠대) :만물생성(萬物生成)의 근원(根源). 　　지수화풍공견식(地水火風空見識) *七情(칠정) :사람의 일곱가지 감정(感情). 　　희노애락애오욕(喜怒哀樂愛惡欲) *七曜(칠요) :일월(日月)과 오성(五星)인 　　화수목금토(火水木金土) *七顚八起(칠전팔기) :일곱번 넘어지고 여덟 번 　　일어남. <意>불굴(不屈)의 의지(意志)	
八	<部首> : 八(여덟팔) *捌과 同 ①여덟 팔(數名)	*八苦(팔고) :人生이 겪는 여덟가지 괴로움 　　生苦, 老苦, 病苦, 死苦, 愛別離苦, 　　怨憎會苦, 五陰盛苦, 求不得苦 *八卦(팔괘) :乾(☰),兌(☱),離(☲),震(☳),巽(☴), 　　坎(☵),艮(☶),坤(☷)의 여덟가지 卦 　<易繫辭 上>易有太極 兩儀生四象 四象生八卦 *八方美人(팔방미인) :1.어느 모로 보나 흠이 없이 　아름다운 미인 2.여러방면에 두루 능통함	《칠팔구십》 일곱, 여덟, 아홉, 열
九	<部首> : 乙(새을) ①아홉 구(數名) ②수가 많을 때 씀 ③모을 규(聚也)	*九天(구천) :높은 하늘. 九方天, 九乾 *九泉(구천) :저승. 땅속. 黃泉 *九曲(구곡) :아홉굽이. 굴곡이 많음 *九曲肝腸(구곡간장) :굽이굽이 사무친 마음 속 *九重深處(구중심처) :아홉 겹의 깊숙한 곳 *九重宮闕(구중궁궐) :대궐 안의 깊숙한 곳 *九死一生(구사일생) :죽을 고비를 여러번 겪고 　　겨우 살아남. 十生九死	
十	<部首> : 十(열십) ①열 십(數名) ②열번 십(十回) ③열배 십(十倍) ④완전할 십(完全)	*十分(십분) :1.시간 단위 2.열로 나눔 　　3.부족함 없이 *十全(십전) :모두가 갖추어져 완전함 *十中八九(십중팔구) :열 가운데 여덟이나 아홉 　<意>예외 없이 거의 그렇게 됨. 十常八九 *十匙一飯(십시일반) :열 술을 모으면 한그릇 　　밥이 됨 <意>여럿이 힘을 합하면 　　한사람 구제(救濟)하기는 쉬움	

延	<部首> : 廴(민책받침) ①미칠 연(及也) ②미적거릴 연(遷延淹久) ③뻗칠 연, 벋을 연(延袤遠也)	*延及(연급) :뻗쳐서 미침 *延亘(연긍) :길게 뻗침 *延期(연기) :정한 기한을 물림. 退期. 退限 *延袤(연무) :연(延)은 동서(東西), 　　무(袤)는 남북(南北)의 길이 *延命(연명) :목숨을 겨우 이어 살아감 *延年(연년) :1.壽命을 延長함 2.새해를 맞음 *延年益壽(연년익수) :수명을 길게 늘여 나감	
年	<部首> : 干(방패간) ①해 년(穀一熟歲也) ②나이 년(齡也)	*年間(연간) :한해 동안 *年齡(연령) :나이 *年高(연고) :나이가 많음. 年老, 年晚, 年滿 *年少(연소) :나이가 어림. 젊음 *年年(연년) :해마다. 每年 *年年歲歲 *年頭(연두) :해의 첫머리, 年初, 歲旦, 歲初 *年代(연대) :1.지나온 時代 2.햇수나 代數 *一年之計在于春(일년지계재우춘) :한 해의 　　계획은 첫 봄에 세워야 함	《연년루증》 새해를 맞이하는 회수(回數)가 점점 늘어감
累	<部首> : 糸(실사) ①포갤 루(疊也) ②더럽힐 루(玷也) ③연좌할 루(緣坐)	*累計(누계) :처음부터 차례로 합친 合計. 總計 *累代(누대) :여러 대. 屢代 累世. 代代 *累積(누적) :포개어 쌓음 *累增(누증) :점점 늘어남 *積德累仁(적덕누인) :덕을 쌓고 어짊을 쌓음 　<意>어진 덕을 세상에 널리 베풀어 미침 *累卵之危(누란지위) :계란을 포개놓은 듯한 　　위험. <意>대단히 위태로운 지경의 위험	
增	<部首> : 土(흙토 변) ①더할 증(益也) ②점점 증	*增加(증가) :더 늘어 많아짐 ↔ 增減 *增強(증강) :더 늘여 굳세게 함 *增大(증대) :더하여 커짐 *增産(증산) :생산량을 늘림 *增設(증설) :더 늘려 설치함 *增員(증원) :사람 수를 늘림 *身老怯增年(신노겁증년) :<陸游>몸이 늙으니 　　해가 더해가는 것이 겁이 난다.	

週	<部首> : 辶(책받침)=辵 ①두루 주(周也) ②주일 주, 이레 주 (日,月,火,水,木,金,土, 七曜日謂之一週)	*週間(주간) :한 주일 동안 *週刊(주간) :1주일에 한번씩 간행(刊行)함 *週給(주급) :1주일마다 주는 급료(給料) *週日(주일) :월요일부터 일요일까지 이렛동안 *週忌(주기) :매년 돌아오는 죽은 날. 周忌 *週期(주기) :1.한바퀴 도는 시기(時期). 周期 　　　　　2.일정한 시간마다 동일한 현상이 　　　　　　꼭같이 반복될 때의 일정한 시간	
期	<部首> : 月(달월) ①기약할 기(期約) ②기다릴 기(待也) ③때 기(時也) ④백살 기(百年)	*期間(기간) :일정(一定)한 시기(時期)의 사이 *期日(기일) :약속(約束)한 날 *期年(기년) :돌 *期待(기대) :기약(期約)하여 기다림 *期約(기약) :때를 정하고 약속(約束)함 *期限(기한) :기약(期約)한 때의 한계(限界) *不期而會(불기이회) :기약하지 않고 만남. 　　　　　　　<意>우연히 서로 만남	《주기역법》 천체(天體)의 운행(運行) 주기(週期)를 가지고 역법(曆法)을 만듦
曆	<部首> : 日(날일) ①책력 력, 보로 력(曆象) ②세월 력(歲月) *歷과 通 ③셀 력(數也)	*曆年(역년) :책력(冊曆)에서 정한 일년(一年) *陽曆(양력) :지구(地球)가 해(日)를 도는 시간 　　　　　(時間)을 1년으로 삼는 역법(曆法) *陰曆(음력) :달(月)의 한 삭망(朔望)을 　　　　　기초(基礎)로 한 책력(冊曆) *曆象(역상) :1.천지운행(天體運行)의 상태(狀態) 　　　　　2.일월성신(日月星辰)을 일컬음 　　<易經 革 虞注>曆象謂日月星辰也	
法	<部首> : 氵(삼수 변)=水=氺 ①법 법(制度憲章) ②본받을 법(效也) ③형벌 법(刑也)	*法官(법관) :법률에 의거 재판을 맡아보는 벼슬 *法規(법규) :법률의 규정(規定),규칙(規則) 등 *法令(법령) :법률(法律)과 명령(命令) *法律(법률) :국가에서 정한 지배적 규범(規範) *法治(법치) :법률(法律)에 의한 정치(政治) *法則(법칙) :사물 사이의 필연(必然)적 관계 *法遠拳近(법원권근) :법은 멀고 주먹은 가까움 *以法從事(이법종사) :법대로 일을 처리함	

閏	<部首> : 門(문문) ①윤달 윤(氣盈朔虛積餘附月)	*閏年(윤년) :양력(陽曆)에서 윤일(閏日), 　　　　　음력(陰曆)에서 閏月이 든 해 *閏集(윤집) :빠진 글을 모은 책 *閏月(윤월) :음력(陰曆)에서 一年이 지구공전 　　　　　(地球公轉) 주기(週期)보다 十日과 　　　　　몇시간이 적어서 그 쌓인 日數가 　　　　　곧 閏月이 되어 二年에 한번, 　　　　　五년에 두 번, 十九년에 七閏이 됨	
副	<部首> : 刂(칼도 방)=刀 ①버금 부(次也) ②다음 부, 둘째 부(貳也) ③알맞을 부(稱也) ④쪼갤 복(析也)	*副本(부본) :원본과 같이 꾸민 버금 서류 *副賞(부상) :正式 賞品 외에 따로 주는 상품 *副食(부식) :주식(主食)에 곁들여 먹는 음식 *副應(부응) :좇아서 응함 *副社長(부사장) :사장(社長)의 다음 자리 *副成分(부성분) :주성분(主成分) 이외의 성분 *副作用(부작용) :부차(副次)로 미치는 작용 *副急之淚(부급지루) :배우가 연기하듯 때맞춰 　　　　　　　　흘리는 거짓 눈물	《윤부보결》 윤달을 두어서 모자라는 부분(部分)을 보충(補充)함
補	<部首> : 衤(옷의 변)=衣 ①기울 보(綴也) ②도울 보(裨也) ③수선할 보(修繕)	*補强(보강) :빈약한 것을 채워서 튼튼히 함 *補闕(보궐) :빠진 것을 채움. ≒ 補缺 *補修(보수) :보충(補充)하여 수리(修理)함 *補助(보조) :모자람을 도와줌 *補充(보충) :모자람을 보태어 채움 *亡羊補牢(망양보뢰) :양을 잃고 나서 우리를 　　　　　고침 <喩>실패한 뒤 후회해야 소용없음 *以空補空(이공보공) :<喩>세상에 공짜가 없음	
缺	<部首> : 缶(장군부) ①이지러질 결(器破, 虧也) ②깨어질 결, 이빠질 결(毁也) ③번개번쩍거릴 결(裂缺電光)	*缺席(결석) :출석(出席)하지 않음. 闕席≒缺員 *缺禮(결례) :예의(禮義)를 갖추지 못함 *缺如(결여) :응당 있어야 할 것이 빠져 없음 *缺點(결점) :모자라는 점. 短點 *缺乏(결핍) :축나고 모자라고 아쉬움 *缺陷(결함) :흠이 있어 완전(完全)하지 못함 *金甌無缺(금구무결) :금사발이 흠 없이 완전함 　　<意>나라가 견고해 남의 침략을 받지 않음	

氣	<部首> : 气(기운기 엄) ①기운 기(空氣) ②날씨 기, 기후 기(候也) ③숨 기(息也) ④힘 기(活動力) ⑤생기 기, 정기 기(生之元精氣)	*氣槪(기개) :기상(氣象)과 절개(節槪). 氣節 *氣象(기상) :날씨의 변화하는 현상(現象) *氣勢(기세) :기운차게 뻗치는 형세(形勢) *氣運(기운) :어떤 방향에 쏠리는 형편(形便) *氣候(기후) :氣는 15日, 候는 5日. 一年의 24氣와 72候의 총칭(總稱). 사계(四季)의 한난(寒暖)의 狀態 *浩然之氣(호연지기) :1.元氣 2.도덕적 용기	
候	<部首> : 亻(사람인 변) ①철 후(節也) ②날씨 후(天氣) ③물을 후(訪也) ④살필 후(伺也) ⑤기다릴 후(待也)	*候兵(후병) :적의 형편을 탐색하는 병사. 斥候兵 *候補(후보) :어떤 지위에 등용될 자격을 갖춤 *候鳥(후조) :철새 *候風(후풍) :배가 순풍(順風)을 기다림 *問候(문후) :문안드림. 候問, 候視, 候伺, 伺候 *全天候農業(전천후농업) :가뭄이나 홍수등 기후에 관계없이 농사를 지음	《기후현상》 날씨가 보여주는 상태(狀態)
現	<部首> : 王(구슬옥 변)=玉 *見과 通 ①나타날 현, 보일 현(顯也) ②지금 현, 당장 현(今也)	*現今(현금) :이제. 지금(至今). 현시(現時) *現代(현대) :오늘날의 시대(時代) *現實(현실) :현재(現在)의 사실(事實) *現象(현상) :사람이 느낄 수 있는 일이나 물건 *現狀(현상) :현재의 상태(狀態). 지금의 형편 *現在(현재) :지금(至今). 이 세상(世上) *現存(현존) :지금 눈앞에 있음. 현재에 있음 *一不現形(일불현형) :한번도 얼씬하지 아니함	
狀	<部首> : 犬(개견)=犭 *'상'은 國音 ①모양 상, 형상 상(形也) ②문서 장	*狀態(상태) :현재(現在)의 형편(形便) *狀況(상황) :형편(形便)과 모양(模樣) *狀啓(장계) :벼슬아치가 민정(民情)을 살핀 결과(結果)를 글로써 올리던 계(啓) *賞狀(상장) :상(賞)으로 주는 증서(證書) *任命狀(임명장) :임명 사실을 밝힌 문서(文書) *雲狀若犬(운상약견) :구름 모양이 마치 개 같음. 세상이 혼란하면 구름이 여러 모양으로 나타남	
恒	<部首> : 忄(심방변)=忄=心 ①늘 항(久也) ②항상 항(常也)	*恒久(항구) :변치 않고 오래 감. 永久, 永遠 *恒例(항례) :常例 *恒事(항사) :늘 있는 일 *恒性(항성) :언제나 변치 않는 성질(性質) *恒星(항성) :스스로 빛을 내며 움직이지 않는 별 *恒常(항상) :늘. 항시(恒時) *恒茶飯(항다반) :예사(例事)로 있는 일 *天下不如意恒十居七八(천하불여의항십거칠팔) :천하의 모든 일이 십중 칠팔은 뜻대로 되지않음	
常	<部首> : 巾(수건건) ①항상 상(恒久) ②오랠 상(久也) ③떳떳할 상(庸也)	*常道(상도) :불변(不變)의 도리(道理). 常軌 *常例(상례) :두루 많이 있는 사례(事例) *常禮(상례) :두루 많이 지키는 예법(禮法) *常習(상습) :늘 하는 버릇. 늘 常套(상투) *常識(상식) :보편적이고 일반적인 지식(知識) *常用(상용) :일상생활(日常生活)에 늘 씀 *常綠樹(상록수) :늘 푸른 나무 *正常之理(정상지리) :바르고 떳떳한 이치	《항상변화》 늘 변(變)하여 다르게 됨
變	<部首> : 言(말씀언) ①변할 변(化也) ②고칠 변(更也改也) ③재앙 변(災異) ④죽을 변(死喪)	*變故(변고) :재변(災變)과 사고(事故) *變亂(변란) :변고(變故)로 일어난 난리(亂離) *變德(변덕) :변하기 잘하는 마음씨 *變貌(변모) :모습이 바뀜 *變質(변질) :바탕을 바꿈. 성질(性質)이 변함 *變化(변화) :변하여 다르게 됨 *變化無雙 *天災地變(천재지변) :하늘이나 땅에서 일어나는 재난(災難)이나 변사(變事)	
化	<部首> : 匕(비수비) ①화할 화(造化) ②변화할 화(變也) ③본받을 화(敎也)	*化生(화생) :1.생겨남 2.형체를 달리하여 남 *化導(화도) :덕(德)으로 사람을 인도(引導)함 *化石(화석) :암석 속에 남아있는 동식물의 유해 *化身(화신) :神佛이 형상을 바꿔 세상에 나타남 *化育(화육) :자연의 이치로 만물을 길러냄 *化學(화학) :물질의 성질,구조,변화에 대한 학문 *變化無雙(변화무쌍) :다시없이 변화가 심함 *濟世理化(제세이화) :세상을 구제하고 인도함	

雲	<部首> : 雨(비우) ①구름 운(山川氣陰陽聚) ②은하수 운(雲漢)	*雲客(운객) :선인(仙人)이나 은자(隱者)를 이름 *雲根(운근) :1.돌의 異稱. 구름은 山의 巖石 　　　　　　　사이에서 나온다는 말에서 由來 　　　　　　　2.산(山)의 이칭(異稱) *雲泥(운니) :하늘과 땅 *雲泥之差 = 天壤之差 *雲捲天晴(운권천청) :구름이 걷히고 맑게 개임 *行雲流水(행운유수) :떠가는 구름과 흐르는 물	
降	<部首> : ß(좌부 변)=阜 ①내릴 강(下也) ②떨어질 강(落也) ③항복할 항(服也)	*降雨(강우) :비가 내림. 내리는 비 *降雪(강설) :눈이 내림. 내리는 눈 *降嫁(강가) :지체 높은 왕족의 딸이 신하의 　　　　　　　집안에 시집감. 下嫁, 降婚 *降神(강신) :신(神)이 내림 *降伏(항복) :힘에 눌려서 적에게 굴복(屈服)함 *陰陽和而後雨澤降(음양화이후우택강) :음기와 　　　　　양기가 화합하고 나서 비가 내림	《운강우설》 구름은 비나 눈으로 내림
雨	<部首> : 雨(비우) ①비 우(水蒸爲雲降爲雨) ②비올 우(自上而下)	*雨季(우계) :비가 오는 계절(季節). 雨期 *雨量(우량) :비가 온 분량(分量) *雨備(우비) :비를 맞지 않게 하는 雨具, 雨裝 *雨傘(우산) :비를 가리기 위해 손에 드는 제구 *雨水(우수) :1.빗물 2.二十四節氣의 하나 *雨雪(우설) :1.비와 눈 2.눈이 내림 *雨後竹筍(우후죽순) :비온 뒤의 죽순처럼 　　　　　어떤 일이 한 때에 많이 일어남을 비유	
雪	<部首> : 雨(비우) ①눈 설(陰凝爲雪六出花) ②씻을 설(雪恥, 洗也)	*雪景(설경) :눈이 내린 경치. 雪光 *雪馬(설마) :썰매 *雪山(설산) :눈이 쌓인 산 *雪夜(설야) :눈오는 밤 *雪天(설천) :눈오는 날 *雪憤(설분) :분풀이 *雪辱(설욕) :치욕을 씻음 *雪膚花容(설부화용) :눈처럼 하얀 피부에 꽃 　　　　　같이 예쁜 얼굴. <意>미인(美人)의 용모(容貌) *螢雪之功(형설지공) :<故>반딧불과 눈 빛으로 　　　　　책을 읽음 <喻>어렵게 학문을 닦는 공	

春	<部首> : 日(날일) ①봄 춘(歲之始, 四時首) ②해 춘(歲也) ③남녀의정사 춘(男女情事)	*春景(춘경) :봄철의 경치 *春耕(춘경) :봄갈이 *春季(춘계) :봄철. 春期 *春思(춘사) :봄을 느끼는 생각. 春心, 色情 *春秋(춘추) :1.봄과 가을 2.나이의 존칭(尊稱) *春窮期(춘궁기) :보릿고개 *春風秋雨(춘풍추우) :지나간 세월 *一場春夢(일장춘몽) :한 바탕의 봄꿈 　　　　　　　<喻>인생(人生)의 무상(無常)함	
溫	<部首> : 氵(삼수 변)=水=氺 ①따뜻할 온(暖也) ②화할 온(和也) ③부드러울 온(柔也) ④익힐 온(習也)	*溫暖(온난) :날씨가 따뜻함. 溫和 *溫度(온도) :덥고 찬 정도 *溫度計 *溫水(온수) :더운 물 ↔ 냉수(冷水) *溫順(온순) :온화하고 양순함 *溫情(온정) :따뜻한 인정(人情) *溫故之情(온고지정) :옛 것을 생각하는 정 *冬溫夏淸(동온하청) :겨울에는 따뜻하게 여름 　　　　　에는 시원하게 <意>부모를 섬기는 도리	《춘온화훼》 봄이 오면 따뜻하여 꽃과 풀이 돌아 나옴
花	<部首> : ++(초 두)=++=艸 ①꽃 화(草木之葩) ②꽃필 화(花開也) ③기생의 별명 화(娼妓異名)	*花瓶(화병) :꽃을 꽂는 병 *花樹(화수) :꽃나무. 花木 *花卉(화훼) :아름다운 꽃이 피는 풀. 花草 *花代(화대) :해웃값. 팁 *花柳(화류) :사내들을 상대로 노는 계집. 기생 *花無十日紅(화무십일홍) :열흘 붉은 꽃이 없음 *錦上添花(금상첨화) :비단 위에 꽃을 더함 　　　　　　　<喻>좋은 일에 좋은 일이 더해짐	
卉	<部首> : 十(열십) ①풀 훼(草也) ②많을 훼(衆也)	*卉汩(훼골) :빠름. 신속(迅速)한 모양 *卉木(훼목) :풀과 나무. 草木 　　　　　　　<詩經>春日遲遲 卉木萋萋 *卉服(훼복) :풀로 짠 옷. 蠻夷의 服裝. 卉裳 　　　　　　　<書經>島夷卉服 　　　　　　　(南北朝時北人稱南人曰島夷)	

蜂	<部首> : 虫(벌레휘) ①벌 봉(螫人飛蟲)	*蜂起(봉기) :벌집을 찌르면 벌이 떼지어 날아옴 　　　<喩>사람들이 곳곳에서 떼지어 일어남 *蜂蜜(봉밀) :벌꿀 *蜂巢(봉소) :벌집. 蜂房, 蜂窠 *蜂腰(봉요) :벌의 허리 <喩>가는 허리 　　　<轉>三兄弟 중 가운데가 제일 떨어짐 *蜂房不容鵲卵(봉방불용작란) :벌집에 까치알을 　　　　　　넣을 수 없음 <意>작은 것은 큰 것을 　　　　　　포용할 수 없음	
蝶	<部首> : 虫(벌레휘) ①나비 접(蝴蝶, 野蛾)	*蝶兒(접아) :나비(兒는 助辭) *探花蜂蝶(탐화봉접) :꽃을 찾는 벌과 나비	《봉접탐밀》 벌과 나비가 꿀을 탐(貪)하여 찾아다님
貪	<部首> : 貝(조개패) ①탐할 탐(欲物愛財)	*貪色(탐색) :여자를 탐함. 眈色. 貪淫. 好色 *貪食(탐식) :음식(飮食)을 탐함 *貪慾(탐욕) :사물(事物)을 탐하는 욕심(慾心) *貪虐(탐학) :탐욕이 많고 포학(暴虐)스러움 *貪官汚吏(탐관오리) :탐욕(貪慾)이 많고 　　　　행실(行實)이 깨끗치 못한 관리(官吏) *小貪大失(소탐대실) :작은 것을 탐하다 큰 　　　　것을 잃음	
蜜	<部首> : 虫(벌레휘) ①꿀 밀(蜂甘飴)	*蜜柑(밀감) :귤 *蜜蜂(밀봉) :꿀벌 *蜜蠟(밀랍) :꿀 찌꺼기를 끓여 짜낸 기름 *蜜源(밀원) :벌이 꿀을 빨아오는 식물. 꽃 따위 *蜜月(밀월) :결혼 초(初)의 달콤한 한달 동안. 　　　그 동안 밀당수(蜜糖水)나 봉밀주(蜂蜜酒) 　　　를 마시는 습관이 있음 (西洋의 習慣) *蜜月旅行(밀월여행) :신혼여행(新婚旅行)	

牛	<部首> : 牛(소우) ①소 우(耕畜大牲) ②별이름 우(星名牽牛)	*牛耕(우경) :소로 밭을 갊 *牛公(우공) :소를 대접하여 일컬음 *牛女(우녀) :견우성(牽牛星)과 직녀성(織女星) 　　　<曹松 七夕詩> 牛女相期七夕秋 *牛乳(우유) :소에서 짜낸 젖 *牛耳讀經(우이독경) :<俗>쇠귀에 경 읽기 　　　<意> 가르치고 일러주어도 알아듣지 못함	
耕	<部首> : 耒(가래뢰) *畊과 同 ①밭갈 경(犁田)	*耕稼(경가) :논밭을 갈아 농사(農事)를 지음. 　　　耕作, 耕種, 耕植 *耕牧(경목) :경작과 목축. 耕畜. 農畜 *耕農(경농) :농사(農事)를 지음. 農耕 *耕耘(경운) :논밭을 갈고 김을 맴. 農事 *耕作(경작) :논밭을 갈아 농사(農事)를 지음 *晴耕雨讀(청경우독) :맑은 날은 밭을 갈고, 　　　　　비오는 날은 책을 읽음	《우경전답》 소를 부려서 밭과 논을 갊
田	<部首> : 田(밭전) ①밭 전(耕地) ②사냥할 전(獵也) ③연잎둥글둥글할 전(蓮葉貌)	*田結(전결) :밭에 대한 세금(稅金) *田家(전가) :농촌의 집. 農家, 農幕, 田舍, 田宅 *田穀(전곡) :밭에서 나는 곡물(穀物) *田野(전야) :논밭과 들. 農村. 시골 *田園(전원) :1.논밭과 동산(童山) 2.시골 *田畓(전답) :밭과 논 *我田引水(아전인수) :내 논에 물대기 　　　　<喩>자기에게 이익 되는 대로 처신함	
畓	<部首> : 田(밭전) *國字 ①논 답(水田)	*畓結(답결) :논에 대한 세금(稅金) *畓穀(답곡) :논에서 나는 곡식(穀食) *畓農(답농) :논농사 *畓土(답토) :논으로 된 땅 *奉畓(봉답) :물의 근원이나 닿을 물줄이 없어서 　　　　비가 와야만 모를 내고 기르는 논. 　　　　천둥지기. 奉天畓, 天水畓 ↔ 安全畓 *南田北畓(남전북답) :소유한 논밭이 여기저기 　　　　흩어져 있음을 일컫는 말	

播	<部首> : 扌(재방 변)=手 ①**뿌릴 파**(散也) ②심을 파(種也) ③펼 파(布也) ④버릴 파(棄也)	*播說(파설) :말을 퍼뜨림 *播植(파식) :씨앗을 뿌려 심음. 播種 <南史>性好播植 躬勤耕稼 *播殖(파식) :씨앗을 뿌려 번식(繁殖)하게 함 <後漢書>假田播殖 以娛朝夕 *播種(파종) :논밭에 씨앗을 뿌림. 播植 *播遷(파천) :임금이 서울을 버리고 난(亂)을 피함. 播越. 播蕩, 流離 流浪	《파종발아》 논밭에 곡식(穀食)의 씨앗을 뿌려서 싹을 틔움
種	<部首> : 禾(벼화) ①**씨 종**(種子) ②심을 종(蓺植) ③종류 종(類也)	*種子(종자) :씨 *種鷄(종계) :씨암탉 *種豚(종돈) :씨돼지 *種類(종류) :사물의 부문(部門)을 나누는 갈래 *種目(종목) :종류(種類)의 명목(名目). 項目 *種苗(종묘) :1.모를 심음 2.種子 와 苗木 *種核(종핵) :식물(植物)의 씨앗의 알맹이 *種瓜得瓜種豆得豆(종과득과종두득두) :<俗> 오이 심은 데 오이 나고 콩 심은 데 콩 난다	
發	<部首> : 癶(필발 머리) ①**필 발**(舒也) ②열 발(開也) ③일어날 발(起也)	*發見(발견) :처음 찾아냄 *發生(발생) :생겨남 *發明(발명) :처음 만듦 *發言(발언) :말을 함 *發達(발달) :성장하여 완전한 상태에 이름 *發光(발광) :빛을 냄 *發令(발령) :명령을 냄 *發射(발사) :총이나 활을 쏨 *發行(발행) :1.길을 떠남 2.출판물을 발간함 *一觸卽發(일촉즉발) :조금만 건드려도 곧 폭발함 <喩>위급하고도 아슬아슬한 긴장상태	
芽	<部首> : ++(초 두)=艹=艸 ①**싹 아**(萌也) ②비롯할 아(始也)	*芽甲(아갑) :처음 생긴 초목(草木)의 자엽(子葉) <韓雜>卽看春風撼芽甲 *芽生(아생) :초목의 싹이 나옴. 發芽 *芽椄(아접) :싹을 가지고 접을 붙임 *新芽(신아) :새싹 *發芽(발아) :씨앗에서 싹이 나옴	

夏	<部首> : 夂(천천히걸을**쇠** 발) ①**여름 하**(春之次季) ②클 하(大也) *廈와 通	*夏季(하계) :여름철. 夏期, 夏節 *夏穀(하곡) :여름에 거두는 곡식. 보리, 밀 등 *夏至(하지) :24절기의 하나 ↔ 동지(冬至) *夏海(하해) :큰 바다 *夏葛冬裘(하갈동구) :여름의 칡베옷과 겨울의 갖옷 <喩>격(格)에 알맞음 *夏爐冬扇(하로동선) :여름의 화로와 겨울의 부채 <喩>격(格)에 맞지 않음	《하서폭염》 여름이 오면 더워져서 날씨가 찌는 듯이 무더움
暑	<部首> : 日(날일) ①**더울 서**(熱也) ②여름철 서(夏節)	*暑氣(서기) :더운 기운. 暑熱 ↔ 한기(寒氣) *暑歲(서세) :혹독(酷毒)한 가뭄의 해 *暑月(서월) :陰曆 六月 *暑炎(서염) :무더위 *暑節(서절) :삼복(三伏) 더위의 계절(季節) *暑中(서중) :한창 더운 때 *暑天(서천) :여름철의 무더운 하늘. 炎天 *病風傷暑(병풍상서) :바람에 병들고 더위에 상함 <喩>온갖 세상의 고생에 시달림	
暴	<部首> : 日(날일) *曝과 同 ①**햇빛쪼일 폭**(日乾) ②사나울 폭(포)(猛也) ③급할 폭(포)(急也)	*暴力(폭력) :함부로 난폭한 행동을 하는 힘 *暴行(폭행) :1.사납고 거친 행동 2.폭력을 가함 *暴惡(포악) :성질(性質)이 사납고 악(惡)함 *暴風(폭풍) :매우 세게 부는 바람 *暴利(폭리) :한꺼번에 많이 남기는 이익(利益) *暴食(폭식) :한꺼번에 음식을 많이 먹음 *自暴自棄(자포자기) :절망상태에 빠져 스스로 자신을 포기하여 돌아보지 않음	
炎	<部首> : 火(불화) ①**불꽃 염**(火光上) ②불붙일 염, 불태울 염(焚也) ③더울 염(熱也)	*炎暑(염서) :모진 더위. 炎夏, 炎蒸 *炎天(염천) :몹시 더운 날씨. 暑天 *炎精(염정) :1.太陽 2.불을 맡은 神 3.아지랑이 *暴炎(폭염) :심한 더위. 酷暑, 暴暑 *炎涼(염량) :더위와 추위. 냉난(冷暖) <喩>勢力의 盛과 衰. 人情의 厚와 薄 *炎涼世態(염량세태) :세태에 따라 변하는 인심 *趨炎附熱(추염부열) :권세와 부귀에 아부함	

樹	<部首> : 木(나무**목**) ①**나무 수**(生植之總名) ②심을 수(植也) ③세울 수(立也)	*樹林(수림) :나무가 우거진 숲 *樹葉(수엽) :나뭇잎 *樹陰(수음) :나무 그늘 *樹種(수종) :나무의 여러 종류(種類) *樹枝(수지) :나무가지 *樹勳(수훈) :공을 세움 *樹立(수립) :어떤 事業이나 功을 세움 *風樹之嘆(풍수지탄) :樹欲靜而風不止 　　<喩>부모에 효도하고자 하나 돌아가시어 　　봉양하지 못하는 한탄	《수지녹엽》 나뭇가지에는 푸른 잎사귀
枝	<部首> : 木(나무**목**) *支와 通 ①**가지 지**(木別生柯) ②버틸 지(持也)	*枝幹(지간) :1.가지와 줄기 　　　　　　2.십간(十干)과 십이지(十二支) *枝莖(지경) :나무가지와 줄기 *枝節(지절) :가지와 마디 *枝付(지부) :마음으로부터 복종(服從)함 *枝葉(지엽) :1.가지와 잎 <轉>중요치 않은 　　　　　　부분 ↔ 根幹 2.갈래. 자손(子孫) *金枝玉葉(금지옥엽) :귀여운 자손을 일컬음	
綠	<部首> : 糸(실사 변) ①**초록빛 록**(靑黃間色)	*綠肥(녹비) :풋거름. 草肥 *綠葉(녹엽) :푸른 잎 *綠陰(녹음) :푸른 잎이 우거진 나무그늘 *綠茶(녹차) :푸른색이 나도록 말린 차(茶) *綠地(녹지) :초목(草木)이 무성(茂盛)한 곳 *綠化(녹화) :나무를 심고 잘 길러서 푸르게 함 *綠林豪傑(녹림호걸) :숲속의 호걸 <喩>산적 *柳綠花紅(유록화홍) :버들은 푸르고 꽃은 붉음 　　　　　　　　　<喩>봄날의 아름다운 경치	
葉	<部首> : ++(**초** 두)=艹=艸 ①**잎 엽**(枝葉花之對) ②세대 엽(世代)	*葉書(엽서) :우편엽서(郵便葉書)의 준말 *葉語(엽어) :萬世에 일컬어 내려옴. 葉은 世 *葉茶(엽차) :차(茶)나무의 잎사귀로 만든 차 *葉月(엽월) :음력(陰曆) 8월의 별칭(別稱) *葉錢(엽전) :놋쇠로 만든 옛날 돈 *葉綠素(엽록소) :잎파랑이 *春至花開秋來葉落(춘지화개추래엽락) :봄이 　　오면 꽃이 피고 가을이 오면 나뭇잎이 진다	
森	<部首> : 木(나무**목**) ①**빽빽할 삼**(木多貌) ②성할 삼(盛也)	*森羅(삼라) :1.나무가 무성(茂盛)하게 늘어섬 　　　　　　2.땅 위에 있는 온갖 물건의 모양 *森林(삼림) :수목(樹木)이 울창(鬱蒼)한 곳 *森嚴(삼엄) :질서(秩序)있고 엄숙(嚴肅)함 *森然(삼연) :1.무성(茂盛)한 모양 　　　　　　2.엄숙(嚴肅)한 모양 *森羅萬象(삼라만상) :숲의 나무처럼 많이 　　별러 서 있는 우주의 온갖 사물과 모든 현상	《삼림무성》 나무가 빽빽하게 들어선 숲이 우거져서 매우 성(盛)함
林	<部首> : 木(나무**목**) ①**수풀 림**(叢木) ②더북더북날 림(林林叢生盛貌)	*林産(임산) :산림(山林)에서 나는 온갖 물건 *林業(임업) :산림(山林)을 경영하는 사업 *林野(임야) :삼림(森林)과 원야(原野) *林間(임간) :많이 모임 *林林叢叢(임림총총) :많이 모여 서있는 모양 *林深鳥棲(임심조서) :숲이 우거져야 새가 깃듦 *酒池肉林(주지육림) :술이 못을 이루고 고기가 　　숲을 이룸 <喩>성대하게 차린 술잔치	
茂	<部首> : ++(**초** 두)=艹=艸 ①**풀우거질 무**(草盛) ②아름다울 무(美也) ③힘쓸 무(勉也) *懋와 通	*茂林(무림) :나무가 우거진 숲 *茂盛(무성) :나무나 풀이 우거짐. 盛茂 *茂才(무재) :才德이 뛰어난 사람. 茂士,茂材 *茂勳(무훈) :뛰어난 공훈(功勳). 盛勳 *茂行(무행) :훌륭한 행위(行爲) *茂迹(무적) :뛰어난 발자취 *松茂栢悅(송무백열) :소나무가 무성하니 잣나무 　　가 기뻐함 <喩>친구의 성공을 기뻐함	
盛	<部首> : 皿(기명**명**) ①**성할 성**(茂也) ②많을 성(多也)	*盛年(성년) :혈기 왕성한 젊은 나이. 壯年 *盛大(성대) :성하고 큼 *盛夏(성하) :한여름 *盛業(성업) :사업(事業)이 잘 됨 *盛世(성세) :국운(國運)이 융성(隆盛)한 世代 *盛衰(성쇠) :성(盛)하고 쇠(衰)함. 잘되고 못됨 *盛夏之節(성하지절) ↔ 盛冬之節(성동지절) *物盛則衰(물성즉쇠) :만물은 한번 성(盛)하면 　　그 다음은 반드시 쇠(衰)한다는 뜻	

植	<部首> : 木(나무목) ①심을 식(栽也) ②세울 식(樹立)	*植木(식목) :나무를 심음. 植樹 *植林(식림) :나무를 심어 숲을 만듦 *植物(식물) :땅에 심어져 있는 생물계 ↔ 動物 *植民(식민) :본국 이외에 정치적 종속관계에 　있는 땅에 인민을 이주시켜 활동함 *植耳(식이) :귀를 기울임 *植松望亭(식송망정) :솔 심어 정자를 바라봄 　<喩>작은 일을 하여도 큰 일을 바라보고 함	《식묘재배》 어린 싹을 심어서 북돋아 기름
苗	<部首> : ++(초 두)=++=艸 ①싹 묘(穀草初生) ②이을 묘(苗裔胤也) ③종족이름 묘 　(苗族 :中國 南方의 異民族)	*苗木(묘목) :이식(移植)하기 前의 어린 나무 *苗床(묘상) :모를 길러 내는 자리 *苗板(묘판) :못자리 *苗圃(묘포) :묘목(苗木)을 기르는 밭 *苗裔(묘예) :대(代)가 먼 자손(子孫). 苗胤 *苗族(묘족) :1.묘민(苗民) 2.혈족(血族). 一族 *莫知其苗之碩(막지기묘지석) :자기의 곡식이 　큰 것을 모름 <意>내 것이 남만 못해 보임	
栽	<部首> : 木(나무목) ①심을 재(種也) ②토담틀 재(築墻長板)	*栽培(재배) :초목(草木)을 심고 북돋아 가꿈 *栽挿(재삽) :꽂아서 심음 　<蘇軾>爲翁栽挿萬松岡 *栽植(재식) :초목(草木)이나 농작물(農作物)을 　심음 <元稹>太子知栽植	
培	<部首> : 土(흙토 변) ①북돋울 배(助養) ②북 배(敦土) ③두둑할 부(小阜)	*培根(배근) :뿌리를 북돋아 줌 *培栽(배재) :식물(植物)을 심어서 가꿈. 栽培 *培植(배식) :1.북돋아 심음 　　2.인물(人物)을 길러 키움 　　<金史 韓企先傳>培植獎勵後進 *培養(배양) :1.식물(植物)을 북돋아 기름 　　2.사물(事物)을 발달(發達)시킴	
秋	<部首> : 禾(벼화) ①가을 추(金行之時白藏節) ②세월 추(歲月, 千秋) ③때 추(時也)	*秋季(추계) :가을의 시기(時期). 가을철. 秋期 *秋穀(추곡) :가을에 거두는 곡식(穀食) *秋景(추경) :가을철의 경치 *秋耕(추경) :가을갈이 *秋夕(추석) :한가위 *秋收(추수) :가을걷이. 秋稼 *秋風落葉(추풍낙엽) :가을바람에 떨어지는 잎 *一刻如三秋(일각여삼추) :잠시가 삼 년 같다 　　<喩>매우 애타게 기다림	《추량상풍》 가을이 오면 서늘하여 져서 서리가 내리고 단풍(丹楓)이 붉게 물듦
凉	<部首> : 冫(이수 변) *涼과 通 ①서늘할 량(輕寒, 微冷) ②적적하고 슬플 량(哀也)	*涼氣(양기) :서늘한 기운(氣運) *涼棚(양붕) :햇볕을 가리는 것. 遮日, 遮陽 *涼風(양풍) :선들 바람 *涼扇(양선) :부채. 團扇 *涼天(양천) :서늘한 날씨 *涼秋(양추) :음력(陰曆) 9월(月) *涼陰(양음) :1.서늘한 기운 2.서늘한 그늘. 涼蔭 *新涼燈火(신량등화) :선선해지면 글을 읽기 좋음	
霜	<部首> : 雨(비우) ①서리 상(露凝) ②해지낼 상(星霜歷年) ③엄할 상(至嚴秋霜)	*霜降(상강) :서리가 내림. (二十四節候의 하나) *霜菊(상국) :서리가 내린 때 핀 국화 *霜眉(상미) :서리가 내린 듯이 흰 눈썹 *霜楓(상풍) :서리가 내려 붉게 된 단풍잎 *霜天(상천) :서리가 내리는 밤의 하늘 *秋霜(추상) :가을의 찬 서리 (喩)두려운 威嚴 *雪上加霜(설상가상) :눈 위에 다시 서리가 　　내림 <喩>거듭되는 불운(不運)의 상황	
楓	<部首> : 木(나무목) ①단풍나무 풍(櫙也)	*楓葉(풍엽) :단풍 잎 *楓嶽山(풍악산) :가을의 금강산(金剛山) 別稱 　　・春: 金剛山, 夏: 蓬萊山, 　　秋: 楓嶽山, 冬: 皆骨山	

黃	<部首> : 黃(누를황) ①누를 황(中央土色) ②늙은이 황(黃耈) ③어린아이 황(小兒之稱黃口)	*黃口(황구) :1.새 새끼 2.어린아이 *黃口乳臭 *黃耈(황구) :나이 많은 늙은이 *黃金(황금) :1.누른 금 2.순금(純金) *黃泉(황천) :1.지하(地下)의 샘 2.저 세상 *黃昏(황혼) :해가 져서 어둑어둑할 무렵 *黃金珠玉饑不可食(황금주옥기불가식) :황금이나 　　　　　　　주옥은 귀중한 보물이지만 　　　　　　　결코 배를 불리지는 못함	《황혼조락》 황혼기(黃昏期)를 맞아 시들어 떨어짐
昏	<部首> : 日(날일) ①날저물 혼(日冥) ②어두울 혼(闇也) ③어지러울 혼(亂也)	*昏倒(혼도) :정신이 어지러워 넘어짐. 昏絶 *昏昧(혼매) :어리석어 사리를 잘 모름 *昏耗(혼모) :늙어서 정신이 흐리고 쇠약함 *昏忘(혼망) :혼미하여 잘 잊음 *昏睡(혼수) :정신없이 잠이 들음 *昏睡狀態 *昏迷(혼미) :사리에 어둡고 흐리멍덩함. 昏惑 *昏定晨省(혼정신성) :조석(朝夕)으로 부모의 　　　　　　　안부(安否)를 물어서 살핌	
凋	<部首> : 冫(이수 변) ①시들 조(凋落半傷) ②느른할 조(力盡貌) ③여윌 조(悴傷)	*凋枯(조고) :나무,풀 등이 시들어 마름 *凋萎(조위) :시들음 *凋兵(조병) :지친 병사 *凋歇(조헐) :초목이 완전히 시듦 *凋落(조락) :1.시들어 떨어짐. 凋零 　　　　　2.형편없이 망함	
落	<部首> : ++(초 두)=++=艸 ①떨어질 락(零也) ②마을 락(村落聚也)	*落望(낙망) :희망(希望)을 잃음. 희망이 없어짐 *落心(낙심) :바라는 일이 안되어 맘이 풀어짐 *落葉(낙엽) :잎이 말라 가지에서 떨어짐 *落照(낙조) :저녁 햇볕. 夕陽 *墜落(추락) :높은 곳에서 떨어짐 *村落(촌락) :시골의 사람이 모여 사는 곳. 마을 *烏飛梨落(오비이락) :까마귀 날자 배 떨어진다 　　　　<喩>남에게 협의를 받기 쉬움	

禾	<部首> : 禾(벼화) ①벼 화 　(穀類總名, 嘉穀二月生八月熟)	*禾稈(화간) :볏짚. 禾藁 *禾穀(화곡) :벼 종류(種類)의 곡식 *禾苗(화묘) :볏모 *禾黍(화서) :벼와 기장 *禾穗(화수) :벼 이삭 *禾菽(화숙) :벼와 콩	《화수결실》 벼이삭이 열매를 맺음
穗	<部首> : 禾(벼화) ①이삭 수(禾成秀)	*穗穗(수수) :잘 결실(結實)한 벼를 　　　　　형용(形容)하는 말 *穗狀(수상) :곡식(穀食)의 이삭과 같은 형상 *穗狀花(수상화) :꽃대에 많이 모여서 이삭 　　모양으로 피는 꽃	
結	<部首> : 糸(실사 변) ①맺을 결(締也) ②마칠 결(終結) ③뭇 결(稅禾百負) <國字>	*結果(결과) :열매를 맺음. 成果 *結局(결국) :일의 귀결(歸結)되는 끝장 *結論(결론) :끝마무리의 의견이나 판단 *結末(결말) :일을 맺는 끝. 結尾(결미) *結成(결성) :모임이나 조직의 단체를 만듦 *結合(결합) :관계(關係)를 맺어 하나로 합침 *結者解之(결자해지) :맺은 자가 풀어야 함 *結草報恩(결초보은) :풀을 맺어서 은혜를 갚음	
實	<部首> : 宀(갓머리) ①열매 실(草木子) ②사실 실(事蹟)	*實果(실과) :초목의 열매. 果實 *實狀(실상) :실제(實際)의 형편 *實用(실용) :실제(實際)로 씀 *實情(실정) :실제(實際)의 사정(事情) *實際(실제) :거짓이 아닌 실지(實地)의 경우 *實地(실지) :실제의 처지(處地)나 경우. 實況 *實行(실행) :실제(實際)로 행(行)함 *名實相符(명실상부) :이름과 실상이 부합됨	

米	<部首> : 米(쌀미) ①쌀 미, 낟알 미(穀實精鑿) ②미터 미(metre, 佛蘭西 　基本度名, 我度三尺三寸三分)	*米穀(미곡) :1.쌀 2.穀類, 穀食 *米糧(미량) :쌀 양식　*米粒(미립) :쌀알 *米麥(미맥) :1.쌀과 보리 2.穀物, 穀類 *米壽(미수) :여든여덟살 *米飮(미음) :환자(患者)가 먹는 묽은 쌀죽 *米廛(미전) :쌀가게. 싸전 *負米百里之外(부미백리지외) :쌀을 지고 백리 밖에 　까지 다님 <意>가난하면서 부모에 효도함	
穀	<部首> : 禾(벼화) ①곡식 곡(禾稼總名) ②삶 곡(生也) ③착할 곡(善也)	*穀氣(곡기) :人體의 영양(營養)이 되는 五穀 *穀食(곡식) :사람의 먹이가 되는 곡물(穀物) *穀類(곡류) :곡식(穀食)의 종류(種類) *穀旦(곡단) :경사(慶事)스러운 날. 穀日 *穀腹絲身(곡복사신) :밥 먹고 옷 입는 일 *穀則異室死則同穴(곡칙이실사칙동혈) :살아 　　　　　서는 헤어져 지낼지라도 　　　　　죽어서는 한 구덩이에 묻힘	《미곡수확》 곡식(穀食)을 거두어 들임
收	<部首> : 攵(등글월문)=攴 ①거둘 수(斂也) ②모을 수(聚也) ③추수할 수(獲多)	*收金(수금) :돈을 거두어 들임 *收納(수납) :받아서 거두어 들임 *收錄(수록) :모아서 적음 *收稅(수세) :조세를 거두어 들임 *收入(수입) :1.거두어 들임 2.돈 따위가 들어옴 *收穫(수확) :농작물(農作物)을 거두어 들임 *覆水不收(복수불수) :엎지른 물은 다시 그릇에 　　　　　담을 수 없음 <喩>이미 저지른 일	
穫	<部首> : 禾(벼화) ①곡식거둘 확(刈穀) ②곤박할 곡(隕穫, 困迫)	*穫稻(확도) :벼를 거두어 들임 *穫薪(확신) :이미 거두어들인 땔나무. 　　　　　일설(一說)에는 잎이 떨어진 장작 　　　　　<詩經 小雅>有洌氿泉 無浸穫薪 *一樹百穫(일수백확) :한 나무에서 백을 얻음 　　　　　<喩>현량한 인재 하나를 길러서 　　　　　여러가지 많은 효과를 얻음	
冬	<部首> : 冫(이수) ①겨울 동(閉藏節) ②겨울지낼 동(過冬)	*冬季(동계) :겨울철. 冬期, 冬節 *冬眠(동면) :동물들의 겨울잠 *冬日(동일) :겨울날. 冬天 *冬至(동지) :24절기(節氣)의 하나 ↔ 夏至 *冬寒(동한) :겨울의 추위 *冬臘月(동납월) :동짓달과 섣달 *夏扇冬曆(하선동력) :여름에 부채, 겨울에 　달력 <喩>철에 맞는 선물(膳物)	《동한폐장》
寒	<部首> : 宀(갓머리) ①추울 한(暑之對) ②찰 한(冷也) ③가난할 한(窮窘)	*寒氣(한기) :추운 기운 *寒空(한공) :겨울철의 차갑게 맑은 하늘. 寒天 *寒心(한심) :1.두려워 몸이 떨림 2.기가 막힘 *寒家(한가) :살림이 구차한 집. 貧家, 塞門 *寒賤(한천) :가난하고 천(賤)함. 寒陋, 寒微 *貧寒(빈한) :가난하여 집안이 쓸쓸함 *脣亡齒寒(순망치한) :입술이 없어지면 이빨이 　시림 <喩>없어서는 안 될 둘 사이의 관계	겨울이 오면 추워서 만물(萬物)이 활동(活動)을 멈추고 칩거(蟄居)하 면서 수확(收穫)한 것을 감추어 두고 먹고 지냄
閉	<部首> : 門(문문) ①닫을 폐(闔門) ②마칠 폐(閉會, 終也)	*閉門(폐문) :문을 닫음. 閉戶, 閉關, 掩門 *閉幕(폐막) :연극(演劇)을 끝내고 막을 내림 *閉鎖(폐쇄) :문을 굳게 닫고 자물쇠를 잠금 *閉塞(폐색) :1.닫아서 막음 2.운수가 막힘 *閉式(폐식) :의식(儀式)이 끝남 *閉藏(폐장) :숨겨 둠. 넣어 둠 *夜不閉門(야불폐문) :밤에도 대문을 닫지 않음 　　　　　<意>세상이 태평하고 인심이 좋음	
藏	<部首> : ++(초 두)=++=艸 ①감출 장(隱也蓄也) ②곳집 장, 광 장(物所蓄)	*藏匿(장닉) :감추어 숨김　*藏中(장중) :광 속 *藏書(장서) :책을 간직함. 간직한 책. 藏本 *藏守(장수) :물건을 간직하여 지킴 *藏收(장수) :간수하여 거두어 둠 *藏拙(장졸) :단처(短處)를 감춤 *藏頭隱尾(장두은미) :머리를 감추고 꼬리를 숨김 　　　　　<意>일의 전말(顚末)을 똑똑히 밝히지 않음 *天藏地秘(천장지비) :하늘이 감추고 땅이 숨겨둠	

凍	<部首> : 冫(이수 변) ①꽁꽁얼 동(氷壯) ②얼음 동(氷也) ③추울 동(寒感)	*凍破(동파) :얼어서 터짐 *凍死(동사) :얼어 죽음 *凍傷(동상) :심한 추위로 피부가 얼어서 상함 *凍氷(동빙) :물이 얼어서 얼음이 됨. 結氷 *凍足放尿(동족방뇨) :언 발에 오줌누기 <喩>한 　때의 급함을 구할 뿐 별 효력(效力)이 없음 *凍氷可折(동빙가절) :물도 얼음이 되면 쉽게 부러짐 　<喩>사람의 성질도 때에 따라 달라짐	《동빙응고》 얼음이 얼어서 딱딱하게 굳어짐
氷	<部首> : 水(물수)=水=氵 *冰의 俗字 ①얼음 빙(凍也)	*氷菓(빙과) :얼음 과자 *氷雪(빙설) :얼음과 눈 *氷凍(빙동) :얼음이 얼음. 氷結 *氷河(빙하) :얼어붙은 강 *氷山一角(빙산일각) :빙하에서 떨어져 나온 　얼음 산의 한 귀퉁이. <意>극히 일부 *氷肌玉骨(빙기옥골) :희고 고운 여자의 살결 *如履薄氷(여리박빙) :살얼음을 걷듯이 불안함	
凝	<部首> : 冫(이수 변) ①엉길 응(結也) ②열중할 응(熱中)	*凝結(응결) :엉기어 맺힘 *凝固(응고) :엉기어 굳어져서 고체로 변함 *凝想(응상) :마음을 가다듬고 열심히 생각함 *凝視(응시) :시선을 고정하여 뚫어지게 봄 *凝意(응의) :마음을 집중함 *凝集(응집) :엉기어 모임 *凝縮(응축) :엉기고 굳어져 줄어짐 *鳩首凝議(구수응의) :여럿이 머리를 맞대고 의논함	
固	<部首> : 口(큰입구 몸) ①굳을 고(堅也) ②막힐 고(險塞) ③굳이 고(再辭) ④완고할 고(不變通頑固) ⑤진실로 고(本然之辭)	*固守(고수) :굳게 지킴 *固有(고유) :원래부터 있는 것 *固辭(고사) :굳이 사양함 *固定(고정) :한 곳에서 움직이지 아니함 *固執(고집) :제 의견을 굳게 내세워 우김 *固體(고체) :일정한 모양의 굳은 물체 *不敢請固所願(불감청고소원) :굳이 청하지는 　않지만 본래부터 바라는 바임	
到	<部首> : 刂(칼도 방)=刀 ①이를 도(至也)	*到達(도달) :어떤 수준이나 목적지에 이름 *到來(도래) :이르러서 옴 *到着(도착) :목적지에 다달음. 到著 *到處(도처) :가는 곳마다. 여러 곳 *到處狼狽(도처낭패) :가는 곳마다 봉변함 *讀書三到(독서삼도) :독서하는 데는 눈으로 　보고(眼到), 입으로 읽고(口到), 　마음으로 해득(心到)해야 함	《도처적막》 온 누리가 고요하고 쓸쓸함
處	<部首> : 虍(범호 엄) ①곳 처(處所) ②살 처(居也) ③처치할 처(處置分別) ④처자 처, 처녀 처(女未嫁)	*處女(처녀) :아직 시집가지 않은 여자. 處子 *處理(처리) :일을 다스림. 일을 끝냄 *處罰(처벌) :벌(罰)을 줌. 處刑 *處世(처세) :이 세상을 살아감 *處所(처소) :사람이 머물러 있는 곳 *處身(처신) :세상을 살아가는 몸가짐 *處地(처지) :자기가 당하고 있는 경우 *止於至處(지어지처) :이르는 곳에서 머물러 잠	
寂	<部首> : 宀(갓머리) ①고요할 적(靜也) ②적막할 적(寂寞)	*寂念(적념) :쓸쓸하고 고요한 생각 *寂寞(적막) :고요하고 쓸쓸함 *寂然(적연) :쓸쓸하고 고요한 모양. 寂寂 *寂靜(적정) :괴괴하고 고요함 *寂滅(적멸) :1.사라져 없어짐 2.죽음. 涅槃 　3.번뇌의 境地를 떠남 *寂然不動(적연부동) :마음이 안정되어 사물에 　동요되지 아니함	
寞	<部首> : 宀(갓머리) ①고요할 막(無聲寂寞) ②잠잠할 막(靜也)	*寞寞(막막) :쓸쓸하고 괴괴한 모양 *寂寞江山(적막강산) :막막한 땅. 또는 그 곳 *寂寞窮山(적막궁산) :쓸쓸하고 깊숙한 높은 산	

農	<部首> : 辰(별진) ①농사 농(耕種關土植穀) ②힘쓸 농(勉也)	*農家(농가) :농업으로 생계를 이어가는 집 *農耕(농경) :논밭을 갈아서 경작함 *農軍(농군) :농사짓는 일군. 農夫 *農民(농민) :농업을 생업으로 하는 사람 *農事(농사) :논밭을 갈아 경작하는 일. 農功 *農業(농업) :농사를 영위하는 직업 *農者天下之大本也(농자천하지대본야) :농사를 　　　　　　짓는 것은 세상 모든 일의 근본임	
事	<部首> : 亅(갈구리궐) ①일 사(動作云爲) ②섬길 사(奉仕也)	*事件(사건) :관심을 끌게 일어난 일. 事故 *事大(사대) :큰 나라를 섬김 *事務(사무) :맡은 일을 처리하는 활동 *事實(사실) :실지로 있는 일 *事業(사업) :어떤 목적을 위한 경제활동 *事情(사정) :일의 형편이나 까닭 *事必歸正(사필귀정) :무슨 일이든지 결국은 　　　　　　올바른 이치대로 돌아감	《농사휴의》 농사(農事)를 섬
休	<部首> : 亻(사람인 변)=人 ①쉴 휴(暇息也) ②아름다울 휴(美也, 善也)	*休暇(휴가) :학교나 직장에서 일정기간 쉼 *休咎(휴구) :길흉(吉凶), 화복(禍福) *休德(휴덕) :아름다운 덕. 善德, 美德 *休眠(휴면) :쉬고 활동하지 않음 *休息(휴식) :일의 도중에 잠깐 쉼. 休憩 *休養(휴양) :편히 쉬면서 심신을 보양함 *休業(휴업) :학업이나 영업을 얼마동안 쉼 *不眠不休(불면불휴) :자지도 쉬지도 않고 일함	
矣	<部首> : 矢(화살시) ①어조사 의(語助辭) ②말그칠 의(語已辭)	*矣夫(의부) :詠歎의 助辭 　　　<禮記 檀弓上>三年之喪 亦已久矣夫 *矣哥(의가) :詠歎의 助辭 　　　<左氏 襄>尙矣哥 能猷神人 *萬事休矣(만사휴의) :모든 것이 헛되이 됨 *足且足矣(족차족의) :넉넉하여 아주 충분함 *報者倦矣施者不厭(보자권의시자불염) :갚는 　　　자는 게을러지나 베푸는 자는 그렇지 않다	
陸	<部首> : 阝(좌부 변)=阜 ①뭍 륙(高平日陸) ②길 륙(路也) ③어긋날 륙(陸離參差)	*陸軍(육군) :육상(陸上)의 전투를 맡은 군대 *陸路(육로) :뭍길 *陸上(육상) :뭍 위, 육지(陸地) *陸運(육운) :육상에서의 운송(運送). 陸輸 *陸地(육지) :지구(地球) 위의 땅. 陸上 *陸離(육리) :1.빛이 서로 얽혀 빛남 　　　　　　2.뒤섞이는 모양 *陸地行船(육지행선) :뭍으로 배를 저으려 함 　　　<喩>되지도 않는 일을 억지로 하려 함	
州	<部首> : 巜(개미허리)=巜=川 ①고을 주(郡縣) ②주 주(行政區劃名) ③섬 주(水中可居) *洲와 通	*州國(주국) :나라. 國土 *州閭(주려) :마을. 鄕黨, 鄕里, 村落, 州巷 *州里(주리) :마을 　　　　　　·州는 二千五百戶 　　　　　　·里는 二十五戶 *竝州故鄕(병주고향) :<故>唐의 가도(賈島)가 　　　병주(竝州)에 오래 살다가 떠날 때 　　　고향에 견주어 한 말. 제2의 고향	《육주양도》 뭍에는 고을이 있고 바다에는 섬이 있음
洋	<部首> : 氵(삼수 변)=水=氺 ①큰바다 양(大海) ②넓을 양(廣也) ③서양 양(西洋)	*洋服(양복) :서양식으로 만든 옷 *洋式(양식) :서양식. 洋風 *洋食(양식) :서양식의 음식 ↔ 韓食 *洋屋(양옥) :서양식으로 지은 집 ↔ 韓屋 *洋裝(양장) :머리나 옷을 서양식으로 꾸밈 *洋洋(양양) :1.바다가 끝없이 넓은 모양 　　　　　　2.사람의 앞길이 발전성 있는 모양 *五大洋六大洲(오대양육대주) :지구의 판도(版圖)	
島	<部首> : 山(메산) *嶋와 同 ①섬 도(海中有山可居)	*島嶼(도서) :섬. 島는 큰 섬, 嶼는 작은 섬 *半島(반도) :삼면이 바다로 둘러쌓인 땅 *列島(열도) :줄을 지은 모양으로 늘어선 섬들 *群島(군도) :불규칙하게 모여 있는 섬들 *孤島(고도) :외딴 섬 *無人島(무인도) :사람이 살지 않는 섬 *絶海孤島(절해고도) :육지에서 아주 멀리 　　　　　　떨어져 있는 외딴 섬	

山	<部首> : 山(메산) ①메 산(峰嶺等總稱)	*山谷(산곡) :산골짜기 *山麓(산록) :산기슭. 山脚, 山足 *山林(산림) :1.산과 숲 2.산에 있는 숲 *山間(산간) :산골 *山間僻地(산간벽지) :산간의 궁벽(窮僻)한 곳 *山高水長(산고수장) :산은 높고 물은 길게 　　흐름 <喩>군자의 덕이 후세에 길이 전함 　　<嚴先生祠堂記>先生之風 山高水長	《산고수저》 산은 높고 물은 낮음
高	<部首> : 高(높을고) ①높을 고(崇也) ②위 고(上也) ③높일 고(敬也)	*高空(고공) :높은 공중, 높은 하늘 *高貴(고귀) :존재의 가치가 높고 귀함 *高級(고급) :1.높은 정도 2.높은 계급 *高等(고등) :등급이나 정도가 높음 *高山(고산) :높은 산 *高層(고층) :높은 층 *高下(고하) :위와 아래. 높고 낮음. 高低 *天高馬肥(천고마비) :하늘이 높고 말이 살찜 　　　<意>추수의 계절인 맑은 하늘의 가을	
水	<部首> : 水(물수)=氺=氵 ①물 수(地之血氣) ②강 수(河川)	*水口(수구) :물이 흘러나오는 곳 *水力(수력) :물의 힘 *水路(수로) :물을 보내는 통로 *水漏(수루) :물시계 *水面(수면) :물의 표면 *水門(수문) :물의 량을 조절하는 문. 水閘 *水平線(수평선) :하늘과 바다가 닿은 선(線) *高山流水(고산유수) :높은 산과 흐르는 물	
低	<部首> : 亻(사람인 변)=人 ①낮을 저(高之反, 下也) ②숙일 저(垂也)	*低空(저공) :낮은 하늘 ↔ 高空 *低級(저급) :낮은 등급 ↔ 高級 *低俗(저속) :품격이 낮고 속됨 *低溫(저온) :낮은 온도 ↔ 高溫 *低潮(저조) :조수의 수위가 낮음 ↔ 高潮 *低下(저하) :낮아짐. 低落 ↔ 向上 *淺酌低唱(천작저창) :알맞게 술을 마시고 　　　　기분좋게 노래를 흥얼거림	

上	<部首> : 一(한일) ①위 상, 높을 상(下之對) ②윗사람 상 ③오를 상(昇也)	*上京(상경) :시골에서 서울로 올라옴 *上級(상급) :윗 등급 ↔ 下級 *上達(상달) :웃사람에게 여쭈어 알게 함 *上流(상류) :물의 근원에 가까운 곳 ↔ 下流 *上昇(상승) :위로 올라감 ↔ 下降 *上策(상책) :제일 좋은 꾀. 上計. 上數 *沙上樓閣(사상누각) :모래 위의 누각(樓閣) 　　　<喩>기초(基礎)가 견고(堅固)하지 못함	《상하위치》 위와 아래의 자리가 있음
下	<部首> : 一(한일) ①아래 하, 밑 하(上之對) ②낮을 하(賤也) ③떨어질 하(落也)	*下降(하강) :높은 데서 내려옴 ↔ 上昇 *下級(하급) :낮은 등급 ↔ 上級 *下待(하대) :상대를 낮게 대우함 ↔ 尊待 *下等(하등) :낮은 등급 ↔ 高等 *下落(하락) :아래로 떨어짐 *下賜(하사) :임금이 신하에게 물건을 내려줌 *莫上莫下(막상막하) :어떤 것이 더 낫고 　　못한지 우열을 가리기 어려움. 늑 難兄難弟	
位	<部首> : 亻(사람인 변)=人 ①위치 위(位置) ②임금의 신분 위(王身分)	*位階(위계) :벼슬의 품계(品階). 等級 *位相(위상) :운동의 주기에서 현재의 위치 *位序(위서) :자리나 계급의 차례. 位次 *位置(위치) :자리잡고 있음. 地位. 身分 *順位(순위) :차례를 나타내는 위치 *爵位(작위) :벼슬과 지위 *非其位而居之曰貪位(비기위이거지왈탐위) :자리 　　가 아닌데도 머무는 것은 자리를 탐내는 것	
置	<部首> : 罒(그믈망)=网=四 ①둘 치, 안치할 치(安止) ②베풀 치(設也)	*置毒(치독) :독을 음식에 넣음 *置酒(치주) :주연(酒宴)을 베풀음 *置簿(치부) :금품의 출납을 기록함. 置簿冊 *置重(치중) :어떤 곳에 중점(重點)을 둠 *置之(치지) :버려 둠 *置換(치환) :바꾸어 놓음 *置之度外(치지도외) :내버려 두고 문제삼지 않음 *置之死地(치지사지) :죽을 지경에 놓임	

遠	<部首> : 辶(책받침)=辵 ①멀 원(遙也) ②멀리할 원(遠之, 離也)	*遠景(원경) :멀리 보이는 경치. 遠光 ↔ 近景 *遠境(원경) :먼 지경. 멀리 떨어진 국경 *遠近(원근) :멀고 가까움 *遠大(원대) :규모나 생각이 심원하고도 큼 *遠路(원로) :먼 길 *遠足(원족) :소풍(逍風) *遠征(원정) :먼 곳을 치러 감 *敬而遠之(경이원지) :겉으로는 공경하는 척 하지만 속으로는 싫거나 두려워 멀리함	
近	<部首> : 辶(책받침)=辵 ①가까울 근(不遠) ②가까이할 근(附也親也)	*近間(근간) :요사이. 近頃. 近來 *近年(근년) :지난 지 얼마 안되는 해. 近歲 *近代(근대) :지나간 가까운 시대. 近世 *近處(근처) :가까운 곳. 近方 *近親(근친) :가까운 일가붙이 *近況(근황) :요즈음의 형편. 近狀 *遠親不如近隣(원친불여근린) :멀리 있는 친척 보다는 가까운 데 있는 이웃이 낫다	《원근구분》 멀고 가까운 것이 나뉘어 짐
區	<部首> : 匚(튼입구 몸) ①나눌 구(別也) ②감출 구(藏也)	*區間(구간) :일정한 지점(地點) 사이 *區別(구별) :구역별, 따로따로 갈라 놓음 *區分(구분) :구별하여 나눔 *區劃(구획) :경계를 갈라 정함 *區域(구역) :1.區宇. 區內 2.天下. 宇內 *區區(구구) :1.변변치 못함 2.각기 다름 *伏慕區區(복모구구) :<書簡文에서>"삼가 사모하는 마음이 그지 없습니다."의 말	
分	<部首> : 刀(칼도) ①나눌 분, 쪼갤 분(割也) ②분별할 분(辨別) ③분수 분, 지위 분(位也) ④직분 분(服事)	*分量(분량) :量의 많고 적은 정도 *分類(분류) :종류에 따라 가름 *分配(분배) :몫몫이 고르게 나누어 줌 *分裂(분열) :찢어져 갈라짐 *分派(분파) :여러 갈래로 갈라짐 *大義名分(대의명분) :지켜야 할 절의와 분수 *四分五裂(사분오열) :넷으로 나뉘고 다섯으로 찢어짐 <意>질서없이 뿔뿔이 흩어져 헤어짐	

嶺	<部首> : 山(메산) ①고개 령, 재 령(山肩通路) ②뫼봉우리 령(山峰)	*嶺上(영상) :고개 위. 산 위 *嶺樹(영수) :뫼 꼭대기의 나무 *嶺岑(영잠) :묏봉우리. 嶺嶂. 山峰 *嶺嶂(영장) :묏봉우리. 嶺岑. 山峰 *嶺底(영저) :높은 고개의 아래 기슭 *嶺表(영표) :영남(嶺南) *峻嶺(준령) :높고 험한 고개. 근 재 *泰山峻嶺(태산준령) :큰 산과 험한 고개	
峰	<部首> : 山(메산) *峯과 同 ①봉우리 봉(直上而銳)	*峰頭(봉두) :뫼의 봉우리. 山峰. 山頂 *峰巒(봉만) :산꼭대기의 날카로운 봉우리들 *峰崖(봉애) :뫼의 낭떠러지 *峰嶂(봉장) :산봉우리. 山頂 *高峰(고봉) :높게 솟은 산봉우리 *奇峰(기봉) :생김새가 기이한 봉우리 *上峰(상봉) :가장 높은 산봉우리 *峻峰(준봉) :험하고 가파른 산봉우리	《영봉등정》 고개와 묏봉우리들이 펼쳐져 있어 그 꼭대기에 오름
登	<部首> : 癶(필발 머리) ①오를 등(升也) ②나아갈 등(進也) ③벼슬에오를 등(登位)	*登科(등과) :과거(科擧)에 급제(及第)함. 登第 *登校(등교) :학교에 나감 ↔ 下校 *登錄(등록) :문서에 올림 *登山(등산) :산에 오름 *登頂(등정) :산 따위의 맨 꼭대기에 오름 *登極(등극) :임금의 자리에 오름. 登祚 *登龍門(등용문) :출세하여 영달하게 되는 길 <故>後漢桓帝時正義派官僚 李膺에 추천받는 일	
頂	<部首> : 頁(머리혈) ①정수리 정(顚也) ②꼭대기 정(物之最上部)	*頂光(정광) :부처 머리에서 비치는 원광(圓光) *頂門(정문) :정수리. 숨구멍 *頂拜(정배) :머리 숙여 절함 *頂上(정상) :산의 맨 꼭대기. 제일 높은 곳 *頂點(정점) :맨 꼭대기의 점. 絶頂. 꼭지점 *頂祝(정축) :이마를 땅에 대고 빎 *頂門一鍼(정문일침) :정수리에 침을 한 대 놓음 <喩>남의 잘못을 급소를 찔러 훈계함	

奇	<部首> : 大(큰대) ①기이할 기(奇異) ②홀수 기(偶數之對) ③때못만날 기(不遇)	*奇傑(기걸) :풍채나 성품이 기이한 호걸 *奇景(기경) :기이한 풍경. 奇觀 *奇妙(기묘) :기이하고 묘함 *奇數(기수) :홀수 ↔ 偶數(우수) :짝수 *奇蹟(기적) :상상할 수 없는 기이한 사실 *奇行(기행) :기이한 행동 *奇特(기특) :언행이 기이하고 귀염성 있음 *奇想天外(기상천외) :상식 밖의 엉뚱한 생각	《기암괴석》 기이(奇異) 하고 괴상(怪狀)한 바위와 돌
巖	<部首> : 山(메산) *岩과 同 ①바위 암(石窟) ②높을 엄(高貌)	*巖居(암거) :깊은 산속에 隱居함 *巖窟(암굴) :바위로 되어진 굴. 石窟, 巖穴 *巖盤(암반) :바위로 이루어진 바닥 *巖壁(암벽) :깎아지른 듯 솟아오른 바위벽 *巖石(암석) :바위 *巖棲(암서) :바위에 살음. 巖栖 <喻>隱遁함 *巖泉(암천) :바위 틈에서 솟아나는 샘 *念力通巖(염력통암) :생각하는 힘이 바위를 뚫음	
怪	<部首> : 忄(심방변)=忄=心 ①기이할 괴(奇也) ②괴물 괴(人妖物孽) ③요괴 괴(妖也)	*怪奇(괴기) :괴이하고 기이함. 奇怪, 怪異 *怪談(괴담) :괴상한 이야기 *怪物(괴물) :괴상하게 생긴 물건이나 짐승 *怪常(괴상) :괴이하고 이상함 *怪疾(괴질) :원인을 알 수 없는 이상한 병 *怪漢(괴한) :행동이 괴상한 사나이 *怪常罔測(괴상망측) :보통과는 달리 말할 수 없이 이상야릇함	
石	<部首> : 石(돌석) ①돌 석(山骨) ②단단할 석(心如鐵石) ③섬 석(量名, 十斗)	*石鏡(석경) :유리거울 *石窟(석굴) :바위가 뚫려서 된 굴. 巖窟 *石器(석기) :돌로 만든 여러 가지 생활기구 *石頭(석두) :머리가 둔한 사람 *石碑(석비) :돌로 만든 비(碑) *石油(석유) :땅 속에서 나는 가연성 기름 *石炭(석탄) :땅 속에서 나는 가연성 탄질암 *他山之石(타산지석) :玉을 다듬는 데 쓰는 다른 산의 돌 <喻>다른 사람의 일을 교훈삼음	
溪	<部首> : 氵(삼수 변)=水=氺 *谿와 同 ①시내 계(川澗水注)	*溪谷(계곡) :물이 흐르는 산골짜기 *溪流(계류) :산골에서 흐르는 시냇물 *溪邊(계변) :산골 시냇물 가. 溪頭 *溪聲(계성) :개울물 소리 *溪川(계천) :시내. 시내와 내 *溪泉(계천) :골짜기에서 솟는 샘. 澗泉 *盤溪曲徑(반계곡경) :꾸불꾸불한 내와 산길 <喻>일을 순리대로 하지 않고 억지로 함	《계곡하천》 산골짜기에는 시내가 흐름
谷	<部首> : 谷(골곡) ①골 곡, 실 곡(谿谷山間水道) ②궁진할 곡(窮也) ③기를 곡(養也)	*谷澗(곡간) :산골짜기를 흐르는 시내 *谷神(곡신) :골짜기의 빈 곳. 玄妙한 道 *谷風(곡풍) :1.골 바람 2.동풍(東風). 만물을 자라게 하는 바람. 穀風 *谷王(곡왕) :모든 골이 모이는 곳. 곧 바다의 이칭(異稱) *山鳴谷應(산명곡응) :메아리가 골짜기에 울림 *深山幽谷(심산유곡) :깊은 산의 그윽한 골짜기	
河	<部首> : 氵(삼수 변)=水=氺 ①물 하, 강물 하, 내 하(大川) ②은하수 하(天漢)	*河渠(하거) :강과 개천 *河川(하천) :시내 *河口(하구) :바다로 흘러들어가는 강의 어귀 *河岸(하안) :하천 양쪽의 언덕. 河濱 *河漢(하한) :하늘의 강. 은하(銀河) *河漢之言(하한지언) :한 없이 긴 말 *河海之澤(하해지택) :강과 바다처럼 큰 은혜 *百年河淸(백년하청) :황하가 맑아지기를 백년을 기다림 <喻>보람없는 기다림	
川	<部首> : 川(개미허리)=巛=巜 ①내 천(通流水) ②굴 천(坑也)	*川渠(천거) :물의 根源이 멀지 않은 내 *川谷(천곡) :내와 골짜기. 河川과 溪谷 *川獵(천렵) :냇물에서 고기잡이를 함 *川邊(천변) :냇가 *川魚(천어) :냇물에 사는 물고기. 민물고기 *川奠(천전) :내에서 잡히는 물고기 *山川草木(산천초목) :자연을 가리킴 *晝夜長川(주야장천) :밤낮으로 쉼없이 잇달아서	

江	<部首> : 氵(삼수 변)=水=氺 ①강 강, 가람 강(川之大者) ②물 강, 강수 강(岷山水名)	*江口(강구) :강 어귀, 나루 *江流(강류) :강의 흐름. 河流 *江頭(강두) :1.강가의 나룻배 타는 곳 2.江邊 *江邊(강변) :강물이 흐르는 가의 땅. 강가 *江山(강산) :1.강과 산 2.나라의 영토. 疆土 *江村(강촌) :강가에 있는 마을 *江湖(강호) :1.강과 호수 2.三江五胡 <喩>세상 *錦繡江山(금수강산) :비단에 수놓은 듯한 산천	
流	<部首> : 氵(삼수 변)=水=氺 ①흐를 류(水行) ②등급 류(等級上流下流) ③귀양보낼 류(刑罰之一流配)	*流動(유동) :1.흘러 움직임 2.이리저리 옮김 *流浪(유랑) :정처없이 떠돎. 流離. 浮浪 *流民(유민) :고향을 떠나 떠도는 사람. 流氓 *流配(유배) :죄인(罪人)을 귀양보냄 *流俗(유속) :세상에 떠도는 풍속. 流風 *流水(유수) :흐르는 물 *流行(유행) :새롭게 일시적으로 퍼지는 유풍 *靑山流水(청산유수) :<喩>막힘없이 말을 잘 함	《강류향해》 강물은 흘러서 바다를 향(向)하여 감
向	<部首> : 口(입구) ①향할 향(對也) ②접때 향(昔也)	*向念(향념) :쏠리는 생각. 向意. 意向 *向發(향발) :목적지를 향하여 출발함 *向背(향배) :1.앞과 뒤 2.좋음과 등짐 3.형편 *向上(향상) :위를 향해 나아감. 발전(發展) *向時(향시) :지난번. 접때. 向者. 向前 *向學(향학) :학문에 뜻을 두고 나아감 *向後(향후) :이다음. 이뒤. 앞으로 *向發不知(향발부지) :방향을 모름. 철이 없음	
海	<部首> : 氵(삼수 변)=水=氺 ①바다 해(滄海百川朝宗) ②세계 해(世界)	*海東(해동) :우리나라의 옛이름 *海流(해류) :바닷물의 일정한 흐름. 潮流 *海岸(해안) :바다와 육지가 맞닿는 지대 *海洋(해양) :크고 넓은 바다 *海外(해외) :바다를 사이에 둔 나라. 外國 *海草(해초) :바다에서 자라는 풀의 총칭 *桑田碧海(상전벽해) :뽕밭이 푸른 바다로 됨 <喩>세상의 일이 온통 바뀌어 덧없이 됨	

風	<部首> : 風(바람풍) ①바람 풍(大塊噓氣) ②풍속 풍(風俗) ③경치 풍(風景)	*風格(풍격) :풍채(風采)와 품격(品格) *風景(풍경) :풍광(風光). 풍치(景致) *風紀(풍기) :풍속(風俗)과 기강(紀綱) *風霜(풍상) :1.고난(苦難) 2.세월(歲月). 星霜 *風浪(풍랑) :바람과 물결. 풍파(風波) *風流(풍류) :1유풍(.遺風) 2.풍치있게 놂 *風土(풍토) :그 지방의 기후와 토지의 상태 *風前燈火(풍전등화) :바람 앞의 등불 <喩>危局	
浪	<部首> : 氵(삼수 변)=水=氺 ①물결 랑(波也) ②물절절흐를 랑(流貌) ③맹랑할 랑(不精要) ④함부로쓸 랑(浪費)	*浪漫(낭만) :정서적이면서 공상적인 것 *浪費(낭비) :함부로 헛되이 씀 *浪說(낭설) :터무니 없는 소문 *浪遊(낭유) :빈들빈들 놀고 지냄 *浪人(낭인) :관직이 없이 유랑하는 사람 *浪傳(낭전) :함부로 말을 전함 *風定浪息(풍정랑식) :바람이 잠잠하고 물결이 쉼 <喩>들떠 어수선하던 것이 가라앉음	《풍랑파도》 바람에 물결이 일면서 파도(波濤)가 침
波	<部首> : 氵(삼수 변)=水=氺 ①물결 파(浪也) ②움직일 파(動也)	*波及(파급) :점차 전해짐 *波濤(파도) :큰 물결. 波浪 *波動(파동) :물결의 움직임처럼 퍼져 나감 *波紋(파문) :1.물결무늬 2.어떤 일의 영향 *波長(파장) :파도 사이의 거리 *波狀(파상) :물결의 형상(形狀) *波狀攻擊 *萬頃蒼波(만경창파) :일만 이랑의 푸른 물결 <義>한없이 넓은 바다. 萬頃滄波	
濤	<部首> : 氵(삼수 변)=水=氺 ①물결 도(大波)	*濤雷(도뢰) :우뢰와 같은 파도 소리 *濤灣(도만) :파도가 이는 포구 *濤聲(도성) :큰 파도 소리 *濤波(도파) :큰 파도. 波濤. 巨波. 濤瀾 *濤聲夜入(도성야입) :파도소리에 밤이 깊어감	

潮	<部首> : 氵(삼수 변)=水=水 ①밀물 조, 아침조수 조, 들물 조 (地之血脈隨氣進退) ②나타날 조(潮紅)	*潮流(조류) :1.조수의 흐름 2.시대의 경향 *潮水(조수) :아침에 밀려오는 바다의 밀물 *潮汐(조석) :1.해수(海水)의 간만(干滿) 　　　　　　2.간만에 의한 해수의 흐름 *潮熱(조열) :날마다 제 시간에 일어나는 身熱 *潮紅(조홍) :부끄러워 얼굴빛이 붉게 나타남 *潮汐滿干(조석만간) :밀물과 썰물에 따라 　　　　　바닷물의 수면이 높아졌다 낮아졌다 함	
汐	<部首> : 氵(삼수 변)=水=水 ①썰물 석, 저녁조수 석, 날물 석 (潮汐海濤)	*汐水(석수) :저녁 때에 밀려 나가는 바닷물 *汐潮(석조) :저녁 썰물과 아침 밀물. 潮汐 *汐曇(석담) :썰물이 밀고 오는 수기(水氣)로 　　　　　　구름이 낌 *潮汐摩擦(조석마찰) :밀물과 썰물에 의해 　　　　이동하는 바닷물이 얕은 해저(海底) 　　　　와 마찰(摩擦)을 일으키는 현상	《조석진퇴》 밀물과 썰물이 밀려갔다 밀려왔다 함
進	<部首> : 辶(책받침)=辵 ①나아갈 진(前進) ②천거할 진(薦也)	*進度(진도) :나아가는 일의 속도(速度) *進步(진보) :차차 발전하여 나아감 ↔ 退步 *進出(진출) :새로운 방면으로 세력을 넓힘 *進退(진퇴) :1.나아감과 물러섬 2.거동. 거취 *進學(진학) :상급학교에 들어감 *進行(진행) :1.나아감 2.일을 치러감 *進退兩難(진퇴양난) :나아감과 물러섬이 양쪽 　　　　다 어려움 <意>입장(立場)이 난처(難處)함	
退	<部首> : 辶(책받침)=辵 ①물러갈 퇴(却也) ②물리칠 퇴(退之)	*退却(퇴각) :뒤로 물러나감 *退路(퇴로) :뒤로 물러갈 길 ↔ 進路 *退場(퇴장) :어떤 장소에서 물러감 *退職(퇴직) :직장이나 현직에서 물러남 *退出(퇴출) :물러나감 *退治(퇴치) :물리쳐서 없애버림 *進退維谷(진퇴유곡) :나아가고 물러서는 길이 　　　　골짜기로 이어짐 <意>궁지(窮地)에 몰림	
遍	<部首> : 辶(책받침)=辵 ①두루 편(周也)	*遍談(편담) :널리 빠짐없이 말함 *遍滿(편만) :널리 참. 꽉 참 *遍踏(편답) :널리 두루 돌아다님. 遍歷 *遍照(편조) :1.두루 비침 2.佛光이 두루 비침 *遍散(편산) :곳곳에 널리 흩어져 있음 *遍在(편재) :두루 퍼져 있음 ↔ 偏在 *遍身(편신) :1.온 몸 2.온 몸에 두루 퍼짐 *滿山遍野(만산편야) :산과 들에 가득 차서 뒤덮음	
踏	<部首> : 足(발족 변) ①밟을 답(踐也)	*踏步(답보) :제자리 걸음 *踏査(답사) :실지(實地)로 가서 조사함 *踏山(답산) :묘를 쓰기 위해 가서 봄. 看山 *踏月(답월) :달밤에 거닐음. 步月 *踏襲(답습) :선인이 남긴 것을 그대로 함 *踏靑(답청) :봄날 교외(郊外)의 풀밭을 걸음 *踏破(답파) :먼 길이나 험한 길을 다 걸어냄 *夜不踏白(야불답백) :밤길에 흰 것은 밟지 말라	《편답관람》 두루 돌아다니면서 구경함
觀	<部首> : 見(볼견) ①볼 관(視也) ②보일관(示也) ③모양 관(儀觀容貌)	*觀客(관객) :구경군 *觀光(관광) :고장의 경치나 풍속을 구경함 *觀覽(관람) :관심거리를 구경하면서 봄 *觀衆(관중) :관람하는 무리 *觀察(관찰) :사물을 잘 살펴 봄 *觀測(관측) :사물을 살펴 헤아림 *袖手傍觀(수수방관) :팔짱을 끼고 옆에서 봄 　　　　<意>간섭하지 않고 그대로 내버려 둠	
覽	<部首> : 見(볼견) ①두루볼 람(周覽)	*覽古(람고) :고적(古蹟)을 찾아 당시를 생각함 *覽觀(람관) :구경함. 觀覽 *覽揆(람규) :보고 헤아림 (轉)탄생일 *覽勝(람승) :좋은 경치를 구경함 *遊覽(유람) :여러 곳을 구경하며 돌아다님 *便覽(편람) :보기에 편하게 간단히 만든 책 *一覽不忘(일람불망) :한 번 보면 잊지 않음	

絶	<部首> : 糸(실사 변) ①끊을 절(斷也) ②뛰어날 절(超也) ③결단할 절(決也)	*絶景(절경) :더할 나위 없이 훌륭한 경치 *絶交(절교) :서귀 사귐을 끊음. 斷交 *絶斷(절단) :관계를 끊음. 斷絶 *絶大(절대) :더할 나위 없이 큼 *絶對(절대) :대립될 만한 것이 없음 ↔ 相對 *絶頂(절정) :1.산의 맨 꼭대기 2.가장 극치 *絶好(절호) :더할 나위 없이 좋음 *絶世美人(절세미인) :세상에 비할 바 없는 미인	《절경수려》 훌륭한 경치(景致)가 빼어나게 아름다움
景	<部首> : 日(날일) ①빛 경(光也) ②경치 경(景致) ③클 경(大也)	*景槪(경개) :경치(景致) *景觀(경관) :볼만한 경치 *景氣(경기) :물건의 거래가 이뤄지는 형편 *景福(경복) :크나 큰 복. 景祚 *景況(경황) :여유가 있어 일어나는 흥취 *景行(경행) :1.큰 길 2.훌륭한 행실 *晩秋佳景(만추가경) :늦가을의 아름다운 경치 *餘事風景(여사풍경) :긴치 않아 염두에 아니 둠	
秀	<部首> : 禾(벼화) ①빼어날 수(榮茂) ②이삭 수, 벼패일 수(禾吐華)	*秀傑(수걸) :재주와 기상이 뛰어난 사람 *秀氣(수기) :1.빼어난 경치 2.뛰어난 기질 *秀麗(수려) :빼어나게 아름다움 *秀英(수영) :재지(才智)가 뛰어나고 훌륭함 *秀才(수재) :학문이나 재능이 빼어난 사람 *秀絶(수절) :썩 뛰어나고 훌륭함. 秀越, 特絶 *天姿秀出(천자수출) :선천적으로 맵시가 　　　　　　　　　　뛰어나게 아름다움	
麗	<部首> : 鹿(사슴록) ①고울 려(美也) ②빛날 려(華也) ③걸릴 려(附也)	*麗句(려구) :곱고 아름다운 글귀 *麗美(려미) :곱고 아름다움. 美麗 *麗辭(려사) :고운 말씨. 美辭 *麗視(려시) :흘겨 뜨는 눈. 사팔뜨기. 斜視 *麗人(려인) :얼굴이 고운 여인. 美人. 麗艶 *麗姿(려자) :아름다운 자태. 麗容. 麗顔 *麗澤(려택) :벗끼리 도와 학덕을 닦는 일 *華麗江山(화려강산) :빛나고 아름다운 산천	

槿	<部首> : 木(나무목) ①무궁화 근 　(木槿無窮花 一名椴 一名櫬)	*槿籬(근리) :무궁화(無窮花)를 심은 울타리 *槿域(근역) :무궁화가 피는 지역(地域). 　　　　　　우리나라의 별칭(別稱) *槿花(근화) :무궁화 (喩)變遷이 빠른 것 *槿花鄕(근화향) :우리나라를 일컬음. 槿域	《근역간방》 무궁화(無窮 花)가 아름답게 피는 지역(地域)은 팔괘(八卦)에 서 간방(艮方) 으로 동북방(東北 方)이 되며 동북아시아(東北 Asia) 권(圈)에 속(屬)함
域	<部首> : 土(흙토 변) ①지경 역(界局) ②범위 역(範圍) ③나라 역(邦域)	*域外(역외) :구역의 밖. 경계 밖 ↔ 域內 *域中(역중) :지역의 안. 域內, 宇內 *區域(구역) :갈라놓은 지역 *領域(영역) :1.어떤 범위 2.영토의 범위 *流域(유역) :강가의 지역 *地域(지역) :일정한 땅의 구역 *置之忘域(치지망역) :잊어버리고 별로 생각 　　　　　　　　　　지도 않음	
艮	<部首> : 艮(괘이름간) ①괘이름 간(卦名) ②그칠 간(止也) ③한정할 간(限也)	*艮卦(간괘) :팔괘(八卦)의 하나. 상형(象形)은 　　　　　　☶인데, 산(山)을 상징(象徵)함 *艮方(간방) :正東과 正北 사이의 東北方 *艮坐(간좌) :묏자리나 집터 따위의 艮方을 　　　　　　등진 좌향(坐向)	
方	<部首> : 方(모방) ①모 방(矩也) ②이제 방(今也) ③방위 방(嚮也) ④방법 방(術法) ⑤지방 방(鄕也)	*方角(방각) :모가 난 각 *方冬(방동) :음력 시월이 되는 겨울. 初冬 *方略(방략) :일을 하는 방법. 方策. 方計 *方面(방면) :어떤 방향의 지방이나 뜻둔 곳 *方言(방언) :어떤 지방에 국한된 언어 *方位(방위) :어떠한 쪽의 위치 *東方禮義之國(동방예의지국) :동쪽에 있는 　　　예의를 잘 지키는 나라 (중국에서 칭함)	

我	<部首> : 戈(창과) ①나 아(自謂己身) ②우리 아(我軍, 我輩)	*我慢(아만) :자기를 자랑하는 오만함. 自慢 *我方(아방) :우리 쪽, 우리 편 *我邦(아방) :우리나라. 我國 ↔ 異邦. 異國 *我慾(아욕) :나의 이익만을 탐하는 욕심 *我意(아의) :나의 뜻 *我執(아집) :小我에 집착하여 편협(偏狹)함 *無我陶醉(무아도취) :좋아하는 것에 정신이 　　　쏠려서 자신을 잊어버리고 있는 상태	《아방한국》 우리나라는 대한민국 (大韓民國)
邦	<部首> : 阝(우부 방)=邑 ①나라 방(國也) ②봉할 방(封也)	*邦家(방가) :나라. 邦國. 國家 *邦交(방교) :나라 사이의 외교. 國交 *邦本(방본) :나라의 근본. 國本 *邦俗(방속) :나라의 풍속(風俗). 國俗 *邦域(방역) :나라의 영역. 邦境. 國境 *邦人(방인) :자기나라 사람 *邦土(방토) :국토(國土) *父母之邦(부모지방) :내가 출생된 나라. 조국	
韓	<部首> : 韋(다룬가죽위) ①한국 한(大韓, 朝鮮改稱) ②나라이름 한(朝鮮國名三韓) ③한나라 한(國名韓萬所封) ④우물담 한(井垣)	*韓國(한국) :1.아세아주(亞細亞洲) 동부(東部)에 　　　돌출(突出)한 반도국(半島國) 　　　2.1897年8月16日에 세운 大韓帝國 　　　3.1948年8月15日에 세운 大韓民國 *韓服(한복) :우리나라 古來의 衣服 ↔ 洋服 *韓人(한인) :한국사람 ↔ 洋人 *三韓甲族(삼한갑족) :옛적부터 문벌있는 집안 　　　이라는 뜻	
國	<部首> : 囗(큰입구 몸) ①나라 국(邦也) ②고향 국(故國)	*國家(국가) :주권, 국민, 영토가 있는 나라 *國境(국경) :국가의 판도를 구획한 경계선 *國基(국기) :나라가 이루어진 본바탕. 國本 *國民(국민) :한 나라의 국적을 가진 인민 *國力(국력) :한 나라가 가진 힘 *國土(국토) :나라의 영토(領土). 邦土 *國泰民安(국태민안) :나라가 태평하고 백성이 　　　편안함	

太	<部首> : 大(큰대) 　*泰와 通 ①클 태(大也) ②심할 태(甚也) ③처음 태(最初)	*太古(태고) :아주 오랜 옛날 *太極(태극) :천지개벽 이전의 혼돈상태. 　　　우주만물 구성의 근본되는 본체 *太急(태급) :몹시 급함 *太陽(태양) :태양계의 중심 항성(恒星). 해 *太初(태초) :천지가 개벽한 처음. 太始 *太平(태평) :무사하고 평안함. 太康 太寧 泰平 *天下太平(천하태평) :온 세상이 평화스러움	《태극음양》 천지(天地)가 개벽(開闢)하 기 이전(以前)의 혼돈(混沌)한 상태(狀態)가 음(陰)과 양(陽)의 기운(氣運)으 로 나뉨
極	<部首> : 木(나무목) ①한끝 극(方隅) ②덩어리 극(天地未分前) ③다할 극(盡也)	*極端(극단) :맨 끝. 극도에 달한 마지막 지경 *極大(극대) :매우 큼 *極度(극도) :더할 수 없을 정도. 궁극의 정도 *極小(극소) :매우 작음 *極盡(극진) :극도로 정성을 다함 *極刑(극형) :더할 수 없이 무거운 형벌 *極盛則敗(극성즉패) :왕성함이 지나치면 　　　얼마 가지 못해서 패망함	
陰	<部首> : 阝(좌부 변)=阜 ①응달 음, 음지 음(水南山北) ②음기 음(陽之對地道妻道臣道) ③몰래 음(秘密) ④세월 음(光陰)	*陰極(음극) :음전극(陰電極) ↔ 陽極 *陰氣(음기) :정기의 한쪽인 음의 기 ↔ 陽氣 *陰德(음덕) :남에게 알려지지 않은 德行 *陰曆(음력) :태음력(太陰曆) ↔ 陽曆. 太陽曆 *陰謀(음모) :남 모르게 꾸미는 모략. 陰計 *陰性(음성) :드러나지 않는 성질 ↔ 陽性 *陰陽(음양) :역학(易學)에서 상반된 두 성질 *光陰如流(광음여류) :세월이 흐르는 물처럼 빠름	
陽	<部首> : 阝(좌부 변)=阜 ①볕 양, 해 양(日也) ②양기 양 　(陰之對總是一氣分爲陰陽) ③거짓 양(佯也)	*陽光(양광) :따뜻한 햇볕 *陽狂(양광) :거짓으로 미친 척 함. 佯狂 *陽氣(양기) :볕 기운. 만물이 발생하는 기운 *陽德(양덕) :만물을 생성, 발육시키는 덕(德) *陽言(양언) :거짓말. 佯言 *陽地(양지) :볕이 드는 곳 *陽風(양풍) :따뜻한 바람. 봄바람. 春風. 東風 *和風暖陽(화풍난양) :화창한 바람과 따스한 햇볕	

乾	<部首> : 乙(새을) ①하늘 건(天也) ②괘이름 건(卦名, 乾卦) ③서북쪽 건(戌亥方位) ④마를 건(燥也) ⑤쉬지않고일할 건	*乾坤(건곤) :1.천지(天地) 2.陰陽 3.男女(남녀) *乾卦(건괘) :팔괘의 하나 ☰, 하늘을 상징함 *乾濕(건습) :건조(乾燥)와 습기(濕氣) *乾杯(건배) :술잔을 들어 마셔서 잔을 비움 *乾燥(건조) :습기나 물기가 없이 마름 *乾位(건위) :죽은 남자의 신주(神主) ↔ 坤位 *無味乾燥(무미건조) :맛이 없고 메마름 <意>글, 　　　　그림,분위기 등이 딱딱하여 운치가 없음	《건곤창벽》 하늘과 땅이 비로소 열림
坤	<部首> : 土(흙토 변) ①따 곤(地也) ②괘이름 곤(卦名, 坤卦) ③황후 곤(皇后) ④계집 곤(女稱坤命) ⑤순할 곤(順也)	*坤卦(곤괘) :팔괘의 하나 ☷, 땅을 상징함 *坤宮(곤궁) :황후 또는 황후의 처소 *坤德(곤덕) :1.땅의 덕 2.婦德. 后妃의 德 *坤道(곤도) :부인이 지킬 도리 ↔ 乾道 *坤殿(곤전) :1.황후(皇后) 2.중궁전(中宮殿) *坤軸(곤축) :땅의 추축(樞軸). 지축(地軸) *乾坤一擲(건곤일척) :흥망(興亡)을 걸고 　　　　전력을 다해 마지막으로 승부를 겨룸	
創	<部首> : 刂(칼도 방)=刀 ①비로소 창(始也) ②날에다칠 창(刃所傷)	*創立(창립) :처음으로 설립함 ≒ 創設 *創傷(창상) :날이 있는 연장에 다친 상처 *創始(창시) :일을 비롯함. 創開 *創案(창안) :처음으로 생각해 냄. 創意 *創作(창작) :문예작품 등을 만들어 냄 *創製(창제) :처음으로 창안하여 만듦. 創造 *創業易守成難(창업이수성난) :일을 시작하기 　　　　는 쉬우나 이룬 것을 지키기는 어려움	
闢	<部首> : 門(문문) ①열 벽(開也) ②폐할 벽, 피할 벽(避也)	*闢發(벽발) :先人이 갖지 못했던 생각을 해냄 *闢土(벽토) :땅을 개간함 *開闢(개벽) :천지(天地)가 열리는 시초(始初) *闢邪(벽사) :사설(邪說)을 풀어 밝혀서 물리침. 　　　　辟邪 *闢異端(벽이단) :이단(異端)을 물리침 *天地開闢(천지개벽) :하늘과 땅이 처음으로 　　　　열림. 天開地闢	

紀	<部首> : 糸(실사 변) ①벼리 기(維也) ②기록할 기(記也) ③해 기(歲也) ④법 기(法也, 紀綱)	*紀綱(기강) :1.기율(紀律)과 법강(法綱) 　　　　2.나라를 다스리는 법강(法綱) *紀念(기념) :어떤 일을 전하여 잊지 않음 *紀律(기율) :질서를 위한 행동준칙. 規律 *紀行(기행) :여행(旅行)의 견문(見聞)을 적음 *紀元(기원) :연대기준(年代基準)의 첫해 *紀綱解弛(기강해이) :나라를 다스리는 기율과 　　　　법강의 엄격함이 풀리어 느지러짐	《기원유구》 그 기원(紀元)이 아주 오래 됨
元	<部首> : 儿(어진사람인 발) ①으뜸 원(原也) ②일년의맨첫날 원(元旦) ③연호 원(年號)	*元金(원금) :1.대금의 본전 2.상업의 밑천 *元氣(원기) :1.만물이 이루어진 근본적인 힘 　　　　2.천지(天地)의 기운(氣運) 　　　　3.활동의 근원이 되는 힘 *元旦(원단) :설날아침. 正旦. 歲旦. 元朝 *元老(원로) :공로나 덕망이 높은 사람 *元首(원수) :한 나라의 최고 우두머리 *元惡大憝(원악대대) :반역죄를 범한 사람	
悠	<部首> : 心(마음심)=忄=⺗ ①멀 유(遠也) ②아득할 유(眇邈無期貌) ③한가할 유(閒暇貌)	*悠曠(유광) :1.아주 멀음 2.아주 오램 *悠久(유구) :연대(年代)가 아주 오래됨. 悠遠 *悠然(유연) :침착하여 서둘지 않는 모양 *悠悠度日(유유도일) :한가하게 날을 보냄 *悠悠自適(유유자적) :속세(俗世)를 떠나 　　　　한가히 세월(歲月)을 보냄 *悠悠蒼天(유유창천) :한없이 넓고 푸른 하늘 *悠悠閑閑(유유한한) :한가로이 느릿느릿함	
久	<部首> : 丿(삐침) ①오랠 구(暫之反) ②기다릴 구(待也)	*久闕(구궐) :오래도록 빠짐 *久屈(구굴) :오래도록 뜻을 이루지 못함 *久霖(구림) :오랜 장마 *久任(구임) :오래도록 일을 맡김 *久仰(구앙) :오랫동안 존경했다는 뜻으로 　　　　초면인사에 높여서 하는 말 *日久月深(일구월심) :날이 오래고 달이 깊어짐 　　　　<意>갈수록 자꾸만 더해짐	

最	<部首> : 日(가로왈) ①가장 최(第一) ②나을 최(勝也)	*最高(최고) :가장 높음 ↔ 最低 *最古(최고) :가장 오래 됨 ↔ 最新 *最近(최근) :1.가장 가까움 2.요사이. 近來 *最大(최대) :가장 큼 ↔ 最小 *最上(최상) :맨 위 ↔ 最下 *最善(최선) :가장 좋음 ↔ 最惡 *最初(최초) :맨 처음 ↔ 最終 *爲善最樂(위선최락) :착한 일이 가장 즐거움	
初	<部首> : 衤(옷의 변)=衣 ①처음 초, 비롯할 초(始也) ②맨앞 초(最前)	*初期(초기) :맨 처음 비롯되는 시기 ↔ 末期 *初代(초대) :연대(年代)나 역대(歷代)의 처음 *初等(초등) :맨 처음의 등급(等級) ↔ 高等 *初面(초면) :처음으로 대하여 봄 *初步(초보) :1.첫걸음 2.가장 낮은 정도 *初葉(초엽) :맨 처음의 시대 ↔ 末葉 *首丘初心(수구초심) :여우도 죽을 때는 머리를 　제 살던 굴로 향함 <喩>고향을 그리는 마음	《最初混沌》 맨 처음에는 사물(事物)의 구별(區別)이 확실(確實)치 않음
混	<部首> : 氵(삼수 변)=水=氺 ①섞일 혼(雜也) ②흐릴 혼(濁也) ③덩어리질 혼(混沌氣未分)	*混同(혼동) :뒤섞여 보여 잘못 판담함 *混亂(혼란) :이것저것 뒤섞여 질서가 없음 *混用(혼용) :섞어서 씀 *混雜(혼잡) :뒤섞이어 분잡함 *混合(혼합) :뒤섞어 한 데 합침. 混和 *數魚混水(수어혼수) :몇 마리의 물고기가 　물을 흐림 <喩>소수의 작난(作亂) 　으로 인하여 여럿이 해를 입음	
沌	<部首> : 氵(삼수 변)=水=氺 ①흐릴 돈, 뭉킬 돈(不開通貌) ②기운덩어리 돈(混沌元氣未判) ③물기운 돈(水勢形容)	*混沌(혼돈) :1.천지개벽(天地開闢) 초(初)에 　천지가 아직 갈라지지 않은 상태 　2.사물의 구별이 확실치 않음	

漸	<部首> : 氵(삼수 변)=水=氺 ①점차 점, 차츰 점(稍也) ②젖을 점(濕也)	*漸加(점가) :점점 더함 ↔ 漸減 *漸及(점급) :점점 이르러 미침 *漸滅(점멸) :차차 망하여 감 *漸染(점염) :차차 번져서 물들음 *漸漸(점점) :조금씩 차차. 漸次 *漸不可長(점불가장) :폐단이 더하도록 두면 안됨 *漸入佳境(점입가경) :점점 재미있는 경지로 　들어감	
次	<部首> : 欠(하품흠 방) ①버금 차(亞也) ②차례 차(第也) ③행차 차(行也)	*次期(차기) :다음의 시기. 다음 계제 *次男(차남) :둘째 아들. 次子 *次代(차대) :다음 시대(時代). 다음 世代 *次例(차례) :순서있게 나아가는 번. 序次 *次次(차차) :어떤 일이 조금씩 되어가는 　상태. 漸漸 *以次傳令(이차전령) :차례차례로 전함 *造次顚沛(조차전패) :잠시동안. 한순간	《漸次顯正》 차츰 올바른 도리(道理)를 나타내 보임
顯	<部首> : 頁(머리혈) ①나타날 현(著也明也) ②통달할 현(達也) ③높을 현(高也)	*顯官(현관) :높은 벼슬, 또는 중요한 관직 *顯名(현명) :이름이 세상에 드러남 *顯達(현달) :벼슬과 명망이 드러남. 立身出世 *顯揚(현양) :이름이나 지위를 높이 드러냄 *顯著(현저) :뚜렷이 드러남. 表著 *顯正(현정) :올바른 도리를 나타내 보임 *忽顯忽沒(홀현홀몰) :문득 나타났다가 문득 　없어짐	
正	<部首> : 止(그칠지) ①바를 정(方直不曲) ②마땅할 정(當也) ③첫 정, 정월 정(歲首)	*正當(정당) :바르고 옳음. 이치에 합당함 *正道(정도) :올바른 길. 바른 도리 ↔ 邪道 *正面(정면) :1.위치가 바른 전면 2.마주 봄 *正常(정상) :제대로인 상태 ↔ 異常 *正月(정월) :한해의 첫 번째 달. 1월 *正義(정의) :1.올바른 도리 2.바른 뜻 *正心修己(정심수기) :마음을 바르게 하고 　몸을 수양하여 닦음	

草	<部首> : ++(초 두)=++=艸 ①풀 초, 새 초(百卉總名) ②추할 초(草率粗也) ③글씨쓸 초(文藁)	*草稿(초고) :글의 맨처음 원고(原稿). 草案 *草略(초략) :몹시 거칠고 간략함 *草廬(초려) :1.초가(草家) 2.자기집의 卑稱 *草露(초로) :풀에 맺힌 이슬(露)덧없음 *草本(초본) :1.풀 따위 2.草件. 初本. 草稿 *草野(초야) :궁벽한 시골 *草綠同色(초록동색) :풀빛과 녹색은 한 색깔 　　　　　 <喩>서로 같은 무리끼리 어울림	《초목군방》 풀과 나무와 많은 꽃들
木	<部首> : 木(나무목) ①나무 목(東方位) ②질박할 목(木訥質樸) ③모과 모(木瓜)	*木幹(목간) :나무 줄기 *木工(목공) :1.나무로 물건을 만듦 2.木手 *木瓜(모과) :모과나무의 열매 *木麥(모맥) :메밀 *木綿(목면) :목화. 木棉 *木絲(목사) :무명실. 綿絲 *木石(목석) :나무와 돌 <喩>감정이 없는 사람 *緣木求魚(연목구어) :나무에 올라 생선을 잡으려 　　　　　 함 <喩>되지 않는 일을 무리하게 하려 함	
群	<部首> : 羊(양양) *羣 :本字 ①무리 군(輩也) ②많을 군(衆也) ③모을 군(聚也)	*群黨(군당) :1.여러 무리 2.여러 당파(黨派) *群落(군락) :1.많은 부락. 聚落 2.식물군(植物群) *群芳(군방) :1.많은 꽃. 群花 2.많은 현인(賢人) *群小(군소) :1.뭇 소인 2.적은 무리 *群衆(군중) :한 곳에 모인 많은 사람들 *群集(군집) :떼를 지어 한 곳에 모임 *群鷄一鶴(군계일학) :많은 닭 가운데 한 마리의 　　학 <喩>많은 평범한 사람 중에 뛰어난 사람	
芳	<部首> : ++(초 두)=++=艸 ①꽃다울 방(芬芳香氣) ②이름빛날 방(聲譽之美)	*芳氣(방기) :꽃다운 향기. 芳薰. 香氣 *芳年(방년) :여자의 꽃다운 나이. 芳齡. 芳紀 *芳名(방명) :남의 이름의 존칭. 芳啣 *芳草(방초) :꽃다운 풀 *芳節(방절) :꽃피는 계절. 春節 *芳春(방춘) :꽃이 한창인 봄. 靑春. 芳紀 *綠陰芳草(녹음방초) :우거진 나무그늘과 　　　　　 꽃다운 풀. <意>여름철을 이름	

億	<部首> : 亻(사람인 변)=人 ①억 억(數名, 萬之萬倍) ②많을 억(衆多) ③인민 억(人民)	*億劫(억겁) :오랜 세월(一劫은 萬萬倍의 뜻) *億臺(억대) :억(億)으로 헤아릴만 함 *億年(억년) :억년(億年) *億兆(억조) :많은 人民. 億庶. 兆庶 *億萬之心(억만지심) :온 백성들이 각각 마음이 　　　 달라 한사람도 나라를 위하는 마음이 없음 *其麗不億(기려불억) :이루 헤아릴 수 없을 　　　　　 　만큼 많음	《억조창민》 수많은 백성(百姓)
兆	<部首> : 儿(어진사람인 발) ①조 조(十億) ②많을 조(衆也) ③조짐 조(未作意) ④백성 조(民也)	*兆京(조경) :무척 많은 수(數)를 형용(形容) *兆物(조물) :만물(萬物) *兆民(조민) :많은 백성. 兆庶. 人民. 億兆蒼生 *兆朕(조짐) :길흉(吉凶)이 일어날 기미가 　　　　 미리 보이는 현상(現狀). 兆候 *億兆蒼生(억조창생) :수많은 백성. 億萬蒼生 *雪豊年之兆(설풍년지조) :겨울의 눈은 다음 해의 　　　　　 풍작(豊作)의 징조(徵兆)	
蒼	<部首> : ++(초 두)=++=艸 ①푸를 창(深靑色) ②백성 창(蒼生百姓) ③창황할 창(蒼黃悤遽貌)	*蒼健(창건) :詩文 따위가 古雅하고 기운참 *蒼古(창고) :아득히 먼 옛시대 *蒼空(창공) :푸른 하늘. 蒼天. 蒼穹. 天穹 *蒼官(창관) :소나무의 異稱. 蒼松 *蒼民(창민) :백성. 蒼生. 蒼氓. 黎民. 萬民 *蒼白(창백) :푸른 빛이 돌 정도로 해쓱함 *蒼蠅(창승) :쉬파리 <喩>간사한 사람 *廣濟蒼生(광제창생) :널리 백성을 구제함	
民	<部首> : 氏(각시씨) ①백성 민(衆庶黎首)	*民間(민간) :일반 백성의 사회 *民國(민국) :민주정치를 하는 나라 ↔ 君國 *民事(민사) :민간에 관한 일 *民衆(민중) :최대 다수의 백성. 大衆. 民庶 *民族(민족) :같은 지역에 살며 혈연, 문화, 　　　　　 생활양식 등을 같이 하는 집단 *以民爲天(이민위천) :백성으로써 하늘을 삼음 　　　 <意>백성을 치국의 근본으로 소중히 여김	

千	<部首> : 十(열십) ①일천 천(數名十百) ②많을 천(數多)	*千古(천고) :1.오랜 옛적 2.영원(永遠) *千金(천금) :1.엽전 천량 2.매우 많은 돈 *千慮(천려) :여러가지로 생각함 *千載(천재) :천년의 긴 세월. 千歲. 千秋 *千變萬化(천변만화) :변화가 무궁(無窮)함 *千態萬象(천태만상) :여러가지 형태와 모양 *千里行始於足下(천리행시어족하) :천리 길도 　한 걸음부터 <喩>작은 것이 쌓여 크게 됨	《천태만상》 천차만별 (千差萬別)의 상태(狀態)로 드러난 여러 가지 형상(形象)
態	<部首> : 心(마음심)=忄=⺗ ①태도 태(作姿) ②모양 태(姿也)	*態度(태도) :몸가짐 *態勢(태세) :상태(狀態)와 형세(形勢) *狀態(상태) :처해 있는 현재의 모양 *事態(사태) :일이 되어가는 형편 *姿態(자태) :모양이나 태도. 맵시 *形態(형태) :사물의 생김새. 모양 *千姿萬態(천자만태) :여러가지 맵시와 모양 *花容月態(화용월태) :아름다운 여인의 맵시	
萬	<部首> : ⺿(초 두)=⺿=艸 *万과 通 ①일만 만(千之十倍) ②많을 만(多數萬邦)	*萬感(만감) :여러가지 느낌. 온갖 생각 *萬古(만고) :1.오랜 옛적. 太古 2.긴 세월 *萬能(만능) :온갖 것에 다 통하고 능함 *萬代(만대) :오랜 세월. 萬世 *萬物(만물) :온갖 물건 *萬事(만사) :온갖 일 *萬狀(만상) :온갖 모양이나 형편 *萬象(만상) :형상이 있는 온갖 물건이나 일 *萬壽無疆(만수무강) :한없이 오래도록 삶	
象	<部首> : 豕(돼지시) ①코끼리 상(南方大獸長鼻牙) ②형상할 상(形也) ③법받을 상(法也)	*象石(상석) :산소에 세우는 석물(石物) *象徵(상징) :추상적(抽象的) 정신내용을 　구체적 사물로 연상(連想)함 *象形(상형) :사물의 형상(形象)을 시늉함 *象牙塔(상아탑) :학자(學者)가 속세(俗世)를 　　　떠나 연구(研究)함 *盲人摸象(맹인모상) :소경이 코끼리를 만짐 　<喩>일부만 알고 판단을 내리는 좁은 견해	
各	<部首> : 口(입구) ①각각 각, 따로따로 각, 　제각기 각(異辭)	*各各(각각) :따로 따로 *各個(각개) :낱낱이. 各箇 *各界(각계) :사회(社會)의 각(各) 방면(方面) *各其(각기) :각각. 저마다 *各樣(각양) :여러가지 모양 *各自(각자) :제각기 *各種(각종) :여러가지의 종류(種類). 여러 가지 *各自圖生(각자도생) :제각기 살 길을 도모함	《각양이색》 제 각각의 모양(貌樣)과 다른 색깔
樣	<部首> : 木(나무목) ①모양 양(式也貌樣) ②도토리 상(栩實)	*樣式(양식) :일정(一定)한 형식(形式) *樣態(양태) :모양. 형편 *文樣(문양) :무늬 *各樣(각양) :여러가지 모양 *多樣(다양) :모양이 여러가지임 *貌樣(모양) :됨됨이. 생김생김. 형상. 模樣 *不成貌樣(불성모양) :살림이 가난하여 말이 아님 *花樣不同(화양부동) :꽃 모양이 모두 같지 않음 　　　　　<喩>문장이 타인과 다름	
異	<部首> : 田(밭전) ①다를 이(不同) ②괴이할 이(怪也) ③기이할 이(奇也)	*異見(이견) :서로 다른 의견. 異意 *異國(이국) :다른 나라. 外國. 異域 *異能(이능) :남달리 기이한 재주. 異才. 奇才 *異常(이상) :1.보통과 다름 2.의심스러운 것 *異性(이성) :1.다른 성질 2.암컷과 수컷 *異色(이색) :1.다른 빛깔 2.색다른 것 *同床異夢(동상이몽) :같이 자면서 다른 꿈을 　꿈 <喩>행동은 같이 하면서 생각을 달리함	
色	<部首> : 色(빛색) ①빛 색(五采貌) ②낯 색(顔氣) ③어여쁜계집 색(美女)	*色骨(색골) :여색을 좋아하는 사람. 好色漢 *色相(색상) :색깔이 갖는 각각의 속성. 色調 *色素(색소) :색깔을 나타내게 하는 성분 *色情(색정) :여색을 탐하는 마음. 色慾. 欲情 *色彩(색채) :빛깔 *色漆(색칠) :색을 바름 *傾國之色(경국지색) :임금이 반하여 나라를 　　　　위태롭게 할 정도로 뛰어난 미인 *巧言令色(교언영색) :교묘한 말과 아첨하는 빛	

面	<部首> : 面(낯**면**) ①얼굴 면, 낯 면(顔也) ②보일 면(見也) ③겉 면(表也, 外也)	*面愧(면괴) :남 보기가 부끄러움 *面談(면담) :면대하여 이야기 함. 面語 *面對(면대) :얼굴과 얼굴을 서로 대함. 面當 *面目(면목) :1.얼굴 2.남을 대하는 얼굴 *面識(면식) :서로 얼굴을 앎 *面接(면접) :서로 대면하여 만나봄. 面會 *四面楚歌(사면초가) :사방에서 초나라의 노래 　　　　　　　소리가 들려 옴 <喩>고립무원의 상태	
貌	<部首> : 豸(발없는벌레**치**) ①모양 모, 얼굴 모, 겉 모(容儀) ②모뜰 막(描畵) ③멀 막(遠也)	*貌襲(모습) :모방(模倣)함. 模襲 *貌樣(모양) :생김새. 模樣 *貌言(모언) :치레 뿐이고 실속이 없는 말 *貌形(모형) :모습. 모양 *貌不似(모불사) :1.꼴이 꼴답지 못함 　　　　　　　2.흉악하게 생긴 사람 *以貌取人(이모취인) :얼굴만 보고서 사람을 　　　　　　　골라서 씀	《면모개수》 얼굴 생김이 다 다름
皆	<部首> : 白(흰**백**) ①다 개(俱辭) ②한가지 개, 같을 개(同也)	*皆勤(개근) :하루도 빠짐없이 출석함 *皆是(개시) :다. 죄다. 모두 *皆濟(개제) :1.다 돌려주거나 바침 　　　　　　2.일이 다 끝남 *皆旣蝕(개기식) :개기일식(皆旣日蝕)과 개기 　　　　　　월식(皆旣月蝕) ↔ 部分蝕 *善惡皆吾師(선악개오사) :선과 악이 다 나의 　　　　　　스승이 됨	
殊	<部首> : 歹(죽을**사** 변)=歺 ①다를 수(異也) ②죽을 수(死也)	*殊邦(수방) :다른 나라. 異邦. 外國 *殊怪(수괴) :수상하고 괴이함 *殊異(수이) :보통과 유별나게 다름. 特異 *殊絶(수절) :빼어남 *殊常(수상) :1.보통(평상시)과 다름 2.뛰어남 *殊常之勳(수상지훈) :특별히 뛰어난 공훈 *同歸殊途(동귀수도) :같은 곳으로 돌아가지만 　　　　　　길은 다름	
個	<部首> : 亻(사람**인** 변)=人 *个·箇와 同 ①낱 개(枚也) ②치우칠 개(偏也)	*個個(개개) :낱낱이. 箇箇. 各個 *個人(개인) :사회 일원으로서 낱낱의 사람 *個別(개별) :낱낱이 따로 나눔 *個性(개성) :개별의 성격(性格) *個中(개중) :각기 다른 여럿의 가운데 *個體(개체) :낱낱의 독립된 물체 ↔ 團體 *各個(각개) :몇이 있는 데서 그 하나 하나 *個別訪問(개별방문) :한 사람씩 찾아가 뵘	
別	<部首> : 刂(칼도 **방**)=刀 ①다를 별(異也) ②나눌 별(分解) ③분별할 별, 가를 별(辨也) ④이별할 별(離別)	*別途(별도) :다른 방면. 다른 용도 *別離(별리) :헤어짐. 離別 *別名(별명) :본명 외에 지어 부르는 딴이름 *別味(별미) :특별한 맛. 特味 *別般(별반) :그다지. 특별하게. 別段. 別樣 *別稱(별칭) :달리 일컫는 이름. 別號 *千差萬別(천차만별) :여러가지 사물이 모두 　　　　　　차이가 있고 구별이 있음	《개별특징》 낱낱이 따로 따로 특별(特別)히 눈에 띄는 표적(表迹)이 있음
特	<部首> : 牛(소우 변) ①특별할 특, 가장 특(挺立) ②숫소 특(朴牡牛父)	*特權(특권) :일부만이 특별히 가지는 권리 *特技(특기) :특수한 기술. 長技 *特別(특별) :일반과 다름 ↔ 普通 *特色(특색) :다른 것에 비해 특히 눈에 띔 *特性(특성) :있는 특별히 다른 성질 *特殊(특수) :보통과는 특별히 다름. 特異 *特徵(특징) :특별히 눈에 띄는 표적 *大書特筆(대서특필) :아주 크게 써서 표시함	
徵	<部首> : 彳(두인 변) ①효험 징, 징험 징(驗也) ②부를 징(召也) ③조세를거둘 징(斂也)	*徵兵(징병) :군사를 불러냄 *徵收(징수) :조세,돈,물품 등을 거둠. 徵捧 *徵用(징용) :인부나 물자등을 불러내어 씀 *徵兆(징조) :미리 보이는 조짐. 徵候 *徵集(징집) :인부나 물자를 불러 모음. 徵募 *徵集令狀(징집영장) :국가가 국민에게 　　　　　　복무할 의무를 부과하는 명령서 *亡徵敗兆(망징패조) :망할 조짐	

存	\<部首\> : 子(아들자) ①있을 존(存也) ②존문할 존(告存恤問) ③보존할 존(保存)	*存亡(존망) :존속(存續)과 멸망(滅亡) *存否(존부) :있는지 없는지 *存候(존후) :안부(安否)를 물음 *存恤(존휼) :위문(慰問)하고 구제(救濟)함 *存在(존재) :1.현존(現存)하여 있음 　　　　　　　2.경험적 존재 및 사유(思惟) *適者生存(적자생존) :환경에 맞는 것은 살아 　남고, 그렇지 못한 것은 도태되어 쇠멸함	《존재가치》 현존(現存)하 여 있는 그 나름의 가치(價值)가 있음
在	\<部首\> : 土(흙토) ①있을 재(存也) ②살 재(居也) ③살필 재(察也)	*在京(재경) :서울에 머물러 있음 *在來(재래) :전(前)부터 있어 오던 것 *在籍(재적) :단체 따위의 적(籍)에 올라 있음 *在中(재중) :속에 있음 *在職(재직) :직장에 근무하고 있음. 在勤 *現在(현재) :1.이제. 지금 2.이 세상 *謀事在人成事在天(모사재인성사재천) :일을 　꾀함은 사람에게, 성사 여부는 하늘에 있음	
價	\<部首\> : 亻(사람인 변)=人 *賈와 同義 ①값 가(物直) ②가치 가(品位)	*價格(가격) :값. 價値 *價額(가액) :값 *價値(가치) :1.값. 價格 2.값어치. 資格. 品位 *代價(대가) :물건 값으로 치르는 돈 *物價(물가) :상품(商品)의 시장 가격(價格) *時價(시가) :어느 일정시기의 물가(物價) *評價(평가) :물건이나 일의 가치를 평함 *無價大寶(무가대보) :값을 헤아릴 수 없는 　　　　　　　　　　귀중한 보물	
値	\<部首\> : 亻(사람인 변)=人 *直과 通 ①값 치(價也) ②가치있을 치(價也) ③만날 치(遇也)	*値遇(치우) :우연히 만남. 뜻밖에 서로 만남 *數値(수치) :어떤 양(量)의 크기에 대한 값 *近似値(근사치) :어떤 수값에 가까운 수값 *絶對値(절대치) :어떤 실수(實數)에서 그 　성질의 부호를 떼어 버린 수. 절대값 *春宵一刻値千金(춘소일각치천금) :봄날 밤 　한 시각의 값은 천금 \<意\>봄날 밤놀이 　의 아름다운 시간이 한없이 귀하다는 뜻	

稱	\<部首\> : 禾(벼화) ①일컬을 칭(言也) ②저울 칭(衡也)	*稱格(칭격) :인칭(人稱) 또는 물칭(物稱) *稱譽(칭예) :칭찬하여 기림 *稱量(칭량) :저울로 무게를 달음 *稱讚(칭찬) :미덕을 찬송하고 기림 *稱頌(칭송) :공덕을 칭찬하여 기림 *稱號(칭호) :사회적으로 일컫는 이름 *唯稱好鬚(유칭호수) :오직 수염만 훌륭하다고 　　　　　　　　일컬어짐 \<喩\>재능이 없음	《칭호부여》 일컫는 이름이 주어짐
號	\<部首\> : 虍(범호 엄) ①부를 호(召也) ②호령할 호(號令) ③이름 호(名稱) ④엉엉울 호(大哭)	*號角(호각) :입으로 부는 신호 기구. 호루루기 *號哭(호곡) :소리내어 슬피 울음. 號泣 *號咷(호도) :소리내어 엉엉 울음. 放聲號哭 *號召(호소) :뭇사람들을 부름 *號笛(호적) :신호용 피리. 나발. 사이렌 *號令如汗(호령여한) :호령은 땀과 같음 　　　　　　\<喩\>한번 내린 명령은 취소하기 어려움 *哀號涕泣(애호체읍) :슬피 울부짖으며 욺	
賦	\<部首\> : 貝(조개패) ①줄 부(給與) ②받을 부(稟受) ③구실 부(稅也) ④글 부(詩之流)	*賦課(부과) :부담의 의무를 지우는 행위 *賦斂(부렴) :세금(稅金)을 매겨서 받아들임 *賦性(부성) :타고난 성격. 稟性. 天性. 賦質 *賦稅(부세) :세금(稅金)을 매겨서 물림. 賦租 *賦與(부여) :나누어 줌. 별러 줌 *賦役(부역) :국가가 의무 지우는 노역(勞役) *天賦(천부) :하늘이 줌. 선천적으로 받음 *運否天賦(운부천부) :운수 여부는 하늘이 줌	
與	\<部首\> : 臼(절구구) ①더불 여(以也) ②줄 여(施予) ③어조사 여(語辭)	*與件(여건) :주어진 조건(條件) *與黨(여당) :집권에 성공한 당(黨) ↔ 野黨 *與否(여부) :그러함과 그렇지 아니함 *與手(여수) :사람을 시켜 죽임 *與奪(여탈) :주는 일과 빼앗는 일 *與人同樂(여인동락) :남들과 더불어 같이 즐김 *與他自別(여타자별) :남들보다는 사이가 　　　　　　　　　　유달리 가까움	

俯	<部首> : 亻(사람인 변)=人 *頫와 同 ①구부릴 부(俛也) ②머리를숙일 부(垂也) ③깊숙히숨어있을 부(潛伏)	*俯瞰(부감) :굽어봄. 俯觀. 俯覽. 下瞰. 鳥瞰 *俯仰(부앙) :위를 우러르고 아래를 살핌. 俛仰 *俯察(부찰) :아랫사람의 형편을 두루 살핌 *俯聽(부청) :공손한 태도로 주의깊게 들음 *俯項(부항) :고개를 숙임. 低頭 *俯仰無愧(부앙무괴) :천지에 부끄러움이 없음 *仰天俯地(앙천부지) :하늘을 우러러 보고 　　　　　　　땅을 굽어봄	《부앙무제》 고개를 숙여 땅을 살펴보고 머리를 들어 하늘을 우러러 보니 가없이 넓음
仰	<部首> : 亻(사람인 변)=人 ①우러러볼 앙(舉首望) ②사모할 망(敬慕也) ③임금의분부 앙(王命)	*仰見(앙견) :우러러 봄. 仰視. 仰觀 *仰望(앙망) :1.우러러 봄 2.우러러 바람 *仰禱(앙도) :우러러 기도함 *仰慕(앙모) :우러러 사모(思慕)함. 仰戀 *仰友(앙우) :재주가 자기보다 나은 벗. 勝友 *仰事俯育(앙사부육) :우러러 부모(父母)를 　　　　　섬기고 굽어 살펴서 처자(妻子)를 　　　　　거느림	
無	<部首> : 灬(불화)=火 ①없을 무(有之對) ②아닐 무(不也)	*無故(무고) :탈이 없음. 無事 *無關(무관) :관계(關係)가 없음 *無窮(무궁) :한(限)이 없음. 無疆 *無能(무능) :재능(才能)이나 능력이 없음 *無上(무상) :더 이상 없음. 가장 좋음 *無常(무상) :1.일정치 않음 2.덧 없음 *無限(무한) :끝이 없음 *有名無實(유명무실) :이름뿐이고 실속이 없음	
際	<部首> : 阝(좌부 변)=阜 ①가 제(邊也) ②끝 제(極也) ③사귈 제(交際)	*際涯(제애) :끝. 際限 *際遇(제우) :1.당하여 만남 　　　　　2.군신(君臣)간 의사가 잘 통함 *際會(재회) :1.서로 만남 　　　　　2.군신(君臣)이 우연히 서로 만남 *際涯廣漠(제애광막) :끝이 한없이 넓고 아득함 *際涯無邊(제애무변) :끝이 가없음 *一望無際(일망무제) :한눈에 볼 수 없이 넓음	
世	<部首> : 一(한일) ①인간 세, 세상 세(世界) ②대대 세(代代)	*世界(세계) :1.온 세상 2.지구상의 모든 나라 *世帶(세대) :생활을 같이하는 한 식구. 家口 *世代(세대) :1.여러 대 2.한 시대의 사람들 *世上(세상) :사람이 살고 있는 지구 위. 世間 *世俗(세속) :1.세상 풍속 2.속세. 현실세계 *世態(세태) :세상의 상태나 형편. 世相. 世情 *濟世安民(제세안민) :세상을 구제하고 백성을 　　　　　　　편안하게 함	《세속유한》 인간(人間)이 사는 세상(世上)에 는 한계(限界)가 있음
俗	<部首> : 亻(사람인 변)=人 ①속될 속(俗人) ②풍속 속(風俗)	*俗界(속계) :속된 사람의 세계 *俗談(속담) :세상의 속된 이야기. 俗說 *俗性(속성) :속되고 천한 성질 *俗世(속세) :속된 세상. 俗世間. 世間 *俗緣(속연) :속세(俗世)와의 인연(因緣) *俗態(속태) :아담스럽지 못한 매꼴. 속티 *美風良俗(미풍양속) :아름답고 좋은 풍속 *移風易俗(이풍역속) :풍속을 고쳐 바꿈	
有	<部首> : 月(달월) ①있을 유(無之對) ②가질 유(保也)	*有故(유고) :사고가 있음 ↔ 無故 *有功(유공) :공로(功勞)가 있음 *有能(유능) :재능(才能)이 있음 ↔ 無能 *有力(유력) :힘이 있음 ↔ 無力 *有利(유리) :이로움이 있음 ↔ 不利 *有望(유망) :희망(希望)이 있음 ↔ 無望 *有限(유한) :한도(限度)가 있음 ↔ 無限 *有口無言(유구무언) :입이 있어도 할 말이 없음	
限	<部首> : 阝(좌부 변)=阜 ①한정할 한(度也) ②지경 한(界也) ③문지방 한(門閾)	*限界(한계) :1.땅의 경계. 2.정해 놓은 범위 *限局(한국) :범위를 한 부분에 한정함. 局限 *限期(한기) :미리 기약해 놓은 때. 期限 *限度(한도) :일정하게 정해 놓은 정도. 限定 *限滿(한만) :기한이 다 참 *限命(한명) :한정된 수명(壽命) *限死(한사) :죽음을 걸고 일함. 決死 *以死爲限(이사위한) :죽음을 각오하고 임함	

生	<部首> : 生(날생) ①날 생(出也) ②살 생(死之對) ③날것 생(未熟) ④나 생(自己謙稱)	*生氣(생기) :만물이 자라나는 힘 *生動(생동) :살아 생기(生氣)있게 움직임 *生命(생명) :목숨 *生死(생사) :삶과 죽음 *生物(생물) :생명을 가지고 생활하는 유기체 *生産(생산) :1.새끼를 낳음 2.만들어 내는 일 *生活(생활) :1.살아서 활동함 2.생계를 유지함 *突不然不生煙(돌불연불생연) :아니 땐 굴뚝에 연기 나랴 <喩>어떤 소문엔 원인이 있게 마련	
老	<部首> : 耂(늙을로 엄)=老 ①늙을 로(年高) ②익숙할 로(熟練, 老鍊)	*老境(노경) :늙바탕. 老年. 晚年 *老嫗(노구) :할멈. 老婆 *老年(노년) :늙은 나이 *老軀(노구) :늙어진 몸. 老身 *老鍊(노련) :많은 경험을 쌓아 숙달함. 老熟 *老親(노친) :나이 많은 어버이 *老兄(노형) :연장(年長) 친구의 경칭(敬稱) *身老心不老(신노심불로) :몸은 비록 늙었으나 마음은 늙지 않았음	《생로병사》 세상(世上)에 태어나서 늙고 병(病)들어서 죽음
病	<部首> : 疒(병질 엄) ①병들 병, 앓을 병(疾加) ②근심할 병(憂也0 ③괴로울 병(苦也) ④곤할 병(困也)	*病苦(병고) :병으로 인한 고통. 疾苦 *病菌(병균) :병원균(病原菌) *病身(병신) :몸의 일부가 온전치 못한 사람 *病弱(병약) :병으로 쇠약함. 病骨. 病軀. 病體 *病症(병증) :병의 증세(症勢) *病者(병자) :병에 걸려 앓는 사람. 病人 患者 *病患(병환) :병(病)의 높임말 *同病相憐(동병상련) :같은 병자끼리 동정함	
死	<部首> : 歹(죽을사 변)=歺 ①죽을 사(澌精氣窮) ②끊일 사(絕也)	*死境(사경) :죽게 된 지경(地境) *死力(사력) :죽기를 무릅쓰고 쓰는 힘 *死亡(사망) :사람의 죽음. 死去. 作故. 長逝 *死生(사생) :죽음과 삶. 生死 *死體(사체) :죽은 시체. 주검. 死骸 *死活(사활) :죽기와 살기 *死後藥方文(사후약방문) :죽은 다음에 약 처방 을 냄 <喩>무슨 일이든 시기를 놓치면 안됨	

超	<部首> : 走(달아날주) ①뛰어넘을 초(躍過越也) ②높을 초(超然卓也)	*超過(초과) :일정한 한도나 수(數)를 넘어섬 *超克(초극) :어려움을 이겨 냄 *超然(초연) :둘레 밖으로 벗어난 모양 *超人(초인) :인간의 능력(能力)을 초월한 사람 *超越(초월) :어떤 한계나 표준을 넘음. 超逸 *超脫(초탈) :세속에 관여치 않는 기품. 脫俗 *超音速(초음속) :소리의 속도보다 빠름 *超大型(초대형) :아주 큰 것. 극히 대형의 것	《초탈불가》 뛰어넘어 벗어나는 것이 가능(可能)치 않음
脫	<部首> : 月(고기육 변)=肉 ①벗어날 탈, 벗을 탈(免也) ②간략할 탈(略也)	*脫稿(탈고) :원고(原稿)를 다 써서 마침 *脫穀(탈곡) :곡식을 털음 *脫衣(탈의) :옷을 벗음 *脫落(탈락) :빠져서 떨어짐 *脫出(탈출) :구속(拘束)에서 빠져 나옴 *脫皮(탈피) :표피동물이 크면서 껍질을 벗음 *脫退(탈퇴) :관계(關係)를 끊고 빠져 나옴 *始如處女後如脫兔(시여처녀후여탈토) :시작은 처녀와 같이, 뒤에는 토끼가 뛰는 것 처럼 함	
不	<部首> : 一(한일) ①아니 불(未也) ②않을 불(非也) ③뜻정하지않을 부(未定辭)	*不可(불가) :가능(可能)하지 않음 *不能(불능) :1.능력(能力)이 없음 2.할 수 없음 *不法(불법) :법(法)에 어긋남 *不實(부실) :충실(充實)하지 못함 *不安(불안) :마음이 안정(安定)되지 않음 *不幸(불행) :행복(幸福)하지 않음 *不孝(불효) :부모에게 자식된 도리를 못함 *不遠千里(불원천리) :천리도 멀다 여기지 않음	
可	<部首> : 口(입구) ①옳을 가(否之對) ②착할 가(善也) ③가히 가(肯也)	*可決(가결) :상정(上程)안건을 좋다고 결정함 *可當(가당) :대체로 온당(穩當)함 *可憐(가련) :딱하고 불쌍함 *可變(가변) :변하게 할 수 있음 *可謂(가위) :말하자면. 과연(果然). 참으로 *許可(허가) :법률이 정하는 바에 따라 허락함 *不可近不可遠(불가근불가원) :가깝게도 멀게도 하지 말라 <意>경계하는 사람에 대한 처신	

百	<部首> : 白(흰백) ①일백 백(十之十倍) ②힘쓸 맥(勵也) ③길잡이 맥(行杖道驅人曰五百)	*百家(백가) :1.많은 집 2.많은 학자(學者) *百方(백방) :1.온갖 방법 2.여러 방면 *百官(백관) :모든 벼슬아치. 百僚 *百姓(백성) :국민의 예스러운 말. 여느 사람 *百世(백세) :오랜 세대(世代) *百花(백화) :온갖 꽃 *讀書百遍意自見(독서백편의자현) :책을 백번 　　　　읽으면 그 뜻은 저절로 알아진다는 뜻	《백성중서》
姓	<部首> : 女(계집녀 변) ①성씨 성(氏系統稱) ②일가 성(一族) ③백성 성(百姓) ④아이낳을 성(生子)	*姓名(성명) :성(姓)과 이름 *姓孫(성손) :후손(後孫) *姓氏(성씨) :성(姓)의 높임말 *姓銜(성함) :성명(姓名)의 높임말 *姓鄕(성향) :시조(始祖)의 고향. 貫鄕. 本鄕 *二姓之合(이성지합) :두 가지 성(姓)의 합침 　　　　<意>두 남녀(男女)의 결혼	많은 성씨(姓氏)를 가진 뭇사람들
衆	<部首> : 血(피혈) ①무리 중(衆人) ②많을 중(多也) ③민심 중(庶民之心)	*衆口(중구) :여러 사람들의 입. 뭇입 *衆論(중론) :많은 사람의 의논. 衆議 *衆生(중생) :많은 사람들 및 모든 생물 *衆庶(중서) :뭇사람 *衆人(중인) :많은 사람. 뭇 사람 *博施濟衆(박시제중) :널리 베풀어 대중을 구함 *單則易折衆則難摧(단칙이절중칙난최) :하나일 　　　때는 꺾기 쉬우나 여러개는 꺾기 어려움	<인간(人間) 세상(世上)에 사는 수많은 사람들>
庶	<部首> : 广(엄 호) ①뭇서, 무리 서, 여럿 서(衆也) ②거의 서(庶幾) ③서자 서(支子)	*庶幾(서기) :거의. 가까움 *庶物(서물) :여러가지 물건. 萬物 *庶母(서모) :아버지의 첩. 첩어미 *庶務(서무) :특별한 명목이 없는 잡다한 사무 *庶民(서민) :보통 사람. 庶人 *庶子(서자) :첩에서 난 아들 庶孽 ↔ 嫡子 *庶出(서출) :첩(妾)의 소생. 側出 ↔ 嫡出 *庶幾之望(서기지망) :거의 될 듯한 희망	

慾	<部首> : 心(마음심)=忄=㣺 *欲과 同 ①욕심 욕, 게염낼 욕(情所好嗜) ②탐낼 욕(貪也) ③하고자할 욕(欲也)	*慾界(욕계) :욕심이 많은 세상. 現世 *慾望(욕망) :간절히 하고자 하는 마음. 慾求 *慾心(욕심) :하고자 하는 마음. 慾氣. 欲念 *欲情(욕정) :1.한 때 충동(衝動)으로 일어 　　　나는 욕심(慾心) 2.색욕(色慾) *慾火(욕화) :욕망(慾望)의 강렬(强烈)함을 　　　불에 비유(比喩)함 *無厭之慾(무염지욕) :한없는 욕심	《욕심본성》
心	<部首> : 心(마음심)=忄=㣺 ①마음 심(形之君而神明之主) ②가운데 심(中也) ③염통 심(臟也)	*心境(심경) :마음의 상태. 마음의 경지 *心氣(심기) :사물에 대해 느끼는 마음. 氣分 *心理(심리) :마음의 상태와 의식의 현상 *心性(심성) :참되고 변치 않는 타고난 본성 *心身(심신) :마음과 몸. 정신과 육체 *心臟(심장) :피를 온 몸에 보내는 기관. 염통 *以心傳心(이심전심) :마음으로 마음에 전함 *勞心焦思(노심초사) :마음으로 애쓰며 속을 태움	자기(自己)만 을 이롭게 하고자 하는 마음이 본디의 타고난 성품(性稟)임
本	<部首> : 木(나무목) ①밑둥 본, 뿌리 본(草木根柢) ②정말 본(眞正) ③당자 본(本人當者) ④책 본(冊也)	*本來(본래) :본디. 本是 *本心(본심) :본 마음 *本末(본말) :처음과 나중 *本分(본분) :자기에게 알맞은 신분(身分) *本性(본성) :본디부터 가진 성질(性質) *本然(본연) :본디부터 그러한 것 *本人(본인) :1.자기(自己) 2.바로 그 사람 *拔本塞源(발본색원) :뿌리를 뽑고 근원을 막음 　　　　<喩>폐단의 근원을 아주 뽑아서 없앰	
性	<部首> : 忄(심방변)=忄=心 ①성품 성(賦命自然) ②마음 성(性情, 性本) ③색욕 성(性慾)	*性格(성격) :각자 특유(特有)의 성질. 性品 *性交(성교) :남녀가 육체적으로 교합함. 房事 *性能(성능) :본질적 능력이나 기능(機能) *性味(성미) :마음결 *性慾(성욕) :성교(性交)를 하고자 하는 욕망 *性情(성정) :1.性質과 心情 2.타고난 稟性 *性質(성질) :1.마음의 바탕 2.본디의 특성 *人性本善(인성본선) :사람의 성품은 본래 착함	

諸	<部首> : 言(말씀언) ①모두 제(皆也) ②모을 제(衆也)	*諸君(제군) :평교(平交)나 손아래 사람의 여러분 *諸般(제반) :여러가지. 모든 것. 各般 *諸位(제위) :여러분 *諸將(제장) :여러 장수 *諸人(제인) :많은 사람, 모든 사람 *諸賢(제현) :1.여러 현인(賢人) 2.여러분 *諸兄(제형) :1.여러 형들 2.여러분 *諸行無常(제행무상) :우주 만물은 돌고 돌아 　　　　　　언제나 같은 모습으로 있지 않음	
般	<部首> : 舟(배주) ①일반 반(一般) ②모두 반(全般) ③되돌아올 반(還也, 反也) ④큰배 반(大船)	*般若(반야) :만유의 실상(實相)을 증험(證驗)함. 　　　　　제불(諸佛)의 어머니. 知慧를 뜻함 *般遊(반유) :즐기고 놂. 般樂 *般載(반재) :운반(運搬)하여 실음 *般還(반환) :돌음. 돌림 般旋. 盤旋 *走逐一般(주축일반) :달아나는 자나 쫓아가는 　　자나 다 똑같음 <喩>옳지 못한 일을 할 　　바에는 정도에 상관없이 피차 마찬가지임	《제반번뇌》 모든 여러가지 일에 대한 마음으로부터 의 갈등(葛藤)과 괴로움
煩	<部首> : 火(불화 변) ①번거로울 번(不簡) ②수고로울 번(勞也) ③괴로울 번(思惱) ④번열증날 번(熱頭痛)	*煩惱(번뇌) :1.마음이 시달려 괴로움 　　　　　2.미혹(迷惑) ↔ 菩提 *煩多(번다) :번거로울 정도로 많음 *煩悶(번민) :마음이 번거롭고 답답함 *煩熱(번열) :가슴이 답답하면서 신열이 남 *煩雜(번잡) :번거롭고 뒤섞여 어수선함 *入耳不煩(입이불번) :귀로 듣기에 싫지 않음 　　　　　　<意>아첨하는 말	
惱	<部首> : ↑(심방변)= ↑=心 ①번뇌할 뇌(煩惱) ②걱정할 뇌(憂也) ③다릴 뇌, 고달플 뇌(事物撓心)	*惱苦(뇌고) :몹시 괴로움. 苦惱 *惱悶(뇌민) :괴로워 고민(苦悶)함. 괴로운 고민 *惱殺(뇌쇄) :1.애가 타도록 몹시 괴롭힘 　　　　　2.특히 여자가 미모로 매혹시킴 *惱神(뇌신) :정신(精神)을 번거롭게 함 *惱害(뇌해) :괴롭히고 방해(妨害)함 *百八煩惱(백팔번뇌) :<佛>중생이 마음의 　　괴로움으로부터 겪는 일백 여덟가지의 번뇌	

喜	<部首> : 口(입구) ①기쁠 희, 즐거울 희(樂也) ②좋아할 희(好也)	*喜劇(희극) :즐겁게 각색한 연극 ↔ 悲劇 *喜報(희보) :기쁜 기별. 기쁜 소식. 喜消息 *喜捨(희사) :기쁜 마음으로 베풀어 줌 *喜色(희색) :기쁜 듯이 보이는 얼굴 *喜壽(희수) :일흔 일곱 살 *喜悅(희열) :기뻐하고 즐거워함. 喜樂 *喜怒哀樂(희로애락) :사람의 온갖 감정(感情) *喜喜樂樂(희희낙락) :매우 기뻐하고 즐거워 함	
怒	<部首> : 心(마음심)= ↑ = ↑ ①성낼 노, 짜증낼 노(憤激) ②뽐낼 노(奮也)	*怒氣(노기) :노여운 기색 늑 怒色 *怒聲(노성) :성낸 소리 *怒嫌(노혐) :노여움 *激怒(격노) :몹시 성냄 *忿怒(분노) :분하여 몹시 성냄. 憤怒 *震怒(진노) :존엄(尊嚴)한 사람의 성냄 *怒發大發(노발대발) :펄펄 뛸 듯이 화를 냄 *怒氣衝天(노기충천) :노여운 기색이 하늘을 　　　　　　찌를 듯이 극도에 달함	《희로애락》 기뻐하고 성내고 슬퍼하고 즐거워함
哀	<部首> : 口(입구) ①슬플 애(痛也) ②서러울 애(傷也) ③사랑할 애(愛也)	*哀歌(애가) :슬픈 마음을 읊조린 노래 *哀乞(애걸) :사정하여 빎 *哀悼(애도) :사람의 죽음을 슬퍼함. 哀弔 *哀憐(애련) :어리거나 약한 사람을 사랑함 *哀詞(애사) :사람의 죽음을 슬퍼하여 지은 글 *哀戀(애연) :이루어질 수 없는 사랑 *哀痛(애통) :몹시 슬퍼함. 哀慟. 哀恫 *哀乞伏乞(애걸복걸) :슬피 하소연하며 구걸함	
樂	<部首> : 木(나무목) ①즐길 락(喜也) ②풍류 악(八音之總名) ③좋아할 요(好也)	*樂曲(악곡) :음악(音樂)의 곡조(曲調) *樂器(악기) :음악을 할 때 쓰는 기구(器具) *苦樂(고락) :고통스러움과 즐거움 *娛樂(오락) :재미있게 노는 일 *音樂(음악) :음(音)의 의한 예술(藝術) *同苦同樂(동고동락) :같이 고생하고 같이 즐김 *苦中作樂(고중작락) :괴로움 속에도 낙이 있음 *樂山樂水(요산요수) :산과 물을 좋아함	

凡	<部首> : 几(안석궤) ①무릇 범(大槪) ②대강 범(大指) ③범상할 범(常也)	*凡例(범례) :일러두기 *凡夫(범부) :평범한 보통 사람. 凡人. 凡骨 *凡事(범사) :모든 일. 평범(平凡)한 일 *凡常(범상) :대수롭지 않고 예사로움. 普通 *凡節(범절) :일상(日常)의 일 *平凡(평범) :뛰어난 점이 없이 보통(普通)임 *凡百事物(범백사물) :온갖 모든 사물(事物) *日用凡百(일용범백) :날마다 쓰는 모든 물건	
庸	<部首> : 广(엄 호) ①떳떳할 용, 항상 용(常也) ②쓸 용(用也) ③어리석을 용(愚也)	*庸德(용덕) :평상(平常)의 덕행(德行) 늑 庸行 *庸劣(용렬) :못생기어 재주가 남만 못함. 凡庸 *庸言(용언) :1.中庸을 얻은 말 2.平凡한 말 *庸人(용인) :용렬한 사람. 凡人. 庸夫. 庸碌 *庸才(용재) :1.용렬한 재주 2.용렬한 인재 *庸拙(용졸) :용렬(庸劣)하고 초라함 *中庸之道(중용지도) :마땅하고 떳떳한 도리. 　　극단에 치우치지 않고 평범한 정상의 도리	《범용이치》 평범(平凡)하 고도 일상적(日常 的)인 사물(事物)의 정당(正當)한 조리(條理)임
理	<部首> : 玉(구슬옥 변) ①이치 리(道也) ②다스릴 리(治也)	*理念(이념) :최고 가치에 대한 생각 *理論(이론) :지식에 대한 원리적 인식 체계 *理想(이상) :이념의 최고 추구 상태 ↔ 現實 *理性(이성) :논리적으로 판단하는 정신작용 *理由(이유) :까닭. 事由 *理致(이치) :사물의 정당한 조리(條理) *理所固然(이소고연) :이치가 당연히 그러한 바 *言正理順(언정이순) :말이나 이치가 바르고 옳음	
致	<部首> : 至(이를지) ①이를 치(至也) ②극진할 치(極也) ③버릴 치(委也)	*致命(치명) :목숨이 끊어질 지경에 이름 *致仕(치사) :관직을 물러남. 辭職 *致死(치사) :죽음에 이르게 함. 致斃 *致辭(치사) :경사에 드리는 송덕사. 致語 *致謝(치사) :감사하는 뜻을 표함. 謝禮의 말 *致誠(치성) :있는 정성을 다함 *致賀(치하) :남의 경사에 대해 하례(賀禮)함 *言行一致(언행일치) :말과 행동이 꼭 같음	

尊	<部首> : 寸(마디촌) ①높을 존(貴也, 高也) ②어른 존(君父稱) ③공경할 존(敬也)	*尊敬(존경) :높여 공경(恭敬)함 *尊待(존대) :받들어 대접(待接)함 *尊崇(존숭) :존경(尊敬)하고 숭배(崇拜)함 *尊嚴(존엄) :높고 엄숙(嚴肅)함 *尊重(존중) :높이고 중(重)하게 여김 *尊稱(존칭) :존경하는 뜻으로 높여 일컬음 *尊卑貴賤(존비귀천) :높고 낮고 귀하고 천함 *天尊地卑(천존지비) :하늘은 높고 땅은 낮음	
卑	<部首> : 十(열십) ①낮을 비(下也) ②천할 비(賤也)	*卑怯(비겁) :겁이 많아 더럽게 태도를 취함 *卑屈(비굴) :줏대가 없고 하는 짓이 천함 *卑近(비근) :우리 주위에 흔하고 가까움 *卑俗(비속) :1.격이 낮고 속됨 2.천한 풍속 *卑劣(비열) :성품과 행실이 천하고 용렬함 *卑賤(비천) :신분이 낮고 천함. 卑微 *卑下(비하) :1.지위가 낮음 2.낮춰 내림 *登高自卑(등고자비) :높은 곳은 아래로부터	《존비귀천》 신분(身分)의 높고 낮음과 귀(貴)하고 천(賤)함
貴	<部首> : 貝(조개패) ①귀할 귀, 높을 귀(位高尊也) ②귀히여길 귀(物不賤)	*貴國(귀국) :당신의 나라의 높임말 *貴宅(귀댁) :상대편의 집의 높임말 *貴人(귀인) :신분이나 지위가 높은 사람 *貴族(귀족) :신분이 높고 가문이 좋은 족속 *貴重(귀중) :귀하고 중함 *貴賤(귀천) :1.부귀와 빈천 2.신분의 높고 낮음 *貴下(귀하) :당신의 높임말 *貴人賤己(귀인천기) :남을 높여주고 자기를 낮춤	
賤	<部首> : 貝(조개패) ①천할 천(不貴卑下) ②흔할 천(低價) ③첩 천(賤率)	*賤待(천대) :업신여겨서 푸대접함 *賤民(천민) :신분(身分)이 천(賤)한 백성 *賤率(천솔) :자기 가족에 대한 낮춤말 *賤息(천식) :자기 자식에 대한 낮춤말 *賤人(천인) :신분(身分)이 낮고 천한 사람 *賤質(천질) :자기의 자질에 대한 낮춤말 *貧賤不能移(빈천불능이) :비록 빈천한 생활이 　　닥쳐도 품은 뜻을 변치 않음	

吉	<部首> : 口(입구) ①길할 길(喜祥) ②초하룻날 길(朔日)	*吉事(길사) :경사(慶事)스러운 일 *吉相(길상) :아주 좋은 상격(相格) ↔ 凶相 *吉祥(길상) :운수(運數)가 좋을 징조(徵兆) *吉運(길운) :아주 길한 운수(運數) *吉日(길일) :상서(祥瑞)로운 날. 吉辰 *吉兆(길조) :길한 징조. 吉徵. 休兆 ↔ 凶兆 *敬勝怠則吉(경승태즉길) :공경하는 마음이 　　　　　　　나태한 마음을 이기면 길함	
凶	<部首> : 凵(위튼입구 몸) *兇·恟과 同 ①흉할 흉(吉之反) ②흉년 흉(五穀不實) ③악한놈 흉(惡人)	*凶計(흉계) :흉악(凶惡)한 계책(計策). 凶謀 *凶器(흉기) :사람을 살상하는 데 쓰는 연장 *凶年(흉년) :농작물이 잘 안되는 해. 凶歲 *凶夢(흉몽) :불길하고 흉악한 꿈. 惡夢 *凶變(흉변) :사람이 죽거나 좋지 않은 사고 *凶惡(흉악) :성질이 사납고 악함 *避凶趨吉(피흉추길) :흉사를 피하고 좋은 　　　　　　　　　일을 따름	《길흉화복》 길(吉)하고 흉(凶)함과 재앙(災殃)과 행복(幸福)
禍	<部首> : 礻(보일시 변)=示 ①재앙 화(災害) ②앙화 화(殃也)	*禍根(화근) :재화(災禍)의 근원. 禍源. 禍胎 *禍機(화기) :화변(禍變)이 숨어 있는 기틀 *禍難(화난) :재앙(災殃)과 환난(患難). 禍患 *禍亂(화란) :재앙으로 세상(世上)이 어지러움 *禍變(화변) :대단한 재변(災變) *禍殃(화앙) :죄의 앙갚음에 의한 재앙. 殃禍 *禍厄(화액) :재앙(災殃)과 곤란(困難) *轉禍爲福(전화위복) :화가 바뀌어 복이 됨	
福	<部首> : 礻(보일시 변)=示 ①복 복(祐也) ②상서 복(祥也) ③음복할 복(祭祀胙肉)	*福券(복권) :제비를 뽑아 배당을 받는 채권 *福祿(복록) :복(福)과 녹(祿) *福利(복리) :행복(幸福)과 이익(利益) *福分(복분) :복을 누리는 분수(分數). 福數 *福運(복운) :행복(幸福)과 좋은 운(運). 幸運 *福音(복음) :복(福)을 전하는 반가운 소식 *福祉(복지) :1.행복. 福祚 2.행복을 누림 *笑門萬福來(소문만복래) :웃는 집에 만복이 옴	

因	<部首> : 囗(큰입구 몸) ①인할 인(仍也) ②인연 인(緣也) ③이을 인(襲也)	*因果(인과) :인연과 과보(果報). 原因과 結果 *因習(인습) :이전부터 몸에 젖은 풍습. 習慣. *因襲(인습) :옛 것을 좋아함. 因仍 *因時(인시) :때를 좇음. 時世(시세)를 따름 *因緣(인연) :1.내력(來歷) 2.연분(緣分) *因子(인자) :어떤 조건을 이루는 요소(要素) *因果應報(인과응보) :지은 선악(善惡)의 　　　　　　　　업(業)에 따라 앙갚음을 받음	
果	<部首> : 木(나무목) ①열매 과(木實) ②과연 과(驗也) ③감히할 과(敢也) ④맺힐 과(因果)	*果敢(과감) :과단성(果斷性) 있고 용감함 *果斷(과단) :용기(勇氣)있게 딱 잘라 결정함 *果木(과목) :과실나무. 果樹. 有實樹 *果報(과보) :인과응보(因果應報) *果然(과연) :알고보니 정말로. 果是 *果種(과종) :과실(果實)의 종류(種類) *惡因惡果(악인악과) :악(惡)한 일을 하면 　　　　　　　반드시 그 악(惡)한 앙갚음이 옴	《인과유사》 원인(原因)과 결과(結果)가 나(我)로부터 말미암음
由	<部首> : 田(밭전) ①말미암을 유(從也, 自也) ②까닭 유(理由, 由緒) ③마음에든든할 유(自得貌)	*由來(유래) :사물의 내력(來歷). 까닭. 由緖 *由緣(유연) :인연(因緣) *由由(유유) :자득(自得)한 모양 *由限(유한) :말미를 얻은 기한(期限) *由我之歎(유아지탄) :나로 말미암은 탄식 　　　　　　<意>자책(自責)하여 탄식함 *大富有命小富有勤(대부유명소부유근) :대부는 　　　　천명으로, 소부는 부지런함으로 이루어짐	
私	<部首> : 禾(벼화) ①사사 사, 사사로이할 사(不公) ②나 사(己稱) ③형제의남편 사 　(女子之姉妹夫謂私	*私感(사감) :사사로운 감정 *私憾(사감) :사사로이 맺힌 遺憾. 私怨 *私見(사견) :자기의 의견에 대한 겸칭(謙稱) *私談(사담) :사사로이 하는 이야기 *私立(사립) :공익의 기관을 개인이 설립함 *私席(사석) :사사로운 자리. 私座 *私有(사유) :개인이 사사로이 소유함 ↔ 公有 *公平無私(공평무사) :공평하여 사사로움이 없음	

原	<部首> : 厂(민**엄** 호) ①근본 원(本也) ②들 원(野也) ③언덕 원, 둔덕 원(地高平)	*原價(원가) :물건을 확보한 원래의 본 값 *原料(원료) :물건을 만드는 데 필요한 재료 *原理(원리) :모든 사실에 공통한 보편 법칙 *原木(원목) :가공(加工)되지 않은 나무 *原狀(원상) :근본(根本)의 상태(狀態) *原始(원시) :1.처음. 根本 2.그대로 있음 *原始取得(원시취득) :어떠한 권리를 남의 　　권리에 의하지 않고 독립적으로 취득함	《원시고대》 모든 것들이 자연(自然) 그대로의 생태(生態)를 유지(維持)하 고 있던 맨 처음의 옛 시대(時代)
始	<部首> : 女(계집**녀** 변) ①비로소 시, 처음 시(初也) ②시작할 시(新起)	*始末(시말) :1.시작과 끝 2.일의 내력 *始原(시원) :시작되는 처음. 原始 *始作(시작) :어떤 행동이나 현상의 처음 *始祖(시조) :맨 처음이 되는 조상 *始終(시종) :처음과 끝. 始末 *始初(시초) :맨 처음. 비롯됨 *始用升授還以斗受(시용승수환이두수) :되로 　　　　주고 말로 받는다	
古	<部首> : 口(입**구**) ①옛 고(昔也) ②옛일 고(古事) ③선조 고(先祖)	*古今(고금) :옛적과 지금 *古代(고대) :옛 시대 *古來(고래) :예로부터 지금까지. 自古以來 *古物(고물) :헌 물건. 옛 물건 *古典(고전) :1.옛 법식 2.옛날의 서적 *古風(고풍) :1.옛 풍속 2.예스러운 모습 *疑今者察之古(의금자찰지고) :현세에 관하여 　　의문되는 것은 옛것을 살펴서 깨달음	
代	<部首> : 亻(사람**인** 변)=人 ①대신 대(代身, 代理) ②번갈을 대(交替也) ③댓수 대(世也)	*代價(대가) :노력이나 일에 대한 보수. 代金 *代代(대대) :거듭된 세대(世代). 世世 *代理(대리) :남을 대신하여 일을 처리함 *代身(대신) :남을 대리(代理)함 *代替(대체) :다른 것으로 바꿈 *代表(대표) :조직을 대신하여 의사를 나타냄 *代代孫孫(대대손손) :대대로 내려오는 자손 *前代未聞(전대미문) :이제까지 들은 적이 없음	

未	<部首> : 木(나무**목**) ①아닐 미, 못할 미(不也)	*未開(미개) :아직 문명(文明)하지 못한 상태 *未決(미결) :아직 결정을 하지 못함. 未定 *未來(미래) :아직 오지 않은 때. 將來 *未備(미비) :제대로 갖추지 못함 *未安(미안) :남에 대해 겸연쩍은 마음이 있음 *未然(미연) :아직 그렇게 되지 않음 *未完(미완) :완전(完全)하지 않음 *其然未然(기연미연) :그런지 안 그런지 (잘 모름)	《미개야만》 문명(文明) 으로 교화(敎化) 되지 못하여 문화(文化)가 유치(幼稚)함
開	<部首> : 門(문**문**) ①열 개(啓也關也) ②필 개(發也)	*開國(개국) :나라를 열어 세움. 開元. 肇國 *開發(개발) :미개지를 개척하여 발전시킴 *開業(개업) :영업(營業)을 새로 시작함 *開拓(개척) :황무지를 개간하여 경지를 만듦 *開花(개화) :꽃이 핌 *開化(개화) :인간의 새로운 문화가 열림. 開明 *開門納賊(개문납적) :문을 열고 도둑을 불러 　　들임 <喩>스스로 재난을 이끌어 들임	
野	<部首> : 里(마을**리**) ①들 야(郊外) ②촌스러울 야(朴野) ③야만 야(野蠻) ④백성 야, 인민 야(百姓)	*野蠻(야만) :미개하여 문화가 유치한 상태 *野史(야사) :민간의 사기(史記) ↔ 正史 *野山(야산) :들에 있는 낮은 산 *野生(야생) :동식물이 산이나 들에서 자람 *野性(야성) :자연 또는 본능 그대로의 성질 *野人(야인) :1.시골사람 2.벼슬을 않는 사람 *野鶴在鷄群(야학재계군) :들에 학이 닭무리 　　속에 있음 <喩>무리 중에[서 특출한 존재	
蠻	<部首> : 虫(벌레**훼**) ①오랑캐 만(南蠻, 鴂舌人) ②야만 만(野蠻, 蠻行)	*蠻性(만성) :야만적(野蠻的)인 성질(性質) *蠻俗(만속) :야만스러운 풍속. 蠻風 *蠻勇(만용) :멋모르고 함부로 날뛰는 용맹 *蠻族(만족) :야만스러운 종족(種族) *蠻行(만행) :야만스러운 행동 *蠻夷戎狄(만이융적) :중화사상(中華思想)에서 　　일컫는 남동서북(南東西北)의 오랑캐 　　(※실은 夷에 의해 中華가 개화되었음)	

弱	<部首> : 弓(활궁) ①약할 약(强之對) ②어릴 약(未壯)	*弱冠(약관) :남자 나이 20세를 일컬음 *弱年(약년) :어린 나이. 弱歲. 弱齡 *弱勢(약세) :약한 세력 ↔ 强勢 *弱小(약소) :약하고 작음 ↔ 强大 *弱點(약점) :모자라서 남과 같지 못한 점 *弱體(약체) :약한 몸 *弱化(약화) :세력이 약하게 됨 ↔ 强化 *抑强扶弱(억강부약) :강자를 누르고 약자를 도움	《약육강식》 약자(弱者)의 살을 강자(强者)가 먹음 <강자(强者)가 약자(弱者)를 침해(侵害)함>
肉	<部首> : 肉(고기육)=月 ①고기 육, 살 육(肌也) ②몸 육(肉身, 肉感) ③살찔 유(肥也)	*肉感(육감) :1.육체로 느끼는 감각 2.성감 *肉類(육류) :먹을 수 있는 짐승의 고기 *肉食(육식) :짐승고기를 먹음 *肉慾(육욕) :육체의 정욕(情慾). 色慾. 肉情 *肉體(육체) :사람의 몸. 肉身. 身體 *肉親(육친) :혈족관계의 사람. 血族. 肉緣 *羊頭狗肉(양두구육) :懸羊頭賣狗肉 <喩>겉으론 훌륭하나 속은 변변찮음	
强	<部首> : 弓(활궁) ①강할 강(過優) ②힘쓸 강(勉也)	*强國(강국) :국력(國力)이 강한 나라 *强度(강도) :강한 정도(程度) *强盜(강도) :폭력으로 남의 물건을 빼앗음 *强力(강력) :힘이 셈. 강한 힘 *强制(강제) :권력이나 완력으로 남을 억누름 *强行(강행) :어려움을 무릅쓰고 억지로 행함 *牽强附會(견강부회) :말을 억지로 만들어 붙여서 조건이나 이치에 맞도록 함	
食	<部首> : 食(밥식) ①밥 식(穀饌) ②먹을 식(茹也) ③헛말할 식(食言) ④먹일 사(以食與人飯也)	*食頃(식경) :한끼의 밥을 먹을 동안 *食口(식구) :끼니와 생활을 같이하는 사람 *食器(식기) :음식(飮食)을 담아먹는 그릇 *食糧(식량) :먹을 양식. 糧食 *食言(식언) :약속한 말을 지키지 않음 *食慾(식욕) :음식을 먹고자 하는 욕심. 食念 *飮食(음식) :1.먹고 마심 2.먹고 마실 거리 *發憤忘食(발분망식) :발분하여 끼니까지 잊음	

飛	<部首> : 飛(날비) ①날 비(鳥翥) ②흩어질 비(飛散)	*飛散(비산) :날아 흩어짐 *飛上(비상) :날아 오름 *飛翔(비상) :날아다님 *飛躍(비약) :1.높이 뛰어오름 2.급속한 진보 *飛鳥(비조) :나는 새. 날짐승. 飛禽. 翔禽 *飛走(비주) :날짐승과 길짐승. 飛禽走獸 *飛行(비행) :공중으로 날아감 *烏飛梨落(오비이락) :까마귀 날자 배 떨어진다 <喩>남에게 혐의를 받기 쉬움	《비조주수》 날짐승과 길짐승
鳥	<部首> : 鳥(새조) ①새 조(羽族總名, 雌雄別以翼右掩左雄左掩右雌)	*鳥籠(조롱) :새장 *籠鳥戀雲 *鳥聲(조성) :새의 소리. 鳥語 *鳥獸(조수) :날짐승과 길짐승. 禽獸 *鳥信(조신) :음력3월의 동북풍(東北風) *鳥喙(조훼) :새의 부리 *鳥足之血(조족지혈) :새발의 피 <喩>상대적으로 하찮은 일이거나 얼마 되지 않는 아주 적은 양	
走	<部首> : 走(달아날주) ①달아날 주(疾趨) ②달릴 주(奔也)	*走狗(주구) :사냥개. 獵犬 <喩>남의 앞잡이 *走力(주력) :달리는 힘 *走獸(주수) :길짐승의 총칭(總稱) *走者(주자) :달리는 사람 *走卒(주졸) :남의 심부름하는 사람. 使喚 *走破(주파) :중도포기 않고 끝까지 다 달림 *走馬看山(주마간산) :말을 달리며 산을 봄 <喩>분주하고 어수선하여 대강 지나쳐 봄	
獸	<部首> : 犬(개견)=犭 ①짐승 수(四足而毛)	*獸性(수성) :1.짐승의 성질 ↔ 理性 2.情慾 *獸心(수심) :짐승같이 無道한 마음 *獸慾(수욕) :짐승같은 욕망 (轉)性慾 *獸皮(수피) :짐승 가죽 *獸行(수행) :수욕(獸慾)을 채우려는 행위 *禽獸(금수) :날짐승과 길짐승. 곧 모든짐승 *人面獸心(인면수심) :얼굴은 사람이나 마음은 짐승과 같음 <喩>의리나 인정도 없음	

魚	<部首> : 魚(물고기어)
	①물고기 어(鱗蟲總名)
	②좀 어(衣魚, 蠧名)
		*魚介(어개) :해산물의 총칭. 魚類와 貝類.
		*魚群(어군) :물고기 떼 *魚肆(어사) :생선 가게
		*魚類(어류) :물고기의 총칭. 魚屬
		*魚鱗(어린) :1.물고기 비늘 2.魚類
		*魚網(어망) :물고기를 잡는 그물
		*水至淸則無魚(수지청즉무어) :물이 너무
		    맑으면 고기가 살지 않음 <喩>사람이
		    너무 결백하면 남이 따르지 않음
			《어패충류》
			
			물고기와
			조가비와
			벌레 따위

貝	<部首> : 貝(조개패)
	①조개 패, 자개 패(海介蟲)
	②재물 패(貨也)
	③비단 패(錦名)
		*貝殼(패각) :조가비 *貝塚(패총) :조개무지
		*貝類(패류) :여러가지 조개의 종류
		*貝物(패물) :산호(珊瑚), 호박(琥珀), 수정(水晶),
		    대모(玳瑁) 따위로 만든 물건
		*貝子(패자) :보배. 옛날의 화폐
		*貝貨(패화) :조가비로 만든 화폐
		*食爲寶貝(식위보패) :밥이 보배다 <喩>건강
		    에는 밥을 잘 먹는 것보다 나은 게 없음	

蟲	<部首> : 虫(벌레훼) ①벌레 충(毛羽鱗介總名) ②김오를 충(蟲蟲氣熏人)	*蟲類(충류) :벌레의 종류. 벌레들 *蟲魚(충어) :벌레와 물고기. 하등동물의 總稱 *蟲齒(충치) :삭은 니 *昆蟲(곤충) :벌레의 總稱 *蟲害(충해) :해충(害蟲)으로 인한 농사의 손해 *害蟲(해충) :사람이나 농작물에 해로운 벌레 *百足之蟲至死不僵(백족지충지사불강) :발이 많은 벌레는 죽어도 엎드러지지 않음 <喩>도움이 많으면 쉽사리 멸망치 않음	
類	<部首> : 頁(머리혈) ①종류 류(種類) ②무리 류(等也) ③같을 류(肖也) ④견줄 류(比也)	*類例(유례) :같거나 비슷한 사례. 類似例 *類別(유별) :종류에 따라 구별함. 分類 *類似(유사) :서로 비슷함 *類苑(유원) :同類의 것을 類別하여 모은 글 *類聚(유취) :同類의 것을 類別하여 모음. 類從 *類纂(유찬) :같은 종류의 것을 분류 편찬함 *類型(유형) :비슷한 모양. 비슷한 본 *類類相從(유유상종) :동류끼리 서로 교류함	

狩	<部首> : 犭(개사슴록 변)=犬 ①겨울사냥 수(冬獵) ②순행할 수(巡也)	*狩田(수전) :사냥. 겨울사냥 *狩獵(수렵) :사냥 *狩獵鳥(수렵조) :사냥하는 새 *狩獵時代(수렵시대) :인류가 야생(野生)의 짐승을 사냥하여 먹고 살던 원시시대	《수렵어로》 사냥과 물고기잡이를 함

獵	<部首> : 犭(개사슴록 변)=犬
	①사냥 렵(捷取禽獸)
	②바람소리 렵(風聲)
		*獵官(엽관) :벼슬을 얻으려고 경쟁하는 일
		*獵具(엽구) :사냥에 쓰이는 도구
		*獵奇(엽기) :기이한 일이나 물건을 즐겨서
		    쫓아다님
		*獵師(엽사) :사냥꾼(獵夫)의 높임말
		*獵銃(엽총) :사냥용 총
		*獵奇的(엽기적) :기괴한 사물에 유달리
		    호기심을 가지고 흥미를 느끼는 것	

漁	<部首> : 氵(삼수 변)=水=氺 ①물고기잡을 어(捕魚) ②낚아뺏을 어(侵取) ③낚시터 어(漁磯)	*漁網(어망) :물고기를 잡는 그물 *漁撈(어로) :수산물을 잡거나 채취함 *漁民(어민) :고기잡이를 업으로 삼는 백성 *漁夫(어부) :漁父. 漁翁. 漁郞 *漁業(어업) :수산물을 잡거나 기르는 업 *漁村(어촌) :어민들이 모여사는 마을 *漁父之利(어부지리) :방휼지쟁(蚌鷸之爭)에서 어부 가 횡재를 함 <喩>제삼자가 뜻밖의 이익을 봄	
撈	<部首> : 扌(재방 변)=手 ①건져낼 로(鉤撈沈取) ②긁게 로(農具曳介) *國字	*漁撈水域(어로수역) :고기잡이 하는 구역 *漁撈作業(어로작업) :해산물을 잡거나 채취하는 작업	

穴	\<部首> : 穴(구멍혈) ①굴 혈, 구멍 혈(窟也) ②움 혈(土室) ③틈 혈(孔隙)	*穴居(혈거) :동굴(洞窟)에 살음. 穴處 *穴見(혈견) :좁은 식견(識見). 管見 *穴鼻(혈비) :토끼의 이명(異名) *穴竅(혈규) :움 *堤潰蟻穴(제궤의혈) :千丈隄自蟻穴潰. 　개미구멍으로 마침내 큰 둑이 무너짐 　　\<喩>사소한 일도 소홀히 하면 큰 손해를 　　　보거나 재난을 당할 수 있음	《혈거정착》 굴(窟)속이나 움집에 살면서 일정(一定)한 곳에서 떠나지 않고 삶
居	\<部首> : 尸(주검시 엄) ①살 거(居之) ②곳 거(處也)	*居留(거류) :잠시 머뭄 *居半(거반) :거의. 居之半 *居士(거사) :숨어서 벼슬을 않는 선비. 處士 *居喪(거상) :상중(喪中)에 있음. 喪中. 居憂 *居住(거주) :일정한 곳에 자리를 잡고 삶 *居處(거처) :일정하게 자리를 잡고 삶 *居安思危(거안사위) :편안히 살면서도 항상 　　　　　　　위험할 때를 생각함	
定	\<部首> : 宀(갓머리) ①정할 정(決也) ②편안할 정(安也) ③그칠 정(止也) ④이마 정(額也)	*定價(정가) :정해놓은 값 *定款(정관) :조직의 업무집행에 관한 규정 *定期(정기) :일정(一定)한 기간(期間) *定量(정량) :정해놓은 일정한 분량 *定義(정의) :어떤 사물의 개념범위를 정함 *定着(정착) :일정한 곳을 정해서 머뭄. 定住 *定處(정처) :정해놓은 곳 *會者定離(회자정리) :만나면 헤어지게 됨	
着	\<部首> : 目(눈목) 　*著의 俗字 *着 :① *著 :②③ ①붙을 착(附也黏也) ②나타날 저(明也章也) ③글지을 저(記述, 編纂)	*著名(저명) :명성(名聲)이 널리 알려짐. 有名 *著書(저서) :책을 지음 *着根(착근) :모종낸 초목이 뿌리를 잘 내림 *着席(착석) :자리에 앉음 *着手(착수) :일에 손을 대어 시작함 *到着(도착) :목적지에 다달음. 到達 *自家撞着(자가당착) :자기가 한 말이나 글의 　　　　　　　앞뒤가 서로 맞지 않고 어긋남	

桓	\<部首> : 木(나무목) ①모감주나무 환(木名) ②표목 환(郵亭表) ③밝을 환(明朗也) ④굳셀 환(武貌) ⑤하늘 한(天也) ⑥나라이름 한(桓國)	②\<漢法>亭表四角建大木貫以方板名曰桓 ⑤\<大倧敎 神理大全 註>古語 天曰桓 ⑥\<三聖記全下>桓國之末安巴堅下視三危太白 　皆可以弘益人間誰可使之五加僉曰庶子有桓雄 *桓圭(환규) :길이 九寸의 圭 *桓桓(환환) :굳센 모양 *負手盤桓(부수반환) :뒷짐을 지고 머뭇거림 　　　　　　\<意>어찌할 바를 모름	《환웅간우》 환웅(桓雄)께 서 짝을 고름
雄	\<部首> : 隹(새추) ①수컷 웅(雌雄羽屬之牡) ②영웅 웅(英雄) ③웅장할 웅(武稱)	*雄傑(웅걸) :뛰어난 호걸. 英雄豪傑 *雄大(웅대) :웅장하게 큼 *雄辯(웅변) :세차게 거침없이 말을 잘함 *雄壯(웅장) :으리으리하게 크고도 장함 *雄志(웅지) :웅장한 뜻. 雄心 *雌雄(자웅) :1.암수 2.승부(勝負) *鳥之雌雄(오지자웅) :誰知鳥之雌雄. 　　　　\<喩>두 사람의 시비를 판단키 어려움	
揀	\<部首> : 扌(재방 변)=手 ①가릴 간, 뺄 간(選擇) ②가를 간, 분별할 간(分別之)	*揀選(간선) :1.인재를 선택함. 選揀. 揀擇 　　　　　2.선발한 후에 임명함. 簡選 *揀擇(간택) :1.분간하여 선택함 　　　　　2.임금, 왕자, 왕녀의 배우자를 　　　　　　고름 *勿揀赦前(물간사전) :은사(恩赦)의 혜택을 　　　　　　입지 못할 죄	
偶	\<部首> : 亻(사람인 변)=人 ①짝 우, 배필 우(匹也) ②짝셈 우(雙數) ③무리 우(類輩, 同類) ④뜻밖에 우(偶然) ⑤허수아비 우(俑也)	*偶發(우발) :일이 우연(偶然)히 일어남 *偶像(우상) :1.허수아비 　　　　　2.인위(人爲)의 神像이나 槪念 *偶數(우수) :짝수 ↔ 奇數 *偶然(우연) :뜻하지 않은 일. 偶爾 *偶合(우합) :우연히 들어맞음. 偶中 *配偶生殖(배우생식) :두 생식세포가 합체하여 　　　　　　새로운 개체를 만드는 현상	

熊	<部首> : 灬(불화)=火 ①곰 웅(獸名, 似豕山居冬蟄) ②빛날 웅(光也)	*熊膽(웅담) :곰의 쓸개 *熊掌(웅장) :곰의 발바닥 *熊熊(웅웅) :빛나는 모양 *熊侯(웅후) :곰의 가죽으로 옆을 장식한 과녁 *熊羆入夢(웅비입몽) :남자가 아이를 임신한 징조 *信木熊浮(신목웅부) :믿는 나무에 곰이 뜬다 <喩>잘 되려니 하고 믿었던 일이 뜻밖에 되지 않았을 때	《웅씨배필》 웅씨(熊氏)가 배필(配匹)이 됨

氏	<部首> : 氏(각시씨)
	*本音 :시
	①성 씨(氏族姓之所分)
	②씨 씨(婦人例稱)
		*氏名(씨명) :성씨와 이름. 姓名
		*氏族(씨족) :같은 조상을 가진 여러 가족의
		        일원으로 구성되어, 그 선조의
		        직계를 수장(首長)으로 하는
		        사회집단(社會集團)
		*墨氏兼愛(묵씨겸애) :묵적(墨翟 :墨子)의
		      무차별(無差別)한 평등애(平等愛)를 이름
		      (墨翟之守라는 故事가 있음 :反戰을 主張)	

配	<部首> : 酉(닭유) ①짝 배(匹也) ②짝할 배(配之) ③나눌 배, 배정할 배(分配) ④귀양보낼 배(流刑隷)	*配給(배급) :분배하여 공급함. 分配. 配當 *配達(배달) :물건을 가져다가 돌려줌 *配付(배부) :나누어 줌 *配定(배정) :나누어 몫을 정함 *配匹(배필) :부부로서의 알맞은 짝. 配偶 *流配(유배) :죄인(罪人)을 귀양보냄. 配謫 *天生配匹(천생배필) :하늘이 미리 마련하여 준 배필	
匹	<部首> : 匚(튼입구 몸) ①짝 필(偶也) ②짝지을 필(配合) ③한마리 필(馬也)	*匹馬(필마) :한필(한마리)의 말 *匹夫(필부) :1.한 사람의 남자 2.하찮은 남자 *匹敵(필적) :서로 겨룸. 匹對. 敵手 *匹鳥(필조) :원앙(鴛鴦) *匹夫匹婦(필부필부) :평범한 남녀 *泰山鳴動鼠一匹(태산명동서일필) :태산이 크게 울어 알아보니 쥐 한 마리뿐이더라 <喩>크게 떠벌이기만 하고 결과는 하찮음	

南	<部首> : 十(열십) ①남녘 남(午方) ②앞 남(前也)	*南極(남극) :지축(地軸)의 남쪽 끝 ↔ 北極 *南端(남단) :남쪽 끝 *南方(남방) :남쪽, 남녘 *南北(남북) :남쪽과 북쪽 *南至(남지) :동지(冬至) *南向(남향) :남쪽으로 향함 *南柯一夢(남가일몽) :꿈처럼 헛된 한 때의 영화 *南橘北枳(남귤북지) :남쪽 땅의 귤을 북쪽에 옮겨 심으면 탱자가 됨 <喩>처한 환경의 영향	《남남북녀》 남녘의 남자(男子)와 북녘의 여자(女子)
男	<部首> : 田(밭전) ①사내 남(丈夫) ②아들 남(子對父母曰男)	*男女(남녀) :남자와 여자. 사내와 계집 *男性(남성) :사내 ↔ 女性 *男兒(남아) :남자. 사내아이 ↔ 女兒 *男子(남자) :남성인 사람. 男兒. 男性 ↔ 女子 *男丁(남정) :15세가 넘은 장정(壯丁) 남자 *男便(남편) :아내의 배우자(配偶者). 夫君 *甲男乙女(갑남을녀) :보통 평범한 사람 *男女老少(남녀노소) :남자,여자,늙은이,젊은이	

北	<部首> : 匕(비수비)
	①북녘 북(朔方)
	②뒤 북(後也)
	③패하여달아날 배(敗走)
		*北至(북지) :하지(夏至)
		*北辰(북진) :北極星. 小熊座의 主星
		*北斗(북두) :北斗七星. 北極에서 約30度의
		        거리에 있는 天樞, 璇, 璣, 權,
		        玉衡, 開陽, 搖光의 七星
		*敗北(패배) :싸움에 짐. 싸움에 지고 도망함
		*南行北走(남행북주) :바삐 돌아다님
		*北風寒雪(북풍한설) :북쪽의 추운 바람과 눈	

女	<部首> : 女(계집녀) ①계집 녀, 딸 녀(婦人未嫁) ②아낙네 녀(婦人總稱)	*女娘(여랑) :젊은 계집. 색시 *女流(여류) :어떤 방면에 능숙한 여성 *女史(여사) :사회적 활동을 하는 여자 *女士(여사) :학문과 덕망이 있는 여자 *女性(여성) :1.여자. 女流 2.여자의 성질 *女兒(여아) :1.계집아이 2.딸 ↔ 男兒 *女子(여자) :여성인 사람. 계집. 女人 ↔ 男子 *善男善女(선남선녀) :착하고 어진 사람들	

檀	<部首> : 木(나무목) ①박달나무 단(善木) ②향나무 단(香木)	*檀家(단가) :절에 시주(施主)하는 집안 *檀木(단목) :박달나무 *檀君(단군) :우리나라 태초(太初)의 임금. 　　　　　　한민족(韓民族)의 시조(始祖). 　　　　　　기원전(紀元前) 2334年 단군 　　　　　　조선(檀君朝鮮)을 개국(開國)함 *旃檀從二葉香(전단종이엽향) :단향목은 떡잎 　　　때부터 향기가 있음 <喩>총명한 어린아이	《단군왕검》
君	<部首> : 口(입구) ①임금 군(至尊) ②아버지 군(嚴父) ③그대 군(彼此通稱) ④남편 군(夫也)	*君臨(군림) :임금이 되어 임함. 통치함 *君臣(군신) :임금과 신하 *君子(군자) :학식과 덕행이 높은 사람 *君主(군주) :임금. 君王. 君長(원시부족사회) *家君(가군) :아버지. 家父. 嚴父 *諸君(제군) :'여러분'(평교나 손아래에 대해) *梁上君子(양상군자) :들보 위에 있는 군자. 　　　　　　　　　　　<意>도둑	단군왕검(檀 君王儉)
王	<部首> : 玉(구슬옥) ①임금 왕(君也) ②왕노릇할 왕(五覇身臨天下)	*王國(왕국) :군주국(君主國)의 속칭(俗稱) *王位(왕위) :왕의 자리 *王子(왕자) :왕의 아들 *王朝(왕조) :1.왕정(王廷) 2.임금의 시대 *獨脚大王(독각대왕) :귀신의 한가지 　　　　　　<喩>말썽 많은 사람 *成卽君王敗卽逆賊(성즉군왕패즉역적) :성공 　하면 군왕이 되고, 실패하면 역적이 됨 　　　<喩>세상 일은 승자에게 유리하게 됨	<우리나라 태초(太初)의 임금이신 왕검(王儉)>
儉	<部首> : 亻(사람인 변)=人 ①검소할 검(約也) ②흉년들 검(歲歉) ③적을 검(少也)	*儉年(검년) :흉년(凶年) *儉腹(검복) :지식(知識)이 짧음 *儉朴(검박) :검소(儉素)하고 질박(質朴)함 *儉素(검소) :검약(儉約)하고 질소(質素)함 *儉約(검약) :검소(儉素)하고 절약(節約)함 *勤儉貯蓄(근검저축) :근검하여 재산을 모음 *由奢入儉(유사입검) :사치를 떠나 검소하게 　　　　　　　　　　　살려고 힘씀	

倍	<部首> : 亻(사람인 변)=人 ①곱 배, 갑절 배(加等, 加也) ②더욱더 배(益也) ③어길 패(背也)	*倍加(배가) :갑절을 더함. 곱절 *倍達(배달) :上古時代 우리나라의 이름 *倍增(배증) :갑절로 증가(增加)함 *倍前(배전) :전보다 곱절의 *倍日幷行(배일병행) :밤낮으로 달림 *倍道兼行(배도겸행) :이틀 길을 하루에 감 *事半功倍(사반공배) :들인 수고는 반인데, 　　　　　　　　　　　공은 배가 됨	《배달성조》
達	<部首> : 辶(책받침)=辵 ①사무칠 달(通也) ②나타날 달(顯也) ③이를 달(到達) ④이룰 달(成就)	*達見(달견) :뛰어난 의견 .사리에 밝은 의견 *達觀(달관) :세속을 벗어난 높은 식견(識見) *達辯(달변) :썩 능란한 변설(辯舌) *達成(달성) :뜻한 바를 이룸 *達夜(달야) :밤을 새움. 達宵. 竟夜. 徹夜 *達人(달인) :학문,기예에 통달한 사람. 達才 *達通(달통) :사리에 능숙(能熟)하게 통함 *欲速不達(욕속불달) :서두르면 오히려 못 이룸	배달민족(倍 達民族)의 거룩한 조상(祖上)
聖	<部首> : 耳(귀이) ①성인 성(智德過人, 人格最高者) ②통할 성(通也) ③잘할 성(其道之長者 詩聖, 樂聖)	*聖經(성경) :종교(宗敎)의 최고 법전(法典) *聖君(성군) :덕화(德化)가 탁월한 어진 임금 *聖德(성덕) :1.성인(聖人)의 덕 2.임금의 덕 *聖徒(성도) :1.덕이 높은 신도 2.교인(敎人) *聖恩(성은) :1.하나님의 은혜 2.임금의 은혜 *聖人(성인) :지혜와 덕이 지고한 사람. 聖者 *聖人之言似水火(성인지언사수화) :성인의 언설 　　은 물과 불 같아서 그 힘과 쓰임이 매우 큼	
祖	<部首> : 礻(보일시 변)=示 ①할아버지 조(父之父, 大父) ②비롯할 조(始也)	*祖考(조고) :돌아가신 할아버지 ↔ 祖妣 *祖國(조국) :조상때부터 살아온 나라. 母國 *祖師(조사) :어떤 학파(學派)의 개조(開祖) *祖上(조상) :대대의 어른. 祖先. 先祖 *祖業(조업) :조상 때부터 내려오는 가업(家業) *祖宗(조종) :1.임금의 始祖와 中興의 祖上 　　　　　　2.代代의 君主 *崇祖尙門(숭조상문) :조상을 숭배하고 가문을 위함	

弘	<部首> : 弓 (활궁) ①**클 홍**(大也) ②크게할 홍(大之)	*弘敎(홍교) :1.큰 가르침 2.가르침을 널리 폄 *弘大(홍대) :넓고 큼. 廣大 *弘道(홍도) :1.큰 도리 2.도(道)를 널리 폄 *弘量(홍량) :큰 도량(度量). 洪量 *弘益(홍익) :1.큰 이익(利益) 2.널리 이롭게 함 *弘化(홍화) :1.큰 덕화(德化) 2.덕화를 널리 폄 *弘益人間(홍익인간) :널리 인간세계를 이롭게 함 (國祖 檀君의 建國理念)	
益	<部首> : 皿 (기명**명**) ①**더할 익**(增加) ②이로울 익(有益) ③나아갈 익(進也)	*益壽(익수) :더욱 오래 살음. 長壽 *益友(익우) :유익(有益)한 벗 *損益(손익) :손해(損害)와 이익(利益) *利益(이익) :유익(有益)하고 도움이 됨 *老益壯(노익장) :나이를 먹을수록 기력이 좋아짐 *多多益善(다다익선) :많으면 많을수록 좋음 *百害無益(백해무익) :온갖 해로움만 있을 뿐 이로움은 조금도 없음	《홍익사상》 널리 이롭게 하고자 하는 사회적(社會的) 견해(見解)를 가진 생각
思	<部首> : 心(마음**심**)=忄=㣺 ①**생각 사, 생각할 사**(念也, 慮也) ②원할 사(願也)	*思考(사고) :1.생각. 窮理 2.精神作用 3.思惟 *思慮(사려) :어떤 일에 대한 깊은 생각. 思念 *思料(사료) :생각하여 헤아림. 思量 *思慕(사모) :그리워 함. 思齊 *思索(사색) :이치를 따져 깊이 생각함. 思惟 *思想(사상) :1.생각 2.일정한 견해 3.의식 *見利思義(견리사의) :눈앞의 이익을 보면 의(義)를 생각해야 함	
想	<部首> : 心(마음**심**)=忄=㣺 ①**생각 상, 생각할 상**(思也) ②뜻할 상(意之) ③희망할 상(冀思)	*想念(상념) :떠오르는 생각 *想起(상기) :지난 일을 돌이켜 생각함. 喚想 *想像(상상) :1.미루어 생각함 2.짐작함 3.空想 *感想(감상) :느끼어 일어나는 생각 *豫想(예상) :어떤 일에 대해 미리 생각함 *理想(이상) :이념상의 가장 바람직한 상태 *回想(회상) :지나간 일을 돌이켜 생각함 *敬老思想(경로사상) :노인을 공경하는 생각	
平	<部首> : 干(방패**간**) ①**평탄할 평**(坦也) ②화할 평(和也) ③고를 평(均也) ④풍년들 평(歲稔) ⑤보통 평(平凡)	*平等(평등) :모두가 고르고 한결같음 *平亂(평란) :난리(亂離)를 평정(平定)함 *平面(평면) :편편한 면(面) *平凡(평범) :뛰어난 점이 없이 보통임 *平生(평생) :일생(一生) *平素(평소) :평상시. 平常. 平居 *平地風波(평지풍파) :평지에서 풍파를 일으킴 *萬事太平(만사태평) :모든 일이 잘 되어 태평함	
等	<部首> : 竹(대**죽**) ①**무리 등**(類也, 輩也) ②등급 등(級也) ③헤아릴 등(稱量輕重)	*等價(등가) :같은 가격(價格) *等高(등고) :같은 높이 *等級(등급) :높고 낮음 등의 차를 나눈 급수 *等等(등등) :같은 무리의 것들 *等分(등분) :1.등급의 구분 2.똑같이 나눔 *等差(등차) :등급(等級)의 차이(差異) *受惠均等(수혜균등) :혜택을 다같이 골고루 받음 *接待等節(접대등절) :손님을 접대하는 모든 예절	《평등박애》 모든 사람을 등급(等級)의 차별(差別)이 없이 동등(同等)하 게 널리 사랑함
博	<部首> : 十(열**십**) ①**넓을 박**(廣也) ②많을 박(多也) ③노름 박(賭博) ④장기 박(局戲)	*博覽(박람) :사물을 널리 봄 *博物(박물) :사물에 대하여 널리 잘 앎 *博譜(박보) :장기 두는 법(法)을 풀이한 책 *博士(박사) :전공(專攻) 학문에 정통한 사람 *博識(박식) :여러 방면에 아는 것이 많음 *博愛(박애) :온 사람을 평등으로 사랑함 *博學(박학) :학문이 매우 넓음 ↔ 淺學 *仁言利博(인언이박) :어진 말은 널리 이롭게 함	
愛	<部首> : 心(마음**심**)=忄=㣺 ①**사랑 애**(仁之發) ②친할 애(親也) ③아낄 애(吝惜)	*愛國(애국) :자기 나라를 사랑함 *愛用(애용) :사랑하여 즐겨 씀 *愛玩(애완) :사랑하여 다루거나 보며 즐김 *愛人(애인) :이성간(異性間)에 사랑하는 사람 *愛情(애정) :사랑하는 마음 *戀愛(연애) :남녀간에 사모하는 사랑. 愛戀 *愛人如己(애인여기) :남을 제 몸같이 사랑함 *愛之重之(애지중지) :매우 사랑하고 귀히 여김	

相	<部首> : 目(눈목) ①서로 상(共也) ②바탕 상(質也) ③상볼 상(相術)	*相關(상관) :서로 관련(關聯)을 가짐 *相談(상담) :서로 말로 의논(議論)함. 相議 *相當(상당) :어떤 기준(基準)에 알맞음 *相對(상대) :서로 마주 봄 *相術(상술) :상(相)을 보는 방법 *相互(상호) :서로. 피차가 서로. 서로서로 *相扶相助(상부상조) :서로 부축하고 도움 *相思不忘(상사불망) :서로 그리워하며 잊지 못함	
互	<部首> : 二(두이) ①서로 호(交也) ②서로관계를맺을 호(相關也) ③고기시렁 호(懸肉格)	*互流(호류) :서로 교류(交流)함 *互相(호상) :서로. 서로서로. 相互 *互先(호선) :맞바둑 *互助(호조) :서로 도움. 相助 *互惠(호혜) :서로 도와 편익을 주는 은혜 *相互扶助(상호부조) :서로 돕는 일 *互相入葬(호상입장) :1.한 족속을 한 묘지에 　장사지냄 2.주인 없는 산에 아무나 장사지냄	《상호은혜》 서로가 은혜(恩惠)로 움
恩	<部首> : 心(마음심)=忄=㣺 ①은혜 은, 덕택 은(恩澤) ②사랑할 은(愛也)	*恩功(은공) :은혜(恩惠)와 공로(功勞) *恩師(은사) :은혜를 많이 입은 스승. 恩博 *恩愛(은애) :은혜(恩惠)와 도타운 애정(愛情) *恩人(은인) :은혜를 베푼 사람 *恩典(은전) :은혜를 베푸는 일. 特典 *恩寵(은총) :높은 분에게서 받는 특별한 사랑 *恩惠(은혜) :베풀어 주는 혜택 *背恩忘德(배은망덕) :남의 은덕을 잊고 배반함	
惠	<部首> : 心(마음심)=忄=㣺 ①은혜 혜, 덕택 혜(恩也) ②어질 혜(仁也)	*惠念(혜념) :돌보아 주는 생각(편지). 慈念 *惠臨(혜림) :남이 나를 찾아줌. 惠顧. 枉臨 *惠書(혜서) :남의 편지. 惠札. 惠翰. 惠音 *惠施(혜시) :은혜(恩惠)를 베풂 *惠示(혜시) :편지에서 "남에게 알려 주십사" *惠澤(혜택) :은혜(恩惠)와 덕택(德澤) *惠存(혜존) :저서 등을 "받아 간직하여 주십사" *慈母惠育(자모혜육) :자상한 어머니가 은혜로 기름	
半	<部首> : 十(열십) ①절반 반(物中分) ②가운데 반(中也)	*半減(반감) :절반을 덜음 *半空(반공) :그리 높지 않은 공중. 半空中 *半期(반기) :일기(一期)의 절반. 一年의 반 *半島(반도) :삼면이 바다로 둘러싸인 땅 *半分(반분) :절반(折半)으로 나눔 *半夜(반야) :한밤중 *半折(반절) :반으로 가름 *半途而廢(반도이폐) :일을 하다가 중도에서 　그만 둠. 斷機之誡의 故事가 있음	
里	<部首> : 里(마을리) ①마을 리(五隣爲里) ②잇수 리(路程)	*里閭(이려) :1.里門 2.마을. 시골 *里言(이언) :항간에 쓰이는 속된 말. 俚言 *里程(이정) :길의 리수(里數). 道里 *里巷(이항) :1.마을과 거리 2.마을. 村里 *五里霧中(오리무중) :五里 앞이 안개로 보이지 　않음 <喩>일의 추이를 판단할 수 없음 *一瀉千里(일사천리) :물살이 빨라 한번 흘러 　천리에 이름 <喩>일이 빠른 속도로 추진됨	《반리여염》 잇수(里數)로 반리(半里)밖 에 안되는 작은 마을 <작은 마을>
閭	<部首> : 門(문문) ①이문 려(里門) ②마을 려(五比)	*閭里(여리) :마을. 閭巷. 閭伍. *閭門(여문) :동네 어귀에 세운 문. 里門 *閭閻(여염) :1.마을. 里門 2.村民. 民間人 *閭巷(여항) :村里. 洞內. 民間. 閭里 *閭巷間(여항간) :보통 민중들 사이. 巷間 *閭巷人(여항인) :항간의 사람들. 民間人 *閭閻家(여염가) :여염집 *尾閭穴(미려혈) :자꾸 줄어서 없어진다는 말	
閻	<部首> : 門(문문) ①이문 염(里中門) ②마을 염(閭閻) ③항간 염(巷間) ④염라 염, 저승 염 　(閻羅地獄大王名)	*閻羅國(염라국) :閻羅大王이 다스리는 저승 *閻魔(염마) :(佛)Yamaxaja의 音譯. 閻羅大王 *閻浮(염부) :인도(印度)에 있는 나무 이름 　<阿含經>須彌山外所迦羅山北有大樹曰閻浮 *閻浮提(염부리) :1.인도(印度) 2.현세(現世) *閻浮塵(염부진) :(佛)속세(俗世)의 번뇌(煩惱) *閻羅大王(염라대왕) :지옥에 살면서 인간의 　생전에 행한 선악을 심판한다는 대왕	

赤	<部首> : 赤(붉을적) ①붉을 적(南方色) ②빨갈 적(空盡無物) ③벌거벗을 적(赤裸裸) ④아무것도 없을 적(空虛)	*赤道(적도) :지구 양극에서 등거리 점의 궤적 *赤色(적색) :붉은 빛의 색깔 *赤手(적수) :맨손 *赤貧(적빈) :살림이 아주 가난함. 赤立. 極貧 *赤身(적신) :벌거벗은 몸. 알몸. 赤裸裸 *赤心(적심) :거짓없는 참된 마음. 赤誠. 眞心 *赤字(적자) :지출(支出)이 수입(收入)보다 많음 *近失者赤(근주자적) :붉은 것을 가까이 하는 　　　사람은 붉게 물들기 쉬움 <喻>영향을 받음	
衣	<部首> : 衣(옷의)=衤 ①옷 의(衣裳, 庇身上下) ②입을 의(服之)	*衣冠(의관) :옷과 갓 *衣襟(의금) :옷깃 *衣袴(의고) :저고리와 바지 *衣裳(의상) :저고리와 치마 *衣類(의류) :몸에 입는 옷의 총칭. 衣服 *衣服(의복) :옷 *衣次(의차) :옷감 *錦衣夜行(금의야행) :비단 옷을 입고 밤길을 감 　　　　<喻>애써 한 일을 알아주는 이가 없음 *白衣民族(백의민족) :흰 옷을 입는 우리 민족	《적의청상》 붉은 저고리에 푸른 치마 <젊은 처자(處子)>
靑	<部首> : 靑(푸를청) ①푸를 청(東方木色) ②젊을 청(靑年)	*靑果(청과) :채소, 과실 따위 *靑年(청년) :젊은 남자. 젊은이 *靑史(청사) :1.사기(史記) 2.역사(歷史) *靑雲(청운) :1.푸른 구름 2.높은 이상(理想) *靑天(청천) :푸른 하늘. 靑空 *靑春(청춘) :1.푸르른 봄철 2.젊은이 *靑出於藍(청출어람) :靑色이 藍色에서 나옴 　　　　<喻>제자가 스승보다 나음	
裳	<部首> : 衣(옷의)=衤 ①치마 상(下衣裙也) ②성할 상(盛貌)	*裳裳(상상) :화려한 모양. 성(盛)한 모양 *裳繡(상수) :치마에 수(繡)를 놓음 *裳衣(상의) :치마와 저고리. 옷. 衣裳 *綠衣紅裳(녹의홍상) :연두 저고리와 다홍치마 *同價紅裳(동가홍상) :같은 값이면 다홍치마 　　곧, 같은 값이면 좋은 물건을 가진다 　　<意>이왕이면 같은 조건에서 좋은 선택을 함	
紅	<部首> : 糸(실사 변) ①붉을 홍(南方色, 絳也) ②연지 홍(顔料臙脂) ③길쌈 공(紅女)	*紅裙(홍군) :1.붉은 치마 2.기생, 美人 *紅閨(홍규) :미인의 방 *紅樓(홍루) :기생집 *紅雲(홍운) :꽃이 만발한 모양 *紅雨(홍우) :꽃을 적시는 비 *紅塵(홍진) :세상의 번거로운 일 *紅燈街(홍등가) :노는 계집이 있는 거리 *面紅耳赤(면홍이적) :낯이 뜨거워 부끄러움을 　　　　　　감추지 못함	
顔	<部首> : 頁(머리혈) ①얼굴 안(額角容也)	*顔料(안료) :1.화장(化粧)의 재료 2.그림물감 *顔面(안면) :1.얼굴. 낯 2.서로 알 만한 사귐 *顔色(안색) :얼굴에 나타나는 기색. 얼굴빛 *顔厚(안후) :낯이 두꺼움. 厚顔 <喻>염치가 없음 *玉顔(옥안) :1.임금의 얼굴 2.미인의 얼굴 *容顔(용안) :얼굴의 모양 *紅顔(홍안) :젊고도 아름다운 얼굴 *厚顔無恥(후안무치) :얼굴이 두꺼워 수치를 모름	《홍안미소》 발그레한 얼굴로 살포시 웃음
微	<部首> : 彳(두인 변) ①작을 미, 가늘 미(細也) ②희미할 미(不明) ③천할 미(賤也)	*微官(미관) :보잘 것 없는 벼슬자리 *微量(미량) :아주 적은 량 *微物(미물) :1.작은 물건 2.자질구레한 벌레 *微妙(미묘) :이상야릇하여 알 수가 없음 *微細(미세) :가늘고 작음 *微笑(미소) :살짝 빙긋이 웃는 웃음 *微賤(미천) :신분이 미약하고 비천함 *微吟緩步(미음완보) :작게 읊조리며 천천히 거닒	
笑	<部首> : 竹(대죽) ①웃음 소, 웃을 소 　(喜而解顔啓齒欣也)	*笑納(소납) :보잘 것 없는 물건을 보내니 　　　　웃고 받아달라는 뜻의 謙讓語 *笑談(소담) :우스운 이야기 *笑聲(소성) :웃음소리 *笑資(소자) :웃음거리 *笑顔(소안) :웃는 얼굴. 笑容 *笑謔(소학) :웃으며 농지거리함 *拍掌大笑(박장대소) :손뼉을 치면서 크게 웃음 *破顔大笑(파안대소) :얼굴이 째질 정도로 웃음	

余	<部首> : 人(사람인)=亻 *予와 同 ①나 여(我也) ②남을 여(餘也) ③달이름 여(陰曆四月之稱)	*余等(여등) :우리들 ↔ 汝等 *余輩(여배) :우리들 ↔ 汝輩 *余月(여월) :음력(陰曆) 4월의 이명(異名) *余桃罪(여도죄) :<故>전에 칭찬받던 일이 애증이 바뀌었으므로 죄의 원인이 됨 *舜何人余何人(순하인여하인) :순임금은 어떤 사람이며, 나는 어떤 사람이냐? <喩>나도 노력하면 그리 되지 말라는 법은 없다.	
汝	<部首> : 氵(삼수 변)=水=氺 ①너 여(爾也)	*汝等(여등) :너희들 ↔ 余等 *汝輩(여배) :너희들 ↔ 余輩 *汝窯(여요) :자기(瓷器)를 굽는 가마 *汝墻折角(여장절각) :너의 집 담 때문에 쇠뿔이 부러짐 <喩>자기의 허물을 남에게 전가(轉嫁)함 *爾汝之交(이여지교) :스스럼 없는 아주 친한 사이	《여여호감》 나와 네가 서로 좋은 느낌을 갖고 있음
好	<部首> : 女(계집녀 변) ①좋을 호(善也) ②좋아할 호(相善) ③아름다울 호(美也)	*好感(호감) :좋게 여기는 감정 ↔ 惡感 *好機(호기) :좋은 기회(機會) *好期(호기) :좋은 시기(時期) *好逑(호구) :좋은 짝. 好配 *好意(호의) :타인에 보이는 친절한 마음 *好人(호인) :성질이 좋은 사람 *好事多魔(호사다마) :좋은 일에는 방해되는 게 많음	
感	<部首> : 心(마음심)=忄=㣺 ①느낄 감(應也) ②한할 감(恨也)	*感覺(감각) :느껴서 받아들이는 마음의 작용 *感氣(감기) :호흡기 질환. 고뿔 *感動(감동) :마음에 느끼어 일어나는 흥분 *感謝(감사) :고맙게 여김 *感想(감상) :느끼어 생각함 *感情(감정) :느끼어 일어나는 마음의 작용 *感觸(감촉) :외부의 자극으로 일어나는 느낌 *多情多感(다정다감) :인정이 많고 느낌도 많음	
付	<部首> : 亻(사람인 변)=人 ①부칠 부(畀也) ②줄 부(與也) ③부탁 부(託也)	*付刊(부간) :책을 간행함. 部梓. 出版 *付書(부서) :편지를 부침 *付送(부송) :물건을 부쳐 보냄 *付職(부직) :직업을 갖게 됨. 就職 *付託(부탁) :남에게 당부하여 의뢰함 *申申當付(신신당부) :몇번이고 거듭 간절하게 하는 부탁. 申申付託	
託	<部首> : 言(말씀언) ①부칠 탁, 부탁할 탁(憑依寄也) ②맡길 탁(信任委也) ③핑게할 탁(稱託)	*託送(탁송) :남에게 부탁하여 물건을 부침 *託辭(탁사) :꾸며서 핑게하는 말 *託兒(탁아) :어린아이를 맡김 *託言(탁언) :1.핑게하는 말 2.부탁하는 말 *信託(신탁) :신용(信用)하여 위탁(委託)함 *委託(위탁) :남에게 사물의 책임을 맡김 *依託(의탁) :남에게 의존함. 남에게 부탁함	《부탁중매》 두 집안 사이에 끼어 들어 혼인(婚姻)을 주선(周旋)해 줄 것을 부탁(付託)함
仲	<部首> : 亻(사람인 변)=人 ①다음 중, 버금 중(次也) ②가운데 중(中也) ③중개 중(仲介)	*仲父(중부) :둘째 아버지. 숙부(叔父) *仲兄(중형) :둘째 형. 仲氏 *仲春(중춘) :음력 2월. 仲陽 *仲介(중개) :둘 사이에서 일을 주선(周旋)함 *仲裁(중재) :싸움 중간에 들어 화해(和解)시킴 *仲媒(중매) :두 집안 사이에 들어 혼인(婚姻) 을 주선(周旋)함 *伯仲之間(백중지간) :서로 어금어금 맞서는 사이	
媒	<部首> : 女(계집녀 변) ①중매 매, 중신 매(仲媒) ②탐낼 매(貪也)	*媒介(매개) :중간에서 관계(關係)를 맺어줌 *媒緣(매연) :중간에 서서 인연의 매개가 됨 *媒子(매자) :혼일을 중매하는 사람. 媒合 *媒託(매탁) :미리 맺어두는 굳은 언약(言約) *媒婆(매파) :혼인을 중매하는 할멈. 媒嫗 *溶媒(용매) :용질을 녹이는 액체. 溶解劑 *觸媒(촉매) :다른 물질의 화학반응을 촉진시킴 *仲媒婚姻(중매혼인) :중매를 통해서 이루어진 혼인	

招	<部首> : 扌(재방 변)=手 ①부를 초(手呼) ②불러올 초(來之) ③높이들 교(揭也)	*招待(초대) : 남을 청(請)하여 대접(待接)함 *招來(초래) : 불러 옴. 오게 함. 招徠. 招致 *招募(초모) : 불러서 모음. 召募. 召集 *招聘(초빙) : 禮를 두터이 하여 鄭重히 모심 *招請(초청) : 청(請)하여 부름 *招出(초출) : 불러 냄 *招之不來(초지불래) : 불러도 오지 않음	《초청방문》 한 쪽에서 청(請)하여 부르니 한 쪽에서 찾아가 봄
請	<部首> : 言(말씀언) ①청할 청(乞也) ②뵈올 청(謁也) ③물을 청(扣也)	*請求(청구) : 달라고 요구함 *請負(청부) : 도급으로 일을 맡음 *請謁(청알) : 몸소 만나뵙기를 간청함 *請願(청원) : 일이 이루어지도록 청하고 원함 *請牒(청첩) : 경사(慶事)에 남을 오도록 청함 *請託(청탁) : 청원(請願)하여서 부탁함. 請囑 *左右請囑(좌우청촉) : 갖은 수단을 다해 청탁함 *千請萬囑(천청만촉) : 갖가지로 하는 부탁	
訪	<部首> : 言(말씀언) ①뵈올 방(謁見) ②심방할 방(訪問, 尋訪) ③찾아서구할 방(求也) ④물을 방(問也)	*訪客(방객) : 찾아온 손님. 訪問客 *訪古(방고) : 고적(古蹟)을 탐방(探訪)함. 覽古 *訪求(방구) : 사람을 널리 찾아 구함 *訪問(방문) : 남을 찾아 봄 *訪議(방의) : 묻고 의논(議論)함 *巡訪外交(순방외교) : 나라별로 차례로 방문 　　　　　　하여 국가간의 사안을 놓고 교섭을 함	
問	<部首> : 口(입구) ①물을 문(訊也) ②문안할 문(訪也) ③문초할 문(訊罪)	*問答(문답) : 물음과 대답 *問病(문병) : 앓는 이를 찾아보고 위로함 *問安(문안) : 웃어른께 안부(安否)를 여쭘 *問議(문의) : 물어보고 의논(議論)함 *問題(문제) : 대답(對答)을 얻기 위한 물음 *問責(문책) : 일의 잘못을 물어 책망(責望)함 *不恥下問(불치하문) : 아랫사람에게 묻는 것은 　　　　　　부끄러운 게 아님	

舍	<部首> : 舌(혀설) ①집 사(屋也) ②쉴 사(止息) ③놓을 사(釋也) ④둘 사(置也)	*舍監(사감) : 기숙생(寄宿生)을 감독하는 사람 *舍館(사관) : 객지에서 일시 숙식하는 집. 旅館 *舍匿(사닉) : 죄인을 숨김 *舍屋(사옥) : 주택 *舍廊(사랑) : <國>바깥 주인이 거처(居處)하며 　　　　　　손님을 접대하는 방. 斜廊 *求田問舍(구전문사) : 논밭을 구하고 집을 문의 　　　　　　하여 삼 <喩>일신상의 이익만 신경쓰고 　　　　　　국가의 대사를 돌보지 않음	《사랑접빈》 사랑(舍廊)채 에서 손님을 맞이함
廊	<部首> : 广(엄 호) ①행랑 랑, 곁채 랑(東西廡) ②묘당 랑(巖廊殿下外屋)	*廊廡(낭무) : 정전(正殿)에 부속(附屬)된 　　　　　　건물(建物). 廊閣 *廊下(낭하) : 1.행랑(行廊). 廊底 　　　　　　2.길게 골목진 복도. 廊腰. 回廊 *廊漢(낭한) : 행랑살이 하는 사람의 비칭(卑稱) *廊廟之器(낭묘지기) : 재상이 될 만한 재능 *廊廟之材非一木之枝(낭묘지재비일목지지) : 　　　　　　능력이 부족한 자는 재상이 되지 못함	
接	<部首> : 扌(재방 변)=手 ①잇닿을 접(接續連也) ②가까울 접(近也) ③사귈 접(交也)	*接客(접객) : 손을 대접함. 接賓 *接見(접견) : 직접 대하여 봄. 接面. 會見 *接近(접근) : 서로 바싹 다가붙음 *接待(접대) : 손님을 맞아 대접함. 待遇. 接遇 *接續(접속) : 서로 맞대어 이음 *接觸(접촉) : 1.맞붙어서 닿음 2.사람과 교섭함 *皮骨相接(피골상접) : 살가죽과 뼈가 맞붙음 　　　　　　<喩>몸이 몹시 마른 상태	
賓	<部首> : 貝(조개패) ①손 빈, 손님 빈(客也) ②인도할 빈(寅賓導也) ③복종할 빈(賓服懷德)	*賓客(빈객) : 1.손 2.문하(門下)의 식객(食客) *賓待(빈대) : 손으로 대접(待接)함 *賓禮(빈례) : 손에 대한 예절(禮節) *賓旅(빈려) : 외국(外國)에서 온 나그네 *賓朋(빈붕) : 손님으로 대접(待接)하는 친구 *賓次(빈차) : 손을 초대(招待)하는 곳 *出門如見大賓(출문여견대빈) : 집을 나서면 　　　　　　큰 손님을 만나듯이 몸가짐을 정중히 함	

主	<部首> : 丶(점) ①주인 주(賓之對) ②임금 주(君也) ③주장할 주(掌也) ④어른 주(一家之長)	*主客(주객) :주인과 손 *主觀(주관) :대상에 대한 자아적 의식 ↔ 客觀 *主權(주권) :국가통치의 주체적 절대 권리 *主義(주의) :어떤 일을 굳게 지키는 주장 *主人(주인) :1.집안의 어른 2.물건 임자 *主體(주체) :대상에 대한 자아(自我) ↔ 客體 *主客顚倒(주객전도) :사물의 경중, 선후, 완급 　　　　이 서로 바뀜 ≒ 客反爲主	
客	<部首> : 宀(갓머리) ①손 객(賓也主之對) ②나그네 객(客于他鄕) ③지날 객(過去)	*客苦(객고) :객지(客地)에서 당하는 고생 *客氣(객기) :쓸 데 없는 혈기(血氣) *客談(객담) :직접 필요 없는 이야기. 客說 *客旅(객려) :나그네. 旅客 *客人(객인) :1.손 2.객쩍은 사람. 雜人 *客地(객지) :집을 떠나 임시로 머무는 곳. 他地 *主酒客飯(주주객반) :주인은 손에게 술을, 손은 　　　주인에게 밥을 권함 <意>주객의 다정함	《주객대좌》 주인(主人)과 손이 마주보고 앉음
對	<部首> : 寸(마디촌) ①마주할 대(物竝峙) ②대답할 대(答也) ③당할 대(當也) ④짝 대(配也) ⑤마주 대(偶也)	*對決(대결) :맞서서 승패를 결정함. 對勘 *對答(대답) :묻는 말에 답(答)함 *對立(대립) :마주 섬 *對話(대화) :對談. 對言 *對外(대외) :외부에 대한 것 ↔ 對內 *對人(대인) :사람을 마주 대함 *對坐(대좌) :마주 보고 앉음. 對席. 對案 *刮目相對(괄목상대) :士別三日卽更刮目相對 　　　<喩>남의 학문이나 재주가 현저히 진보함	
坐	<部首> : 土(흙토) ①앉을 좌(行之對) ②무릎꿇을 좌(跪也) ③지킬 좌(守護) ④죄를입을 좌(被罪人) ⑤손발움직이지않을 좌(手足不動)	*坐客(좌객) :앉은뱅이 *坐罪(좌죄) :죄를 입음 *坐賈(좌고) :앉은 장사. 坐商 *坐視(좌시) :간섭하지 않고 가만히 두고 봄 *坐大(좌대) :노력하지 않고 자연히 강대해 짐 *坐定(좌정) :앉음(높임말) *坐不安席(좌불안석) :앉아 있기가 불안한 자리 *如坐針席(여좌침석) :바늘방석에 앉은 것처럼 　　　　　매우 불안하고 두려움	

兩	<部首> : 入(들입) ①두 량(再也) ②쌍 량(雙也) ③짝 량(耦也) ④근 량(斤量, 十六兩爲一斤)	*兩家(양가) :두 편의 집. 양쪽 집 *兩極(양극) :1.두 개의 극(極) 2.음극과 양극 *兩端(양단) :1.두 끝 2.처음과 끝 *兩分(양분) :둘로 나눔 *兩者(양자) :둘을 함께 이르는 말 *兩側(양측) :1.두 편. 兩方. 雙方 2.양쪽 측면 *一擧兩得(일거양득) :한번에 둘을 얻음 　　　<喩>한가지 일을 하여 두가지 이익을 봄	
側	<部首> : 亻(사람인 변)=人 ①곁 측(傍也) ②기울 측(傾也) ③미천할 측(微賤)	*側近(측근) :가까이 곁에 있음 *側面(측면) :옆쪽 *側聞(측문) :옆에서 얻어 들음 *側視(측시) :옆으로 봄. 곁눈질함. 傍視 *側言(측언) :치우친 말. 편벽된 말. 僻論 *側出(측출) :미천한 출신. 庶出. 賤出 *側席而坐(측석이좌) :자리를 옆으로 하고 앉음 　　　<喩>근심이 있어 앉은 자리가 편치 않음	《양측소개》 양쪽이 서로 소개(紹介)함
紹	<部首> : 糸(실사 변) ①소개할 소(紹介, 相佐助) ②이을 소(繼也)	*紹介(소개) :모르는 사이를 알도록 맺어줌 *紹繼(소계) :앞의 일을 이어받음 *紹登(소등) :이어 오름 *紹述(소술) :앞사람의 일을 이어받아 행함 *紹承(소승) :이어줌. 繼承 *紹絶(소절) :끊어진 것을 이어줌 *紹介狀(소개장) :사람을 소개하는 서장(書狀)	
介	<部首> : 人(사람인)=亻 ①중매할 개(仲媒也) ②낄 개(際也) ③도울 개(助也) ④딱지 개(鱗也) ⑤클 개(大也)	*介殼(개각) :조개껍질. 甲殼 *介鱗(개린) :갑각(甲殼)과 비늘. 魚貝類 *介福(개복) :큰 행복. 介祉 *介意(개의) :마음에 둠 *介入(개입) :제삼자가 사이에 끼어 관계함 *介壽(개수) :長壽를 도움 <轉>長壽를 祝賀 *少不介意(소불개의) :조금도 꺼리게 여기지 　　　　　않음 ↔ 少不介慢	

某	<部首> : 木(나무목) *古音 : 무 ①아무 모(不知名者) ②매화나무 매(梅也) 　*梅의 古字	*某某(모모) :아무아무, 누구누구 *某氏(모씨) :아무 양반, 아무개 *某人(모인) :어떤 사람 *某處(모처) :어떤 곳. 某所 *某種(모종) :어떤 종류 *某也某也(모야모야) :아무아무, 아무개 아무개 *某也誰也(모야수야) :아무아무, 누구 누구 *某月某日(모월모일) :아무 달의 아무 날	
也	<部首> : 乙(새을) ①잇기 야, 라 야, 어조사 야 　(語之餘) :…라, 한 句의 끝에 　붙여서 결정의 뜻을 나타냄) ②형용의 뜻을 강하게 하는 토 ③뜻이 없는 토	*也有(야유) :또 있음 *也矣(야의) :단정(斷定)의 어조사(語助辭) *也耶(야야) :영탄(詠歎)의 어조사(語助辭) *也哉(야재) :강한 단정(斷定)의 어조사(語助辭) *也乎(야호) :강조(强調)의 어조사(語助辭) *言則是也(언즉시야) :"말인즉 옳다." 　<用例>말인즉 사리에 맞으나 실지로 행함에 　있어서는 지장이 있을 때 전치(前置)로 놓음	《모야운이》 "아무개입니다" 라고 말함
云	<部首> : 二(두이) ①이를 운(曰也) ②이러저러할 운(衆語) ③여기에 운(뜻없는 토) ④움직일 운(運也)	*云云(운운) :글이나 말을 인용, 또는 생략할 　때 '이러이러함'의 뜻으로 씀 *云爲(운위) :1.言動, 動作 2.世上物情 *云謂(운위) :일러 말하다 *云爾(운이) :이렇게 말함. '曰'과 같은 뜻 *云何(운하) :사정이 어떠함. 如何 *云如之何(운여지하) :어찌된 일인가요?	
爾	<部首> : 爻(점괘효) ①너 이(汝也) ②가까울 이(近也) ③그 이(其也)	*爾今(이금) :지금부터. 自今 *爾來(이래) :그때부터. 自來 *爾餘(이여) :그 밖에. 自餘 *爾時(이시) :그때 *爾後(이후) :그 뒤. 以後. 自後 *爾汝(이여) :너희들. 썩 친한 사이의 二人稱 *棄爾幼志(기이유지) :동심을 버리라는 경계의 말 *出爾反爾(출이반이) :자기에게서 나온 것은 자기 　에게 돌아감 <意>본인이 뿌린 씨는 본인이 거둠	
彼	<部首> : 彳(두인 변) ①저 피(此之對) ②저것 피(外之辭)	*彼己(피기) :저것, 저 사람 *彼邊(피변) :저편 ↔ 此邊 *彼我(피아) :저 사람과 나. 自他 *彼岸(피안) :<佛>저쪽 물가 언덕. 涅槃의 世界 *彼此(피차) :저것과 이것. 서로 *彼處(피처) :저곳. 저기 *彼丈夫也我丈夫也(피장부야아장부야) :저나 　나나 같은 사내다 <喩>피차 대등하다	
此	<部首> : 止(그칠지) ①이 차(彼之對) ②그칠 차(止也)	*此間(차간) :이 사이, 요 동안 *此事(차사) :이 일 *此等(차등) :이 것들 *此世(차세) :이 세상 *此後(차후) :이 다음 *此際(차제) :이 때에. 이즈음 *此日彼日(차일피일) :오늘, 내일하고 연기함 *此頉彼頉(차탈피탈) :이 핑계 저 핑계를 댐 *彼此一般(피차일반) :너나 나나 마찬가지로 　다를 게 없음	《피치안부》 저 쪽과 이 쪽의 편안(便安)함 과 그렇지 아니함
安	<部首> : 宀(갓머리) ①편안할 안(危之對) ②즐거울 안(佚樂) ③무엇 안, 어느 안(何也)	*安寧(안녕) :탈 없이 무사함. (높임말)平安 *安樂(안락) :근심 걱정없이 평안하고 즐거움 *安否(안부) :편안함과 편안하지 않음 *安息(안식) :편안(便安)하게 쉼. 休息 *安全(안전) :평안하고 조금도 위험이 없음 *安定(안정) :안전(安全)하게 자리잡음 *安不忘危(안불망위) :편안한 때 위태로움을 　잊지 않음 <喩>방심하지 않고 늘 경계함	
否	<部首> : 口(입구) ①아닐 부(口不許) ②인정치않을 부(不肯) ③틀릴 부(違也) ④없을 부(無也) ⑤막힐 비(塞也)	*否決(부결) :의안이 성립되지 않음 ↔ 可決 *否認(부인) :인정하지 않음. 否定 *否定(부정) :그렇지 않다고 주장함 ↔ 肯定 *否塞(비색) :운수(運數)가 막힘 *否運(비운) :막힌 운수. 나쁜 운수. 不幸 *可否(가부) :어떤 일에 대한 옳고 그름의 여부 *曰可曰否(왈가왈부) :어떤 일에 좋거니, 좋지 　않거니 하고 말함	

質	<部首> : 貝(조개패) ①바탕 질(主也, 樸也) ②질박할 질(樸也) ③물을 질(質問) ④볼모, 전당잡을 질(人質)	*質鈍(질둔) :재주가 노둔함 *質量(질량) :물체가 갖는 설질의 양(量) *質問(질문) :모르는 것을 것을 물어서 밝힘 *質朴(질박) :자연 그대로 단순함. 質樸 *質疑(질의) :의심나는 데를 물어서 밝힘 *人質(인질) :약속이행 담보의 사람. 볼모 *仙姿玉質(선자옥질) :신선의 자태에 옥같은 　　　　　　피부 <喩>아름다운 사람	
疑	<部首> : 疋(필필) ①의심할 의(不定, 惑也) ②혐의할 의(嫌也) ③그럴듯할 의(似也)	*疑端(의단) :의심스런 일의 실마리 *疑問(의심) :의심하여 물음 *疑似(의사) :비슷하여 가려내기 어려움 *疑心(의심) :믿지 못하는 마음. 疑念. 疑慮 *疑訝(의아) :의심스럽고 괴이쩍음 *疑疾(의질) :전염(傳染)될 염려가 있는 병 *疑惑(의혹) :의심하여 분별하지 못함. 疑訝 *疑事無功(의사무공) :의심하는 일은 이루지 못함	《질의응답》 물어보고 이에 서로 응대(應對)함
應	<部首> : 心(마음심)=忄=㣺 ①응할 응(物相感) ②응당 응, 꼭 응(料度辭當也)	*應感(응감) :마음에 응하여 느낌. 感應 *應答(응답) :물음에 대답함. 應對 *應當(응당) :꼭. 반드시. 으레 *應待(응대) :만나 봄. 접대함. 應接 *應分(응분) :제 분수(分數)나 (身分)에 맞음 *應試(응시) :시험(試驗)에 응(應)함 *應用(응용) :어떠한 원리를 실제로 활용함 *臨機應變(임기응변) :상황에 따라 알맞게 응함	
答	<部首> : 竹(대죽) ①대답 답(對也0 ②갚을 답(報也) ③그렇다할 답(然也)	*答禮(답례) :남에게 받은 예(禮)를 도로 갚음 *答拜(답배) :답례(答禮)로 하는 절 *答辯(답변) :답하는 말 *答謝(답사) :답례(答禮)로 하는 사례(謝禮) *答辭(답사) :대답의 말씀. 答言 *答信(답신) :답하는 통신. 答簡. 答書 *答案(답안) :시험문제의 해답 또는 안건(案件) *東問西答(동문서답) :물음에 엉뚱한 대답을 함	
歡	<部首> : 欠(하품흠 방) *懽·驩과 通 ①기쁠 환(惚也) ②기꺼울 환, 좋아할 환(喜樂) ③친할 환(親也)	*歡談(환담) :정답고 즐겁게 이야기함 *歡待(환대) :기꺼운 마음으로 정성껏 대접함 *歡樂(환락) :기뻐하고 즐거워함. 歡娛. 歡康 *歡心(환심) :기쁘게 여기는 마음. 歡情 *歡迎(환영) :기쁜 마음으로 맞이함 *歡喜(환희) :즐겁고 크게 기뻐함. 歡悅 *歡呼雀躍(환호작약) :기뻐서 소리치고 　　　　　　팔짝팔짝 뜀	
悅	<部首> : 忄(심방변)=忄=心 ①즐거울 열(樂也) ②기꺼울 열(喜也)	*悅口(열구) :음식(飮食)이 입에 맞음 *悅樂(열락) :기뻐하고 즐김. 悅豫 *悅服(열복) :기꺼이 순종함. 歡服. 心服 *悅色(열색) :기쁜 얼굴빛 *悅愛(열애) :기쁜 마음으로 사랑함. 愛悅 *悅親(열친) :어버이의 마음을 기쁘게 해 드림 *男欣女悅(남흔여열) :부부가 화락하는 것 *悅口之物(열구지물) :입에 맞는 음식	《환열담화》 즐겁고 기쁘게 이야기를 함
談	<部首> : 言(말씀언) ①말씀 담(言論) ②바둑둘 담(手談圍碁)	*談論(담론) :1.담화(談話)와 의론(議論) 2.言論 *談言(담언) :이야기하는 말 *談議(담의) :서로 의논(議論)함. 相談 *談判(담판) :서로 의논하여 사리를 판단함 *談合(담합) :서로 의논(議論)함. 相談 *談話(담화) :1.이야기 2.의견을 밝히는 말 *談虎虎至談人人至(담호호지담인인지) :호랑이도 　제 말하면 온다 <喩>공교롭게도 談人人至	
話	<部首> : 言(말씀언) ①이야기 화(語也) ②착한말 화(善也)	*話頭(화두) :이야기의 말머리. 말의 緖頭 *話術(화술) :말 재주 *話題(화제) :이야기 거리 *話語(화어) :日常 쓰는 말 *話言(화언) :1.이야기 2.좋은 말 *話法(화법) :다른 사람의 말을 인용, 재현하는 　　　　방법 (直接話法과 間接話法) *萬端說話(만단설화) :온갖 이야기 *閑談屑話(한담설화) :심심풀이 쓸데없는 말	

眞	<部首> : 目(눈목) ①참 진(僞之反) ②진실할 진(實也) ③천진 진(本元, 原質, 天眞)	*眞假(진가) :참다움과 거짓. 眞僞 *眞理(진리) :참된 도리(道理)나 이치(理致) *眞相(진상) :참된 모습. 眞面目. 實相 *眞心(진심) :참된 마음 *眞實(진실) :헛되지 않은 참된 것. 眞率 *眞正(진정) :참되고 올바름 *假弄成眞(가롱성진) :처음에 실없이 한 말이 　　나중에 정말이 됨 <俗>농담이 진담 된다	《진정연모》
情	<部首> : 忄(심방변)=忄=心 ①뜻 정(性之動意也) ②마음속 정(心中) ③실상 정(實也)	*情感(정감) :느낌. 情調와 感興 *情報(정보) :情況報告 *情狀(정상) :사실 있는 그대로의 상태 *情理(정리) :인정(人情)에 따른 의리. 情義 *情勢(정세) :사정(事情)과 형세(形勢). 情況 *情慾(정욕) :마음에 생기는 여러 가지 욕구 *舐犢之情(지독지정) :어미 소가 송아지를 　　핥아주는 사랑 <喩>자식을 생각하는 정	참 마음으로 사랑하여 그리워함
戀	<部首> : 心(마음심)=忄=忄 ①사모할 련(慕也) ②생각 련(眷念) ③생각킬 련(係慕)	*戀歌(연가) :사랑을 그리는 노래. 艷曲. 情歌 *戀慕(연모) :사랑하여 그리워함 *戀文(연문) :연애편지(戀愛便紙). 戀書 *戀愛(연애) :남녀간에 서로 사모하는 사랑 *戀人(연인) :사모하는 상대의 사람. 愛人 *戀情(연정) :이성을 사모하는 마음. 艷情 *籠鳥戀雲(농조연운) :새장의 새는 구름을 그리워 　　함 <喩>속박당한 사람은 자유를 그리워 함	
慕	<部首> : 忄(마음심)=心=忄 ①사모할 모(係戀不忘) ②생각할 모(思也) ③모뜰 모(愛習模範)	*慕戀(모연) :그리워 늘 생각함 *慕心(모심) :그리워하는 마음 *敬慕(경모) :존경(尊敬)하고 사모(思慕)함 *思慕(사모) :1.그리워함 2.우러러 받듦 *愛慕(애모) :사랑하고 사모(思慕)함 *追慕(추모) :죽은 사람을 그리워함 *戀慕之情(연모지정) :간절히 그리워하고 　　　　사모하는 마음	

宜	<部首> : 宀(갓머리) ①마땅할 의(當也) ②옳을 의(所安適理) ③유순할 의(和順)	*宜家(의가) :한 가정을 화목하게 함. 和睦함 *宜當(의당) :마땅히 그러함 *宜稻(의도) :벼 심기에 꼭 알맞음 *宜土(의토) :식물을 심고 가꾸기에 알맞은 땅 *時宜(시의) :그 때의 사정에 알맞음 *適宜(적의) :맞추기에 마땅함 *兒童之言宜納耳聞(아동지언의납이문) :어린 　　아이의 말이라도 들을 것은 들어야 함	《의당가연》
當	<部首> : 田(밭전) ①마땅 당(理合如是) ②당할 당(値也) ③적합할 당, 순응할 당(順應) ④전당할 당(出物質當, 典當)	*當局(당국) :1.일을 擔當함 2.該當 官廳 *當代(당대) :1.일평생 2.그 시대(時代) *當番(당번) :번드는 차례에 당함 *當選(당선) :선거에서 뽑힘 *當身(당신) :웃어른을 일컫는 제3인칭 *當然(당연) :마땅히 그러함 *耕當問奴(경당문노) :농사 일은 머슴에게 물어 　야 함 <喩>일은 항상 전문가와 상의해야 함	마땅히 좋은 인연(因緣)임
佳	<部首> : 亻(사람인 변)=人 ①아름다울 가(美也) ②기릴 가(褒也) ③좋을 개(好也) ④좋아할 개(好也)	*佳客(가객) :반가운 손님. 佳賓 *佳境(가경) :1.좋은 部分 2.재미있는 곳 *佳約(가약) :부부(夫婦)가 될 좋은 언약(言約) *佳緣(가연) :부부나 사랑을 맺을 인연(因緣) *佳人(가인) :아름다운 여자. 美人 *佳作(가작) :잘 지어진 작품(作品) *佳節(가절) :좋은 때. 좋은 시절(時節) *百年佳約(백년가약) :백년의 좋은 약속(결혼)	
緣	<部首> : 糸(실사 변) ①인연 연(因也) ②선두를 연(飾也)	*緣故(연고) :1.까닭 2.인연(因緣), 관계(關係) *緣起(연기) :사물(事物)의 기원(起源) *緣談(연담) :혼인(婚姻)을 위한 얘기. 婚談 *緣邊(연변) :1.바깥 둘레 2.因緣있는 사람 *緣分(연분) :서로 걸리는 인연(因緣) *緣飾(연식) :외부(外部)의 면(面)을 꾸밈 *緣由(연유) :까닭. 由來. 事由 *天生緣分(천생연분) :하늘이 맺어준 깊은 연분	

婚	<部首> : 女(계집녀 변) ①장가들 혼(取婦) ②혼인할 혼(結婚) ③처가 혼(婦家)	*婚期(혼기) :結婚할 나이 *婚禮(혼례) :혼인(婚姻)의 의식(儀式). 聘禮 *婚事(혼사) :혼인(婚姻)에 관한 일 *婚需(혼수) :혼인(婚姻)에 드는 물건. 婚物 *婚處(혼처) :혼인(婚姻)하기에 알맞은 자리 *婚姻(혼인) :장가들고 시집감. 婚嫁. 婚媾 *婚擇(혼택) :결혼 날짜를 가림 *男婚女嫁(남혼여가) :자녀의 혼인을 말함	
姻	<部首> : 女(계집녀 변) ①시집갈 인(取夫) ②혼인할 인(婚姻) ③사위집 인(夫曰婚, 婦曰姻)	*姻家(인가) :인척(姻戚)의 집 *姻弟(인제) :처남매부간(妻男妹夫間)에 　　　　　자기를 낮추는 편지(便紙)용어 *姻兄(인형) :처남매부간(妻男妹夫間)에 　　　　　서로를 높여 부르는 호칭(呼稱) *姻戚(인척) :외가와 妻家에 딸린 붙이. 姻族 *姻家宴柿梨檀(인가연시리천) :<俗>사돈집 　　　　　잔치에 감 놓아라 배 놓아라 함	《혼인가례》 장가들고 시집가는 경사(慶事)스 러운 예식(禮式)
嘉	<部首> : 口(입구) ①아름다울 가(美也) ②즐거울 가(樂也) ③기꺼울 가(慶也)	*嘉慶(가경) :경사스러운 일. 慶事 *嘉穀(가곡) :좋은 곡식. 곧 벼를 말함 *嘉納(가납) :기꺼이 받음 *嘉祥(가상) :경사로운 상서(祥瑞). 吉祥 *嘉尙(가상) :착하게 여기어 칭찬함 *嘉禮(가례) :1.吉·凶·軍·賓·嘉 五禮의 하나. 　　　　　婚禮를 말함 2.경사스러운 禮式 *八月嘉俳(팔월가배) :팔월 한가위	
禮	<部首> : 礻(보일시 변)=示 ①예도 례(節文仁義) ②절 례, 인사 례(敬禮, 禮拜)	*禮度(예도) :예의(禮儀)와 법도(法度). 禮節 *禮訪(예방) :예(禮)로써 방문(訪問)함 *禮拜(예배) :겸손한 마음으로 경배(敬拜)함 *禮法(예법) :예의(禮儀)나 몸가짐의 방법 *禮式(예식) :예(禮)로써 행하는 격식(格式) *禮儀(예의) :예절(禮節)과 태도(態度) *禮儀凡節(예의범절) :일상생활(日常生活)에서 　　　　　의 모든 예의(禮儀)와 절차(節次)	

姙	<部首> : 女(계집녀 변) *妊과 同 ①아이밸 임(懷孕)	*姙婦(임부) :아이를 밴 여자. 孕婦 *姙娠(임신) :아이를 밴 *姙産婦(임산부) :임산부(姙娠婦)와 　　　　　해산부(解産婦)를 일컬음 *姙似之德(임사지덕) :후비(后妃)의 현숙(賢淑)한 　　　　　덕행(德行)을 일컫는 말	
娠	<部首> : 女(계집녀 변) ①아이밸 신(懷孕) ②마부 신(養馬者)	*姙娠中絶(임신중절) :임신의 진행(進行)되는 　　　　　과정(過程)을 중도(中途)에서 단절시킴 *姙娠中毒症(임신중독증) :임신(姙娠) 중에 몸 　　　　　안에 생긴 독소(毒素)에 의한 중독증상 　　　　　(中毒症狀)	《임신수궁》 아이를 배면 몸을 잘 보호(保護)하 여 보살핌
守	<部首> : 宀(갓머리) ①지킬 수(護也勿失) ②보살필 수(主管其事) ③원 수(官名)	*守舊(수구) :묵은 습관을 지킴. 保守. 墨守 *守備(수비) :힘써 지켜 막음 *守城(수성) :성(城)을 지킴 *守成(수성) :부조(父祖)의 업(業)을 지킴 *守衛(수위) :지킴. 경비(警備)를 맡은 사람 *守護(수호) :지키어 보호(保護)함 *守株待兎(수주대토) :나무 그루터기를 지키면서 　　　　　토끼를 기다림 <喩>변통성을 모르는 사람	
躬	<部首> : 身(몸신) *躳과 同 ①몸 궁(身也) ②몸소 궁(親也, 實踐躬行) ③몸소행할 궁(親行)	*躬稼(궁가) :몸소 곡물(穀物)을 심음 *躬犯(궁범) :자기가 몸소 범(犯)한 죄(罪) *躬進(궁진) :자기가 몸소 나아감 *躬化(궁화) :몸소 모범을 보여 백성을 敎化함 *躬行(궁행) :몸소 행(行)함 *實踐躬行(실천궁행) :실천하며 몸소 행함 *鞠躬盡瘁(국궁진체) :몸이 파리해 지도록 　　　　　안간힘을 씀	

身	<部首> : 身(몸신) ①몸 신(躬也) ②몸소 신(親也) ③아이밸 신(有身懷孕)	*身命(신명) :몸과 목숨. 生命. 軀命 *身邊(신변) :자기(自己)의 주변(周邊) *身病(신병) :몸의 병(病). 身恙 *身分(신분) :개인의 사회적 上下尊卑의 구분 *身世(신세) :사람의 처지(處地)나 형편(形便) *身元(신원) :일신상(一身上)의 관계. 身上 *身體(신체) :몸 *殺身成仁(살신성인) :목숨을 던져 착한 일을 함	《신체수족》 몸뚱이와 손과 발
體	<部首> : 骨(뼈골) *躰와 同 ①몸 체(身也) ②물건 체(物體液體) ③근본 체(本也) ④본받을 체(效也)	*體格(체격) :몸의 골격(骨格) *體系(체계) :개별적인 것을 통일(統一)한 조직 *體得(체득) :몸소 경험(經驗)하여 얻음 *體力(체력) :몸의 힘 *體面(체면) :남을 대하는 면목(面目) *體驗(체험) :몸소 경험(經驗)함 *身體髮膚受之父母(신체발부수지부모) :머리에서 발끝까지의 몸은 부모로부터 물려 받은 것임	
手	<部首> : 手(손수)=扌 ①손 수(肢也) ②잡을 수(執也) ③칠 수(擊也)	*手巾(수건) :얼굴이나 몸을 닦는 헝겊조각 *手工(수공) :손을 써서 물건을 만드는 사람 *手記(수기) :자기 체험에 대한 기록(記錄) *手段(수단) :일을 해나가는 재주. 手法. 手腕 *手術(수술) :몸의 일부를 째서 치료하는 일 *手足(수족) :1.손과 발 2.긴하게 부리는 사람 *手製(수제) :손으로 만듦 *束手無策(속수무책) :어찌할 도리 없이 꼼짝 못함	

足	<部首> : 足(발족)
	①발 족(趾也)
	②흡족할 족(滿也)
	③넉넉할 족(無欠)
	④아당할 주(足恭便僻)
		*足恭(족공) :지나친 공경(恭敬). 아첨
		*足鎖(족쇄) :죄인의 발목에 채우는 쇠사슬
		*足衣(족의) :양말 *足件(족건) :버선(궁중말)
		*足跡(족적) :1.발자국 2.겪어온 일의 발자취
		*足下(족하) :같은 연배(年輩)에 대한 敬稱
		  (편지에서 이름 아래에 씀)
		*畵蛇添足(화사첨족) :뱀을 그리는데 발을 덧붙여
		  그림 <喩>쓸데없는 짓을 하다가 실패함	

筋	<部首> : 竹(대죽) ①힘줄 근(骨絡肉力) ②힘 근, 기운 근(力也)	*筋骨(근골) :힘줄과 뼈. 筋肉과 骨格 *筋膂(근려) :힘줄과 등뼈 *筋力(근력) :근육(筋肉)의 힘. 體力 *筋脈(근맥) :힘줄과 핏줄 *筋肉(근육) :힘줄과 살 *筋骸(근해) :근육과 뼈. 筋骼 *筋肉感覺(근육감각) :근육의 수축이나 긴장의 변화로 생기는 감각	《근골구성》 힘줄과 뼈가 얽혀서 이루어짐
骨	<部首> : 骨(뼈골) ①뼈 골(肉之覈) ②요긴할 골(事物之骨子) ③신라귀족 골(第一骨)	*骨幹(골간) :뼈대 *骨格(골격) :뼈의 조직(組織). 뼈대 *骨董(골동) :오래되어 드물고 귀(貴)한 것 *骨髓(골수) :뼈 속의 연(軟)한 조직(組織) *骨肉(골육) :1.뼈와 살 2.육친(肉親) *骨子(골자) :종요로운 곳. 중요한 부분. 要點 *白骨難忘(백골난망) :죽어서 백골이 되어도 입은 은혜를 잊기 어려움	
構	<部首> : 木(나무목) ①얽을 구(結也) ②이룰 구(成也) ③집세울 구(屋架)	*構內(구내) :큰 건물에 딸린 울 안 ↔ 構外 *構成(구성) :얽어 만듦 *構造(구조) :짜서 맞춤 *構想(구상) :생각을 얽어 놓음 *構怨(구원) :서로 원한(怨恨)을 품음. 結怨 *構築(구축) :얽어 만들어 쌓아올림 *構虛(구허) :거짓을 꾸밈. 虛構 *堂構之樂(당구지락) :아들이 아버지의 사업을 계승하여 이루는 즐거움	
成	<部首> : 戈(창과) ①이룰 성(就也畢也) ②될 성(爲也) ③사방십리땅 성(方十里)	*成功(성공) :목적(目的)한 바를 이룸 *成果(성과) :일이 이루어진 결과(結果) *成分(성분) :물체를 이루는 바탕의 원질 *成事(성사) :일을 이룸 *成長(성장) :생물(生物)이 자라서 점점 커짐 *成績(성적) :이루어 놓은 업적 *成敗(성패) :성공(成功)과 실패(失敗) *積小成大(적소성대) :작은 것도 쌓이면 크게 됨	

血	<部首> : 血(피혈) ①피 혈(血脉水穀精氣) ②붙이 혈(血族, 血統) ③씩씩할 혈(熱血)	*血管(혈관) :피를 순환시키는 핏줄. 血脈 *血氣(혈기) :목숨을 유지하는 씩씩한 기운 *血液(혈액) :혈관 속을 순환하는 액체(液體) *血肉(혈육) :자기가 낳은 자녀. 血緣 *血族(혈족) :같은 조상에서 나온 친족. 血屬 *血統(혈통) :같은 겨레붙이. 血嗣. 血孫. 子孫 *尸山血海(시산혈해) :주검이 산을 이루고 피가 　　　바다를 이룸 <喩>치열한 전투의 결과	《혈액순환》 피가 체내(體內)를 두루 거쳐서 쉬지 않고 돌음
液	<部首> : 氵(삼수 변)=水=氺 ①즙 액, 진 액(汁也津液) ②물 액(水也) ③헤칠 액(解散)	*液果(액과) :즙액(汁液)이 많은 과일 *液狀(액상) :액체(液體)의 상태(狀態) *液庭(액정) :대궐 안. 掖庭. 宮庭. 御庭 *液汁(액즙) :국물. 漿 *液體(액체) :유동(流動)하는 물질(物質) *金精玉液(금정옥액) :금의 정제된 것과 옥에서 　　　나오는 즙. 곧 仙藥 <喩>뚜렷한 효과의 약	
循	<部首> : 彳(두인 변) ①돌 순(循環) ②돌아다닐 순(巡也) ③좇을 순(行順)	*循例(순례) :관례(慣例)를 좇음 *循私(순사) :사사(私事)로움을 좇음 *循俗(순속) :풍속(風俗)을 좇음 *循守(순수) :규칙을 지킴 *循次(순차) :차례(次例)를 지킴 *循環(순환) :쉬지 않고 돌음 *循環之理(순환지리) :사물의 성하고 쇠함이 　　　서로 바뀌어 도는 이치	
環	<部首> : 玉(구슬옥 변) ①고리 환(圓成無端) ②둘레 환(周廻) ③둘릴 환, 두를 환(繞也) ④도리옥 환(璧屬)	*環境(환경) :생활체를 둘러싸고 있는 사물 *環攻(환공) :사방을 포위(包圍)하고 공격함 *環球(환구) :지구(地球) *環堵(환도) :집 주위의 울타리 *環視(환시) :1.둘러서서 봄 2.사방을 둘러 봄 *環繞(환요) :주위를 둘러 쌈. 環圍 *轍環天下(철환천하) :수레를 타고 천하를 돌아 　다님. (故)공자가 두루 다니며 교화하던 일	

頭	<部首> : 頁(머리혈) ①머리 두, 마리 두(首也) ②위 두(上也) ③두목 두(頭目) ④시초 두(始初)	*頭角(두각) :1.머리 끝 2.여럿 중에서 뛰어남 *頭腦(두뇌) :머릿골. 腦髓 *頭尾(두미) :1.머리와 꼬리 2.시말(始末) *頭領(두령) :여럿의 우두머리. 頭目 *頭緖(두서) :일의 차례나 갈피 *頭痛(두통) :머리가 아픈 증세 *龍頭蛇尾(용두사미) :용의 머리와 뱀의 꼬리 　　　<喩>처음은 훌륭하나 끝이 흐지부지함	《두뇌정신》 머리의 골 속에는 정신(精神)이 깃듦
腦	<部首> : 月(고기육 변)=肉 ①머릿골 뇌, 정신 뇌(頭髓)	*腦力(뇌력) :정신을 써서 생각하는 힘 *腦裏(뇌리) :생각하는 머리 속. 腦中 *腦髓(뇌수) :머릿골. 뇌*腦天(뇌천) :정수리 *腦漿(뇌장) :뇌수속의 점액(粘液) (轉)智慧 *腦波(뇌파) :뇌에서 나오는 주기성 전류 *首腦(수뇌) :어떤 조직에서 가장 중요한 인물 *肝腦塗地(간뇌도지) :간과 뇌가 흙에 뿌려져 　범벅이 됨 <喩>여지없이 패(敗)하다	
精	<部首> : 米(쌀미 변) ①정신 정, 정기 정(眞氣) ②깨끗할 정, 횔 정(潔也) ③세밀할 정(細也)	*精氣(정기) :만물이 생성(生成)하는 원기(元氣) *精力(정력) :정신(精神)과 기력(氣力). 元氣 *精密(정밀) :아주 잘고 자세함. 精緻. 緻密 *精誠(정성) :참되고 성실(誠實)한 마음 *精神(정신) :마음이나 생각. 靈魂 *精進(정진) :정성(精誠)을 다하여 나아감 *精神一到何事不成(정신일도하사불성) :정신을 　한 곳에 모으면 어떤 일이 안 이뤄질까?	
神	<部首> : 礻(보일시 변)=示 ①귀신 신, 신령 신(神靈) ②천신 신, 하느님 신 　(天神, 引出萬物者) ③신명신, 신통할 신(神明) ④정신 신(神經)	*神經(신경) :자극을 중추(中樞)에 전하는 기관 *神奇(신기) :이상야릇하고 신통(神通)함. 神怪 *神靈(신령) :풍습으로 섬기는 모든 신(神) *神妙(신묘) :신통(神通)하고 아주 묘(妙)함 *神秘(신비) :영묘(靈妙)한 비밀(秘密) *神聖(신성) :거룩하고 존엄(尊嚴)함 *神通(신통) :신기(神奇)하게 통달(通達)함 *聚精會神(취정회신) :정신을 한 군데로 모음	

娩	<部首> : 女(계집녀 변) ①해산할 만(産子) ②유순할 면(柔順)	*娩息(만식) :낳아서 불어감. 繁殖 *娩澤(면택) :얼굴이 아름답고 윤택함 *娩痛(만통) :아이를 낳을 때의 복통(腹痛). 　　　　　　　陣痛 *分娩(분만) :해산(解産)	《만통산고》 해산(解産)할 때의 복통(腹痛)으 로 아이를 낳는 데 괴로움을 겪음
痛	<部首> : 疒(병질 엄) ①아플 통(疼楚) ②상할 통, 다칠 통(傷也) ③심할 통(甚也)	*痛感(통감) :절실히 마음에 느낌 *痛哭(통곡) :소리를 높이하여 슬피 욺 *痛症(통증) :아픈 증세(症勢) *痛快(통쾌) :매우 유쾌(愉快)함 *痛嘆(통탄) :몹시 탄식(歎息)함. 痛歎 *痛恨(통한) :매우 한탄(恨歎)함 *如拔痛齒(여발통치) :앓던 이 빠진 듯하다 　　　　　<喩>고통스러운 일을 벗어나 시원하다	
産	<部首> : 生(날생) ①낳을 산(生也) ②생산할 산(民業生産) ③난곳 산(産地, 國産, 外國産)	*産苦(산고) :아이를 낳는 고통(苦痛). 産勞 *産卵(산란) :알을 낳음 *産母(산모) :산부(産婦) *産物(산물) :그 곳에서 나는 물건. 物産 *産兒(산아) :아이를 낳음. 出産 *産業(산업) :생산(生産)을 하는 사업(事業) *産出(산출) :물건(物件)을 생산(生産)해 냄 *無恒産者無恒心(무항산자무항심) :일정한 　　　　　생업이 없으면 굳은 마음도 흔들림	
苦	<部首> : ++(초 두)=++=艸 ①쓸 고(味也) ②괴로울 고(困悴辛楚) ③모질 고(濫惡) ④부지런할 고(勤勞)	*苦難(고난) :괴로움과 어려움. 苦楚 *苦惱(고뇌) :괴로워하고 번뇌함. 苦悶. 懊惱 *苦待(고대) :몹시 기다림 *苦生(고생) :괴롭게 애쓰고 수고함 *苦心(고심) :마음으로 애를 씀 *苦役(고역) :몹시 힘든 일 *苦痛(고통) :괴롭고 아픔. 痛楚 *甘呑苦吐(감탄고토) :달면 삼키고 쓰면 뱉음	

哺	<部首> : 口(입구) *餔와 通 ①먹일 포(哺之) ②씹어먹을 포(口中嚼食)	*哺乳(포유) :젖을 먹임 *哺啜客(포철객) :取食客 *反哺之孝(반포지효) :烏有反哺之孝 　　　　까마귀 새끼가 자라서 그 어버이에게 　　　　먹이를 먹여주는 일 <喩>자식(子息)이 　　　　부모(父母)의 은혜(恩惠)에 보답(報答)함	《포유육아》 젖을 먹여서 어린애를 기르고 키움
乳	<部首> : 乙(새을) ①젖 유(湩也) ②젖먹일 유(乳也) ③기를 유(育也)	*乳頭(유두) :젖꼭지 *乳母(유모) :어머니 대신 젖을 먹여주는 어미 *乳房(유방) :젖을 분비하는 기관(器官) *乳兒(유아) :젖먹이 어린아이. 젖먹이. 嬰兒 *乳臭(유취) :젖의 냄새 *口尙乳臭(구상유취) :입에서 아직 젖내가 남 　　　　　<喩>말과 행동이 유치함	
育	<部首> : 月(고기육 변)=肉 ①기를 육(養也) ②자랄 육(育成) ③날 육(生也)	*育成(육성) :길러서 키움 *育兒(육아) :어린애를 길러서 키움 *育養(육양) :길러 자라게 함. 養育 *育英(육영) :영재(英才)를 교육(敎育)함 *敎育(교육) :지식을 가르치며 품성을 길러줌 *發育(발육) :자라남. 성장발달(成長發達)함 *生育(생육) :낳아서 기르는 일 *撫育之恩(무육지은) :어루만져 길러준 은혜	
兒	<部首> : 儿(어진사람인 발) ①아이 아, 아기 아(孩子) ②어른을대한아이의 자칭(自稱) ③어릴 예(幼弱)	*兒童(아동) :어린아이. 兒子 *兒輩(아배) :아이들. 兒曹 *兒名(아명) :어릴 때 부르던 이름 ↔ 冠名 *兒女(아녀) :1.자녀(子女) 2.남녀(男女) 3.계집 *兒女子(아녀자) :아이와 여자 *負兒覓三年(부아멱삼년) :아이를 등에 업고서 　　　　　삼년동안을 찾아 헤맴 <喩>가까이에 　　　　　두고서 찾지 못함	

慈	<部首> : 心(마음심)=忄=㣺 ①어질 자(仁也) ②사랑 자(愛也) ③어머니 자(母也)	*慈念(자념) :인자(仁慈)하게 생각함 *慈堂(자당) :남의 어머니의 尊稱 *慈母(자모) :애정이 깊은 어머니. 母親. 慈親 *慈善(자선) :불쌍히 여겨 은혜(恩惠)를 베풂 *慈愛(자애) :아랫사람에 대한 도타운 사랑 *慈悲(자비) :(佛)중생(衆生)을 널리 사랑함 *慈故能勇(자고능용) :자식에 대한 자애심이 　　　　　　　　　두터운 고로 능히 용기가 생김	《자비인택》
悲	<部首> : 心(마음심)=忄=㣺 ①슬플 비(痛也) ②불쌍히여길 비	*悲感(비감) :슬픈 느낌 *悲觀(비관) :사물을 슬프게만 봄 ↔ 樂觀 *悲劇(비극) :비참한 결말(結末)의 연극(演劇) *悲報(비보) :슬픈 기별. 슬픈 소식 *悲戀(비련) :슬픈 結末로 끝나는 연애(戀愛) *悲運(비운) :슬픈 운명. 不運. 不幸 *悲慘(비참) :슬프고도 끔찍함 *大慈大悲(대자대비) :중생을 사랑하는 마음	크게 사랑하고 가엾게 여기어 아껴주는 어진 덕택(德澤)
仁	<部首> : 亻(사람인 변)=人 ①어질 인, 착할 인(心之德愛) ②사람됨의근본 인(人道之根本也) ③열매씨 인(果核中實也)	*仁君(인군) :어진 덕이 있는 임금 *仁德(인덕) :어진 덕 *仁術(인술) :1.仁을 행하는 방도 2.의술(醫術) *仁愛(인애) :어질고 남을 사랑하는 마음 *仁慈(인자) :마음이 어질고 자애(慈愛)로움 *仁澤(인택) :어진 덕택. 恩澤. 恩惠 *仁者無敵(인자무적) :어진 사람은 모든 　　　　　　　 사람이 그를 따르므로 적이 없음	
澤	<部首> : 氵(삼수 변)=水=氺 ①못 택(水之鐘聚陂也) ②윤택할 택(光潤) ③비와이슬 택(雨露) ④덕택 택(德也)	*澤雨(택우) :만물을 적셔주는 좋은 비. 慈雨 *光澤(광택) :물체의 표면에 빛이 번쩍거림 *德澤(덕택) :덕이 남에게 미치는 은혜(恩惠) *山澤(산택) :산림천택(山林川澤)의 준말. 山川 *潤澤(윤택) :1.아름답게 번쩍이는 빛 2.넉넉함 *惠澤(혜택) :은혜(恩惠)와 덕택(德澤) *澤被蒼生(택피창생) :덕택이 만민에게 미침 *澤及萬歲(택급만세) :혜택이 영원히 미침	
子	<部首> : 子(아들자) ①아들 자, 자식 자(嗣也, 息也) ②종자 자, 씨 자(卵子, 種子) ③당신 자(男子美稱) ④어르신네 자(子孫稱其先人曰子) ⑤임자 자(夫婦互稱)	*子宮(자궁) :아기집. 胞宮 *子囊(자낭) :씨주머니 *子女(자녀) :아들과 딸. 子息 *子婦(자부) :며느리 *子壻(자서) :사위 *子弟(자제) :남의 아들에 대한 존칭(尊稱) *有子生女(유자생녀) :아들도 두고 딸도 낳음 *養子方知父慈(양자방지부자) :자식을 길러 본 　　　 뒤에야 비로소 그 부모의 은혜를 앎	《자손번창》
孫	<部首> : 子(아들자) ①손자 손(子之子) ②움돋을 손(物再生) ③순할 손(順也)	*孫女(손녀) :아들의 딸 *孫子(손자) :아들의 아들 *孫婦(손부) :손자(孫子)의 아내. 손주며느리 *孫世(손세) :손자(孫子)의 대(代) *孫行(손항) :손자(孫子)뻘 되는 항렬(行列) *子孫(자손) :아들과 여러 대의 손자. 後孫 *玄孫(현손) :손자(孫子)의 孫子. 高孫 *子子孫孫(자자손손) :자손의 여러 대(代)	대대(代代)로 후손(後孫)이 많이 나와서 잘 되어 감
繁	<部首> : 糸(실사) ①성할 번(盛也) ②많을 번(多也) ③번잡할 번(雜也)	*繁多(번다) :많음 *繁盛(번성) :불어서 성함 *繁殖(번식) :불고 늘어서 퍼짐 *繁榮(번영) :일이 성하게 잘 되어 영화로움 *繁昌(번창) :초목(草木)이 무성(茂盛)함 *繁華(번화) :번성(繁盛)하고 화려(華麗)함 *木實繁者披其枝(목실번자피기지) :나무열매가 　　 번성하면 가지가 찢어짐 　　 <喩>신하가 강하면 군주가 위태로워 짐	
昌	<部首> : 日(날일) ①창성할 창(盛也) ②날빛 창(日光) ③착할 창(美言善也) ④물건 창(物也)	*昌盛(창성) :번성(繁盛)하고 잘 되어 감 *昌言(창언) :도리에 맞는 좋은 말. 곧은 말 *昌運(창운) :번창(繁昌)할 운수(運數) *昌平(창평) :나라가 번성하고 잘 다스려짐 *昌披(창피) :1.매듭이 없고 어지러움. 猖披 　　　 2.모양이 사나워져서 부끄러움 *恃德者昌(시덕자창) :덕에 의지하는 사람은 　　　　　　　　 더욱 더 번창함	

親	<部首> : 見(볼**견**) ①친할 친(近也) ②몸소 친(躬也) ③육친 친(六親父母兄弟妻子)	*親交(친교) :친밀(親密)한 교분(交分). 親分 *親舊(친구) :오래 사귀어 온 벗. 親友. 親故 *親近(친근) :사이가 아주 가깝고 정이 두터움 *親睦(친목) :서로 친하여 뜻이 맞고 정다움 *親書(친서) :친히 글을 씀 *親切(친절) :매우 정답고 고분고분함 *親族(친족) :촌수(寸數)가 가까운 겨레붙이 *燈火可親(등화가친) :가을밤은 글 읽기에 좋음	《친족계보》 촌수(寸數)가 가까운 겨레붙이는 집안의 혈연(血緣) 관계(關係)를 나타낸 책(冊)이 있음
族	<部首> : 方(모**방**) ①겨레 족, 일가 족(宗族) ②성씨 족(姓氏) ③동류 족(同類)	*族類(족류) :일가붙이 *族屬(족속) :같은 문중(門中)의 겨레붙이. 族黨 *族緣(족연) :친척(親戚)의 인연(因緣) *族長(족장) :겨레붙이의 우두머리 *族丈(족장) :문중의 어른 *族戚(족척) :동성(同姓)과 타성(他姓)의 겨레 *單一民族(단일민족) :주민의 구성이 단일한 　　　　　　　　　　인종으로 이루어진 민족	
系	<部首> : 糸(실**사**) ①계통 계, 혈통 계(血統) ②이을 계(繼也) ③맬 계(繫也) ④실마디 계(緒也)	*系圖(계도) :대대(代代)의 계통을 표시한 그림 *系孫(계손) :혈통(血統)이 먼 손자(孫子). 遠孫 *系子(계자) :혈통을 잇는 아들. 繼子. 養子 *系列(계열) :조직적(組織的)인 차례(次例) *系統(계통) :일족(一族)의 血統(혈통) *系譜(계보) :계통을 도표로 나타낸 책(冊) *系統死(계통사) :한 종족 전체의 절멸(絶滅). 　　　　　　　　계통죽음	
譜	<部首> : 言(말씀**언**) ①문서 보(牒也) ②족보 보(籍錄世系)	*譜牒(보첩) :족보(族譜)로 만든 책(冊) *系譜(계보) :어떤 계통이나 그 내용의 책 *世譜(세보) :계보(系譜)를 몽아 엮은 책 *族譜(족보) :한 族屬의 世系를 적은 책. 系譜 *樂譜(악보) :음악의 곡조를 나타낸 것. 音譜 *年譜(연보) :기록을 연별(年別)로 적은 책	
家	<部首> : 宀(갓머리) ①집 가(住居) ②가문 가, 일족 가(一族) ③용한이 가(有專長者) ④학파 가(學派)	*家系(가계) :한 집안의 계통(系統). 血統 *家計(가계) :집안의 생계 *家口(가구) :집안 식구 *家勢(가세) :집안 살림의 형세(形勢) *家業(가업) :그 집안의 직업(職業) *家庭(가정) :한 집안에서 생활하는 사회집단 *家族(가족) :가정의 혈연집단. 家率. 家屬. 家眷 *家給人足(가급인족) :집집마다 넉넉하고 　　　　　　　　　　사람마다 풍족함	《가정권속》 한 가족(家族)이 사는 집안에는 보살피며 돌보아 주어야 할 식구(食口)들 이 있음
庭	<部首> : 广(엄 **호**) ①뜰 정(堂階前) ②곧을 정(直也) ③동안뜰 정(逕庭隔遠貌)	*庭階(정계) :뜰의 계단(階段) *庭誥(정고) :집안의 가르침. 庭訓. 家訓. 家敎 *庭園(정원) :집에 딸린 뜰 *庭闈(정위) :父母가 계시는 방(房) (轉)父母 *庭牆(정장) :뜰의 울타리 *庭除(정제) :섬돌 아래. 뜰. 마당 *內庭突入(내정돌입) :안마당에 돌입함 　　　　　　　　　<喩>주인의 허락 없이 쑥 들어감	
眷	<部首> : 目(눈**목**) ①돌봐줄 권(回視顧念) ②붙이 권, 친척 권(親屬) ③근념할 권(眷眷勤厚意)	*眷顧(권고) :정(情)을 두고 돌아봄. 愛顧 *眷口(권구) :한 집안 식구(食口) *眷念(권념) :돌보아 생각함 *眷命(권명) :사랑하여 생각함 *眷屬(권속) :한 집안의 식구. 眷率. 家族. 食口 *眷眷不忘(권권불망) :늘 생각하여 잊지 아니함	
屬	<部首> : 尸(주검시 엄) ①붙이 속(親眷) ②무리 속(儕等, 類也) ③좇을 속(從也) ④닿을 촉(接也)	*屬隷(속예) :남의 지배(支配) 아래 매임. 隷屬 *屬國(속국) :다른 나라에 매인 나라. 屬邦 *屬附(속부) :주(主)된 것에 딸려 있음. 附屬 *屬纊(촉광) :임종(臨終)시 코에 솜을 대어 봄 *屬心(촉심) :마음을 붙임. 希望을 가짐. 屬望 *屬垣(촉원) :귀를 담에 댐 (轉)엿들음 *耳屬于垣(이속우원) :담에 귀가 붙어 있음 　　　<俗>낮 말은 새가 듣고 밤 말은 쥐가 들음	

遺	<部首> : 辶_(책받침)=辵 ①끼칠 유, 줄 유(贈也) ②자취 유(陳迹) ③잃어버릴 유(失也)	*遺憾(유감) :마음에 섭섭함 *遺棄(유기) :내어 버림 *遺物(유물) :후세(後世)에 남겨진 물건 *遺失(유실) :가진 물건(物件)을 잃어버림 *遺言(유언) :임종시(臨終時) 남기는 말. 遺命 *遺蹟(유적) :남은 사적(事蹟)이나 행적(行蹟) *遺族(유족) :죽은 이의 뒤에 남은 가족(家族) *父母之遺體(부모지유체) :아들의 몸	
業	<部首> : 木(나무목) ①일 업(事也) ②처음 업(創也)	*業界(업계) :같은 업종(業種)의 사람들 사회 *業報(업보) :업인(業因)에 의한 보답. 業果 *業務(업무) :직업(職業)으로 맡아서 하는 일 *業緣(업연) :업보(業報)의 인연(因緣) *業績(업적) :일의 성과(成果) *業種(업종) :직업(職業)의 종류(種類) *業體(업체) :기업체(企業體)의 준말 *安居樂業(안거낙업) :편안히 살면서 생업을 즐김	《유업계승》 선대(先代)에서 끼쳐 준 가업(家業)을 이어서 물려받음
繼	<部首> : 糸(실사 변) ①이을 계(續也, 紹也)	*繼母(계모) :아버지의 후처(後妻). 의붓어미 *繼父(계부) :1.의붓아비 2.아버지의 뒤를 이음 *繼嗣(계사) :후사(後嗣)를 이음. 相續人. 繼後 *繼續(계속) :끊이지 않고 뒤를 이어 감 *繼承(계승) :뒤를 이어받음. 承繼 *繼子(계자) :1.양자(養子) 2.친아들이 의붓아들 *晝以繼夜(주이계야) :낮에서 밤으로 이어짐 　　　　　　　<喩>밤낮으로 쉬지 않고 일함	
承	<部首> : 手(손수)=扌 ①이을 승(繼也) ②받을 승(受也) ③받들 승(奉也) ④도울 승(佐也)	*承諾(승낙) :청(請)하는 바를 받아들임 *承命(승명) :임금이나 부모의 명령을 받듦 *承服(승복) :납득(納得)하여 좇음 *承襲(승습) :봉작(封爵) 등을 이어받음. 襲爵 *承認(승인) :인정함. 承知. 認諾. 認可 *承傳(승전) :이어받아 전함. 傳承 *繼繼承承(계계승승) :대대로 이어받아 내려옴 *父傳子承(부전자승) :아버지가 아들에게 전함	
孝	<部首> : 子(아들자) ①효도 효(善事父母) ②상복입을 효(喪服)	*孝道(효도) :어버이를 잘 섬기는 도리(道理) *孝誠(효성) :어버이를 잘 섬기는 정성(精誠) *孝心(효심) :효성(孝誠)이 있는 마음 *孝子(효자) :부모를 잘 섬기는 아들 *孝中(효중) :남의 상중(喪中)의 존칭(尊稱) *孝行(효행) :어버이를 잘 섬기는 행실(行實) *父慈子孝(부자자효) :아비는 자식에게 자애 　　　　　　롭게 하고 자식은 아비에게 효행을 함	
卽	<部首> : 卩 (병부절)=㔾 ①곧 즉, 이제 즉(今也) ②나아갈 즉(就也)	*卽刻(즉각) :곧 그 시각. 當刻 *卽決(즉결) :그 자리에서 결정(決定)함 *卽席(즉석) :곧 그자리 *卽時(즉시) :그 때 그 자리에서 곧 *卽位(즉위) :왕위(王位)에 오름. 御極. 登極 *卽興(즉흥) :그 자리에서 일어나는 흥취(興趣) *先卽制人(선즉제인) :남을 앞질러 일을 하면 　　　　　　　　남을 제압할 수 있음	《효즉윤근》 효(孝)는 곧 인륜(人倫)의 바탕임
倫	<部首> : 亻(사람인 변)=人 ①인륜 륜(人道) ②의리 륜(理也) ③떳떳할 륜(常也)	*倫紀(윤기) :1.윤리(倫理)와 기강(紀綱) 　　　　　　2.인도(人道), 인륜(人倫), 윤리(倫理) *倫理(윤리) :1.윤기(倫紀) 　　　　　　2.인륜도덕(人倫道德)의 원리(原理) *倫擬(윤의) :비슷함. 類似 *倫匹(윤필) :1.나이나 身分이 비슷한 사이. 倫比 　　　　　　2.배우자(配偶者), 아내 *悖倫(패륜) :인륜에 어그러짐. 破倫. 不倫	
根	<部首> : 木(나무목) ①뿌리 근(柢也) ②밑둥 근(本也) ③시작할 근(始也)	*根幹(근간) :1.뿌리와 줄기 2.바탕이나 중심 *根據(근거) :근본(根本)되는 토대(土臺) *根本(근본) :1.초목(草木)의 뿌리 2.본바탕 *根性(근성) :바탕되는 성질(性質) *根源(근원) :1.물줄기의 근본(根本) 2.根本 *根絶(근절) :뿌리채 끊어 없애버림 *孤根弱植(고근약식) :외로운 뿌리로 약하게 　　　　　심어짐 <喩>친척이나 가까운 후원자가 없음	

- 68 -

恭	<部首> : 忄(마음심)=心=忄 ①공순할 공(從和) ②받들 공(奉也) ③엄숙할 공(肅也)	*恭敬(공경) :공손(恭遜)히 섬김 *恭待(공대) :공손(恭遜)히 대접(待接)함 *恭遜(공손) :공순(恭順)하고 겸손(謙遜)함 *恭肅(공숙) :몹시 삼감 *恭順(공순) :고분고분함 *恭祝(공축) :삼가 축하(祝賀)함. 恭賀. 謹賀 *恭行(공행) :삼가 행(行)함 *兄友弟恭(형우제공) :형은 아우를 우애로써 아우는 형을 공경으로써 사랑함	
敬	<部首> : 攵(등글월문)=攴 ①공경할 경(恭也) ②엄숙할 경(肅也) ③삼갈 경(謹愼)	*敬虔(경건) :공경하는 마음으로 삼가 조심함 *敬禮(경례) :공경의 뜻을 나타내는 인사동작 *敬慕(경모) :존경(尊敬)하고 사모(思慕)함 *敬愛(경애) :존경(尊敬)하고 사랑함 *敬畏(경외) :공경(恭敬)하여 두려워함. 敬懼 *敬遠(경원) :존경하나 가까이 않음. 敬而遠之 *愛親敬長(애친경장) :부모를 사랑하고 어른을 공경함	《공경부모》 아버지와 어머니를 받들고 존경(尊敬)함
父	<部首> : 父(아비부) ①아비 부, 아버지 부(生己者) ②늙으신네 부(老叟之稱) ③남자의미칭 보(男子美稱) *甫와 通	*父系(부계) :아버지의 계통 ↔ 母系 *父老(부로) :한 동네에서 나이가 많은 어른 *父母(부모) :아버지와 어머니 *父母俱存 *父子(부자) :아버지와 아들 *父子有親 *父親(부친) :아버지. 父主 *父兄(부형) :1.아버지와 형 2.보호자(保護者) *父傳子傳(부전자전) :그 아버지에 그 아들 <意>아비를 닮음	
母	<部首> : 母(말무) *無와 通 ①어미 모, 어머니 모(父之配) ②암컷 모(禽獸之牝) ③모체 모(母體)	*母校(모교) :출신학교(出身學校) *母國(모국) :출신국(出身國). 祖國 *母堂(모당) :남의 어머니 높임말. 慈堂. 大夫人 *母性(모성) :어머니로서 갖는 감정(感情) *母體(모체) :1.어머니의 몸 2.근본이 되는 물체 *母胎(모태) :어머니의 태 안 *母兄(모형) :어머니만 같은 형. 同腹兄 *父風母習(부풍모습) :아비와 어미를 고루 닮음	

兄	<部首> : 儿(어진사람인 발) ①맏 형, 형 형, 언니 형(同腹兄弟) ②어른 형(長也) ③친구에대한 경칭(敬稱)	*兄公(형공) :남편의 형(兄)에 대한 경칭(敬稱) *兄事(형사) :남을 내 형(兄)처럼 공경(恭敬)함 *兄嫂(형수) :형의 아내 ↔ 弟嫂. 季嫂 *兄夫(형부) :언니의 남편(男便). 兄郞 *兄氏(형씨) :남자들간에 상대에 대한 敬稱 *難兄難弟(난형난제) :실력이 서로 비슷비슷함 *兄弟之誼(형제지의) :형제간처럼 지내는 친구간의 정의(情誼)	

弟	<部首> : 弓 (활궁)
	①아우 제, 동생 제(男子後生)
	②공경 제(善事兄)
	③순할 제(順也)
		*弟嫂(제수) :동생의 아내. 季嫂 ↔ 兄嫂
		*弟氏(제씨) :남의 아우에 대한 경칭(敬稱).
		          季氏 ↔ 伯氏
		*弟子(제자) :1.스승의 가르침을 받는 사람
		          2.아우 또는 자식. 나이 어린 사람
		*兄弟(형제) :형과 아우. 昆季. 昆弟
		*兄弟爲手足(형제위수족) :형제는 몸의 수족과
		          같이 한번 잃으면 다시 찾지 못함
			《형제자매》
			
			형과 아우
			그리고
			손윗 누이와
			손아랫 누이

姉	<部首> : 女(계집녀 변)
	*姊의 俗子. 姐와 同
	①맏누이 자, 웃누이 자(女兄)
		*姉妹(자매) :1.손윗 누이와 손아랫 누이
		          2.여자끼리의 언니와 아우
		          3.같은 계통(系統)에 속(屬)한
		          유사점(類似點)을 가진 일
		          <例>姉妹結緣
		*姉夫(자부) :손윗 누이의 남편. 姉婿. 姉兄. 妹兄
		*姉妹結緣(자매결연) :집단 간에 상호 친선이나
		          협조를 목적으로 밀접한 인연을 맺음
			<한
			부모(父母)의
			핏줄을
			타고난
			동기간(同氣
			間)>

妹	<部首> : 女(계집녀 변)
	①손아랫누이 매(女弟)
	②계집아이 매
	③성이다른누이 매
	  (同母異父曰外妹)
		*妹妹(매매) :아내. 婦人
		*妹夫(매부) :누이동생의 남편(男便). 妹婿..妹弟
		*妹氏(매씨) :남의 누이동생의 존칭(尊稱)
		*妹兄(매형) :손윗 누이의 남편(男便)
		*令妹(영매) :남의 누이동생의 높임말
		*義妹(의매) :1.義로 맺은 누이동생
		          2.의붓 누이동생
		*兄弟姉妹(형제자매) :형제와 자매. 同氣間	

和	<部首> : 口(입구) ①**화목할 화, 사이좋을 화**(睦也) ②화할 화(諧也) ③알맞을 화(過不及) ④화답할 화(聲相應)	*和氣(화기) :1.따뜻한 氣運 2.화목한 氣運 *和樂(화락) :화평(和平)하고 즐거움 *和睦(화목) :서로 뜻이 맞고 정다움 *和音(화음) :높낮이가 다른 음이 한 데 어울림 *和暢(화창) :날씨가 온화(穩和)하고 맑음 *和平(화평) :마음이 평안(平安)함 *家和萬事成(가화만사성) :집안이 화목하면 　　　　　　　모든 일이 잘 이루어짐	
睦	<部首> : 目(눈목) ①**화목할 목**(和也) ②친목할 목(親信) ③눈매고울 목(目順)	*睦崇(목숭) :화목하게 모임 (崇은 聚와 同義) *睦友(목우) :형제간(兄弟間)의 사이가 좋음 *睦族(목족) :동족(同族)끼리 和睦하게 지냄 *睦親(목친) :1.화목(和睦)하여 즐거워 함. 親睦 　　　　　　2.切親한 親戚 *親睦會(친목회) :친목을 도모하기 위한 모임 *睦郎廳調(목랑청조) :분명하지 않은 태도	《화목돈독》 서로간에 뜻이 맞고 정다움이 도타움
敦	<部首> : 女(등글월문)=攴 ①**도타울 돈**(厚也) ②힘쓸 돈(勉也) ③다스릴 퇴(治也)	*敦寧(논녕) :왕실(王室)의 친척(親戚) *敦篤(돈독) :인정(人情)이 두터움. 敦厚 *敦睦(돈목) :사이가 두텁고 화목(和睦)함 *敦朴(돈박) :두텁고 소박함 *敦宗(돈종) :친척끼리 화목함. 敦親 *敦化(돈화) :두터운 敎化 *溫柔敦厚(온유돈후) :마음이 온화하고 　　　　　　부드러우며 인정이 많고 두터움	
篤	<部首> : 竹(대죽) ①**도타울 독**(厚也) ②병이위독할 독(疾甚) ③말걸음느릴 독(馬行頓遲)	*篤工(독공) :학업(學業)에 독실(篤實)히 힘씀 *篤實(독실) :열성(熱誠)있고 진실(眞實)함 *篤志(독지) :두터운 마음씨 *篤行(독행) :인정(人情)이 두터운 행실(行實) *篤厚(독후) :독실(篤實)하고 돈후(敦厚)함 *危篤(위독) :병세가 매우 중하여 위태로움 *博學篤志(박학독지) :널리 공부하여 덕을 　　　　　　　닦으려고 뜻을 굳건히 함	

朋	<部首> : 月(달월) ①**벗 붕**(友也, 同師同門同道) ②무리 붕(群也) ③패물 붕(五貝) ④두단지 붕(兩樽)	*朋黨(붕당) :이해(利害)를 같이하는 동지(同志) 　　　　　끼리의 단결(團結). 벗 同僚 團體 *朋輩(붕배) :같은 또래. 同輩. 朋曹. 朋徒 *朋執(붕집) :朋知. 朋友 *朋友(붕우) :벗. 친구(親舊) 　　・朋은 同師同門의 벗 ・友는 同志의 벗 *責善朋友之道也(책선붕우지도야) :그릇됨을 　책하고 착한 일을 권함은 벗의 도리임	
友	<部首> : 又(또우) ①**벗 우, 친구 우**(同志相交) ②우애 우(善於兄弟) ③합할 우(合也)	*友邦(우방) :우의적(友誼的) 관계의 나라 *友愛(우애) :1.형제간의 정애 2.벗간의 정분 *友于(우우) :형제(兄弟)의 사이가 좋은 것 *友人(우인) :벗. 友生 *友情(우정) :친구간의 정의(情誼). 友誼 *友好(우호) :서로 친함. 사이가 좋음 *不知其子視其友(부지기자시기우) :자식의 　　성품을 모르면 그 친구를 보면 알 수 있음	《붕우신의》 벗 간(間)에는 믿음과 의리(義理)가 있음
信	<部首> : 亻(사람인 변)=人 ①**믿을 신**(不疑) ②맡길 신(任也) ③소식 신(消息) ④이틀밤을잘 신(再宿)	*信念(신념) :굳게 믿는 마음 *信賴(신뢰) :남을 믿고 의지(依支)함. 信憑 *信仰(신앙) :종교(宗敎)를 믿고 받듦 *信用(신용) :사람을 믿어 씀 *信任(신임) :믿고 맡김 *信託(신탁) :신용(信用)하여 위탁(委託)함 *信之無疑(신지무의) :믿어 의심치 않음 *半信半疑(반신반의) :반은 믿고 반은 의심함	
義	<部首> : 羊(양양) ①**옳을 의**(由仁得宜) ②의리 의(人所可行道理) ③뜻 의(意味)	*義氣(의기) :의로움에서 일어나는 기개(氣槪) *義理(의리) :사람으로서 지켜야 할 바른 길 *義務(의무) :응당(應當) 해야 할 본분(本分) *義士(의사) :의리와 지조를 지키는 사람. 義人 *義手(의수) :끊어진 팔을 만들어 붙인 것 *義勇(의용) :의로운 용기 *義絶(의절) :맺었던 의(義)를 끊음 *捨生取義(사생취의) :목숨을 버려서 의를 취함	

- 70 -

夫	<部首> : 大(큰대) ①지아비 부(配匹) ②사내 부(男子通稱, 丈夫) ③선생 부(先生夫子) ④어조사 부(語助辭, 무릇)	*夫家(부가) :1.男女 2.夫婦를 갖춘 집 3.시집 *夫君(부군) :아내가 男便을 일컫는 말. 郎君 *夫婦(부부) :남편과 아내. 夫妻 *夫壻(부서) :아내가 男便을 일컫는 말 *夫役(부역) :國家가 國民에게 지우는 勞役 *夫人(부인) :1.諸侯의 正妻 2.貴人의 妻 *夫婦一心同體(부부일심동체) :지아비와 지어미는 　　한 마음과 한 몸 <意>부부는 확고한 인연	《부부해왕》 지아비와 지어미가 같이 감
婦	<部首> : 女(계집녀 변) ①지어미 부, 아내 부(妻也) ②며느리 부(子之妻也) ③여자 부(女子) ④암컷 부(雌, 牝)	*婦家(부가) :아내의 친가(親家). 親庭 *婦女(부녀) :일반(一般) 여자. 婦女子. 婦人 *婦道(부도) :부녀자(婦女子)가 지킬 도리 *婦業(부업) :여자의 할 일. 婦功 *婦翁(부옹) :사위에 대한 장인(丈人)의 自稱 *婦容(부용) :여자의 몸 맵시 *夫唱婦隨(부창부수) :남편이 부르고 아내가 　　따라감 <喩>집안이 서로 화합함	
偕	<部首> : 亻(사람인 변)=人 ①같이 해, 함께할 해(俱也) ②굳셀 해(强壯貌)	*偕樂(해락) :여러 사람이 같이 즐거워함 *偕老(해로) :夫婦가 일생(一生)을 함께 늙음 *偕往(해왕) :함께 감 *偕偶(해우) :짝. 配匹. 配偶 *偕偕(해해) :굳세고 씩씩한 모양 *偕行(해행) :같이 감. 여럿이 잇달아 감 *百年偕老(백년해로) :백년을 같이 늙어감 　　　　　　　　<意>의좋은 부부가 함께 늙음	
往	<部首> : 彳(두인 변) ①갈 왕(去也) ②옛 왕(昔也) ③이따금 왕(時時)	*往來(왕래) :가고 옴 *往往(왕왕) :이따금 *往年(왕년) :1.지난 해(昨年) 2.옛날 *往事(왕사) :지난 일. 旣往之事 *往復(왕복) :갔다가 돌아옴. 往返. 往反. 往還 *往者(왕자) :1.떠나는 사람 2.지난번 *右往左往(우왕좌왕) :허둥대며 갈팡질팡함 *說往說來(설왕설래) :서로 변론(辯論)하느라고 　　　　　　　　　말이 오고 감	
建	<部首> : 廴(민책받침) ①세울 건, 설 건(立也) ②둘 건(置也)	*建國(건국) :나라를 세움. 開國. 肇國 *建立(건립) :건축물(建築物) 따위를 세움 *建設(건설) :시설(施設) 등을 만들어 세움 *建言(건언) :웃사람에게 의견을 드림. 建白 *建議(건의) :웃사람에게 의견(意見)을 말함 *建造(건조) :건물(建物)이나 배 따위를 만듦 *建築(건축) :집, 성(城), 다리 따위를 세움 *建國理念(건국이념) :나라를 세운 큰 목표	《건축주택》 살림하며 살 집을 만들어 세움
築	<部首> : 竹(대죽) ①쌓을 축(積重) ②다질 축(擣也)	*築臺(축대) :높게 쌓아 올린 대(臺) *築城(축성) :성을 쌓음 *築堤(축제) :둑을 쌓음 *築庭(축정) :정원(庭園)을 꾸밈 *築造(축조) :쌓아서 만듦. 土木工事. 築作. 築構 *築土(축토) :흙을 쌓아 올림 *改築(개축) :고쳐서 새로 짓거나 쌓음 *修築(수축) :건축물의 헐어진 데를 고쳐 쌓음 *新築(신축) :새로 지음	
住	<部首> : 亻(사람인 변)=人 ①머무를 주(留也) ②거처할 주(居也)	*住居(주거) :어떤 곳에 머물러 살음 *住民(주민) :그 땅에 사는 사람. 住人 *住所(주소) :살고 있는 곳. 住址 *住接(주접) :한 때 머물러서 살고 있음 *住止(주지) :머물러 삶 *住宅(주택) :사람이 사는 집. 住家 *行住坐臥(행주좌와) :다니고, 머물고, 앉고, 　　　　　　　　누움. 곧 사람행동의 네가지	
宅	<部首> : 宀(갓머리) ①집 택(所托居處) ②자리 택(位置) ③묘구덩이 택(墓穴)	*宅地(택지) :집 터. 垈地 *自宅(자택) :자기 집 *宅兆(택조) :무덤 (宅은 壙中, 兆는 塋域) *宅號(택호) :이름 대신 집 이름으로 하는 호칭 *宅內(택내→댁내) :집안의 존칭(尊稱) *居宅(거택) :머물러 사는 집. 住宅 *百萬買宅千萬買隣(백만매택천만매린) :백만냥 　　으로 집을 사고 천만냥으로 이웃을 삼. 　　<喩>이웃을 보아 집을 고르라는 뜻	

什	<部首> : 亻(사람인 변)=人 ①세간 집(什物器類) ②열사람 십(十人) ③책권 십(卷也) *詩篇 따위	*什百(십백) :1.십배(十倍)와 백배(百倍) 　　　　　2.十名 혹은 百名의 병사(兵士) *什襲(십습) :열 겹 *什襲藏之 *什長(십장) :1.병졸(兵卒) 十名의 우두머리 　　　　　2.공사감독(工事監督) *什器(집기) :일상생활에 쓰는 도구. 什具. 什物 *家藏什物(가장집물) :집안의 모든 세간	《집기구비》 일상(日常)의 생활(生活)에 쓰이는 도구(道具)를 빠짐없이 골고루 갖춤
器	<部首> : 口(입구) ①그릇 기(成形皿) ②도량 기(度量) ③쓰일 기(使用物)	*器官(기관) :생물(生物)의 기능조직(機能組織) *器具(기구) :세간의 총칭(總稱) *器機(기기) :器具, 機械, 器械의 총칭(總稱) *器量(기량) :재기(才器)와 도량(度量) *器物(기물) :그릇. 器皿 *大器晩成(대기만성) :큰 그릇은 늦게서야 　　　　완성을 보게 됨 <喩>크게 될 인물은 　　　　늦게 이루어짐	
具	<部首> : 八(여덟팔) ①갖출 구(備也) ②그릇 구, 제구 구(器也) ③옆에사람둘 구(附人)	*具格(구격) :격식(格式)을 갖춤 *具備(구비) :빠진 것이 없이 고루 갖춤 *具色(구색) :여러가지 물건을 골고루 갖춤 *具述(구술) :상세하게 갖추어 진술(陳述)함 *具體(구체) :전체(全體)를 구비(具備)함. 具象 *具現(구현) :구체적(具體的)사실로 드러남 *百惡具備(백악구비) :온갖 나쁜 짓이 다 　　　　갖추어져 있음	
備	<部首> : 亻(사람인 변)=人 ①갖출 비(具也) ②족할 비(足也)	*備考(비고) :참고(參考)하기 위해 대비(對備)함 *備禮(비례) :예의(禮儀)를 갖춤 *備忘(비망) :잊었을 때를 위한 마련 *備忘錄 *備置(비치) :갖추어 마련하여 둠 *備品(비품) :늘 갖추어 두고 쓰는 물건(物件) *準備(준비) :미리 필요한 것을 마련하여 갖춤 *陰雨之備(음우지비) :오래 내리는 궂은 비에 대한 　　대비 <喩>위험하거나 곤란한 일에 대한 대비	
早	<部首> : 日(날일) ①일찍 조, 새벽 조(晨也) ②먼저 조(先也)	*早起(조기) :아침에 일찍 일어남 *早期(조기) :이른 시기 *早春(조춘) :이른 봄 *早老(조로) :나이에 비해 빨리 늙음. 겉늙음 *早晚(조만) :1.빠름과 늦음 2.머지 않아 *早白(조백) :四十歲 前에 머리털이 세는 것 *早熟(조숙) :시기에 비해 빨리 성숙(成熟)함 *恨不早圖(한불조도) :일찍 도모치 못한 것을 한함 *早失父母(조실부모) :어려서 일찌기 부모를 여윔	《조역만식》 아침 일찍부터 힘써 일을 하고 저녁 늦게서야 일을 마치고 쉼
役	<部首> : 彳(두인 변) ①일 역(職務) ②힘써일할 역(勉也) ③부릴 역(使也) ④부림군 역(使人)	*役軍(역군) :일꾼. 役丁. 役軍. 人夫 *役事(역사) :토목이나 건축 등의 工事 *役徒(역도) :부역(賦役)에 종사하는 무리 *役使(역사) :불러 일을 시킴. 使役 *役割(역할) :구실. 所任 *以身役物(이신역물) :물욕 때문에 내 한 몸이 　　　　도리어 물건에 사역 당하는 것 *一人二役(일인이역) :한 사람이 두 일을 맡음	
晚	<部首> : 日(날일) ①늦을 만, 저물 만(暮也) ②저녁 만(夕也) ③뒤질 만(後也)	*晚景(만경) :1.저녁 景致 2.늦 경치 *晚境(만경) :늙바탕 *晚年(만년) :노년(老年). 노후(老後) *晚餐(만찬) :저녁식사. 夕餐. 晚餉 *晚學(만학) :나이가 많아서 하는 공부(工夫) *晚婚(만혼) :혼기가 지난 늦은 혼인 ↔ 早婚 *晚時之歎(만시지탄) :때 늦은 탄식. 　　　　<喩>기회를 놓친 탄식	
息	<部首> : 心(마음심)=忄=⺗ ①쉴 식(休也) ②그칠 식(止也) ③숨쉴 식(呼吸) ④자식 식(子也)	*息耕(식경) :하루갈이의 六分之一의 면적(面積) *息民(식민) :백성(百姓)을 안식(安息)케 함 *息婦(식부) :1.며느리. 子婦 2.妻의 卑稱. 媳婦 *息訟(식송) :서로 화해하여 송사(訟事)를 그침 *息喘(식천) :기관지에 경련이 있는 병. 喘息 *息禍(식화) :재화(災禍)를 없앰 *因循姑息(인순고식) :낡은 습관과 폐단을 그대 　　로 좇음으로 인하여 잠시의 편안함을 취함	

勤	<部首> : 力(힘력) ①부지런할 근(勞力) ②수고할 근(勤勞, 勤役) ③도타울 근(篤厚)	*勤儉(근검) :부지런하고 검소(儉素)함 *勤工(근공) :부지런히 공부(工夫)함 *勤念(근념) :정성(精誠)스럽게 돌봄 *勤勞(근로) :부지런히 일함 *勤勉(근면) :부지런히 힘씀 *勤務(근무) :힘써 일함 *人生在勤(인생재근) :사람이 살아가는 근본은 부지런함에 있음	
勞	<部首> : 力(힘력) ①수고로울 로(事功) ②일할 로(勤也) ③고단할 로(苦役) ④위로할 로(慰也)	*勞困(노곤) :고달픔과 고단함. 疲困. 疲勞 *勞動(노동) :몸이나 마음을 써서 일을 함 *勞務(노무) :보수(報酬)를 위한 勞動勤務 *勞神(노신) :마음을 괴롭힘. 걱정을 함 *勞役(노역) :매우 수고로운 노동(勞動). 苦役 *勞賃(노임) :품삯. 賃金 *劬勞之恩(구로지은) :자기를 낳아 길러주신 어버이의 은덕	《근로면려》 부지런히 일하고 스스로 힘씀
勉	<部首> : 力(힘력) ①힘쓸 면(勗也) ②부지런할 면(勤也)	*勉强(면강) :1.애써 힘씀 2.억지로 시킴 *勉勸(면권) :타일러서 힘쓰게 함. 勸勉 *勉勵(면려) :1.스스로 힘씀 2.남에게 권(勸)함 *勉勉(면면) :부지런히 힘쓰는 모양. 孜孜 汲汲 *勉力(면력) :힘쓰고 노력(努力)함 *勉從(면종) :마지 못해 복종(服從)함 *勉學(면학) :학문에 힘씀 *勉行(면행) :힘써 행함 *恪勤勉勵(각근면려) :부지런히 성실하게 일함	
勵	<部首> : 力(힘력) ①힘쓸 려(勉也) ②권할 려(勸勉)	*勵聲(여성) :소리를 높여 격려(激勵)함 *勵翼(여익) :1.獎勵하고 도와줌 2.임금을 도움 *勵行(여행) :1.힘써 行함 2.行하기를 獎勵함 *激勵(격려) :마음을 북돋우어 힘쓰도록 함 *督勵(독려) :감독(監督)하여 장려(獎勵)함 *獎勵(장려) :권(勸)하여 힘쓰게 함 *勵志篤行(여지독행) :세운 뜻을 이루기에 힘쓰고 행동을 돈독히 함	
財	<部首> : 貝(조개패) ①재물 재(貨也) ②뇌물 재(賄也) ③보배 재(人所寶)	*財利(재리) :재물(財物)의 이익(利益) *財務(재무) :재정(財政)에 관한 사무(事務) *財物(재물) :돈이나 물건(物件). 財貨. 貨財 *財産(재산) :소유(所有)하는 재물(財物) *財數(재수) :재물(財物)에 대한 운수(運數) *財政(재정) :재화(財貨)를 운용(運用)하는 일 *財源(재원) :재물(財物)이 나오는 근원(根源) *以財發身(이재발신) :재물의 힘으로 출세함	
源	<部首> : 氵(삼수 변)=水=氺 ①근원 원, 샘 원(泉本) ②계속할 원(續也)	*源流(원류) :1.물이 흐르는 원천(源泉) 2.사물이 일어나는 근원(根源) *源泉(원천) :1.물의 根源 2.사물(事物)의 根源 *根源(근원) :물줄기의 근본(根本) *起源(기원) :사물(事物)이 생긴 근원(根源) *發源(발원) :1.물의 근원(根源)이 비롯함 2.사물(事物)이 비롯함 *萬福之源(만복지원) :<喩>부부의 결합을 축복	《재원풍요》 재물(財物)의 근원(根源)이 풍족(豊足)하 고 넉넉함
豊	<部首> : 豆(콩두) *豐의 略字 ①풍년 풍(有年) ②두터울 풍(厚也) ③더북할 풍(盛也)	*豊年(풍년) :농사(農事)가 잘 된 해 *豊作(풍작) :풍년(豊年)이 든 농작(農作) *豊富(풍부) :넉넉하고 많음. 豊裕 *豊足(풍족) :부족(不足)함이 없음 *豊饒(풍요) :풍족(豊足)하고 많음 *豊凶(풍흉) :풍년(豊年)과 흉년(凶年). 豊歉 *時和歲豊(세화세풍) :나라가 태평하고 곡식이 잘됨. 時和年豊	
饒	<部首> : 食(밥식 변) ①넉넉할 요(豊也) ②배부를 요(飽也) ③더할 요(益也) ④용서할 요(饒貨, 寬恕)	*饒居(요거) :유복하게 삶 *饒窠(요과) :생기는 것이 많은 벼슬자리 *饒貸(요대) :너그럽게 용서(容恕)함 *饒富(요부) :재물을 많이 소유함. 富饒. 饒實 *饒奢(요사) :뽐내고 사치(奢侈)함 *饒舌(요설) :말이 많음. 잘 지껄임 *饒益(요익) :재물(財物)이 넉넉함 *饒人(요인) :남을 용서(容恕)함. 다투지 않음	

富	<部首> : 宀(갓머리) ①넉넉할 부(裕也) ②부자 부(豊財)	*富强(부강) :나라가 부(富)하고 강(强)함 *富貴(부귀) :재산이 많고 지위(地位)가 높음 *富饒(부요) :재물이 넉넉함. 富饒. 富潤. 富衍 *富者(부자) :재산이 넉넉한 사람 ↔ 貧者 *富村(부촌) :살기가 넉넉한 마을 ↔ 貧村 *富豪(부호) :재산이 많고 권세(權勢)있는 사람 *富貴不能淫(부귀불능음) :부귀로도 마음을 어지럽히지 못함	
裕	<部首> : 衤(옷의 변)=衣 ①넉넉할 유(饒也) ②너그러울 유(寬也) ③느러질 유(緩也)	*裕寬(유관) :너그럽고 엄격하지 않음 *裕福(유복) :살림이 넉넉함 *富裕(부유) :재물(財物)이 넉넉함. 富饒 *餘裕(여유) :넉넉하고 남음이 있음 *豊裕(풍유) :매우 넉넉함. 豊饒 *垂裕後昆(수유후곤) :좋은 법칙을 자손에게 남김 *餘裕綽綽(여유작작) :빠듯하지 않고 아주 넉넉함	《부유영화》 재물(財物)이 넉넉하고 몸이 귀(貴)하게 되어 세상(世上)에 이름이 남
榮	<部首> : 木(나무목) ①영화 영(辱之反) ②명예 영(名譽) ③무성할 영(茂也)	*榮光(영광) :빛나는 영예(榮譽). 榮耀 *榮達(영달) :벼슬이 높고 貴함. 榮貴. 榮顯 *榮譽(영예) :빛나는 명예(名譽). 榮名 *榮辱(영욕) :영예(榮譽)와 치욕(恥辱) *榮轉(영전) :높은 자리로 옮김 *榮華(영화) :귀(貴)하게 되어 이름이 남 *榮枯盛衰(영고성쇠) :번영하고 쇠퇴하는 것 *人類共榮(인류공영) :모든 인류가 함께 번영함	
華	<部首> : ++(초 두)=++=艸 ①빛날 화, 영화 화(榮也色也) ②꽃필 화(花開也) ③외관의미 화(外觀之美) ④나라이름 화(華夏, 中華)	*華簡(화간) :남의 편지(便紙)의 尊稱. 華翰 *華甲(화갑) :61세(六十一歲). 回甲 *華客(화객) :단골 손님 *華館(화관) :훌륭한 집 *華麗(화려) :빛나고 아름다움. 華美 *華奢(화사) :화려하고 사치스러움. 華侈 *華燭(화촉) :1.빛깔을 먹인 밀초 2.결혼 예식 *華而不實(화이부실) :꽃은 있으나 열매가 없음 <喩>말과 행동이 맞지 않음	

懶	<部首> : 忄(심방변)=忄=心 ①게으를 라(란)(뢰)(懶怠) ②누울 라(란)(뢰)(臥也) ③미워할 라(란)(뢰)(嫌惡)	*懶農(나농) :농삿일을 게을리 함. 怠農 *懶眠(나면) :게을러서 잠을 잠. 惰眠 *懶婦(나부) :게으른 아내 *懶性(나성) :게으른 성질(性質) *懶惰(나타) :게으름. 懶怠 *懶怠(나태) :게으름. 懶惰	
怠	<部首> : 心(마음심)=忄=忄 ①게으를 태(惰也) ②느릴 태(遲也) ③거만할 태(慢也)	*怠倦(태권) :싫증이 나서 게을러짐. 倦怠 *怠慢(태만) :게으름. 느림. 怠嫚. 怠忽 *怠業(태업) :업무(業務)에 게으름을 피움 *怠惰(태타) :몹시 게으름 *怠解(태해) :게을러 마음이 풀어짐 *始勤終怠(시근종태) :처음에는 부지런하고 나중에는 게으름	《나태해이》 게을러서 몸과 마음이 풀리어 느즈러짐
解	<部首> : 角(뿔각) ①풀 해, 풀릴 해(緩也) *懈와 通 ②깨우칠 해(曉也) ③쪼갤 해(判也) ④벗을 개(脫也)	*解決(해결) :어려운 문제(問題)를 풂 *解答(해답) :문제(問題)를 풀어서 답(答)함 *解放(해방) :가두었던 것을 풀어 놓음 *解氷(해빙) :얼음이 풀림 *解釋(해석) :뜻을 논리에 따라 이해(理解)함 *解約(해약) :계약(契約)을 해제(解除)함 *解弛(해이) :풀리어 느즈러짐. 弛解 *稍解文字(초해문자) :겨우 문자를 풀어볼 정도	
弛	<部首> : 弓 (활궁) ①늦출 이, 느슨할 이(緩也) ②해이할 이, 풀어질 이(解也) ③방탕할 이(放也)	*弛壞(이괴) :풀어져 무너짐 *弛禁(이금) :엄한 금령(禁令)을 늦춤 *弛緩(이완) :1.늦추어 짐 2.맥이 풀림 *弛張(이장) :느즈러짐과 팽팽하게 켕김 *弛罪(이죄) :지은 죄(罪)를 용서(容恕)함 *弛惰(이타) :마음이 느슨하여 매우 게으름 *弛張熱(이장열) :하루종일 체온의 차가 1℃ 이상 되는 열형. 장결핵,신우염,패열증 등	

貧	<部首> : 貝(조개패) ①가난할 빈(無財乏也)	*貧困(빈곤) :가난하여 살기 어려움. 貧窮. 貧乏 *貧民(빈민) :가난한 백성(百姓) *貧富(빈부) :가난함과 부유(富裕)함 *貧弱(빈약) :가난하고 약하여 보잘 것 없음 *貧賤(빈천) :가난하고 신분(身分)이 낮음 *貧血(빈혈) :피의 성분이 부족해서 생기는 병 *家貧思良妻(가빈사양처) :집안이 가난해지면 　　　　　　　　　어진 아내를 생각하게 됨	《빈곤간난》 가난하여 괴롭고 고생(苦生)스 러움
困	<部首> : 口(큰입구 몸) ①곤할 곤(窮苦) ②고심할 곤(苦心) ③노곤할 곤(倦極力乏悴也)	*困苦(곤고) :곤란(困難)하고 괴로움 *困窮(곤궁) :어렵고 궁(窮)함 *困境(곤경) :곤란(困難)한 처지(處地) *困難(곤란) :1.어려움 2.생활이 궁핍(窮乏)함 *困塞(곤색) :운수가 막히어 어려움. 窘塞 *困辱(곤욕) :심한 모욕. 窘辱 *困乏(곤핍) :피곤하여 기운이 없음. 困憊 *困而得之(곤이득지) :어려운 방법으로 해결함	
艱	<部首> : 艮(괘이름간) ①어려울 간(難也) ②근심 간(憂也)	*艱苦(간고) :괴롭고 고생(苦生)스러움. 辛苦 *艱困(간곤) :구차(苟且)하고 곤궁(困窮)함 *艱苟(간구) :빈곤(貧困)하고 구차(苟且)함 *艱急(간급) :괴롭고 앞길이 막힘 *艱難(간난) :몹시 힘들고 고생(苦生)됨. 艱苦 *艱辛(간신) :힘들고 고생스러움. 艱苦. 苦生 *艱難辛苦(간난신고) :갖은 고초로 몹시 괴로움 *備嘗艱苦(비상간고) :온갖 고생을 고루 맛봄	
難	<部首> : 隹(새추) ①어려울 난(艱難不易) ②근심 난(患也)	*難堪(난감) :견디어 내기 어려움 *難局(난국) :어려운 국면(局面) *難關(난관) :어려운 관문(關門) *難易(난이) :어려움과 쉬움. 艱易 *難色(난색) :난처(難處)한 기색(氣色) *難題(난제) :어려운 문제(問題) *難處(난처) :1.어려운 처지 2.처리가 어려움 *患難相救(환난상구) :근심과 재앙을 서로 구해줌	
但	<部首> : 亻(사람인 변)=人 ①다만 단, 오직 단(徒也) ②특별히 단(特也) ③그러나 단(然也)	*但書(단서) :본문(本文) 밖에 단(但)자(字)를 　　　　　붙여서 어떤 조건(條件)이나 　　　　　예외(例外)의 뜻을 나타내는 글 *但只(단지) :다만, 겨우, 오직	《단지궁핍》 오로지 곤궁(困窮)하 고 가진 게 없이 구차함
只	<部首> : 口(입구) ①다만 지(但也) ②말을그칠 지(語已辭)	*只管(지관) :오직 이것 뿐 *只今(지금) :이제. 現在. 現今. 如今 *逢人只可三分話(봉인지가삼분화) :남에게 내 　　　마음의 전부를 보여서는 안된다는 뜻 *善惡到頭終有報只爭來早與來遲(선악도두종유보 　　　지쟁래조여래지) :선과 악에는 마침내 　　　보답이 있는 것으로 단지 빠르게 오는 　　　것과 늦게 오는 것의 차이일 뿐임	
窮	<部首> : 穴(구멍혈) ①궁할 궁, 막힐 궁(困屈) ②다할 궁(極也) ③궁구할 궁(究也)	*窮極(궁극) :극도(極度)에 달함. 마지막 *窮理(궁리) :사물의 이치(理致)를 연구함 *窮困(궁곤) :어렵고 궁(窮)함. 困窮 *窮究(궁구) :깊이 연구(研究)함 *窮地(궁지) :매우 곤란한 처지(處地). 窮境 *窮乏(궁핍) :곤궁(困窮)하고 가난함 *獸窮則齧(수궁즉설) :짐승이 곤궁한 경지에 　　　　빠지게 되면 사람을 문다는 말	
乏	<部首> : 丿(삐침) ①구차할 핍, 옹색할 핍(貧也) ②다할 핍(欠絶) ③폐할 핍(廢也) ④(가죽으로만든)살가림 핍(兵器)	*乏困(핍곤) :없어서 고생(苦生)함. 困乏 *乏人(핍인) :인재(人材)가 절핍(絶乏)함. 乏材 *乏絶(핍절) :아주 없어짐. 絶乏 *乏月(핍월) :陰曆四月의 別稱 (보릿고개의 뜻) *乏財(핍재) :재산(財産)이 절핍(絶乏)함 *乏錢(핍전) :돈이 떨어짐 *乏盡(핍진) :죄다 없어짐 *代不乏人(대불핍인) :시대마다 그 때에 합당한 　　　　　　　　인물이 나서는 법이라는 뜻	

唯	<部首> : 口(입구) ①오직 유, 뿐 유(專辭獨也) ②허락할 유(許也) ③어조사 유(語助辭)	*唯我(유아) :오직 나 하나 만임. 내가 제일임 *唯唯(유유) :공손하게 대답(對答)하는 말 *唯一(유일) :오직 하나. 이것 뿐 *唯物論(유물론) :<哲>물질(物質)만이 　종국(終局)의 실체(實際)임 ↔ 唯心論 *唯心論(유심론) :<佛>일심(一心), 진여(眞如), 　중생(衆生)의 내심(內心)이 주체(主體)임 *唯一無二(유일무이) :오직 하나뿐이고 둘은 없음	
悔	<部首> : 忄(심방변)=忄=心 ①뉘우칠 회(懊也) ②한할 회(恨也)	*悔改(회개) :前의 잘못을 뉘우쳐 고침. 悔艾 *悔淚(회루) :잘못을 뉘우치는 눈물 *悔謝(회사) :허물을 사과(謝過)함 *悔悟(회오) :잘못을 뉘우쳐 깨달음 *悔悛(회전) :잘못을 뉘우쳐 고침. 改悛 *悔罪(회죄) :죄(罪)를 뉘우침 *悔恨(회한) :뉘우치고 한탄함. 悔懊. 悔吝 *追悔莫及(추회막급) :지난날을 뉘우쳐도 소용없음	《唯悔而已》 오직 후회(後悔)할 따름
而	<部首> : 而(말이을이) ①어조사 이(語助辭) ②말이을 이, 또 이 　(承上起下辭因是辭抑又辭) ③이에 이(乃也) ④에 이(於也)	*而立(이립) :삼십세(三十歲)를 일컬음 *而後(이후) :지금(至今)부터 다음으로 *而今以後(이금이후) :지금(至今)으로부터 　　　　　　　이후(以後)로. 自今以後 *渴而穿井(갈이천정) :목이 말라서야 우물을 팜 　<喩>준비성이 없이 때가 늦음 *往而不來者年也(왕이불래자년야) :가고 오지 　않는 것이 세월임 <意>세월을 아끼라	
已	<部首> : 己(몸기) ①이미 이(過事語辭) ②그칠 이(止也, 訖也) ③말 이(卒事之辭) ④뿐 이, 따름 이(啻也)	*已久(이구) :이미 오래됨 *已事(이사) :지난 일 *已已(이이) :그침 *已上(이상) :이 위로. 以上 ↔ 已下. 以下 *已甚(이심) :너무 심함. 정도(程度)에 지나침 *已往(이왕) :이미 지남. 已過. 旣往 *已後(이후) :이 뒤로. 以後 ↔ 已前. 以前 *已往之事(이왕지사) :이미 지나간 일. 已過之事 *事勢不得已(사세부득이) :일이 어쩔 수 없음	

更	<部首> : 曰(가로왈) ①고칠 경(改也) ②다시 갱(再也) ③대신할 경(代也)	*更新(경신) :고치어 새롭게 함. 革新. 更張 *更正(경정) :바르게 고침 *更訂(경정) :고치어 정정(訂正)함 *更迭(경질) :사람을 바꾸어 대신케 함. 交代 *更生(갱생) :다시 살아남. 更蘇. 再生. 回生 *更衣(갱의) :옷을 갈아입음 *烈不二更(열불이경) :烈女不更二夫 *更無道理(갱무도리) :다시는 어찌할 도리가 없음	
顧	<部首> : 頁(머리혈) ①돌아볼 고(回首旋視) ②돌보아줄 고(眷也) ③도리어 고(發語辭, 反也)	*顧客(고객) :단골손님. 花客. 華客 *顧念(고념) :보살펴 줌. 顧視 *顧眄(고면) :좌고우면(左顧右眄)의 준말. 回視 *顧問(고문) :의견을 들음 *顧恤(고휼) :불쌍히 여겨 돌봄 *伯樂一顧(백락일고) :명마(名馬)가 말을 잘 볼 　줄 아는 백락(伯樂)을 만나 세상에 알려짐 　<喩>현자가 세상에서 지우(知遇)를 받게 됨	《更顧亦然》 다시 돌아다본들 이 또한 그러함 <지난 일을 돌아다보고 후회(後悔)해 본들 역시 달리 나아질 것은 없음>
亦	<部首> : 亠(돼지해 머리) ①또 역(又也) ②또한 역(承上之辭也) ③어조사 역(語助辭也)	*亦各(역각) :1.이것저것 2.제가끔 *亦是(역시) :1.또한 2.전(前)에 생각했던 대로 *亦然(역연) :이 또한 그러함 *亦如是(역여시) :이것도 또한 *不亦說乎(불역열호) :역시 기쁘지 아니한가? *言悖出者亦悖入(언패출자역패입) :도리에 　어그러진 말을 남에게 하면 그 사람도 　역시 도리에 어그러진 말을 나에게 함	
然	<部首> : 灬(불화)=火 ①그럴 연, 그렇다할 연(言如是) ②그러나 연(承上接語) ③체 연(假飾) ④사를 연(燒也)	*然否(연부) :그러함과 그렇지 아니함 *然則(연즉) :그런즉. 그러면 *然贊(연찬) :그렇다고 찬성(贊成)함 *然後(연후) :그런 뒤 *泰然自若(태연자약) :어떤 상황에서도 듬직함 *權然後知輕重(권연후지경중) :물건의 무겁고 　가벼움은 저울에 달아 본 연후에야 앎 　<喩>경솔한 평가는 경계해야 함	

豈	<部首> : 豆(콩두)
	①어찌 기(焉也非然辭)
	②일찍 기(曾也)
	③승전악 개(勝戰樂)
		*豈敢(기감) :어찌 감히
		*豈不…(기불…) : 어찌 …않으랴
		*豈樂(개락) :싸움에 이겼을 때의 음악. 愷樂
		*豈弟(개제) :편안(便安)하게 즐기는 것. 愷弟
		*一人三失怨豈在明(일인삼실원기재명) :과실이
		  잦으면 남의 원망을 받음이 마땅하나
		  그 소실은 모두 사소한 일에서
		  생기므로 작은 일이라도 조심해야 함
			《기원수호》
			
			어찌 누구를
			원망(怨望)
			할 것인가!

怨	<部首> : 心(마음심)=忄=⺗ ①원망 원(恨也) ②분낼 원(恚也) ③원수 원(仇也, 讎也)	*怨望(원망) :불평을 품고 미워함. 怨懟. 怨恨 *怨聲(원성) :원망(怨望)하는 소리 *怨讎(원수) :원한이 맺힌 적. 怨讐. 怨敵. 讎仇 *怨恨(원한) :원통(寃痛)한 생각 *怨嫌(원혐) :원망(怨望)하고 미워함. 怨憎 *怨天尤人(원천우인) :하늘을 원망하고 남을 탓함 *自知者不怨人(자지자불원인) :자신을 아는 자는 남을 탓하지 않음	
誰	<部首> : 言(말씀언) ①누구 수(孰也) ②누구요 수(誰何詰問) ③무엇 수(何也) ④발어사 수(發語辭誰昔)	*誰某(수모) :아무개. 某也 *誰昔(수석) :그 옛날 (誰는 發語辭). 從前 *誰何(수하) :누구야? 하고 묻는 말 *誰差(수차) :물어서 차출(差出)함 *誰某誰某(수모수모) :아무 아무개 *誰得誰失(수득수실) :得失이 分明치 못함 *誰怨誰咎(수원수구) :누구를 원망하고 누구를 책망하겠는가 <意>자신을 탓해야 함	

乎	<部首> : ノ(삐침)
	①어조사 호(語助辭)
	  ※形容의 뜻을 강하게 하기
	  위해 붙이는 토
	②~인가? 호(疑問辭)
	③그런가! 호(感歎詞)
	④~에,~를 호(于, 於)
	⑤아! 호(歎詞)
		*乎而(호이) :친한 사이의 칭호(稱號)
		*卓乎難及(탁호난급) :월등하게 뛰어나 미치기
		  어려움
		*好學近乎知(호학근호지) :학문을 즐기는 것
		  자체가 지자(知者)에 가까움
		*可以人而不如鳥乎(가이인이불여조호) :사람
		  으로서 새만도 못할 수 있는가?	

所	<部首> : 戶(지게호) ①바 소, 것 소(語辭) ②곳 소(處也) ③연고 소(所以)	*所生(소생) :1.낳은 자식 2.낳은 곳 *所願(소원) :바라는 바. 원함 *所謂(소위) :이른 바. 세상에 말하는 바 *所有(소유) :자기의 물건(物件)으로서 가짐 *所以(소이) :까닭. 所致 *所在(소재) :있는 바. 있는 곳 *所願成就(소원성취) :바라고 원하던 일을 달성함	《소위정치》 일컫는 바 정치(政治)라 는 것은

謂	<部首> : 言(말씀언)
	①이를 위(與之言)
	②일컬을 위(稱也)
	③고할 위(告也)
		*賊仁謂之賊(적인위지적) :사람으로서 인(仁)을
		  헤치는 자를 일러서 진짜 도적이라 함
		*三年無改於父之道可謂孝(삼년무개어부지도가위효)
		  :아버지가 죽은 뒤 삼년동안 아버지가
		  생존시 했던 일을 그대로 두고 고치지
		  않는 것을 일러 효(孝)라 할 수 있음
		*率性之謂道(솔성지위도) :사람이 천성을 지켜
		  행함을 일러서 도(道)라 함	

政	<部首> : 攵(등글월문)=攴
	①정사 정(以法正民)
	②바르게할 정(正也)
	③조세 정(租稅)
		*政權(정권) :정치를 행하는 권력(權力)
		*政黨(정당) :정치 이상 실현을 위한 단체
		*政府(정부) :국가(國家)의 통치권(統治權)을
		  행사(行使)하는 기관(機關). 行政府
		*政治(정치) :국가의 주권자(主權者)가 그
		  영토(領土)와 國民을 다스리는 일
		*苛政猛於虎(가정맹어호) :가혹한 정치는
		  범보다도 더 무서운 해독을 끼침	

治	<部首> : 氵(삼수 변)=水=氺 ①다스릴 치(理也) ②치료할 치(治療)	*治國(치국) :1.나라를 다스림 2.태평한 나라 *治亂(치란) :혼란(混亂)에 빠진 세상을 다스림 *治療(치료) :병을 잘 다스려서 낫게 함. 治病 *治水(치수) :물을 잘 다스리는 일 *治山治水 *治安(치안) :사회의 안녕(安寧)을 보전함 *治罪(치죄) :죄(罪)를 징계(懲戒)하여 벌(罰)함 *修身齊家治國平天下(수신제가치국평천하) :몸을 닦고 집안을 가지런히 하고 나서 나라를 다스림	

須	<部首> : 頁(머리혈) ①모름지기 수, 반드시 수(必也) ②잠간 수(斯須) ③기다릴 수(待也) ④터럭 수, 수염 수(頤毛同鬚)	*須髮(수발) :턱에 있는 鬚髯 *須知(수지) :마땅히 알아야 함 *須要(수요) :없어서는 안 될 일. 必要 *須臾(수유) :1.잠시. 寸刻. 斯臾 2.(佛) 刹那 *須捷(수첩) :헤지고 더러워진 옷 　<揚子方言>南楚 凡人貧 衣被醜弊 謂之須捷 *男兒須讀五車書(남아수독오거서) :남자는 　　모름지기 다섯 수레의 책을 읽어야 함	《수적균형》 모름지기 균형(均衡)이 맞아야 함
適	<部首> : 辶(책받침)=辵 ①마침 적(適然偶爾) ②맞갖을 적, 편안할 적(自得安便) ③갈 적(往也 如也 至也) ④좇을 적(從也)	*適期(적기) :알맞은 시기(時期) *適當(적당) :정도(程度)에 알맞음 *適性(적성) :어떤 사물에 적합한 성질(性質) *適用(적용) :맞추어 씀. 알맞게 씀 *適應(적응) :걸맞아 서로 어울림 *適合(적합) :꼭 합당(合當)함 *適材適所(적재적소) :적당한 인물을 적당한 　　자리에 씀	
均	<部首> : 土(흙토 변) ①고를 균(調也) ②반듯할 균, 평할 균(平也) ③두루할 균(徧也) ④장단 균(節樂器)	*均等(균등) :차별(差別)없이 고름 *均分(균분) :여럿이 똑같이 나눔. 均排 *均一(균일) :똑같이 고름 *均齊(균제) :고르고 가지런함. 均整 *均平(균평) :고루 公平함. 고루 平平함 *平均(평균) :高低나 多少의 차이가 없이 고름 *均衡(균형) :한쪽에 치우침 없이 고름. 平衡 *均等受惠(균등수혜) :고르게 나누어 혜택을 받음	
衡	<部首> : 行(갈행) ①저울 형(枰也) ②옥형 형(渾天儀) ③가로 횡(縱之對)	*衡鑑(형감) :저울과 거울 　　(轉)是非善惡을 判別하는 것 *衡平(형평) :수령을 이룸. 平均. 平衡 *衡行(형행) :가로질러 감. 橫行 *衡宇(형우) :형문(衡門)과 옥우(屋宇) 　　(喩)허술하고 간소한 집 *合從連衡(합종연형) :연합하여 싸울 것이냐 　　아니면 동맹할 것인가 <意>안전을 위한 계책	

權	<部首> : 木(나무목) ①권세 권(權柄) ②저울질할 권(秤錘)	*權能(권능) :권세(權勢)와 능력(能力) *權力(권력) :남을 복종시키는 권리와 힘. 權柄 *權利(권리) :이익을 추구할 법정(法定) 자격 *權勢(권세) :권력(權力)과 세력(勢力) *權威(권위) :남을 복종케하는 권력과 위세 *權益(권익) :권리(權利)와 이익(利益) *權不十年(권불십년) :권세는 십년을 못감 　　<喩>권력(權力)의 무상(無常)함	《권집중앙》 권세(權勢)를 잡은 사람은 가운데를 지킴 <정권(政權)을 잡은 사람은 정책(政策)의 혜택(惠澤)이 만백성(萬百 姓)에게 골고루 미칠 수 있도록 한편으로 치우치지 않고 가운데에 선 입장(立場)을 지키면서 정치(政治)를 해야 함>
執	<部首> : 土(흙토) ①잡을 집(操持) ②잡을 집(捕也) ③지킬 집(守也) ④벗 집(友也) *뜻을 같이하는 벗	*執權(집권) :정권(政權)을 잡음. 執柄 *執念(집념) :한 군데만 정신(精神)을 쏟음 *執務(집무) :사무(事務)를 맡아 봄 *執事(집사) :일을 맡아보는 사람 *執友(집우) :벗 *執行(집행) :어떤 일을 실제로 시행(施行)함 *兩手執餠(양수집병) :양손에 떡을 쥠 　　<喩>어느 것을 해야 좋을지를 모름	
中	<部首> : ｜(뚫을곤) ①가운데 중(四方之央) ②안쪽 중(內也) ③맞힐 중(至的) ④당할 중(當也)	*中間(중간) :1.두 사물의 사이 2.한가운데 *中斷(중단) :중도(中途)에서 끊어짐 ↔ 中繼 *中立(중립) :중간(中間)의 위치(位置)에 섬 *中心(중심) :1.한 가운데 2.매우 중요한 위치 *中央(중앙) :1.사방의 한 가운데 2.주요 부분 *畵中之餠(화중지병) :그림의 떡 <喩>눈요기 *井中之蛙(정중지와) :우물 안 개구리 　　<喩>넓은 세상의 형편을 모름	
央	<部首> : 大(큰대) ①가운데 앙(中也) ②다할 앙(盡也) ③넓을 앙(廣也)	*央瀆(앙독) :부엌에서 물을 흘려보내는 도랑. 　　通水路 *央央(앙앙) :1.넓은 모양 2.선명한 모양 　　3.소리가 화한 모양 *宛在水中央(완재수중앙) :마치 물 한복판에 　　있는 것 같음	

剛	<部首> : 刂(칼도 방)=刀 ①군셀 강(勁也) ②군을 강(堅也)	*剛健(강건) :기력(氣力)과 몸이 튼튼하고 군셈 *剛氣(강기) :군센 기상(氣像) *剛斷(강단) :剛氣있게 결단(決斷)하는 힘 *剛性(강성) :변형(變形)되지 않고 군은 성질 *剛柔(강유) :단단함과 부드러움 *剛柔兼全 *剛直(강직) :마음이 군세고 곧음 *太剛則折(태강즉절) :너무 강하면 부러짐 <喩>지나치게 곧은 주장은 견제 당함	
柔	<部首> : 木(나무목) ①부드러울 유(剛之反) ②연약할 유(耎弱) ③순할 유(順也) ④편안할 유(安也) ⑤복종할 유(服也) ⑥싹나올 유(草木新生)	*柔懦(유나) :마음이 약하고 겁이 많음 *柔順(유순) :성질이 부드럽고 공손(恭遜)함 *柔弱(유약) :연약(軟弱)하여 견뎌내지 못함 *柔軟(유연) :부드럽고 연(軟)함 *柔和(유화) :성질이 부드럽고 온화(穩和)함 *柔訓(유훈) :여자(女子)에 대한 가르침 *外柔內剛(외유내강) :겉은 부드러운 듯하나 속은 곧고 군음	《강유겸전》 강직(剛直)함 과 유연(柔軟)함 을 아울러 갖춤
兼	<部首> : 八(여덟팔) ①겸할 겸, 아우를 겸(幷也) ②둘얻을 겸(兩得)	*兼倂(겸병) :한 데 합쳐 가짐 *兼備(겸비) :두가지 이상을 겸(兼)하여 갖춤 *兼任(겸임) :두가지 이상의 임무(任務)를 맡음 *兼全(겸전) :여러가지 다 갖추어 완전(完全)함 *兼職(겸직) :두가지 이상의 직무(職務)를 겸함 *文武兼全(문무겸전) :문식과 무략을 다 갖춤 *兼人之勇(겸인지용) :능히 몇 사람을 당해 낼 만한 용기	
全	<部首> : 入(들입) ①온전 전, 온통 전(完也) ②순전할 전(純也) ③모두 전(全也)	*全國(전국) :한 나라의 전체(全體). 온 나라 *全力(전력) :모든 힘 *全部(전부) :온통 다 *全域(전역) :전체(全體)의 지역(地域) *全的(전적) :하나도 남김없이 있는 그대로 다 *全體(전체) :온통. 全部 *食飮全廢(식음전폐) :음식을 아주 먹지 아니함 *苟全性命(구전성명) :구차하게 생명을 보전함	

憲	<部首> : 心(마음심)=忄=㣺
	①법 헌(法也)
	②밝힐 헌(明也)
	③고시할 헌(懸法示人)
		*憲綱(헌강) :1.으뜸되는 중요한 법률(法律)
		      2.관직(官職)의 질서(秩序)
		*憲法(헌법) :나라의 근본(根本)이 되는 法律
		*憲章(헌장) :1.본받아 명백(明白)히 함
		      2.法律 3.憲法의 전장(典章)
		*憲政(헌정) :입헌정치(立憲政治)의 준말
		*憲制(헌제) :국가(國家)의 법률(法律)
		*立憲政治(입헌정치) :헌법에 의한 정치	

制	<部首> : 刂(칼도 방)=刀 ①억제할 제, 금할 제(禁也) ②지을 제, 정할 제(造也) ③마를 제(裁也) ④법도 제(成法)	*制度(제도) :국가의 법률로 만든 법칙(法則) *制禮(제례) :예법(禮法)을 제정(制定)함 *制約(제약) :一定한 조건(條件)에 한하는 것 *制定(제정) :제도(制度)를 정(定)함 *制限(제한) :어느 한도를 넘지 못하게 함 *制憲(제헌) :헌법(憲法)의 제정(制定) *柔能制剛(유능제강) :부드러움이 강한 것을 이김 *以夷制夷(이이제이) :오랑캐로 오랑캐를 제압함	《헌제전장》 나라의 근본(根本)되 는 법률(法律)로 제도(制度)와 문물(文物)을 정(定)함
典	<部首> : 八(여덟팔) ①법 전(法也) ②책 전(書也) ③도덕 전(道德) ④당잡힐 전(質代)	*典據(전거) :바른 증거(證據). 典證 來歷 出典 *典故(전고) :전례(典例)와 고사(故事) *典當(전당) :재산(財産)을 담보(擔保)로 돈을 융통(融通)하는 일 *典章(전장) :제도(制度)와 문물(文物). 典制 法 *典制(전제) :1.일을 맡음 2.規則. 法. 典章 *不易之典(불역지전) :변경할 수 없는 규정 *華燭之典(화촉지전) :촛불을 밝히는 의식. 結婚式	
章	<部首> : 立(설립) ①글 장(文也) ②문채 장(文彩) ③문장 장(禮文曰文章) ④장정 장(章程, 條也)	*章句(장구) :1.글의 章과 句 2.文章의 段落 *章理(장리) :밝은 이치(理致) *章身(장신) :의복(衣服) <左傳>衣 身之章也 *章魚(장어) :(動)낙지. 章擧 *章章(장장) :밝은 모양. 彰彰 *章奏(장주) :상소문(上疏文) *生前富貴死後文章(생전부귀사후문장) :살아서는 부귀를 누리고 죽어서는 문장으로 떨침	

勳	<部首> : 力(힘력) ①공 훈(功也) ②거느릴 훈(帥也)	*勳功(훈공) :나라에 정성(精誠)을 다하여 　이룩한 공로(功勞). 勳勞 *勳舊(훈구) :대대(代代)로 훈공(勳功)이 있는 　집 또는 臣下 *勳臣(훈신) :공훈(功勳)을 세운 신하(臣下) *勳章(훈장) :공로(功勞)를 표창(表彰)하기 　위해 내리는 휘장(徽章) *勳舊大臣(훈구대신) :훈벌(勳閥)출신의 大臣	
功	<部首> : 力(힘력) ①공 공(勞之積也) ②공치사할 공(自以爲功之)	*功過(공과) :공로(功勞)와 과실(過失) *功德(공덕) :공로(功勞)와 인덕(仁德) *功力(공력) :애쓰는 힘. 功業 *功績(공적) :일에 힘쓴 공적(功績). 勳業 功業 *功名(공명) :공훈을 세워 명예(名譽)를 얻음 *功績(공적) :쌓은 공로(功勞) *功勳(공훈) :드러나게 세운 공로(功勞) *論功行賞(노공행상) :공(功)을 의논하여 상을 줌	《훈공표창》 나라에 세운 공적(功績)은 그 공로(功勞)를 칭송(稱頌)하 여 세상(世上)에 드러나게 함
表	<部首> : 衣(옷의)=衤 ①겉 표, 거죽 표(外也) ②표표할 표(出衆) ③밝을 표(明也)	*表記(표기) :표시(表示)하는 기록(記錄) *表面(표면) :겉으로 드러난 면(面) *表情(표정) :감정(感情)을 겉으로 드러냄 *表皮(표피) :물체의 겉을 싸고 있는 껍질 *表出(표출) :겉으로 드러냄 *表彰(표창) :선행을 칭송하여 드러냄. 表顯 *表現(표현) :보임. 들어서 나타냄 *表裏不同(표리부동) :마음의 겉과 속이 다름	
彰	<部首> : 彡(터럭삼 방) ①드러낼 창(著明之) ②나타날 창(著也) ③밝을 창(明也) ④문채 창(文飾)	*彰德(창덕) :사람의 덕행(德行)을 드러내 알림 *彰明(창명) :밝게 드러냄. 彰著. 昭明. 彰炳 *彰善(창선) :사람의 선행(善行)을 드러내 알림 *彰示(창시) :밝게 나타내 보임. 明示 *彰彰(창창) :밝게 나타나는 모양. 昭昭. 彰乎 *彰顯(창현) :남이 알도록 밝혀 나타냄. 顯彰 *善惡彰明(선악창명) :선과 악을 드러내어 밝힘	

犯	<部首> : 犭(개사슴록 변)=犬 ①범할 범(干也) ②침노할 범(侵也) ③이길 범(打勝)	*犯境(범경) :남의 경계(境界)를 넘음. 犯界 *犯闕(범궐) :대궐(大闕)을 침범(侵犯)함 *犯禁(범금) :금(禁)한 것을 범(犯)함 *犯法(범법) :法을 犯함. 犯科≒犯令≒犯則 *犯罪(범죄) :죄(罪)를 지음 *犯行(범행) :법령(法令)에 위반(違反)된 행위 *邪不犯正(사불범정) :바르지 못한 것이 바른 　것을 범치 못함	
罪	<部首> : 罒(그물망)=网=罓 ①허물 죄, 죄줄 죄(罰惡) ②고기그물 죄(魚網)	*罪過(죄과) :죄(罪)와 허물. 罪咎 *罪罰(죄벌) :죄에 대한 형벌(刑罰). 罪責 *罪囚(죄수) :수감(收監)된 죄인(罪人). 囚人 *罪惡(죄악) :도덕상(道德上)으로 나쁜 일. 罪 *罪業(죄업) :죄(罪)의 과보(果報) *罪人(죄인) :죄(罪)를 지은 사람 *罪刑(죄형) :범죄(犯罪)와 형벌(刑罰) *席藁待罪(석고대죄) :거적을 깔고 벌을 기다림	《범죄형벌》 죄(罪)를 지으면 형법(刑法)의 적용(適用)을 받아 처벌(處罰)을 받음
刑	<部首> : 刂(칼도 방)=刀 ①형벌 형(罰總名) ②옛법 형(舊法) ③본보기 형(法也) ④본받을 형(效則)	*刑罰(형벌) :범죄자에게 주는 제제(制裁) *刑法(형법) :형벌을 규정한 법률. 刑律. 刑典 *刑事(형사) :형법의 적용(適用)을 받는 사건 *刑殺(형살) :형벌(刑罰)을 가해 죽임. 死刑 *刑獄(형옥) :형벌(刑罰)을 받는 옥(獄). 監獄 *刑場(형장) :사형을 집행하는 곳. 死刑場 *炮烙之刑(포락지형) :기름칠 한 구리기둥을 숯불 　위에 놓고 건너게 하여 떨어져 죽게 하는 형벌	
罰	<部首> : 罒(그물망)=网=罓 ①벌줄 벌(賞之對) ②꾸짖을 벌(罰責) ③벌받을 벌(天罰, 處罰)	*罰金(벌금) :처벌로써 부과(賦課)하는 돈 *罰杯(벌배) :술자리에서 벌로 받는 술잔. 罰酒 *罰俸(벌봉) :벌(罰)로 감봉처분(減俸處分)함 *罰責(벌책) :꾸짖어 가볍게 벌(罰)함 *罰則(벌칙) :범죄자(犯罪者)를 처벌(處罰) 　하는 규칙(規則) *信賞必罰(신상필벌) :공이 있는 사람에게는 　상을 주고, 죄가 있는 사람에게는 벌을 줌	

勸	<部首> : 力(힘**력**) ①권할 권(勉也) ②도울 권(助也) ③힘껏할 권(力行)	*勸告(권고) :타일러 권(勸)함 *勸勉(권면) :타일러서 힘쓰게 함 *勸業(권업) :산업(産業)을 장려(獎勵)함 *勸誘(권유) :무역을 하도록 타일러서 꾀임 *勸獎(권장) :권(勸)하여 장려(獎勵)함 *勸學(권학) :학문(學問)을 배우도록 권(勸)함 *勸上搖木(권상요목) :나무에 오르게 하고 흔들어 　떨어뜨림 <喩>남을 선동하고서 낭패보도록 함	《권선징악》 착한 행실(行實)은 권장(勸獎)하 고 나쁜 행실(行實)은 징계(懲戒)함
善	<部首> : 口(입**구**) ①착할 선(良也) ②좋을 선, 좋아할 선(好也)	*善德(선덕) :착한 덕행(德行) ↔ 惡德 *善良(선량) :착하고 어짊 *善隣(선린) :이웃과 사이좋게 지냄 *善心(선심) :1.착한 마음 2.남을 돕는 마음 *善用(선용) :올바르게 잘 씀 ↔ 惡用 *善處(선처) :좋게 잘 처리(處理)함 *善行(선행) :착한 행실 ↔ 惡行 *改過遷善(개과천선) :허물을 고치고 착하게 됨	
懲	<部首> : 心(마음**심**)=忄=㣺 ①징계할 징(懲創戒也)	*懲戒(징계) :잘못을 뉘우치게 나무람. *懲過(징과) :과오(過誤)를 징계(懲戒)함 *懲勸(징권) :권선징악(勸善懲惡). 賞罰 *懲惡(징악) :나쁜 사람을 징계(懲戒)함 *懲役(징역) :옥(獄)에 가두고 노동을 시킴 *懲治(징치) :징계(懲戒)하여 다스림 *勸善懲惡(권선징악) :착한 행동을 권하고 　악한 행동을 징계함	
惡	<部首> : 心(마음**심**)=忄=㣺 ①악할 악, 모질 악(不善) ②나쁠 악(不良) ③미워할 오(憎也) ④부끄러울 오(恥也)	*惡毒(악독) :마음이 흉악하고 독살스러움 *惡魔(악마) :나쁜 귀신 *惡性(악성) :모질고 악독(惡毒)한 성질(性質) *惡心(악심) :악(惡)한 마음 *惡漢(악한) :악독한 짓을 하는 사람. 惡人 *惡寒(오한) :열병(熱病)이 날 때 추운 증상 *憎惡(증오) :몹시 미워함 *惡戰苦鬪(악전고투) :죽을 힘을 다해 고되게 싸움	

科	<部首> : 禾(벼**화**) ①과거 과(官吏登用試驗, 科舉) ②조목 과(條也) ③과학 과(科學) ④법 과(法也, 金科玉條)	*科客(과객) :과거(科舉)를 보러 온 선비 *科舉(과거) :관리채용시험(官吏採用試驗). 科第 *科料(과료) :경범죄에 가하는 재산형. 罰金 *科罪(과죄) :죄(罪)를 처결(處決)함. 科懲 *科目(과목) :학문(學問)의 구분(區分) *科場(과장) :과거(科舉)를 보이던 곳 *科學(과학) :합리적 연구에 의한 체계적 학문 *金科玉條(금과옥조) :귀하게 신봉하는 법이나 규정	《과제사환》 과거(科舉)에 급제(及第)한 사람은 관리(官吏)가 되어 종사(從事)하 게 됨 <관리등용시 험(官吏登用 試驗)을 통하여 벼슬 길에 나감>
第	<部首> : 竹(대**죽**) ①차례 제(次也) ②과거 제(登第) ③집 제(宅也)	*第一(제일) :첫째. 가장 *第次(제차) :차례(次例). 次第 *及第(급제) :과거시험(科舉試驗)에 　합격(合格)함. 登第 ↔ 落第 *私第(사제) :개인 소유의 사삿집. 私邸. 私宅 *第一江山(제일강산) :경치가 매우 좋은 산수 *第一主義(제일주의) :무슨 일을 하든지 　제일(第一)이 되고자 하는 주의(主義)	
仕	<部首> : 亻(사람**인** 변)=人 ①벼슬할 사(宦也) ②벼슬 사(官也) ③살필 사(察也) ④배울 사(學也)	*仕官(사관) :관리(官吏)가 되어 종사(從事)함. 　仕宦 *仕途(사도) :관리(官吏)가 되는 길. 仕路. 官途 *仕入(사입) :상품(商品)이나 원료(原料)를 사들임 *仕進(사진) :관리(官吏)가 출근(出勤)함. 　登廳 ↔ 仕退. 罷仕. 退廳 *仕非爲貧(사비위빈) :벼슬길에 나가는 것은 　생활이 가난하여 녹을 타먹기 위한 것이 아님	
宦	<部首> : 宀(갓머리) ①벼슬 환(官也) ②내관 환(奄人=閹人) ③부릴 환(仕也) ④배울 환(學也)	*宦官(환관) :1.궁중시봉(宮中侍奉)의 벼슬 　2.사환(仕宦)의 통칭(通稱) *宦路(환로) :벼슬길. 宦途. 仕途. 仕路 *宦福(환복) :벼슬길에 대한 복(福). 官福 *宦數(환수) :벼슬길의 운수(運數). 官運 *宦情(환정) :벼슬에 대한 욕심(慾心) *宦遊(환유) :官吏가 되어 他鄕에 살음. 官遊 *宦官政治(환관정치) :내시들이 관여하는 정치	

官	<部首> : 宀(갓머리) ①벼슬 관(職也) ②관가 관(朝廷治事處) ③공변될 관(公也) ④일 관(事也)	*官能(관능) :1.기관(器官)의 생명영위 기능 　　　　　　2.감각기관(感覺器官)의 작용 *官等(관등) :벼슬의 등급(等級). 官階 *官僚(관료) :정부(政府) 관리(官吏)의 총칭 *官吏(관리) :국가공무원. 벼슬아치. 官員 *官職(관직) :관리(官吏)의 직책(職責) *舊官名官(구관명관) :구관이 명관이다 　　　　　　<喩>경험있는 사람이 일처리를 잘함	《관리감독》 나라의 녹(祿)을 받는 벼슬아치가 감시(監視)하 여 단속(團束)함
吏	<部首> : 口(입구) ①아전 리(府吏) ②관리 리(治政官人)	*吏幹(이간) :官吏로서의 능력과 재간. 吏才 *吏屬(이속) :아전의 무리 *吏隱(이은) :下級 官職에 숨어 알려지지 않음 *吏役(이역) :아전의 임무(任務). 吏職 *吏讀(이두) :신라시대(新羅時代)에 漢字의 　　　　　　음훈(音訓)을 빌은 글자 *淸白吏(청백리) :청렴결백한 관리(官吏) *貪官汚吏(탐관오리) :탐욕으로 물든 벼슬아치	
監	<部首> : 皿(그릇명) ①감독할 감(監督) ②살필 감(察也) ③거느릴 감(領也) ④감옥 감(獄也)	*監禁(감금) :가두어 감시(監視)함 *監督(감독) :감시(監視)하여 단속(團束)함 *監査(감사) :감독(監督)하고 검사(檢査)함 *監修(감수) :저술(著述)을 지도(指導)함 *監視(감시) :주의(注意)하여 지켜 봄 *監獄(감옥) :죄수를 가두어 두는 곳. 監房 *監察(감찰) :감시(監視)하고 살핌 *監督官廳(감독관청) :감독권을 가진 관청	
督	<部首> : 目(눈목) ①감독할 독, 동독할 독(董也) ②꾸짖을 독(責也) ③맏아들 독(家督, 長子) ④대장 독(大將)	*督過(독과) :잘못을 꾸짖음 *督勵(독려) :감독(監督)하여 격려(激勵)함 *督稅(독세) :세금을 바칠 것을 독촉함. 督納 *督率(독솔) :감독(監督)하여 인솔(引率)함 *督戰(독전) :전투(戰鬪)를 독려(督勵)함 *督促(독촉) :몹시 재촉함. 督趣 *納稅督促(납세독촉) :세금을 낼 것을 독려하고 　　　　　　재촉함	
課	<部首> : 言(말씀언) ①부과할 과, 구실 과(稅也) ②시험할 과(試也) ③공부 과(勸課農桑)	*課目(과목) :할당(割當)된 항목(項目) *課稅(과세) :세금(稅金)을 매김 *課業(과업) :할당(割當)된 일 *課月(과월) :매월(每月), 달마다 *課程(과정) :할당(割當)된 일이나 학과(學課) *課題(과제) :할당(割當)된 문제(問題) *敎科課程(교과과정) :가르치는 科目의 課程	《과제시험》 문제(問題)를 나누어 주어 답(答)을 구하여 증험(證驗)함
題	<部首> : 頁(머리혈) ①이마 제(額也) ②제목 제(題目) ③평론할 제(品題) ④글 제(書題)	*題名(제명) :글제나 책(冊)이름 *題目(제목) :책 겉에 쓰는 책이름. 名號 名稱 *題辭(제사) :책이나 비석(碑石)의 첫머리 글. 　　　　　　題言. 卷頭言 *題字(제자) :책의 앞머리에 쓰는 글자. 題書 *當面問題(당면문제) :눈앞에 직접 당한 문제 *閑話休題(한화휴제) :쓸데없는 말은 그만하고 　　　　　　화제(話題)를 돌리자는 뜻	
試	<部首> : 言(말씀언) ①시험할 시(試驗用也) ②비교할 시(明試較也) ③더듬을 시(嘗試深也)	*試鍊(시련) :시험(試驗)하고 단련(鍛鍊)함 *試食(시식) :음식을 시험(試驗)삼아 먹어 봄 *試案(시안) :시험(試驗)삼아 만든 안(案) *試演(시연) :시험(試驗)삼아 공연(公演)함 *試合(시합) :서로 재주를 겨루어 우열을 가림 *試驗(시험) :문제(問題)를 내고 답(答)을 　　　　　　구하여 판정(判定)함 *試驗問題(시험문제) :시험을 보이기 위한 문제	
驗	<部首> : 馬(말마) ①시험할 험(考視) ②증험할 험(證也, 效也) ③보람 험(效也)	*驗問(험문) :조사(調査)함. 驗訊. 査問 *驗覆(험복) :거듭 조사(調査)해 밝힘 *驗算(험산) :계산(計算)의 정부(正否)를 　　　　　　알기 위한 계산(計算). 檢算 *驗左(험좌) :참고될 만한 증거. 驗證. 證左 *驗效(험효) :일의 좋은 보람. 效驗. 效力 *試驗檢定(시험검정) :시험으로 자격을 인정함	

闕	<部首> : 門(문문) ①대궐 궐(門觀象魏) ②빌 궐(空也) ③뚫을 궐(穿也)	*闕漏(궐루) :1.실수(失手) 2.누락(漏落)시킴 *闕文(궐문) :글귀가 빠뜨려져 있는 글. 缺文 *闕席(궐석) :출석(出席)하지 않음. 缺席 *闕食(궐식) :끼니를 거름. 缺食. 闕炊 *闕如(궐여) :있어야 할 것이 빠져있음. 缺如 *闕員(궐원) :정원에서 사람이 빠져있음. 缺員 *宮闕(궁궐) :임금이 거처하는 집. 禁闕. 大闕 *闕席裁判(궐석재판) :당사자가 빠진 상태로 재판	
席	<部首> : 巾(수건건) ①자리 석, 돗 석(簟也) ②베풀 석(陣也) ③자뢰할 석(資也)	*席上(석상) :1.좌상(座上) 2.모인 자리 *席卷(석권) :자리를 말듯이 쉽게 빼앗음. 席捲 *席子(석자) :돗자리. 席薦 *席次(석차) :자리의 차례. 席順 *席寵(석총) :총애(寵愛)를 베풂 *座席(좌석) :앉는 자리 *寢不安席(침불안석) :근심 걱정이 많아서 　　　　　　　　　편안히 자지 못함	《권석충원》 빈 자리에 대해서 그 부족(不足)한 인원(人員)을 채움
充	<部首> : 儿(어진사람인 발) ①찰 충, 채울 충(滿也, 實也) ②당할 충(當也) ③번거로울 충(煩也)	*充當(충당) :모자라는 것을 채움. 充塡 *充滿(충만) :가득하게 참 *充分(충분) :모자람이 없이 분량(分量)에 참 *充實(충실) :속이 울차서 단단하고 여묾 *充員(충원) :부족(不足)한 인원(人員)을 채움 *充電(충전) :축전지(蓄電池)에 전력을 채움 *充足(충족) :분량(分量)이 차서 모자람이 없음 *割肉充腹(할육충복) :혈족의 재물을 빼앗아 먹음	
員	<部首> : 口(입구) ①관원 원(官數) ②둥글 원(幅員周也) ③더할 운(益也)	*員石(원석) :둥근 돌. 圓石 *員數(원수) :물건의 수(數). 사람의 수(數) *員外(원외) :정원외(定員外)의 수(數) *員程(원정) :定한 分量. 일정의 功程(공정) *員次(원차) :관원(官員)의 석차(席次) *員品(원품) :관리(官吏)의 품계(品階) *松都契員(송도계원) :조그마한 지위나 세력을 　　　　　　　　　믿고 남을 멸시하는 사람을 일컬음	

責	<部首> : 貝(조개패) ①꾸짖을 책(誚也) ②맡을 책(任也) ③재촉할 책(迫取)	*責課(책과) :貢物이나 稅金을 독촉(督促)함 *責躬(책궁) :자기가 자기를 나무람. 自責 *責望(책망) :허물을 꾸짖음 *責善(책선) :착한 일을 권고(勸告)함 *責言(책언) :책망(責望)의 말 *責任(책임) :맡은 임무(任務). 責務 *修己不責人(수기불책인) :자기 몸을 수양하고 　　　　　　　　　타인의 결점을 책망하지 않음	
任	<部首> : 亻(사람인 변)=人 ①맡길 임(以恩相信) ②쓸 임(用也) ③당할 임(當也)	*任官(임관) :관직(官職)에 임명(任命)함 *任期(임기) :임무(任務)를 맡는 기간(期間) *任免(임면) :임용(任用)과 파면(罷免) *任命(임명) :직무(職務)를 맡게 함 *任務(임무) :맡은 일 *任意(임의) :마음에 맡김. 내키는대로의 마음 *任大責重(임대책중) :임무가 크고 책임이 무거움 *任賢使能(임현사능) :인재를 가려 뽑아서 쓰는 일	《책임완수》 맡은 임무(任務)를 완전(完全)히 이루어 냄
完	<部首> : 宀(갓머리) ①완전할 완(全也) ②지킬 완(保全) ③튼튼할 완(堅好)	*完結(완결) :완전(完全)하게 마침. 完了. 完成 *完了(완료) :완전(完全)히 끝마침. 完濟 *完璧(완벽) :흠잡을 데 없이 완전(完全)함 *完備(완비) :완전(完全)히 갖추어짐 *完成(완성) :다 이룸 *完遂(완수) :뜻한 바를 완전(完全)히 이룸 *完全(완전) :부족(不足)함이 없음. 흠이 없음 *完璧歸趙(완벽귀조) :훌륭한 것을 제자리로 되돌림	
遂	<部首> : 辶(책받침)=辵 ①마침내 수(竟也) ②이룰 수(成就從志) ③나아갈 수(進也) ④사무칠 수(達也)	*遂事(수사) :1.마친 일. 벌써 다된 일 　　　　　　2.일에만 오로지 마음을 씀 *遂成(수성) :어떤 일을 이룩함 *遂誠(수성) :정성(精誠)을 다함 *遂意(수의) :뜻을 이룸 *遂行(수행) :어떤 일을 해냄 *毛遂自薦(모수자천) :조(趙)의 毛遂가 자진하여 　　　　　초(楚)에 가서 구원을 요청 <喩>제가 저를 추천	

幼	<部首> : 幺(작을요) ①어릴 유(稺也) ②어린아이 유(小兒) ③사랑할 유(愛也)	*幼年(유년) :어린 나이. 幼齒. 幼齡 *幼蒙(유몽) :어린아이. 幼昧. 猶愚 *幼兒(유아) :어린아이. 幼童 *幼子(유자) :어린 자식 *幼者(유자) :어린이 *幼稚(유치) :1.나이가 어림 2.미숙(未熟)함 *慈幼恤孤(자유휼고) :어린아이를 사랑하고 　　　　　　아비 없는 고아를 가엾게 여김	《유치동몽》 나이가 아직 어린 아이(初學者)
稚	<部首> : 禾(벼화) *稺와 同 ①어릴 치(幼稺小也) ②어린벼 치(幼禾) ③늦을 치(晩也)	*稚氣(치기) :유치(幼稚)한 행동이나 모양 *稚筍(치순) :어린 죽순(竹筍) *稚子(치자) :1.어린애 .幼兒 2.竹筍의 異名 *稚錢(치전) :잔돈. 푼돈 *稚拙(치졸) :어리석고 졸렬함 *稚戲(치희) :1.어린아이 놀이 2.어리석은 짓 *幼稚園(유치원) :학령(學齡)이 안 된 어린이 　　　　에게 심신발달을 꾀하기 위한 교육시설	
童	<部首> : 立(설립) ①아이 동(童蒙, 幼也) ②우뚝우뚝할 동(盛貌) ③민둥산 동(山無草木) ④뿔없는양 동(無角羊)	*童蒙(동몽) :어린이. 童牙. 童子. 童稚. 童幼 *童心(동심) :어린이의 마음 *童顔(동안) :어린이의 얼굴 *童貞(동정) :성적(性的)으로 순수(純粹)함 *童話(동화) :어린이를 위해 지은 이야기 *兒童(아동) :어린 아이 *街童走卒(가동주졸) :길거리에서 노는 철없는 　　　　　　　　　　아이	
蒙	<部首> : ++(초 두)=++=艸 ①어릴 몽(稺也) ②속일 몽(欺也) ③덮을 몽(覆也) ④입을 몽(被也) ⑤무릅쓸 몽(冒也)	*蒙鈍(몽둔) :어리석고 둔함 *蒙利(몽리) :이익(利益)을 얻음 *蒙昧(몽매) :사리(事理)에 어두움. 愚昧 *蒙喪(몽상) :상복(喪服)을 입음 *蒙死(몽사) :죽음을 무릅씀 *蒙塵(몽진) :먼지를 씀. 임금의 피난(避難) *童蒙求我(동몽구아) :어린아이가 나에게서 　　　　　　　　　　배우기를 원함	

見	<部首> : 見(볼견) ①볼 견(識見視也) ②당할 견(當也) ③뵐 현(朝見)	*見棄(견기) :버림을 받음 *見侮(견모) :모욕(侮辱)을 당함. 늑 見屈 *見聞(견문) :보고 들음 또는 그 지식(知識) *見習(견습) :실지로 보고 익힘 *見識(견식) :견문(見聞)과 학식(學識). 識見 *見解(견해) :의견(意見)이나 해석(解釋) *見蚊拔劍(견문발검) :모기를 보고 칼을 빼어 듦 　　　　　<喩>하찮은 일에 지나치게 성을 냄	《견문모방》 보고 들은 바를 그대로 따라서 본받음
聞	<部首> : 耳(귀이) ①들을 문(聽聞, 耳受聲) ②들릴 문(聲徹) ③이름날 문(令聞, 名達) ④소문 문(風聞)	*聞記(문기) :듣고 새겨둠 *聞望(문망) :이름이 널리 알려짐. 令聞. 名達 *聞識(문식) :견문(見聞)과 학식(學識). 見識 *聞善(문선) :좋은 일을 들음 *聞知(문지) :듣고 앎 *聞風(문풍) :뜬소문을 들음 *聞一知十(문일지십) :하나를 들으면 열을 앎 *百聞不如一見(백문불여일견) :백번 듣는 것이 　　　　　　한번 보는 것만 같지 못함	
模	<部首> : 木(나무목) ①본보기 모, 법 모(法也) ②모범할 모(形也) ③본뜰 모(爲規)	*模倣(모방) :본뜸. 본받음. 摸倣. 摸倣. 模襲 *模範(모범) :본보기. 模表. 模楷 *模本(모본) :1.본보기 2.원본(原本)을 본뜬 책 *模寫(모사) :본받아 그대로 그림. 摹寫. 臨模 *模擬(모의) :남의 흉내를 냄 *模造(모조) :모방(模倣)하여 만듦 *模範生(모범생) :본보기가 될 만한 학생 *曖昧模糊(애매모호) :확실하지 못하고 희미함	
倣	<部首> : 亻(사람인 변)=人 ①본받을 방(倣也) ②의방할 방(依也)	*倣刻(방각) :모방(模倣)하여 새김 *倣古(방고) :옛 것을 모방(模倣)함 *倣似(방사) :비슷함 *倣此(방차) :이것에 본뜸 *倣倣(방효) :본받음. 모방함 *模倣本能(모방본능) :예술이나 문화의 발생이나 　　　　발달요인으로서 모방을 하는 인간의 본성	

學	<部首> : 子(아들자) ①배울 학(效也受敎博覺悟) ②공부 학(法律學理)	*學課(학과) :학교(學校)의 수학과정(修學課程) *學科(학과) :학술(學術)의 분과(分科). 學科目 *學究(학구) :학문(學問)을 연구(研究)함 *學童(학동) :어린 학생 *學習(학습) :배워서 익힘 *學問(학문) :모르는 것을 배우고 물음 *學生(학생) :학예(學藝)를 배우는 사람. 學徒 *同門受學(동문수학) :한 스승 밑에서 같이 배움 *晝夜力學(주야역학) :밤낮으로 학문에 힘씀	
校	<部首> : 木(나무목) ①학교 교(學校, 學堂) ②학궁 교(學宮) ③교정할 교(訂書) ④장교 교(軍官)	*校務(교무) :학교(學校)의 사무(事務) *校序(교서) :교육(敎育)시키는 집. 學校. 學堂 *校友(교우) :같은 학교에서 공부(工夫)하는 벗 *校庭(교정) :학교(學校)의 운동장(運動場) *校訂(교정) :저서(著書)의 잘못된 곳을 고침 *將校(장교) :兵士의 지휘권을 갖는 무관(武官) *蜉蝣撼巨鰲(부유감거오) :하루살이가 커다란 자라와 힘을 겨룸 <喩>비교할 수 없는 실력차이	《학교계도》 학교(學校)에서는 어린 아이들을 가르쳐서 지도(指導)함
啓	<部首> : 口(입구) ①열 계, 가르칠 계(開發) ②인도할 계(導也) ③여쭐 계(奏事)	*啓達(계달) :임금께 의견(意見)을 아룀 *啓導(계도) :깨치어 지도(指導)함 *啓發(계발) :1.지식을 넓힘 2.열어줌 *啓蒙(계몽) :어린이를 가르쳐 줌. 訓蒙 *啓辭(계사) :임금께 사실을 아뢰는 글. 上書 *啓示(계시) :가르쳐 보임. 가르쳐 알게 함 *謹啓(근계) :'삼가 아룁니다.'(편지 첫머리에) *不遑啓處(불황계처) :집안에서 편히 있을 틈이 없음	
導	<部首> : 寸(마디촌) ①이끌 도(引也) ②인도할 도(引導)	*導入(도입) :끌어 들임 *導引(도인) :1.길을 引導함 2.道家의 養生法 *先導(선도) :앞장서서 이끎 *善導(선도) :올바른 길로 인도(引導)함 *引導(인도) :길을 안내(案內)함 *指導(지도) :어떤 방향으로 잘 이끌어 감 *誘導訊問(유도신문) :예상하는 죄상을 무의식 중에 자백하도록 범인을 꾀어서 캐어 물음	
師	<部首> : 巾(수건건) ①스승 사(敎人以道者範也) ②본받을 사(效也) ③군사 사(軍旅稱衆) ④서울 사(京師)	*師古(사고) :옛것을 모범(模範)으로 함 *師敎(사교) :스승의 가르침 *師母(사모) :스승의 부인 *師範(사범) :스승으로서의 모범(模範). 師表 *師父(사부) :스승을 아버지처럼 높여 이름 *師事(사사) :스승으로 섬김 *三人行必有我師(삼인행필유아사) :세 사람이 길을 가면 반드시 나에게 스승이 있음	
敎	<部首> : 攵(등글월문)=攴 ①가르칠 교(訓也) ②종교 교(宗敎)	*敎科(교과) :가르치는 과목(科目). 敎科書 *敎師(교사) :학술이나 기예를 가르치는 사람 *敎養(교양) :1.가르쳐 기름 2.학문이나 지식 *敎育(교육) :지식을 가르치며 품성을 길러 줌 *敎訓(교훈) :가르치어 이끌어 줌. 訓誨 *宗敎(종교) :신을 숭배하고 권선계악하는 일 *易子而敎之(역자이교지) :자기 자식은 자기가 가르치기 어려우므로 자식을 서로 바꿔서 가르침	《사교지식》 스승이 알고 있는 내용(內容)들 을 가르쳐 줌
知	<部首> : 矢(화살시 변) ①알 지(識也) ②생각할 지(生覺) ③깨달을 지(覺也)	*知覺(지각) :알아 깨달음. 인식(認識)함 *知己(지기) :마음이 통하는 벗. 知己之友. 知友 *知能(지능) :지적(知的) 활동의 능력(能力) *知性(지성) :지각을 바탕으로 한 정신적 기능 *知識(지식) :인식(認識)으로 얻어진 결과 *知者(지자) :사물(事物)의 이치에 밝은 사람 *見聞覺知(견문각지) :보고 듣고 깨달아서 앎 *學而知之(학이지지) :배워서 앎	
識	<部首> : 言(말씀언) ①알 식(見識知也認也) ②기록할 지(記也)	*識見(식견) :사물을 식별하는 능력. 見識 *識達(식달) :식견있고 도리(道理)에 밝음 *識別(식별) :잘 알아서 분별(分別)함. 鑑別 *識量(식량) :견식(見識)과 도량(度量) *識慮(식려) :견식(見識)과 사려(思慮) *標識(표지) :목표(目標)를 나타내기 위한 표 *識字憂患(식자우환) :아는 게 오히려 병 *不知不識間(부지불식간) :알지도 못하는 사이	

細	<部首> : 糸(실사 변) ①가늘 세, 세밀할 세(微也密也) ②잘 세, 작을 세(小也) ③좀놈 세(奸細)	*細菌(세균) :미세한 단세포(單細胞)의 식물체 *細密(세밀) :자세(仔細)하고 빈틈없이 꼼꼼함 *細分(세분) :잘게 나눔 *細說(세설) :자세(仔細)하게 설명(說明)함 *細心(세심) :꼼꼼하게 주의(注意)하는 마음 *細作(세작) :간첩(間諜). 間者. 諜者 *大行不顧細謹(대행불고세근) :대사(大事)를 　　행하려면 작은 일에 구애받을 것이 아님	
說	<部首> : 言(말씀언) ①말씀 설(辭也) ②기꺼울 열(喜樂) ③달랠 세(誘也)	*說客(세객) :유세(遊說)하고 다니는 사람 *說敎(설교) :1.교리를 설명함 2.타일러 가르침 *說得(설득) :말로 설명하여 그렇게 여기게 함 *說明(설명) :잘 알 수 있도록 밝혀서 말함 *說話(설화) :이야기 *橫說竪說(횡설수설) :조리없이 함부로 지껄임 *甘言利說(감언이설) :비위에 맞는 달콤한 말과 　　이로운 조건을 내세워 꾀는 말	《세설음성》 자세(仔細)하 게 설명(說明)하 면서 가르쳐 주는 말소리
音	<部首> : 音(소리음) ①소리 음(聲也) ②음악 음(音樂) ③소식 음, 편지 음(音信)	*音律(음률) :소리와 음악(音樂)의 가락. 가락 *音聲(음성) :발음기관에서 생기는 음향. 聲音 *音樂(음악) :음을 조화(調和)시켜 내는 예술 *音節(음절) :소리의 한 마디 마디 ↔ 音素 *音響(음향) :소리의 울림 *音訓(음훈) :표의문자(表意文字)의 음과 뜻 *空谷跫音(공곡공음) :사람이 없는 빈 골짜기에 　울리는 발자국 소리 <喩>의외의 기쁜 일	
聲	<部首> : 耳(귀이) ①소리 성(音也) ②풍류 성(樂也) ③명예 성, 기릴 성(名譽)	*聲價(성가) :좋은 평판(評判). 名聲 *聲帶(성대) :소리를 내는 기관(器官) *聲量(성량) :목소리의 크기와 량(量) *聲明(성명) :어떤 입장을 말로 표현하여 밝힘 *聲援(성원) :옆에서 소리쳐서 힘을 북돋아 줌 *聲討(성토) :여러사람이 모여 시비를 논함 *呱呱之聲(고고지성) :아기가 세상에 나오면서 　　　　처음으로 우는 소리	

注	<部首> : 氵(삼수 변)=水=水 ①물댈 주(灌也) ②물쏟을 주(水流射) ③뜻둘 주(意所嚮) ④주낼 주, 풀이할 주(釋經典)	*注脚(주각) :本文의 中間에 들어가는 것을 注, 　아래로 들어가는 것을 脚이라 함. 註脚. 註釋 *注力(주력) :힘을 들임 *注意(주의) :마음을 둠 *注目(주목) :한 곳을 注意하여 바라봄. 注視 *注文(주문) :1.註釋의 글 2.製作을 부탁함 *注射(주사) :약액(藥液)을 혈관에 주입함 *注疏(주소) :注는 本文 解釋, 疏는 注를 解釋 *銳意注視(예의주시) :정신을 차리고 주목하여 봄	
目	<部首> : 目(눈목) ①눈 목(眼也) ②눈여겨볼 목(注視目之) ③조목 목(條件) ④종요로울 목(要也)	*目擊(목격) :現場에서 실제로 봄. 目見. 目睹 *目耕(목경) :독서(讀書)에 비유(比喩)함 *目禮(목례) :눈짓으로 하는 인사(人事) *目錄(목록) :물건을 열거한 조목(條目). 目次 *目的(목적) :도달하려고 하는 목표(目標) *目下(목하) :당장의 형편 아래. 目今. 至今 *目不忍見(목불인견) :눈으로 차마 볼 수 없음 *死不瞑目(사불명목) :죽어서도 눈을 감지 못함	《주목경이》 눈 여겨 보면서 귀를 기울여 들음
傾	<部首> : 亻(사람인 변)=人 ①기울어질 경(側也) ②위태할 경(危也) ③귀기울여들을 경(聽也)	*傾國(경국) :나라를 위태롭게 함 *傾度(경도) :경사(傾斜)의 정도(程度) *傾斜(경사) :비스듬히 기울어짐 *傾耳(경이) :귀를 기울여 들음. 傾聽 *傾向(경향) :한쪽으로 쏠리는 성향(性向) *傾蓋如舊(경개여구) :白頭如新傾蓋如舊(故) 　늙을 때까지 사귀어도 처음 사귄 것 같고, 길 　에서 처음 만나 인사해도 옛 벗과 같을 수 있음	
耳	<部首> : 耳(귀이) ①귀 이(主聽) ②말그칠 이, 뿐 이(語決辭)	*耳殼(이각) :귓바퀴. 耳輪 *耳垢(이구) :귀에지 *耳聾(이롱) :귀가 먹어 들리지 않음. 귀머거리 *耳目(이목) :귀와 눈 <喩>여러 사람의 注意 *耳熟(이숙) :귀에 익음 *耳環(이환) :귀엣고리 *耳語(이어) :귀엣말. 私語 *耳懸鈴鼻懸鈴(이현령비현령) :귀에 달면 귀걸이, 　코에 걸면 코걸이 <喩>어떤 사실을 　이렇게도 해석하고, 또 저렇게도 해석함	

静	<部首> : 青(푸를**청**) ①고요할 정(寂也) ②조용할 정(動之對) ③편안할 정(安也)	*靜慮(정려) :고요히 생각함. 靜思 *靜觀(정관) :조용히 사물(事物)을 관찰(觀察)함 *靜物(정물) :움직이지 않는 물건 ↔ 動物 *靜默(정묵) :아무 말이 없이 조용함 *靜肅(정숙) :고요하고 엄숙(嚴肅)함 *靜寂(정적) :고요하여 괴괴함 *動靜(동정) :행동이나 사태의 벌어져가는 낌새 *一動一靜(일동일정) :모든 동작, 모든 몸짓	《정숙청강》 고요하고 엄숙(嚴肅)한 분위기(雰圍 氣)로 강의(講義)를 들음
肅	<部首> : 聿(오직**율**) ①엄숙할 숙(嚴貌) ②공손할 숙(恭也) ③공경할 숙(敬也) ④경계할 숙(戒也)	*肅啓(숙계) :삼가 말씀드림(便紙 머리에). 肅呈 *肅白(숙백) :삼가 말씀드림(便紙 머리나 끝에) *肅拜(숙배) :삼가 절함(便紙 끝에) *肅謝(숙사) :정숙하게 사례(謝禮)함. 肅恩 *肅霜(숙상) :된서리 *肅然(숙연) :삼가하는 모양 *肅正(숙정) :엄하게 다스려 바로잡음 늑 肅淸 *嚴肅主義(엄숙주의) :도덕상의 동기에서 욕망을 　　　　　누르고 쾌락과 행복을 거부하는 입장	
聽	<部首> : 耳(귀**이**) ①들을 청(聆也) ②받을 청(受也) ③좇을 청(從也)	*聽覺(청각) :소리를 대뇌로 전달하는 감각 *聽講(청강) :강의(講義)를 들음 *聽聞(청문) :들음 (聽은 들음. 聞은 들려옴) *聽政(청정) :정사(政事)를 듣고 처리(處理)함 *聽衆(청중) :강연이나 설교 등을 듣는 무리 *聽取(청취) :자세(仔細)히 들음 *聽若不聞(청약불문) :듣고도 못들은 체함 *聽而不聞(청이불문) :들어도 들리지 않음. 무관심	
講	<部首> : 言(말씀**언**) ①강론할 강(論也) ②강구할 강(究也) ③익힐 강(習也)	*講究(강구) :좋은 방법(方法)을 궁리(窮理)함 *講論(강론) :학술을 강석(講釋)하고 토론함 *講師(강사) :강의(講義)하는 교사(敎師) *講習(강습) :학문이나 기예를 가르쳐 지도함 *講演(강연) :제목에 따라 강의식으로 이야기함 *講義(강의) :학설의 내용을 가르침. 講話 *口講指劃(구강지획) :입으로 설명하고 　　　　　손으로 그려가면서 자세하게 가르쳐 줌	
讀	<部首> : 言(말씀**언**) ①글읽을 독(誦書) ②귀절 두, 토 두(句讀, 文語絕處)	*讀書(독서) :책을 읽음 *讀習(독습) :글을 읽어서 스스로 익힘 *讀者(독자) :책,잡지 등 출판물을 읽는 사람 *讀破(독파) :책을 다 읽어 냄 *讀解(독해) :글을 읽어 이해(理解)함 *讀書三昧(독서삼매) :오직 책 읽기에 골몰함 *讀書尙友(독서상우) :책을 읽음으로써 옛날의 　　　　　현인들과 벗이 될 수 있음	《독서연구》 글을 읽으며 깊이 조사(調査)하 고 생각함
書	<部首> : 曰(가로**왈**) ①글 서(文也) ②책 서, 서적 서(經籍總名) ③쓸 서, 적을 서(記也) ④글씨 서(六藝之一)	*書簡(서간) :편지(便紙). 書翰, 書札, 書信 *書類(서류) :어떤 내용을 적은 문서의 총칭 *書籍(서적) :서책(書冊). 書卷, 書帙, 典籍 *書店(서점) :책을 파는 상점. 書林, 書肆 *書中自有千鍾祿(서중자유천종록) :글 가운데 　　많은 록(祿)이 저절로 있음 (鍾:부피단위) *益人神智莫若書籍(익인신지막약서적) :사람의 　　　지식을 늘리는 데는 책보다 나은 게 없음	
研	<部首> : 石(돌**석**) ①갈 연, 연마할 연(礪也) ②연구할 연, 궁구할 연(窮究)	*研究(연구) :깊이 조사하고 생각함. 研考, 研精 *研磨(연마) :갈고 닦음. 鍊磨, 練磨 *研修(연수) :학업(學業)을 연구(研究)하고 닦음 *研鑽(연찬) :사물의 도리를 깊이 연구(研究)함 *研學(연학) :학문(學問)을 닦음 *研覈(연핵) :연구(研究)하여 착실하게 함 *研磨長養(연마장양) :오래 갈고 닦아서 기름	
究	<部首> : 穴(구멍**혈**) ①궁구할 구(推尋) ②꾀할 구(謀也) ③다할 구(極也)	*究竟(구경) :사리(事理)의 마지막. 究極, 窮極 *究考(구고) :끝까지 생각하고 硏究함 *究明(구명) :사리를 궁구(窮究)하여 밝힘 *究問(구문) :따져서 샅샅이 조사(調査)함 *究索(구색) :연구(研究)하고 사색(思索)함 *究悉(구실) :조사(調査)하여 밝힘 *不可究詰(불가구힐) :내용이 복잡하여 진상을 　　　　　밝힐 수가 없음	

詳	<部首> : 言(말씀언) ①자세할 상(審也) ②다 상(悉也) ③거짓 양(詐也) *佯과 通	*詳考(상고) :자세히 참고(參考)함 *詳記(상기) :자세히 기록(記錄)함. 詳錄 *詳報(상보) :자세히 보고(報告)함 *詳細(상세) :자상(仔詳)하고 세밀(細密)함 *詳述(상술) :자세(仔細)하게 진술(陳述)함 *詳察(상찰) :자세하게 살핌. 詳審 *詳解(상해) :자세하게 해석함 *詳覈(상핵) :자세히 조사(調査)함	
考	<部首> : 耂(늙을로 엄)=老 ①상고할 고(稽也) ②죽은아비 고(父死稱)	*考古(고고) :유물,유적을 통해 옛일을 연구함 *考慮(고려) :깊이 생각하고 헤아림 *考妣(고비) :죽은 나버지와 어머니 *考査(고사) :1.학업성적을 시험함 2.조사(調査)함 *考試(고시) :시험(試驗). 考科 *考案(고안) :안(案)을 생각하고 연구하여 냄 *考察(고찰) :상고하여 살펴봄 *深思熟考(심사숙고):깊이 생각하고 익히 고찰함	《상고자료》 자료(資料)를 자세(仔細)히 상고(上考)함
資	<部首> : 貝(조개패) ①재물 자(貨也) ②자품 자(稟也) ③쓸 자(用也)	*資格(자격) :근본(根本)되는 바탕의 조건(條件) *資金(자금) :무슨 일에 필요(必要)한 돈 *資料(자료) :일의 바탕이 될 재료(材料). 資材 *資本(자본) :영업의 기본이 되는 밑천. 資金 *資産(자산) :소득(所得)을 축적(蓄積)한 것 *資源(자원) :자연에서 얻어지는 물자(物資) *資質(자질) :타고난 성품과 소질. 바탕. 資稟 *師資相承(사자상승) :스승으로부터 이어 전함	
料	<部首> : 斗(말두) ①헤아릴 료(度也) ②될 료, 말질할 료(量也) ③거리 료, 가음 료(人物材質) ④대금 료(代金)	*料簡(요간) :헤아려 고름 *料金(요금) :수수료(手數料)로 주는 돈 *料得(요득) :헤아려 앎 *料理(요리) :음식(飮食)을 조리(調理)함 *料外(요외) :뜻 밖, 생각 밖 *料率(요율) :요금(料金)의 비율(比率) *思料(사료) :생각하여 헤아림. 思量 *材料(재료) :물건을 만드는 감. 일할 거리	

加	<部首> : 力(힘력) ①더할 가(增也) ②더욱 가(益也) ③합할 가(算法)	*加減(가감) :보탬과 뺌 *加工(가공) :천연물에 인공(人工)을 더함 *加擔(가담) :무리에 끼어 일을 함께 함 *加速(가속) :속도(速度)를 더함 *加入(가입) :이미 있는 것에 더하여 넣음 *加重(가중) :무게나 부담(負擔)이 더하여 짐 *走馬加鞭(주마가편) :달리는 말에 채찍질을 함 <喩>근면하고 성실한 사람을 더욱 격려함	
減	<部首> : 氵(삼수 변)=水=氺 ①덜 감(損也) ②무지러질 감(耗也) ③가벼울 감(輕也)	*減免(감면) :부담을 덜어주거나 면제(免除)함 *減算(감산) :빼어 셈함 ↔ 加算 *減稅(감세) :조세(租稅)의 액수(額數)를 낮춤 *減少(감소) :줄어듦 *減員(감원) :인원을 줄임 *減縮(감축) :덜어서 줄어짐 *減退(감퇴) :줄어져 쇠퇴(衰退)함 *十年減壽(십년감수) :수명이 십년이나 줄음 <喩>심한 고생이나 큰 위험을 겪었다는 말	《가감승제》 더하고, 빼고, 곱하고, 나누기
乘	<部首> : 丿(삐침) ①탈 승(駕也) ②올릴 승(上也) ③곱할 승(計也)	*乘客(승객) :배 또는 차 따위에 타는 사람 *乘隙(승극) :틈을 탐. 틈을 이용함. 乘間 *乘馬(승마) :말(馬)을 탐 *乘機(승기) :기회(機會)를 잡음. 乘時 *乘算(승산) :곱셈. 乘法 *乘夜(승야) :밤을 이용(利用)함 *乘車(승차) :차를 탐. 차에 오름 *乘勝長驅(승승장구) :거리낌 없이 이겨 나감	
除	<部首> : 阝(좌부 변)=阜 ①덜 제, 버릴 제(去也) ②젯법 제(乘除籌法) ③벼슬줄 제(拜官) ④갈 제(去也)	*除去(제거) :덜어 버림. 떨어 버림 *除隊(제대) :군대에서 해제(解除)됨 *除名(제명) :이름을 뺌 *除算(제산) :나눗셈 *除煩(제번) :번거로움을 빼고 (便紙用語) *除授(제수) :임금이 벼슬을 줌. 除拜. 除任 *除夜(제야) :한해의 마지막 밤. 除夕 *蔓草猶不可除(만초유불가제) :덩굴이 무성하면 제거하기 곤란 <喩>일은 시초에 처리해야 함	

算	<部首> : 竹(대**죽**) *筭과 同 ①셈할 산, 셈놓을 산(計數) ②산가지 산, 줏가지 산(籌也)	*算法(산법) :셈을 하는 법(法). 算術 *算數(산수) :산술(算術) 및 기초적인 셈법 *算式(산식) :記號를 써서 算法을 表示한 式 *算入(산입) :셈하여 넣음 *算定(산정) :셈하여 定함 *産出(산출) :셈하여 구해 냄 *甕算畵餠(옹산화병) :독장수 셈과 그림의 떡 　　　　　　<喩>헛배만 부르고 실속이 없음	《산식복잡》 기호(記號)를 써서 셈하는 법(法)을 표시(表示)한 식(式)이 간단(簡單)하 지 않고 어수선하여 갈피를 잡기 어려움
式	<部首> : 弋(주살**익**) ①법 식(法也) ②제도 식(制度) ③쓸 식(用也)	*式暇(식가) :官員에게 주는 規定된 休暇 *式敬(식경) :공경(恭敬)함 *式穀(식곡) :좋은 가르침으로 자식(子息)을 　　　　　　바른 길로 인도(引導)함 *式例(식례) :이미 있어온 일정한 전례(前例) *式順(식순) :의식(儀式)의 차례(次例) *式樣(식양) :일정한 모양과 격식(格式). 樣式 *禮式場(예식장) :예법에 의한 격식을 치르는 곳	
複	<部首> : 衤(옷**의** 변)=衣 ①겹칠 복(重也) ②겹옷 복(重衣) ③복도 복(上下道)	*複寫(복사) :한번 베낀 것을 거듭 베낌 *複數(복수) :둘 이상(以上)의 수(數) ↔ 單數 *複式(복식) :두겹 이상의 방식(方式) ↔ 單式 *複雜(복잡) :사물의 갈피가 뒤섞여 어수선함 *複製(복제) :본디의 것과 똑같이 만듦 *複合(복합) :두가지 이상을 겹쳐 합함 *複雜多端(복잡다단) :어수선하여 갈피를 　　　　　　　　　잡기가 어려움	
雜	<部首> : 隹(새**추**) ①섞일 잡(五彩相合參錯) ②자질구레할 잡, 번거로울 잡	*雜技(잡기) :잡스러운 재주나 기예(技藝) *雜念(잡념) :주견(主見)없는 온갖 생각 *雜談(잡담) :쓸데없이 지껄이는 잡다한 말 *雜務(잡무) :온갖 자질구레한 일 *雜費(잡비) :자질구레하게 쓰이는 돈. 雜用 *雜音(잡음) :잡다(雜多)한 시끄러운 소리 *雜種(잡종) :여러가지가 뒤섞인 종류(種類) *酒色雜技(주색잡기) :술과 계집과 노름	
克	<部首> : 儿(어진사람**인** 발) *剋과 通 ①이길 극(勝也) ②마음을억누를 극(抑心) ③능할 극(能也)	*克家(극가) :집을 잘 다스림 *克己(극기) :사욕(私慾)을 눌러 이김. 克慾 *克明(극명) :注意를 기울여 속속들이 밝힘 *克復(극복) :1.失地를 回復함 　　　　　　2.正道로 돌아감. 克己復禮의 준말 *克服(극복) :敵을 이겨서 굴복(屈服)시킴. 克從 *克己復禮(극기복례) :제 욕심을 버리고 예의 　　　　　　　　　범절을 따름	《극기인내》 자기(自己)의 사사로운 욕심(慾心)을 이지(理智)로 써 눌러 이겨 내면서 참고 견딤
己	<部首> : 己(몸기) ①몸 기(身也) ②사사 기(私也)	*己物(기물) :자기(自己)의 물건(物件) *己身(기신) :자기(自己)의 몸. 自身 *己有(기유) :자기(自己) 소유(所有)의 物件 *己出(기출) :자기(自己)가 낳은 자식(子息) *利己(이기) :자기의 이익(利益)만 차림 *自己(자기) :저. 제몸. 自身. 己身 *知己(지기) :서로 마음이 통하는 벗 *知彼知己(지피지기) :적을 알고 나를 앎	
忍	<部首> : 心(마음**심**)=忄=㣺 ①참을 인(耐也) ②차마할 인(安於不仁)	*忍苦(인고) :고통(苦痛)을 참음 *忍耐(인내) :참고 견딤 *忍受(인수) :치욕(恥辱)을 참고 받음 *忍人(인인) :잔인(殘忍)한 사람 *忍心(인심) :모진 마음, 잔혹(殘酷)한 마음 *忍從(인종) :참고 따름 *忍辱(인욕) :욕(辱)됨을 참음 *目不忍見(목불인견) :눈뜨고 차마 볼 수 없음	
耐	<部首> : 而(말이을이) ①견딜 내, 참을 내(忍也)	*耐久(내구) :오랫동안 견딤 *耐飢(내기) :굶주림을 견디어 냄 *耐忍(내인) :견디어 참아냄. 忍耐 *耐貧(내빈) :가난을 견딤 *耐熱(내열) :뜨거운 열(熱)에 견딤 *耐乏(내핍) :궁핍(窮乏)함을 참고 견딤 *耐寒(내한) :추위에 견딤 *耐久性(내구성) :오래도록 사용할 수 있는 성질	

持	<部首> : 扌(재방 변)=手 ①가질 지, 잡을 지(執也) ②지킬 지(守也)	*持久(지구) :같은 상태에서 오래 견딤 *持論(지론) :늘 가지고 있는 의견(意見) *持病(지병) :오랫동안 지니고 있는 병(病) *持續(지속) :계속(繼續)하여 지녀 나감 *持藥(지약) :늘 먹는 약(藥) *持參(지참) :지니고 참석(參席)함 *所持(소지) :가지고 있음 *僅僅扶持(근근부지) :겨우 겨우 버티어 감	《지속노력》 계속(繼續)하 여 꾸준히 힘을 다해 애를 씀
續	<部首> : 糸(실사 변) ①이을 속(繼也)	*續開(속개) :멈추었던 會議를 다시 계속함 *續續(속속) :계속하여 자꾸. 연달아 *續出(속출) :잇달아 나옴 *續編(속편) :먼젓 篇에 잇대어 編輯함. 續篇 *相續(상속) :유산(遺産) 등을 승계(承繼)함 *連續(연속) :연달아 계속함. 끊이지 않음 *狗尾續貂(구미속초) :담비 꼬리가 모자라 개 　　　　　　　꼬리를 이음 <喩>좋은 것에 나쁜 것을 이음	
努	<部首> : 力(힘력) ①힘쓸 노(勉也) ②힘들일 노(用力)	*努力(노력) :힘을 들여 애를 씀. 힘을 다함 *努肉(노육) :굳은 살	
力	<部首> : 力(힘력) ①힘 력(筋力) ②힘쓸 력(盡力)	*力道(역도) :力器를 들어올리는 운동. 力技 *力說(역설) :힘써 극력(極力) 주장(主張)함 *力作(역작) :애써서 지음. 또는 그 작품(作品) *力鬪(역투) :힘껏 싸움 *力行(역행) :힘써 행(行)함. 힘써 나아감 *盡力(진력) :갖은 애를 다 씀. 肆力 *不可抗力(불가항력) :사람의 힘으로는 어찌할 　　　　　　　　수 없는 것	
以	<部首> : 人(사람인)=亻 ①써 이(用也) *'를'의 뜻에 씀 ②까닭 이(因也)	*以來(이래) :그 뒤로. 그러한 뒤로. 以降 *以上(이상) :이 위로. 더 나음 *以前(이전) :이 앞으로. 그 앞 *以下(이하) :이 아래. 어느 한도의 아래 *以後(이후) :그 뒤. 이 다음. 以來. 以降 *以卵擊石(이란격석) :달걀로 돌을 침 　　　　　　　<喩>약한 것으로 강한 것에 저항함 *以古爲鑑(이고위감) :옛 것을 거울로 삼음	《이소위직》 본디부터 자기(自己)가 지니고 있는 소질(素質)로 써 직업(職業)을 삼음
素	<部首> : 糸(실사) ①흴 소(白也) ②바탕 소, 본디 소(本也) ③질박할 소(物朴) ④생초 소(生帛)	*素氣(소기) :흰빛의 기운. 가을 기운. 秋氣 *素描(소묘) :단색(單色)의 그림. 뎃상 *素朴(소박) :꾸밈이 없이 순진(純眞)함. 質朴 *素服(소복) :흰 옷 *素性(소성) :타고난 그대로의 성품(性品). 天性 *素質(소질) :본디부터 타고난 성질(性質) *素饌(소찬) :나물로 된 소박한 반찬. 素膳 *尸位素餐(시위소찬) :직책을 다하지 않고 녹만 먹음	
爲	<部首> : 爫(손톱조)=爪 ①하 위, 할 위(造也) ②위할 위(助也)	*爲國(위국) :나라를 위함 *爲民(위민) :백성(百姓)을 위함 *爲先(위선) :먼저 하다. 爲先事. 于先 *爲始(위시) :비롯함. 시작(始作)함 *爲人(위인) :1.사람 됨됨이 2.남을 위함 *爲政(위정) :정치(政治)를 행함 *爲主(위주) :주장(主張)을 삼음 *無爲徒食(무위도식) :하는 일 없이 놀고 먹음	
職	<部首> : 耳(귀이 변) ①직분 직, 맡을 직(執掌)	*職工(직공) :일하는 노동자(勞動者). 工員 *職務(직무) :직업상(職業上)의 주된 임무 *職分(직분) :직무상의 본분(本分). 責務 *職業(직업) :생계를 위한 경제적 활동. 生業 *職員(직원) :직무(職務)를 맡은 사람 *職場(직장) :직업을 가지고 일을 보살피는 곳 *職責(직책) :직분상(職分上)의 책임(責任) *當來之職(당래지직) :신분에 알맞은 벼슬이나 직분	

習	<部首> : 羽(깃우) ①익힐 습(慣也) ②날기익힐 습(學習鳥數飛) ③거듭 습(重也)	*習慣(습관) :버릇. 習癖 *習得(습득) :배워서 터득함 *習俗(습속) :습관화(習慣化) 된 풍속(風俗) *習性(습성) :버릇된 성질(性質) *習熟(습숙) :익혀서 아주 익숙해짐. 熟練 *習字(습자) :글씨 쓰기를 배워서 익힘 *三歲之習至于八十(삼세지습지우팔십) :<俗>세살 　버릇 여든까지 간다 <意>버릇은 잘 들여야 함	
熟	<部首> : 灬(불화)=火 ①익을 숙, 익힐 숙(食飪, 生之反) ②삶을 숙(煮也) ③숙달할 숙(充分習得) ④한참동안 숙(頃久)	*熟考(숙고) :익히 생각함. 熟慮. 熟思. 熟察 *熟達(숙달) :익숙하고 통달(通達)함. 熟練 *熟練(숙련) :익숙하게 익힘 *熟面(숙면) :익히 잘 아는 사람 ↔ 生面 *熟眠(숙면) :잠이 깊이 듦. 熟臥. 熟睡 *熟知(숙지) :익히 앎 *熟習難當(습숙난당) :일이 손에 익어서 능한 　사람을 당해내기는 어려움	《習熟기술》 기술(技術)을 익혀서 아주 익숙하게 함
技	<部首> : 扌(재방 변)=手 *伎와 通 ①재주 기(藝也) ②공교할 기(巧也)	*技巧(기교) :솜씨가 아주 교묘(巧妙)함 *技法(기법) :기교(技巧)와 방법(方法) *技能(기능) :기술상의 재능. 才能. 伎倆 *技士(기사) :기술직(技術職) 벼슬 이름 *技術(기술) :손재주나 가공술(加工術) *技藝(기예) :기술(技術)에 관한 재주 *妙技百出(묘기백출) :교묘한 재주가 많이 나옴 *技成眼昏(기성안혼) :재주를 이루니 눈이 어두움	
術	<部首> : 行(다닐행) ①재주 술, 꾀 술(技也) ②방법 술(方法) ③술법 술(神仙之法) ④심술부릴 술(心之所由)	*術家(술가) :陰陽,風水,卜筮,占術家. 術客. 術士 *術法(술법) :陰陽과 卜術 따위의 實現 方法 *術數(술수) :1.술책(術策) 2.占術家의 術法 *術業(술업) :술법(術法)에 종사(從事)하는 일 *術策(술책) :일을 도모하는 꾀. 術計. 計略 *心術(심술) :온당치 않게 고집을 부리는 마음 *權謀術數(권모술수) :목적을 위해 인정이나 　도덕도 없이 온갖 수단을 가리지 않고 씀	

工	<部首> : 工(장인공) ①장인 공, 공장 공(匠也) ②만들 공(製作)	*工夫(공부) :1.學問을 배움 2.工事人夫 *工事(공사) :土木, 建築 등에 관한 역사(役事) *工業(공업) :自然物에 人工을 加하는 業種 *工藝(공예) :공업과 예술(藝術)을 겸한 것 *工匠(공장) :물건을 만드는 사람. 工作人 *工場(공장) :물건을 만들거나 加工하는 곳 *同工異曲(동공이곡) :기술은 같아도 물건을 　만드는 사람에 따라 그 물건은 각각 다름	
匠	<部首> : 匚(감출혜 몸) ①장인 장, 바치 장(作器) ②직공 장(職工)	*匠色(장색) :장인(匠人). 匠氏 *匠氏(장씨) :장인(匠人). 匠色 *匠心(장심) :장인의 마음. 匠意. 考案. 創作慾 *匠人(장인) :주로 궁실(宮室)이나 성곽(城郭) 　　　　　等을 짓는 목수(木手). 大木 *匠戶(장호) :장인(匠人)의 집 *意匠慘澹(의장참담) :회화, 시문 등 제작에 　있어 그 착상에 골몰하여 무척 애씀	《공장전조》 물건 만드는 것을 업(業)으로 삼는 사람은 오로지 제조(製造)하 는 데만 신경을 쓰고 연구(研究)함
專	<部首> : 寸(마디촌) ①오로지 전(獨也) ②저대로할 전(擅也)	*專決(전결) :제 마음대로 決定함. 專斷. 專裁 *專攻(전공) :한가지를 專門으로 硏究함. 專修 *專擔(전담) :專門으로 담당(擔當)함. 專當 *專門(전문) :한가지의 일에만 전심(專心)함 *專用(전용) :혼자서만 씀. 오로지 그것만 씀 *專制(전제) :혼자서 결정하고 마음대로 함 *專橫(전횡) :권세를 마음대로 함. 專斷. 專獨 *專心致志(전심치지) :오로지 그 일에만 마음을 씀	
造	<部首> : 辶(책받침)=辵 ①만들 조, 지을 조(作也) ②처음 조(始也) ③때 조(時代)	*造端(조단) :시작(始作)이 됨. 發端. 發始 *造成(조성) :물건을 만들어서 이루어 냄 *造語(조어) :새로 말을 만들어 냄 *造言(조언) :꾸며서 지어낸 말 *造營(조영) :집 같은 것을 지음. 建築. 築造 *造作(조작) :1.지어서 만듦 2.없는 일을 꾸며냄 *造形(조형) :형체(形體)를 이루어 만듦 *造化無窮(조화무궁) :만물의 생성과 변화가 끝없음	

用	<部首> : 用(쓸**용**) ①쓸 용(可施行) ②쓰일 용, 부릴 용(使也, 利用)	*用件(용건) :볼 일. 用務 *用力(용력) :힘을 씀 *用器(용기) :사용하는 기구(器具) *用度(용도) :1.씀씀이 2.비용(費用) *用途(용도) :쓰이는 곳. 쓰는 法 *用品(용품) :일용(日用)에 쓰이는 온갖 물품 *使用(사용) :물건(物件)을 씀 *無用之物(무용지물) :쓸모 없는 물건 *用意周到(용의주도) :고루 마음을 써 빈틈 없음	
材	<部首> : 木(나무**목**) ①재목 재(木直堪用) ②자품 재(性質) ③재주 재(才也)	*材料(재료) :物件을 만드는 감. 만들 거리 *材木(재목) :재료(材料)되는 나무 *教材(교재) :가르치는 재료(材料) *器材(기재) :기구(器具)와 재료(材料) *木材(목재) :나무로 된 재료(材料) *鐵材(철재) :무쇠로 된 재료(材料) *取材(취재) :기사나 작품의 재료를 취함 *棟梁之材(동량지재) :나라의 기둥이 될 만한 사람	《용재제품》 원료(原料)가 되는 재료(材料)를 써서 물건(物件)을 만들음
製	<部首> : 衣(옷**의**)=衤 ①만들 제, 지을 제(造也) ②마를 제(裁也)	*製本(제본) :1.책을 만듦 2.만든 物件의 標本 *製藥(제약) :약(藥)을 제조(製造)함 *製作(제작) :물건(物件)을 만듦. 製造 *製材(제재) :원목(原木)을 목재(木材)로 만듦 *製紙(제지) :종이를 만듦 *製鐵(제철) :철광석(鐵鑛石)에서 쇠를 뽑아냄 *製品(제품) :원료(原料)를 가지고 물건을 만듦 *製造元(제조원) :특정상품을 만들어 내는 본고장	
品	<部首> : 口(입**구**) ①물건 품, 가지 품(物件) ②뭇 품(類也) ③품수 품(格也) ④품계 품(品階)	*品格(품격) :사람된 품성(品性)과 인격(人格) *品物(품물) :쓸 만한 가치가 있는 물건. 物品 *品性(품성) :사람의 됨됨이. 人格 *品位(품위) :품격(品格)과 지위(地位) *品種(품종) :물품(物品)의 종류(種類) *品質(품질) :물건(物件)의 성질(性質)과 바탕 *品行(품행) :사람된 성품(性品)과 행실(行實) *品行端正(품행단정) :성품과 행실이 단정함	

大	<部首> : 大(큰**대**) ①큰 대(小之對) ②높이는말 대(尊稱)	*大綱(대강) :1.큰 줄 2.일의 중요한 줄거리 *大槪(대개) :1.대체(大體)의 줄거리 2.大綱 *大陸(대륙) :지구상(地球上)의 커다란 뭍 *大事(대사) :1.큰 일 2.대례(大禮) *大成(대성) :크게 이룸 *大人(대인) :어른 *大業(대업) :큰 사업(事業) *大地(대지) :넓은 대자연(大自然)의 땅 *大同小異(대동소이) :대체로 같고 조금 다름	
小	<部首> : 小(작을**소**) ①작을 소(微也) ②천할 소(賤也) ③적게여길 소(輕之)	*小國(소국) :작은 나라 ↔ 大國 *小便(소변) :오줌. 小溲. 小遺 ↔ 大便 *小生(소생) :자기(自己)의 겸칭(謙稱:낮춤말) *小說(소설) :문예(文藝)의 한 형태(形態) *小兒(소아) :어린아이 *小人(소인) :1.어린 사람 2.자기의 겸칭(謙稱) *小子(소자) :부모(父母)에 대한 자칭(自稱) *針小棒大(침소봉대) :작은 일을 크게 허풍 떪	《대소경중》 크고 작고 가볍고 무거움
輕	<部首> : 車(수레**거**) ①가벼울 경(不重) ②천할 경(賤也) ③업신여길 경(侮也)	*輕減(경감) :덜어서 가볍게 함 *輕蔑(경멸) :깔보고 업신여김 ↔ 尊敬 *輕微(경미) :가볍고도 아주 작음. 輕少. 些少 *輕傷(경상) :조금 다침. 가벼운 상처 ↔ 重傷 *輕率(경솔) :언행이 가벼움. 輕薄. 輕妄 *輕視(경시) :가볍게 여김. 깔봄 ↔ 重視 *輕擧妄動(경거망동) :경솔하고 분수없이 행동함 *一寸光陰不可輕(일촌광음불가경) :시간을 아끼라	
重	<部首> : 里(마을**리**) ①무거울 중(輕之對) ②거듭 중(複也 疊也) ③높일 중(尊也)	*重大(중대) :썩 중요하여 업신여길 수 없음 *重量(중량) :무게. 물체에 작용하는 중력 *重病(중병) :위중(危重)한 병(病) *重要(중요) :매우 귀중하고 종요(宗要)로움 *重罪(중죄) :무거운 죄(罪). 重過 ↔ 輕罪 *重複(중복) :거듭함 *重疊(중첩) :거듭 겹침 *捲土重來(권토중래) :한번 패한 자가 전력을 다해 다시 쳐들어 옴 <喩>실패 후 분발하여 성공함	

多	<部首> : 夕(저녁석) ①많을 다(衆也) ②넓을 다(廣也)	*多大(다대) :많고 큼. 大多數 *多量(다량) :많은 분량(分量) ↔ 少量 *多忙(다망) :많이 바쁨. 매우 바쁨 *多福(다복) :복이 많음 *多分(다분) :1.많은 분량 2.비율(比率)이 많음 *多少(다소) :많음과 적음. 多寡 *多數(다수) :수효(數爻)가 많음 ↔ 少數 *不幸中多幸(불행중다행) :언짢은 중에도 잘된 일	《다소측량》 많고 적음을 재어서 헤아림
少	<部首> : 小(작을소) ①적을 소(不多) ②젊을 소(老之對)	*少間(소간) :잠시동안. 少頃. 須臾. 少選 *少女(소녀) :아직 성숙치 않은 여자아이. 童女 *少年(소년) :아직 성숙치 않은 남자아이. 童蒙 *少時(소시) :젊을 때 *少額(소액) :적은 액수(額數). 寡額 *少壯(소장) :나이가 젊고 기운이 세참. 壯年 *男女老少(남녀노소) :남자와 여자, 늙은이와 　　　　　　　　젊은이 <喩>모든 사람들	
測	<部首> : 氵(삼수 변)=水=氺 ①잴 측, 측량할 측(度也)	*測量(측량) :1.넓이, 높이, 부피 等을 잼 　　　　　　2.다른 사람의 마음을 추측(推測)함 *測定(측정) :재어서 정함. 測度, 測量 *觀測(관측) :사물(事物)을 살펴 헤아림 *臆測(억측) :이유나 근거없이 하는 추측. 臆料 *豫測(예측) :미리 짐작함. 豫度(예탁) *推測(추측) :미루어 헤아림. 推量 *人心難測(인심난측) :인심은 헤아리기 어려움	
量	<部首> : 里(마을리) ①헤아릴 량(商量度也) ②국량 량(度量) ③휘 량(斗斛名)	*量決(양결) :事情을 헤아려 판결(判決)함 *量田(양전) :논밭을 측량(測量)함 *量知(양지) :미루어 헤아려 앎 *計量(계량) :분량이나 무게 따위를 잼. 計測 *局量(국량) :도량(度量) *度量(도량) :1.재거나 헤아림 2.너그러운 마음 *感慨無量(감개무량) :지나간 일이나 자취에 　　　　　　　대해 느끼는 회포가 한량없이 깊고 큼	

尺	<部首> : 尸(주검시 엄) ①자 척(度名, 十寸爲尺)	*尺簡(척간) :尺書. 尺牘. 尺翰. 書札. 便紙 *尺度(척도) :1.物件을 재는 자 2.計量의 標準 *尺童(척동) :열살 안팎의 아이. 小童 *尺地(척지) :좁은 땅. 尺土 *咫尺(지척) :서로 떨어진 사이가 아주 가까움 *咫尺千里(지척천리) :가까이 있으나 소식이 없음 *吾鼻三尺(오비삼척) :내 코가 석자다 <喩>내 일도 　　　　　감당키 어려운데 남의 사정 돌볼 여지가 없음	《척도장단》 자로 길고 짧음을 잼
度	<部首> : 广(엄 호) ①잴 도(丈尺) ②국량 도(度量) ③헤아릴 탁(忖也)	*度計(도계) :물건을 잼. 計料 *度量(도량) :1.尺(잼)과 斗(됨) 2.局量, 雅量 *度外(도외) :限度의 밖. 마음에 두지 않음 *度日(도일) :날을 보냄. 세월(歲月)을 보냄 *臆度(억탁) :이유나 근거없는 추측. 臆測 *豫度(예탁) :미리 짐작함. 豫測 *寬仁大度(관인대도) :너그럽고 어질며 도량이 　　　　　　　　　넓음	
長	<部首> : 長(길장)=镸 ①긴 장, 길이 장(短之對) ②오랠 장(久也) ③맏 장(孟也) ④기를 장(養也) ⑤좋을 장(長物)	*長久(장구) :길고 오램. 永久 *長期(장기) :오랜 기간(期間) ↔ 短期 *長技(장기) :특별히 잘하는 기능(技能). 特技 *長短(장단) :1.길고 짧음 2.長點과 短點 *長孫(장손) :맏손자 *長壽(장수) :오래 삶. 長生 *長身(장신) :키가 큰 몸. 長軀 ↔ 短身. 短軀 *絶長補短(절장보단) :긴 것은 끊고 짧은 것은 　　　　　더 보탬 <意>알맞게 맞춤. 斷長補短	
短	<部首> : 矢(화살시) ①짧을 단(不長促也) ②잘못 단(缺點)	*短見(단견) :짧은 소견(所見) *短命(단명) :짧은 목숨. 短世. 早死. 夭死. 夭折 *短才(단재) :재능(才能)이 변변치 못함. 鈍才 *短點(단점) :낮고 모자라는 점 ↔ 長點 *短縮(단축) :짧게 줄임. 짧게 줄어짐 *短篇(단편) :짧막하게 엮은 글 ↔ 長篇 *以長補短(이장보단) :남의 장점을 보고서 　　　　　　　　　나의 단점을 고침	

比	<部首> : 比(견줄비) ①비교할 비(較也) ②견줄 비(比例) ③아우를 비(比鄰竝也)	*比肩(비견) :어깨를 나란히 함. 優劣이 없음 *比較(비교) :서로 견주어 봄 *比等(비등) :비슷함. 比肩. 均等 *比例(비례) :1.예를 들어 견주어 봄 　　　　　　2.두 수(數)의 비(比)가 같음 *比喩(비유) :비슷한 사물을 끌어대어 설명함 *比率(비율) :둘 이상의 수를 비교한 율(率) *壽比南山(수비남산) :목숨이 남산같이 김	
較	<部首> : 車(수레거) ①비교할 교(比較相角不等) ②수레바퀴 각(車耳車上曲銅) ③다툴 각(獵較競也)	*較計(교계) :맞나 안 맞나 서로 견주어 헤아림 *較略(교략) :대개(大槪). 줄거리 *較量(교량) :견주어 헤아림 *較藝(교예) :재예(才藝)의 우열(優劣)을 　　　　　　비교(比較)함 *比較的(비교적) :일정한 것보다는 더 *比較硏究(비교연구) :둘 이상의 사물을 비교 　　　　　하여 그 같고 다름을 밝히는 연구	《비교개량》 서로 견주어 보고서 좋게 고침
改	<部首> : 攵(등글월문)=攴 ①고칠 개(更也) ②바꿀 개(易也)	*改良(개량) :고쳐서 좋게 함. 改善 ↔ 改惡 *改備(개비) :갈아내고 다시 마련하여 갖춤 *改定(개정) :고쳐서 새로 정함 *改訂(개정) :글의 잘못된 부분을 바르게 고침 *改造(개조) :고쳐서 다시 만듦. 改作 *改革(개혁) :불합리한 점을 고쳐 새롭게 함 *過則勿憚改(과즉물탄개) :잘못이 있을 때는 　　　　그 잘못을 고치는 것을 꺼리지 말라	
良	<部首> : 艮(괘이름간) ①착할 량, 어질 량(善也) ②자못 량, 퍽이나 양(頗也)	*良久(양구) :자못 오랫동안 *良好(양호) :좋음 *良民(양민) :착한 백성. 良人 *良書(양서) :내용이 좋은 책. 이로운 책 *良識(양식) :건전(健全)한 식견(識見) *良心(양심) :是非善惡을 판단하는 어진마음 *良質(양질) :좋은 바탕. 좋은 품질 *良藥苦口(양약고구) :효험이 좋은 약은 입에 씀 　(良藥苦於口而利于病 忠言逆於耳而利于行)	
機	<部首> : 木(나무목) ①베틀 기(織具) ②기계 기(機械巧術) ③기회 기(機會) ④기미 기(氣運之變化)	*機械(기계) :교묘(巧妙)한 구조의 기구(器具) *機能(기능) :기관(機關)으로서 작동하는 능력 *機動(기동) :조직적 활동 *機微(기미) :낌새 *機密(기밀) :함부로 드러내지 못할 중요한 일 *機會(기회) :가장 효과적인 적당한 시기(時機) *勿失好機(물실호기) :좋은 기회를 놓치지 않음 *危機一髮(위기일발) :거의 여유가 없이 위급한 　　　　　　　　고비에 다다른 순간	
械	<部首> : 木(나무목) ①기계 계, 틀 계(器之總名) ②형구 계(桎梏)	*戒器(계기) :기계(機械)나 기구(器具) *械筏(계벌) :창(槍) 모양으로 된 뗏목 *械用(계용) :도구(道具). 기물(器物) *機械的(기계적) :1.기계장치가 되어 있는 (것) 　　　　2.동력장치에 의해 기계가 움직이듯이 　　　　수동적이고 맹목적으로 일함을 비유 *機械工業(기계공업) :기계를 사용하여 경영하는 　　　　　　　공업 ↔ 手工業	《기계편작》 개량(改良)된 기계(機械)를 가지고 물건(物件)을 편하게 만들어 냄
便	<部首> : 亻(사람인 변)=人 ①편할 편(安也) ②똥오줌 변(屎尿大便小便)	*便覽(편람) :보기에 편하게 간단히 만든 책 *便法(편법) :쉬운 방법(方法) *便利(편리) :편하고 쉬움. 便宜. 便益 ↔ 不便 *便乘(편승) :그 편(便)에 탐. 얻어 탐. *便安(편안) :거북하지 않고 좋음. 무사함 *便所(변소) :대소변을 보는 곳. 뒷간. 厠間 *客隨主便(객수주편) :손님은 주인 하는 　　　　　　　대로만 따름	
作	<部首> : 亻(사람인 변)=人 ①지을 작(造也) ②일할 작(事也)	*作家(작가) :예술(藝術) 작품을 만드는 사람 *作文(작문) :글을 지음 *作別(작별) :서로 이별(離別)함 *作成(작성) :만들어서 이룸 *作業(작업) :일터에서 일을 함 *作用(작용) :일정한 현상이나 행동을 일으킴 *作品(작품) :제작(製作)된 예술적 물건(物件) *作心三日(작심삼일) :결심이 사흘을 가지 못함	

車	<部首> : 車(수레**거**) ①**수레 거(차)**(輅也, 輿輪總名) ②잇몸 거(齒根)	*車駕(거가) :임금이 타는 수레. 鳳輦. 鸞輿 *車客(거객) :乘客 *車輪(차륜) :수레바퀴 *車庫(차고) :차(車)를 넣는 곳집 *車道(차도) :차가 다니게 마련한 길. 車路 *車費(차비) :차를 타고 치르는 삯. 찻삯 *車輛(차량) :1.수레의 總稱 2.列車의 한 칸 *車螢孫雪(차형손설) :車胤은 반딧불로, 孫康은 　　눈빛으로 글을 읽음. 螢雪之功 <喩>苦學	
輛	<部首> : 車(수레**거**) ①**수레 량**(百乘) ②백수레 량(百乘) ③수레수효 량(車數詞)	*車輛稅(차량세) :차량(車輛)에 대하여 물리는 　　잡종세(雜種稅) *車輛限界(차량한계) :궤도(軌道)의 바른 위치 　　에서 차량의 각 부분이 바깥 공간을 　　침범하지 않도록 규정한 한계	《차량운수》 차량(車輛)으 로 화물(貨物)을 옮겨 나름
運	<部首> : 辶(책받침)=辵 ①**움직일 운**(動也) ②운전할 운(轉也, 行也) ③운수 운(運祚曆數)	*運動(운동) :1.움직임 2.成事를 위해 힘씀 *運命(운명) :사람에게 닥치는 吉凶禍福. 運數 *運送(운송) :물건을 운반(運搬)하여 보냄 *運輸(운수) :물건(物件)을 옮김.(規模가 큼) *運營(운영) :일을 경영(經營)하여 나감 *運轉(운전) :기계 따위를 움직여 돌림 *運行(운행) :천체가 궤도를 따라 운동함 *運之掌上(운지장상) :<喩>일이 하기 쉬움	
輸	<部首> : 車(수레**거**) ①**보낼 수**(送也) ②짐바리 수(所送物)	*輸送(수송) :사람이나 화물(貨物)을 실어보냄 *輸運(수운) :물건을 운반(運搬)함. 運輸 *輸移(수이) :수입이나 수출의 貨物을 옮김 *輸入(수입) :외국의 물건을 사들임 ↔ 輸出 *輸血(수혈) :다른 사람의 피를 뽑아 　　환자(患者)에게 주사(注射)함 *輸出免狀(수출면장) :세관(稅關)에서 발급하는 　　수출을 허가(許可)하는 서장(書狀)	
京	<部首> : 亠(돼지**해** 머리) ①**서울 경**(首都也) ②클 경(大也) ③수이름 경(數名也, 兆의 萬倍)	*京畿(경기) :서울 부근(附近). 畿內 *京洛(경락) :서울. 京師. 京輦. 京都. 京城 *京魚(경어) :큰 어류(魚類) *京闕(경궐) :1.왕궁(王宮) 2.서울 *京鄕(경향) :서울과 시골 *京華(경화) :서울의 번화(繁華)함 *五日京兆(오일경조) :닷새 동안의 서울(長安) 　　　　<喩>오래 계속되지 못하는 일	
畿	<部首> : 田(밭**전**) ①**경기 기**(王國千里) ②지경 기(疆界) ③문안 기(門內)	*畿內(기내) :왕성(王城)을 중심(中心)으로 　　　四方 五百里 以內의 임금이 　　　직할(直轄)하는 땅. 京畿 *畿湖地方(기호지방) :韓國의 서쪽 中央部를 　　차지하는 경기도(京畿道), 황해도(黃海道) 　　남부(南部), 충청도(忠淸道) 북부(北部) 　　지역(地域)	《경기도읍》 서울을 중심(中心)으 로 한 부근지역(附 近地域)과 서울
都	<部首> : 阝(우부 방)=邑 ①**도읍 도**(天子所居) ②도무지 도(總也)	*都給(도급) :어떤 공사(工事)를 도맡아서 함 *都賣(도매) :물건(物件)을 도거리로 파는 일 *都市(도시) :지역내의 중심 취락(聚落). 都會地 *都是(도시) :도무지 *都邑(도읍) :서울. 都府 *都合(도합) :전부를 다 합한 셈. 總合. 都總 *都大體(도대체) :여러말 할 것 없이. 大關節 *一身都是膽(일신도시담) :온 몸이 담 덩어리 　　　<喩>대단히 용기있는 사람을 일컬음	
邑	<部首> : 邑(고을**읍**)= 阝 ①**고을 읍**(都邑四縣爲郡四井爲邑) ②흑흑느낄 읍(於邑氣結)	*邑居(읍거) :邑落. 村落. 部落 *邑內(읍내) :邑中. 邑下 *邑里(읍리) :1.邑과 里 2.邑內에 있는 里 *邑民(읍민) :읍내(邑內)에 사는 사람. 邑人 *邑樣(읍양) :읍내(邑內)의 형편(形便) *邑村(읍촌) :1.읍내와 촌락 2.읍에 딸린 마을 *邑犬群吠(읍견군폐) :마을 개가 많이 모여 　　짖음 <喩>많은 소인배가 남을 비방함	

前	<部首> : 刂(칼도 방)=刀 ①앞 전(後之對) ②일찌기 전(嘗也) ③앞설 전(先之)	*前古(전고) :지나간 옛날 *前代(전대) :지나간 시대(時代). 前世 ↔ 後代 *前途(전도) :앞으로 갈 길. 前程. 將來. 未來 *前方(전방) :1.중심의 앞쪽 2.前線 ↔ 後方 *前進(전진) :앞으로 나아감 ↔ 後退 *前後(전후) :1.앞과 뒤 2.먼저와 나중 *空前絶後(공전절후) :이전에도 이후에도 없음 　　　　　　　<喩>비할 데 없이 훌륭함. 前無後無	《전후좌우》 앞과 뒤 오른쪽과 왼쪽, 사방(四方)
後	<部首> : 彳(두인 변) ①뒤 후(前之對) ②늦을 후(遲也) ③뒤질 후(後之)	*後繼(후계) :뒤를 받아 이음 *後期(후기) :1.뒤의 기약(期約) 2.뒤의 기간 *後半(후반) :반으로 가른 뒷부분 *後輩(후배) :학교를 자기보다 나중 나온 사람 *後孫(후손) :자기 대(代)로부터 뒤의 자손 *後悔(후회) :이전의 잘못을 깨닫고 뉘우침 *盜以後捉不以前捉(도이후착불이전착) :도둑은 　　　뒤에서 잡아야지 앞에서 잡는 것이 아님	
左	<部首> : 工(장인공) ①왼 좌(右之對) ②그를 좌, 어긋날 좌(反也) ③물리칠 좌(黜也) ④증거할 좌(證也)	*左傾(좌경) :왼쪽(左翼)으로 기울어짐 ↔ 右傾 *左道(좌도) :옳지 않은 그릇된 도리. 邪道 *左證(좌증) :참고될 만한 증거. 左驗. 證左 *左遷(좌천) :낮은 직위로 전근(轉勤)됨. 左降 *左側(좌측) :왼쪽 ↔ 右側 *左派(좌파) :좌익(左翼)의 당파(黨派) ↔ 右派 *左顧右眄(좌고우면) :왼쪽을 돌아보고 오른쪽을 　　　살핌 <喩>옆을 둘러보며 일을 결정짓지 못함	
右	<部首> : 口(입구) ①오른쪽 우(左之對) ②높일 우(尊也) ③강할 우(强也)	*右武(우무) :무(武)를 숭상(崇尙)함. 尙武 *右文(우문) :문(文)을 숭상(崇尙)함. 崇文 *右職(우직) :높은 직책(職責)의 벼슬. 高官 *右族(우족) :1.적자(嫡子)의 계통 　　　　　　2.명문거족의 고귀한 겨레붙이 　　　　　　　　右姓. 名門. 貴族 *左之右之(좌지우지) :남을 자기 마음대로 다룸 *左衝右突(좌충우돌) :이리저리 막 치고 받고 함	

道	<部首> : 辶(책받침)=辵 ①길 도(路也) ②이치 도(理也) ③말할 도(言也)	*道具(도구) :일에 쓰이는 연장 *道德(도덕) :사람이 지켜야 할 도리와 행위 *道路(도로) :길. 道途 *道理(도리) :방도(方道)와 사리(事理) *道說(도설) :이야기를 함. 말을 함 *道義(도의) :도덕상의 의리(義理). 道理. 道德 *道不拾遺(도불습유) :나라가 태평하고 풍속이 　　　아름다워 백성이 길에 떨어진 것을 줍지 않음	《도로소통》 길이 막히지 않고 서로 잘 통함
路	<部首> : 足(발족 변) ①길 로(道也)	*路面(로면) :길바닥 *路邊(로변) :길 가. 路傍 *路線(로선) :일정한 목표(目標)로 나아가는 길 *路人(로인) :길을 가는 사람. 行人 *路資(로자) :길을 가는 데 드는 돈. 路費. 路需 *路程(로정) :여행의 경로(經路). 路次. 道程 *歧路(기로) :갈림길. 길이 갈리는 곳 *終身讓路不枉百步(종신양로불왕백보) :일생동안 　　　길을 양보해도 백보도 억울할 게 없음	
疏	<部首> : 疋(필필 변) *疎와 同 ①성길 소, 드물 소(稀也) ②멀 소(遠也) ③뚫릴 소 　(通也, 使兩頭孔相連而疏通) ④글 소, 상소할 소(上疏)	*疏外(소외) :서로의 사이가 멀어짐. 疏斥 *疏遠(소원) :서로의 情分이 멀어짐. 疏隔 *疏脫(소탈) :형식에 얽매이지 않고 털털함 *疏通(소통) :서로 막히지 않고 잘 통함 *疏忽(소홀) :대수롭지 않고 예사임. 疏懶. 疏略 *上疏(상소) :임금에게 올리는 글 *外親內疏(외친내소) :겉으로는 가까운 체 　　　　　　　　　　하면서 속으로는 멀리함	
通	<部首> : 辶(책받침)=辵 ①통할 통, 사무칠 통(達也) ②널리 통(普通)	*通過(통과) :지나감 *通達(통달) :사물에 거침없이 숙달(熟達)함 *通路(통로) :막힘이 없이 터진 길. 通道 *通報(통보) :통지(通知)하여 소식을 전해 줌 *通信(통신) :소식(消息)을 전함 *通行(통행) :길로 통하여 다님 *普通(보통) :널리 일반(一般)에 통(通)함 *萬事亨通(만사형통) :모든 일이 순탄하게 잘됨	

市	**<部首>** : 巾(수건건) ①저자 시, 장 시(賣買所之市場) ②집이많은동리 시(都邑)	*市價(시가) :市場의 시고시세(時賈時勢) *市街(시가) :1.저잣거리 2.都市의 큰거리 *市肆(시사) :가게. 商店. 店鋪 *市場(시장) :매매장소(賣買場所). 市上 *市井(시정) :1.시정아치의 준말 2.市街 3.世間 *市中(시중) :도시(都市)의 안 *門前成市(문전성시) :부귀권세가의 집문 앞이 　　　　　　　　방문객으로 저자를 이룸	《시장상가》 상품(商品)을 사고 팔면서 거래(去來)하 는 곳에는 상점(商店)이 모인 거리가 있음
場	**<部首>** : 土(흙토 변) ①마당 장(除地)	*場內(장내) :장소(場所)의 안 *場面(장면) :어떤 場所의 겉에 드러난 光景 *場稅(장세) :시장(市場)의 세(稅). 場收稅 *場所(장소) :1.처소(處所) 2.자리. 座席 *場屋(장옥) :관리(官吏)를 등용할 때의 試驗場 *場圃(장포) :곡류(穀類)를 거둬들이는 뜰. 밭 *矮人觀場(왜인관장) :난장이가 여느 사람들 　　　　　　　틈에 끼여 구경함 <喩>소견이 부족함	
商	**<部首>** : 口(입구) ①장수 상(行貨商賈) ②헤아릴 상(裁度) ③쇳소리 상(金音)	*商街(상가) :상점(商店)이 많이 모인 市街 *商量(상량) :헤아려 생각함. 商度 *商業(상업) :장사를 업(業)으로 하는 일 *商人(상인) :장사아치. 商估. 商賈輩 *商店(상점) :가게 *商秋(상추) :가을. 金天 *商品(상품) :팔고 사는 물품(物品) *爛商公論(난상공론) :여러 사람들이 자세하게 　　　　　　　잘 의논(議論)함	
街	**<部首>** : 行(갈행) ①네거리 가(四通道) ②큰길 가(大路)	*街談(가담) :아무 데나 함부로 論議되는 말 *街道(가도) :곧고 넓은 큰 도로. 街路 *街頭(가두) :길거리. 거리 위. 街上 *街業(가업) :길거리에서 하는 영업(營業) *街巷(가항) :거리. 街衝 　(街는 곧고 넓은 길, 巷은 굽고 좁은 길) *街談巷說(가담항설) :길거리나 항간에 떠도는 　　　　　　　소문	
物	**<部首>** : 牛(소우 변) ①물건 물, 만물 물(有形萬物) ②재물 물(財也) ③무리 물(類也)	*物件(물건) :사람 以外의 有形의 모든 것 *物理(물리) :만물(萬物)의 이치(理致) *物望(물망) :중인(衆人)에 의한 명망(名望) *物議(물의) :여러 사람의 평판(評判). 物論 *物質(물질) :물건(物件)을 이루는 본바탕 *物體(물체) :물질이 모여서 된 공간적 형체 *物品(물품) :쓸 만한 가치(價値)가 있는 물건 *見物生心(견물생심) :물건을 보면 욕심이 생김	《물건전시》 물품(物品)의 가지가지를 펼쳐 놓고 사람들에게 보여줌
件	**<部首>** : 亻(사람인 변)=人 ①조건 건(條件) ②가지 건(物別也)	*件名(건명) :일이나 물건(物件)의 이름 *用件(용건) :볼일 *件數(건수) :사건의 수(數) *人件(인건) :인사(人事)에 관한 일 *事件(사건) :1.벌어진 일이나 일거리 2.事故 *要件(요건) :긴요(要緊)한 조건(條件) *條件(조건) :어떤 事物 성립에 필요한 요소 *條件反射(조건반사) :동물이 그 환경에 적응하기 　　　　　　위해 후천적으로 가지게 되는 반사작용	
展	**<部首>** : 尸(주검시 엄) ①펼 전(舒也) ②늘일 전(放寬)	*展開(전개) :1.펴서 벌임 2.늘여 폄 *展覽(전람) :물건 따위를 벌여놓고 봄. 展觀 *展望(전망) :멀리 바라봄. 멀리 내다봄 *展舒(전서) :펼쳐 벌림 *展示(전시) :여러가지 물건을 벌여놓고 보임 *展縮(전축) :늘이고 줄임 늑 屈伸 *展限(전한) :기한(期限)을 늘임. 寬限. 延期 *展開圖(전개도) :어떤 물건을 풀어헤친 그림	
示	**<部首>** : 示(보일시)=礻 ①보일 시(垂示) ②땅귀신 기(神示)	*示敎(시교) :가르쳐 보임. 示訓. 訓示. 敎示 *示達(시달) :上部에서 下部로 命令 등을 알림 *示談(시담) :싸움에서 화해(和解)시키는 말 *示威(시위) :위력이나 기세를 드러내 보임 *示範(시범) :모범(模範)을 보임 *示唆(시사) :미리 암시(暗示)하여 알려 줌 *良工不示人以朴(양공불시인이박) :훌륭한 기술자 　는 완전한 물건이 아니면 남에게 보이지 않음	

或	<部首> : 戈(창과) ①혹 혹, 아마 혹(未定辭) ②괴이할 혹(怪也)	*或時(혹시) :어떠한 때 *或也(혹야) :或是 或如 *或說(혹설) :어떤 사람이 주장하는 말 *或是(혹시) :만일에, 어떠한 경우(境遇)에. 或如 *或曰(혹왈) :어떤 사람은 말하는 바. 或云 *或者(혹자) :1.或是 2.어떤 사람 *設或(설혹) :그렇다 치더라도. 假令. 設令 *多言或中(다언혹중) :말이 많으면 혹 맞는 　　　　　　　　수가 더러 있음	
者	<部首> : 耂(늙을로 엄)=老 ①놈 자, 것 자(卽物之辭) ②이 자(此也)	*記者(기자) :기사(記事)를 쓰는 사람 *使者(사자) :어떤 구실을 띠고 심부름하는 사람 *作者(작자) :1.남을 홀대하여 이름 2.著作者 *筆者(필자) :글을 쓴 사람. 冊의 저자(著者) *學者(학자) :학문(學問)을 연구하는 사람 *患者(환자) :병(病)을 앓는 사람. 病者 *去者日疎(거자일소) :평소 친한 사이라도 　　　　　　죽어 세상을 떠나면 날로 정이 멀어짐	《혹자도항》 어떤 사람은 배를 타고 바다를 건넘
渡	<部首> : 氵(삼수 변)=水=氺 ①건널 도(濟也) ②나루 도(津也) ③통할 도(通也)	*渡江(도강) :강(江)을 건넘. 渡河 *渡口(도구) :나룻배로 건너 다니는 곳. 渡頭 *渡來(도래) :물을 건너 옴. 외국에서 건너 옴 *渡船(도선) :나룻배 *渡津(도진) :나루 *渡航(도항) :배를 타고 바다를 건넘 *渡河作戰(도하작전) :강을 건너기 위한 작전 *無面渡江(무면도강) :뜻을 이루지 못해 고향에 　　　　　　　　돌아갈 면목이 없음	
航	<部首> : 舟(배주) ①배 항, 쌍배 항(方船) ②배질할 항, 건널 항(以船渡水)	*航空(항공) :비행기(飛行機)로 空中을 건너감 *航路(항로) :船舶이나 飛行機가 다니는 길 *航船(항선) :바다를 건너 다니는 배 *航海(항해) :배를 타고 바다를 건넘 *航行(항행) :배를 타고 물을 건너다님 *運航(운항) :배를 운전하여 항행(航行)함 *航空機(항공기) :공중에 뜨거나 날으는 기계의 　　　　　　총칭. 飛行機 氣球 滑空機 따위	

貿	<部首> : 貝(조개패) ①무역할 무, 몰아살 무(交易財貨) ②어릿어릿할 무(貿貿無識貌)	*貿穀(무곡) :곡식(穀食)을 貿易하여 사들임 *貿米(무미) :쌀을 무역(貿易)하여 사들임 *貿易(무역) :1.사고 팔며 바꿈 　　　　　　2.외국과 장사를 함 *貿貿(무무) :1.눈이 흐릿한 모양 　　　　　　2.무식(無識)하여 언행이 서투름 *貿首之讐(무수지수) :목을 바꿔 벨만한 원수	
易	<部首> : 日(날일) ①바꿀 역(換也) ②역서 역(易書, 易經) ③쉬울 이(不難)	*易經(역경) :유교(儒敎) 경전(經典)의 하나 *易書(역서) :점(占)에 관한 것을 적은 책 *易俗(역속) :나쁜 풍속을 고침 *易置(역치) :바꾸어 놓음 *易學(역학) :주역(周易)에 관한 학문(學問) *易易(이이) :쉬운 모양 *易行(이행) :행하여 나가기 쉬움 ↔ 難行 *易地思之(역지사지) :처지를 바꾸어 놓고 생각함	《무역거래》 외국(外國)과 장사를 하면서 돈이나 물건(物件)을 주고 받음
去	<部首> : 厶(마늘모) ①갈 거(離也) ②예전 거(過時) ③버릴 거(棄也)	*去殼(거각) :껍질을 벗겨 버림 *去年(거년) :지난 해. 去歲. 去冬. 昨年 *去毒(거독) :독기(毒氣)를 없앰. 除毒 *去番(거번) :지난 번 *去勢(거세) :세력(勢力)을 제거(除去)함 *去來(거래) :1.가고 옴 2.주고 받음 *去就(거취) :1.떠남과 머무름 2.일신상의 進退 *空手來空手去(공수래공수거) :빈손으로 왔다가 　　　　　빈손으로 감 <喩>인생의 무상(無常)함	
來	<部首> : 人(사람인)=亻 ①올 래(至也) ②부터 래(自也)	*來歷(내력) :지나온 격력(經歷). 由來 *來訪(래방) :남이 찾아와 봄 *來賓(래빈) :초청(招請)을 받고 찾아온 손님 *來往(래왕) :오고 감. 往來 *來儀(래의) :찾아 옴. 온다는 말의 경어(敬語) *來日(내일) :오늘의 바로 다음 날. 明日 *去言美來言美(거언미래언미) :<俗>가는 말이 　　　　　고와야 오는 말이 곱다. 來語不美去語何美	

販	<部首> : 貝(조개**패**) ①**팔 판, 장사 판, 무역할 판** (賤買貴賣者)	*販路(판로) :상품(商品)이 팔리는 방면(方面) *販賣(판매) :상품(商品)을 팔음 *販賣所(판매소) :상품(商品)을 파는 장소(場所) *販賣員(판매원) :상품(商品)을 파는 사람 *販賣店(판매점) :상품(商品)을 파는 점포(店鋪)	《판매공급》 상품(商品)을 팔아서 수요(需要)에 따른 물건(物件)을 제공(提供)함
賣	<部首> : 貝(조개**패**) ①**팔 매**(出貨鬻物)	*賣價(매가) :파는 값 *賣買(매매) :팔고 삼 *賣却(매각) :팔아 버림 *賣渡(매도) :팔아 넘김 *賣上(매상) :상품(商品)을 팔음 *賣店(매점) :작은 가게 *賣春(매춘) :보수를 받고 몸을 팔음. 賣淫 *薄利多賣(박리다매) :적은 이익으로 많이 팔아서 수익을 올림	
供	<部首> : 亻(사람**인** 변)=人 ①**이바지할 공**(給也) ②받들 공(奉也) ③문초받을 공(審問取招)	*供物(공물) :신불(神佛)에 바치는 물건(物件) *供給(공급) :물품을 제공(提供)함 ↔ 需要 *供出(공출) :내놓음 *供述(공술) :신문(訊問)에 진술(陳述)함 *供與(공여) :이익(利益)을 수득(收得)케 함 *供養(공양) :음식을 갖추어 어버이를 섬김 *善供無德(선공무덕) :부처에게 공양해도 아무 공덕이 없음 <喩>남을 위해 힘써도 득이 없음	
給	<部首> : 糸(실**사** 변) ①**줄 급**(供給) ②넉넉할 급(贍也, 足也)	*給料(급료) :일한 데 대한 보수(報酬). 俸給 *給付(급부) :줌. 재물을 공급,교부하는 일 *給賜(급사) :물건을 내려줌 *給仕(급사) :잔 심부름을 하는 아이. 使童 *給養(급양) :물건이나 돈 따위를 주어서 기름 *給食(급식) :식사(食事)를 제공(提供)함 *給水功德(급수공덕) :목마른 이에게 물을 주는 공덕 <喩>작은 공덕일지라도 덕을 쌓는 일	
購	<部首> : 貝(조개**패**) ①**살 구, 구해드릴 구** (以財求設賞募)	*購求(구구) :1.구하여 삼 2.상금을 걸고 구함 *購問(구문) :상금(賞金)을 걸고 구함 *購讀(구독) :신문(新聞), 서적(書籍), 잡지(雜誌) 등(等)을 사서 읽음 *購入(구입) :물건(物件)을 사들임 *購買(구매) :물건(物件)을 사들임 *購買動機(구매동기) :소비자가 어떤 상품을 구입할 의사를 갖게 되는 원인	《구매소비》 물건(物件)을 사 들여서 수요(需要)에 따라 사용(使用)하 여 없앰
買	<部首> : 貝(조개**패**) ①**살 매**(買賣市也)	*買氣(매기) :물건(物件)을 사려는 인기(人氣) *買名(매명) :명예를 구함 *買集(매집) :사서 모음 *買上(매상) :물건을 사들임. 買入 *買收(매수) :1.사들임 2.남의 마음을 사 들임 *買入(매입) :매득(買得). 매상(買上) *買占(매점) :물건을 독점하여 휩쓸어 삼 *買占賣惜(매점매석) :물건이 달릴 것을 짐작 하고 그 물건을 사들여 놓고 팔지 않음	
消	<部首> : 氵(삼수 변)=水=氺 ①**다할 소**(盡也) ②꺼질 소, 사라질 소(滅也) ③풀릴 소(釋也) ④해어질 소(敝也)	*消滅(소멸) :사라져 없어짐 *消費(소비) :사용(使用)해서 없앰. 消耗 *消息(소식) :상황이나 동정(動靜) 등을 알림 *消日(소일) :하는 일 없이 하루하루를 보냄 *消火(소화) :불을 꺼서 없앰 ↔ 點火 *消化(소화) :원형(原形)을 없애서 변화시킴 *終無消息(종무소식) :끝내 아무런 소식이 없음 *無消息喜消息(무소식희소식) :무소식이 희소식	
費	<部首> : 貝(조개**패**) ①**허비할 비, 없앨 비** (散財用耗損)	*費耗(비모) :써서 없앰 *費心(비심) :애씀. 마음을 씀. 수고함 *費用(비용) :드는 돈. 쓰이는 돈. 費額 *經費(경비) :일을 경영하는 데 쓰는 비용 *旅費(여비) :여행(旅行)에 드는 비용 *會費(회비) :모임의 유지에 충당하는 경비 *徒費脣舌(도비순설) :헛되이 입술과 혀만 수고 롭게 함 <喩>부질없는 말만 하고 보람이 없음	

金	<部首> : 金(쇠금) ①쇠 금(五金西方之行) ②금 금(黃金) ③돈 금(貨幣) ④성 김(姓也)	*金鑛(금광) :금(金)을 파내는 광산(鑛山) *金利(금리) :돈의 이자(利子) *金塊(금괴) :금(金) 덩어리 *金屬(금속) :쇠붙이 *金額(금액) :돈의 액수(額數). 돈의 수효(數爻) *金融(금융) :돈의 융통(融通) *位高金多(위고금다) :지위도 높고 재산도 많음 *丈夫一言重千金(장부일언중천금) :장부의 한마디 　　　　말은 천금같이 무거움 <喩>말의 신용	《금융화폐》 금(金)을 융통(融通)시 켜서 물건(物件)에 대한 교환(交換)의 매개수단(媒 介手段)으로 함
融	<部首> : 虫(벌레훼) ①융통할 융(融通) ②화할 융(和也) ③밝을 융(昭融明也)	*融資(융자) :자본(資本)을 융통(融通)함 *融通(융통) :거침없이 통(通)함 *融合(융합) :녹아서 하나로 합침 *融解(융해) :녹아서 풀어짐. 融釋 *融化(융화) :녹아서 변(變)함 *融和(융화) :사이좋게 화합(和合)함. 融合 *金融市場(금융시장) :화폐가 특수한 상품으로서 　　　　거래되는 시장. 金融界	
貨	<部首> : 貝(조개패) ①재물 화(財也) ②물건 화(貨物)	*貨利(화리) :재물(財物)과 이익(利益). 財利 *貨物(화물) :옮기는 짐 *貨財(화재) :재물. 財貨 *貨殖(화식) :재화(財貨)를 불림 *貨幣(화폐) :사회에 유통(流通)하여 물건에 　　　　대한 교환(交換)의 매개수단 　　　　(媒介手段)으로 쓰이는 物件 *奇貨可居(기화가거) :보기 드문 물건을 사두었 　　　　다가 때를 보아 큰 이익을 남기고 팖	
幣	<部首> : 巾(수건건) ①폐백 폐(帛也) ②예물 폐(禮物) ③재물 폐(財也) ④돈 폐(錢也)	*幣貢(폐공) :조정(朝廷)에 바치던 물건. 貢物 *幣物(폐물) :선사(膳賜)하는 물건(物件) *幣帛(폐백) :1.예물(禮物) 2.膳物하는 물건 *幣聘(폐빙) :禮物을 보내어 초빙(招聘)함. 　　　　禮를 갖추어 賢者를 招待함 *幣制(폐제) :화폐에 대한 제도	

經	<部首> : 糸(실사 변) ①경영할 경(營也) ②지날 경(過也) ③글 경, 경서 경(書)	*經過(경과) :거쳐 지나감. 經由 *經歷(경력) :겪어 지내 온 일들. 履歷 *經路(경로) :지나는 길 *經營(경영) :일정한 계획 아래 일을 해 나감 *經典(경전) :불변(不變)의 도리를 적은 글 *經濟(경제) :생활에 필요한 재화관계. 經世濟民 *經驗(경험) :실지로 보고 듣고 겪은 일 *經天緯地(경천위지) :천하를 경륜하여 다스림	《경제활동》 인간(人間)의 생활(生活)에 필요(必要)한 재화(財貨)의 생산(生産), 분배(分配), 소비(消費)의 행위(行爲)가 활발(活潑)하 게 이루어짐
濟	<部首> : 氵(삼수 변)=水=氺 ①건늘 제(渡也) ②구원할 제(救也)	*濟度(제도) :1.물을 건넘 　　　　2.衆生을 苦海에서 구원(救援)함 *濟民(제민) :백성(百姓)을 구제(救濟)함 *濟生(제생) :생명(生命)을 구제(救濟)함 *濟衆(제중) :모든 사람을 救濟함 *濟化(제화) :착한 方向으로 인도(引導)함 *經國濟世(경국제세) :나라를 다스리고 세상을 　　　　구함	
活	<部首> : 氵(삼수 변)=水=氺 ①살 활(生也) ②활발할 활(盛動)	*活氣(활기) :싱싱한 기운(氣運). 生氣 *活動(활동) :살아 움직임. 生活 *活力(활력) :활동(活動)하는 힘 *活路(활로) :살기 위한 길. 血路 *活潑(활발) :活氣가 있고 元氣가 좋은 것 *活用(활용) :이리저리 잘 응용(應用)함 *活狗子勝於死政丞(활구자승어사정승) :산 개가 　　　　죽은 정승보다 낫다 <喩>죽으면 소용없음	
動	<部首> : 力(힘력) ①움직일 동(靜之對) ②감응 동(感應) ③나올 동(出也)	*動機(동기) :의사결정(意思決定)의 원인(原因) *動力(동력) :어떤 사물을 움직여 나가는 힘 *動物(동물) :움직여 활동하는 생물 ↔ 植物 *動員(동원) :어떤 목적으로 사람들을 모음 *動作(동작) :몸과 손발을 움직이는 짓 *動態(동태) :움직여 나아가는 상태(狀態) *驚天動地(경천동지) :하늘이 놀라고 땅이 　　　　흔들릴 정도로 세상을 몹시 놀라게 함	

英	<部首> : ++(초 두)=艹=艸 ①꽃부리 영(華也) ②영웅 영(智出萬人) ③아름다울 영(美也)	*英靈(영령) :죽은 사람의 영혼. 英魂. 雄魂 *英妙(영묘) :재능(才能)이 뛰어난 젊은이 *英敏(영민) :영리(怜悧)하고 민첩(敏捷)함 *英雄(영웅) :뛰어난 인물(人物). 英傑 *英才(영재) :뛰어난 재주가 있는 인물. 俊才 *英俊(영준) :영민하고 준수한 인물. 英哲 *英賢(영현) :뛰어나고 슬기로움. 俊賢 *曠世英雄(광세영웅) :세상에 보기 드문 영웅	
俊	<部首> : 亻(사람인 변)=人 ①준걸할 준(傑秀) ②높을 준(峻也)	*俊傑(준걸) :지덕(智德)이 뛰어난 인물(人物) *俊士(준사) :재주와 슬기가 뛰어난 선비. 俊傑 *俊秀(준수) :재주와 슬기가 뛰어남. 俊邁. 俊拔 *俊英(준영) :뛰어나고 빼어남. 또는 그 사람 *俊乂(준예) :재주와 슬기가 뛰어난 사람 *俊逸(준일) :뛰어나고 훌륭함 *俊才(준재) :아주 뛰어난 인재. 俊逸. 英才 *俊豪(준호) :도량이 크고 호협함. 또는 그 사람	《영준호걸》 영민(英敏)하 고 준수(俊秀)하 며 재주와 슬기가 뛰어난 사람
豪	<部首> : 豕(돼지시) ①호걸 호(俊也) ②호협할 호(俠也)	*豪傑(호걸) :재주와 슬기, 무용(武勇)이 뛰어나고 호협(豪俠)한 사람 *豪氣(호기) :호방(豪放)한 기상(氣像) *豪奢(호사) :매우 사치(奢侈)함 *豪雨(호우) :큰 비 *豪族(호족) :그 지방에서 세력을 가진 집안 *豪俠(호협) :의협심(義俠心)이 있어 남자다움 *豪言壯談(호언장담) :허풍을 쳐서 하는 말	
傑	<部首> : 亻(사람인 변)=人 ①준걸 걸, 호걸 걸(俊也) ②뛰어날 걸(傑出) ③빼어날 걸(秀也)	*傑氣(걸기) :뛰어난 기상(氣像) *傑句(걸귀) :빼어나게 잘 지은 글귀 *傑立(걸립) :높이 솟음 *傑出(걸출) :썩 뛰어남 *傑物(걸물) :傑出한 人物에 대한 경칭(輕稱) *傑然(걸연) :걸출(傑出)한 모양 *傑作(걸작) :뛰어난 작품. 名作 *人傑地靈(인걸지령) :훌륭한 인재는 영검있는 땅에서 남	
名	<部首> : 口(입구) ①이름 명(聲稱號也) ②이름지을 명(命名) ③공 명(功也) ④사람 명(數를 나타낼 때)	*名家(명가) :이름난 집안 ≒ 名門 *名單(명단) :관계자의 이름을 적은 것 *名物(명물) :그 지방의 이름난 물건(物件) *名聲(명성) :세상(世上)에 떨친 이름 *名譽(명예) :1.자랑 2.이름 높은 평판. 名華 *名稱(명칭) :부르는 이름. 稱號 *名不虛傳(명불허전) :명예는 헛되이 전해지지 않음 <意>명예에는 그만한 실상이 있음	
利	<部首> : 刂(칼도 방)=刀 ①이로울 리(吉也) ②날카로울 리(銛也) ③이자 리, 변리 리(子金)	*利器(이기) :실용(實用)에 편리(便利)한 기계 *利己(이기) :자기(自己)의 이익(利益)만 차림 *利鈍(이둔) :날카로움과 무딤 *利得(이득) :이익을 얻음 *利用(이용) :이롭게 씀 *利益(이익) :유익(有益)하고 도움이 됨 *利子(이자) :길미. 변리(邊利) *利害打算(이해타산) :이해 관계를 따져서 셈함 *國利民福(국리민복) :국가의 이익과 백성의 행복	《명리각축》 명예(名譽)와 이익(利益)을 위하여 서로 쫓고 쫓기며 다툼
角	<部首> : 角(뿔각) ①뿔 각(芒角獸所戴) ②모퉁이 각(隅也) ③찌를 각(觸也) ④다툴 각(競也)	*角巾(각건) :모가 진 頭巾 *角弓(각궁) :뿔로 수놓은 활 *角度(각도) :각(角)의 크기 *角立(각립) :1.특히 유별남 2.서로 버팀 *角勝(각승) :승부(勝負)를 다툼 *角逐(각축) :서로 이기려고 다툼 *蝸角之爭(와각지쟁) :달팽이가 작은 뿔로 다툼 <喩>하찮은 일로 다툼. 小國끼리의 싸움	
逐	<部首> : 辶(책받침)=辵 ①쫓을 축(追也) ②물리칠 축(斥也)	*逐客(축객) :손을 쫓아버림 *逐夜(축야) :밤마다 *逐日(축일) :날마다 *逐凉(축량) :여름에 서늘함을 맛봄. 納凉 *逐送(축송) :쫓아 보냄 *逐出(축출) :몰아냄 *逐戶(축호) :집집마다 *逐鹿者不顧兎(축록자불고토) :사슴을 쫓는 자는 토끼를 돌아보지 않음 <喩>큰 일을 도모하는 자는 작은 일에 얽매이지 않음	

領	<部首> : 頁(머리혈) ①웃깃 령(衣體) ②거느릴 령, 다스릴 령(統理) ③종요로울 령(要領) ④받을 령(受也)	*領導(영도) :거느려 이끌음 *領收(영수) :받아들임. 受領 *領袖(영수) :1.옷깃과 소매 2.우두머리 *領域(영역) :所有의 地域. 領分 *領有(영유) :점령(占領)하여 소유(所有)함 *領土(영토) :나라의 통치권이 미치는 지역 *要領(요령) :일의 요긴하고 으뜸되는 줄거리 *不得要領(부득요령) :요령을 잡을 수 없음	
土	<部首> : 土(흙토) ①흙 토(五行之一, 地也) ②땅 토(生物蓄植適所) ③고향 토(故鄕)	*土臺(토대) :집의 맨 아랫 부분이 되는 바탕 *土民(토민) :대대로 붙박혀 사는 사람. 土着民 *土産(토산) :그 땅에서 나는 산물(産物) *土俗(토속) :그 땅의 풍속 *疆土(강토) :땅의 경계 *土種(토종) :그 땅에서 나는 씨 *土地(토지) :1.땅, 흙 2.경지(耕地), 집터 따위 *積土成山(적토성산) :한줌 흙이 쌓여 산을 이룸 <喩>작은 것을 모아 크게 이룸. 積塵成山	《영토분쟁》 한 나라의 통치권(統治 權)이 미치는 지역(地域)을 둘러싸고 어지럽게 엉클어져 다툼
紛	<部首> : 糸(실사 변) ①어지러울 분(紛紛亂也) ②분잡할 분(雜也) ③많을 분(象也)	*紛糾(분규) :뒤얽혀서 시끄러움 *紛起(분기) :여기저기서 일어남 *紛紛(분분) :어지러움 *紛亂(분란) :엉클어져 어지러움. 紛擾 *紛失(분실) :물건을 잃어버림 *紛雜(분잡) :여럿이 북적거림 *紛爭(분쟁) :엉클어져 다툼 *意見紛糾(의견분규) :의견이 각각이어서 어수선함	
爭	<部首> : 爫(손톱조)=爪 ①다툴 쟁(競也) ②싸울 쟁(戰也) ③간할 쟁(諍也)	*爭論(쟁론) :서로 다투어 가며 논박(論駁)함 *爭友(쟁우) :친구의 잘못을 충고하는 벗 *爭議(쟁의) :서로 의견을 주장(主張)하여 다툼 *爭點(쟁점) :서로 다투는 중심점(中心點) *爭取(쟁취) :서로 싸워서 빼앗아 가짐 *爭奪(쟁탈) :다투어서 빼앗음 *鬪爭(투쟁) :어떤 목표를 두고 싸움. 爭鬪 *生存競爭(생존경쟁) :살기 위해 서로 경쟁함	

境	<部首> : 土(흙토 변) ①지경 경, 갈피 경(界也) ②곳 경(場所)	*境界(경계) :區別되는 땅이 서로 맞닿은 곳 *境內(경내) :일정한 지경(地境)의 안 ↔ 境外 *境域(경역) :일정한 경계 안의 지역. 境界 *境遇(경우) :1.환경(環境) 2.一身의 형편, 處地 *境地(경지) :1.한 곳의 풍치(風致) 2.現在의 처지(處地)나 심경(心境) *境土(경토) :國境안에 있는 땅. 疆土. 領土 *無人之境(무인지경) :사람이라곤 전혀 없는 곳	
界	<部首> : 田(밭전) ①지경 계, 갈피 계(境也) ②한정할 계(分割, 限也)	*界面(계면) :두가지 물질의 경계면(境界面) *界限(계한) :1.땅의 境界. 限界 2.定한 範圍 *世界(세계) :1.온 세상(世上) 2.모든 나라 *眼界(안계) :눈으로 볼 수 있는 범위(範圍) *外界(외계) :자기 몸 밖의 세계. 바깥 세계 *天界(천계) :하늘 나라. 天上界 *下界(하계) :<佛>사바. 이 세상. 인간계(人間界) *淸平世界(청평세계) :맑고 평화로운 세상	《경계순찰》 나라와 나라 사이의 땅이 서로 맞닿은 곳을 돌아다니며 살펴 봄
巡	<部首> : 辶(책받침)=辵 ①순행할 순(視行) ②돌 순(廻也)	*巡覽(순람) :여러 곳으로 돌아다니며 봄. 巡見 *巡禮(순례) :종교적(宗敎的) 목적으로 방문함 *巡訪(순방) :차례로 돌면서 방문(訪問)함 *巡狩(순수) :임금이 나라안을 돌아 살핌. 巡幸 *巡視(순시) :돌아다니며 보살핌. 巡省 *巡察(순찰) :돌아다니며 살핌. 巡邏. 巡檢 *巡航(순항) :여러 곳으로 항해(航海)하여 돎 *狐疑逡巡(호의준순) :여우처럼 의심하여 주저함	
察	<部首> : 宀(갓머리) ①살필 찰(監也) ②밝힐 찰(明也)	*察色(찰색) :용색(容色)을 살핌. *觀形察色 *監察(감찰) :감시(監視)하고 살핌 *考察(고찰) :상고(詳考)하여 살펴봄 *觀察(관찰) :사물을 주의하여 잘 살펴봄 *査察(사찰) :조사(調査)하여 살핌 *省察(성찰) :반성(反省)하여 살핌 *我腹旣飽不察奴飢(아복기포불찰노기) :내 배가 이미 불렀으니 노비의 배고픔을 살피지 않음	

緊	<部首> : 糸(실사) ①요긴할 긴(緊要) ②팽팽할 긴, 움츠릴 긴(縮也)	*緊急(긴급) :1.금현(琴絃)이 너무 팽팽함 　　　　　2.긴요(緊要)하고 급(急)함 *緊密(긴밀) :바싹 가까워 빈틈 없음 ↔ 弛緩 *緊迫(긴박) :긴요(要緊)하고도 급(急)함 *緊要(긴요) :꼭 소용이 됨 *緊張(긴장) :1.팽팽하게 캥김 　　　　　2.정신을 바싹 차림 *至緊至要(지긴지요) :더 말할 나위 없이 긴요함	《긴급보고》 긴요(緊要)하 고도 급하게 윗사람에게 알림
急	<部首> : 心(마음심)=忄=⺗ ①급할 급(迫也) ②빠를 급(疾也)	*急遽(급거) :갑자기. 썩 급하게 *急激(급격) :급(急)하고 격렬(激烈)함. 急劇 *急變(급변) :1.갑자기 변함 2.급한 변고 *急報(급보) :급히 알림. 急告 *急性(급성) :급한 성질 ↔ 慢性 *急速(급속) :몹시 급함. 몹시 빠름 *焦眉之急(초미지급) :눈썹에 불이 붙은 것처럼 　　　　　매우 급함 <意>매우 위급함	
報	<部首> : 土(흙토) ①갚을 보(復也) ②고할 보(告也) ③대답할 보(酬答)	*報告(보고) :윗사람에게 어떤 內容을 알림 *報答(보답) :남의 은혜(恩惠)를 갚음 *報道(보도) :일어난 일을 전하여 알림 *報復(보복) :앙갚음 *報酬(보수) :근로(勤勞)의 대가(代價) *報恩(보은) :은혜(恩惠)를 갚음. 報德 *盡忠報國(진충보국) :충성을 다하여 나라의 　　　　　은혜를 갚음	
告	<部首> : 口(입구) ①여쭐 고(啓也) ②알릴 고(報也)	*告暇(고가) :1.休暇를 청함 2.결근(缺勤)함 *告發(고발) :남의 범죄(犯罪) 事實을 申告함 *告白(고백) :숨겼던 일을 사실대로 털어 말함 *告變(고변) :반역(叛逆)을 고발(告發)함 *告別(고별) :작별(作別)을 고함 *告訴(고소) :犯罪事實을 告하여 訴追를 구함 *以實直告(이실직고) :사실 그대로 고함. 　　　　　以實告之	
室	<部首> : 宀(갓머리) ①방 실(房也) ②집 실(家宮) ③안해 실(夫謂婦)	*室家(실가) :집, 방, 가옥(家屋) (轉)夫婦, 家政 *室內(실내) :방이나 집의 안 ↔ 室外 *室女(실녀) :처녀(處女) *室堂(실당) :집, 저택(邸宅), 가옥(家屋) *室婦(실부) :며느리. 자부(子婦). 식부(息婦) *室人(실인) :1.주인(主人) 2.처첩(妻妾) 　　　　　3.가인(家人) 4.男便의 자매(姉妹) *高臺廣室(고대광실) :높은 대에 있는 넓은 집	《실호당문》 작은 집의 지게문과 큰 집의 대문(大門) <집집마다>
戶	<部首> : 戶(지게호) ①지게 호(室口) ②백성의집 호(編戶民居) ③집의출입구 호(出入口)	*戶口(호구) :집수(數)와 사람수(數) *戶籍(호적) :호수와 식구별로 기록한 장부 *戶庭(호정) :집안의 뜰과 마당 *戶主(호주) :한 집안의 주장이 되는 사람 *戶戶(호호) :집집마다. 每家 *家家戶戶(가가호호) :집집마다 *千門萬戶(천문만호) :대궐에 문이 많음을 　　　　　일컬음	
堂	<部首> : 土(흙토) ①집 당, 마루 당(正寢) ②가까운친척 당(近親) ③정당할 당, 번듯할 당(正也)	*堂內(당내) :동성(同姓)의 겨레붙이 *堂堂(당당) :위의(威儀)가 어연 번듯한 모양 *堂叔(당숙) :아버지의 사촌형제. 從叔 *堂室(당실) :사랑채와 안채 *堂直(당직) :당지기 *堂姪(당질) :사촌형제의 아들. 從姪 *高堂(고당) :1.높은 집 2.남의 집의 높임말 *堂狗風月(당구풍월) :堂狗三年吠風月 <喩>무식한 　　　　　사람도 유식한 사람과 같이 있으면 감화됨	
門	<部首> : 門(문문) ①문 문(兩戶象形人所出入戶在 　　　在堂曰區域曰門) ②집안 문(家族一門)	*門間(문간) :1.문의 틈새. 2.대문이 있는 자리 *門客(문객) :권세가 좋은 대가(大家)의 食客 *門閥(문벌) :지체높고 유서깊은 家門. 門資 *門人(문인) :문도(門徒)를 둔 학자의 弟子 *門中(문중) :일가(一家)끼리의 가까운 집안 *門下(문하) :가르침을 받는 스승의 아래 *家門(가문) :한 집안 *杜門不出(두문불출) :집에만 있고 나가지 않음	

疾	<部首> : 疒(병질 엄) ①병 질(病也) ②빠를 질(速也) ③원망할 질(怨也)	*疾苦(질고) :병(病)으로 인한 고통. 病苦 *疾病(질병) :병(病). 疾患 *疾視(질시) :흘겨 봄. 밉게 봄. 嫉視 *疾疫(질역) :유행병. 疾癘 *疾走(질주) :빠르게 달림 *疾風(질풍) :빠르고 센 바람 *盲人眼疾(맹인안질) :소경이 안질에 걸림 <喩>있으나 마나 상관없음	
疫	<部首> : 疒(병질 엄) ①염병 역, 시환 역(厲鬼爲災)	*疫鬼(역귀) :전염병(傳染病)을 일으키는 鬼神 *疫病(역병) :전염병. 악성유행병. 疫癘 *疫神(역신) :1.호구별성(戶口別星) 2.두창(痘瘡) *疫疾(역질) :천연두(天然痘). 疫患 *檢疫(검역) :병원균(病原菌) 유무를 검사함 *免疫(면역) :병원균 침입을 견딜만한 저항력 *防疫(방역) :병원균의 침입을 미리 막음 *終生免疫(종생면역) :한번 앓은 병이 평생 면역됨	《질역전염》 유행병(流行病)이 옮아다니며 퍼짐
傳	<部首> : 亻(사람인 변)=人 ①전할 전(記錄) ②옮길 전(移也)	*傳達(전달) :전하여 이르게 함 *傳來(전래) :전해 옴 *傳統(전통) :계통을 전함 *傳說(전설) :예로부터 전해오는 이야기. 口碑 *傳授(전수) :비술(秘術)을 전하여 가르쳐 줌 *傳受(전수) :차례차례로 전하여 받음 *傳染(전염) :병(病)이 남에게 옮아 감. 感染 *口傳心授(구전심수) :입으로 가르쳐 주고 마음으로 전함	
染	<部首> : 木(나무목) ①물들일 염(以繪綵爲色) ②젖을 염(漬也汚也)	*染料(염료) :물을 들이는 재료(材料). 물감 *染病(염병) :전염병 *染色(염색) :물을 들임 *染俗(염속) :세속(世俗)의 풍조(風潮)에 물듦 *染疫(염역) :유행병(流行病)에 전염(傳染)됨 *染汚(염오) :물들어 더럽혀짐. 汚染 *染織(염직) :피륙에 물을 들임 *無染原罪(무염원죄) :인류가 다 原罪와 그 罰에 속하나 마리아 처럼 이를 면한 특별한 은혜	
公	<部首> : 八(여덟팔) ①공변될 공(平分無私) ②한가지 공(共也) ③벼슬이름 공(五爵之首)	*公開(공개) :여러 사람에 널리 개방(開放)함 *公共(공공) :一般社會 공중(公衆)과 함께 함 *公私(공사) :공공(公共)의 일과 사사로운 일 *公約(공약) :공중(公衆)에 대한 약속(約束) *公益(공익) :사회공중의 이익. ↔ 私益 *公衆(공중) :사회(社會)의 여러사람. 民衆 *公明正大(공명정대) :숨김이나 사사로움이 없이 아주 정당함	
共	<部首> : 八(여덟팔) ①함께 공(同也) ②공변될 공(公也)	*共感(공감) :남의 일에 자기도 같은 느낌 *共同(공동) :여러 사람이 일을 함께 함 *共榮(공영) :서로 함께 번영(繁榮)함 *共有(공유) :두 사람 이상이 共同으로 所有함 *共存(공존) :같이 존재(存在)함 *共通(공통) :여럿 사이에 두루 통용(通用)됨 *天人共怒(천인공노) :하늘과 사람이 다 같이 노함 *共存共榮(공존공영) :같이 살면서 같이 번영함	《공공시설》 사회(社會)의 일반(一般) 공공(公共)의 목적(目的)을 수행(遂行)하 기 위해 베풀어 놓은 설비(設備)
施	<部首> : 方(모방) ①베풀 시(設也) ②펼 시(布也)	*施賞(시상) :상품(賞品) 또는 상금(賞金)을 줌 *施設(시설) :베풀어 차림, 또는 그러한 것 *施術(시술) :술법(術法)을 베푸는 일 *施政(시정) :정치를 함 *施行(시행) :베풀어 행함 *施策(시책) :계책(計策)을 베풂. 또는 그 계책 *實施(실시) :실제(實際)로 베풀어 행(行)함 *惡語易施(악어이시) :못된 말이나 남의 잘못은 말하기 쉬움	
設	<部首> : 言(말씀언) ①베풀 설(陳也) ②둘 설, 갖출 설(置也備也) ③가령 설, 설령 설(假借辭)	*設計(설계) :계획(計劃)을 세움 *設立(설립) :베풀어 세움 *設令(설령) :가령. 그렇다 치더라도 設或 設使 *設備(설비) :베풀어 갖춤, 또는 그러한 것 *設定(설정) :베풀어 정함 *設置(설치) :베풀어 놓음 *設心做意(설심주의) :계획적으로 간사한 꾀를 부림 *爲人設官(위인설관) :사람을 위해 자리를 만듦	

保	<部首> : 亻(사람인 변)=人 ①보전할 보(全之) ②지닐 보(持也)	*保健(보건) :건강(健康)을 보전(保全)함 *保管(보관) :맡아서 관리(管理)함. 保護管理 *保身(보신) :몸을 보전(保全)함 *保有(보유) :지니고 있음 *保全(보전) :안전(安全)하게 잘 보호(保護)함 *保護(보호) :잘 돌보아 지킴 *明哲保身(명철보신) :이치에 좇아 일을 처리 하여 몸을 보전함	《보호진료》 잘 돌보아 지키면서 환자(患者)의 병증(病症)을 자세히 조사(調査)하 여 병(病)을 고침
護	<部首> : 言(말씀언) ①호위할 호(保護擁全) ②구조할 호(救助)	*護國(호국) :나라를 외적(外敵)으로부터 지킴 *護送(호송) :따라가며 지켜서 보냄 *護身(호신) :자기 몸을 보호(保護)함 *護衛(호위) :따라 다니면서 지켜서 보호함 *看護(간호) :병자나 노약자를 보살펴 줌 *辯護(변호) :남에게 이롭도록 변명하여 도움 *守護(수호) :지키어 보호함 *隨事斗護(수사두호) :모든 일을 돌보아 줌	
診	<部首> : 言(말씀언) ①맥볼 진, 맥짚을 진(候脈) ②볼 진(視也) ③증험할 진(驗也)	*診斷(진단) :病症을 살펴 症狀을 판단(判斷)함 *診脈(진맥) :脈을 診察함. 病을 診察함 *診察(진찰) :患者의 病의 原因과 症狀을 살핌 *診療(진료) :症狀을 자세히 調査하여 고침 <醫>診察과 治療 *診候(진후) :병의 징후(徵候)를 진단함. 診察 *健康診斷(건강진단) :몸에 병이 있고 없음을 진단함	
療	<部首> : 疒(병질 엄) ①병고칠 료, 병나을 료(醫治止病)	*療飢(요기) :시장기를 면할 정도로 조금 먹음 *療法(요법) :病을 고치는 방법(方法). 療方 *療養(요양) :치료(治療)와 양생(養生) *加療(가료) :병(病)을 치료(治療)함 *施療(시료) :치료를 베풂. 무료로 치료함 *醫療(의료) :의술(醫術)로 병을 고치는 일 *治療(치료) :병을 잘 다스려서 낫게 함 *醫療器(의료기) :병을 치료하는 데 쓰는 기구	

藥	<部首> : ++(초 두)=艹=艸 ①약 약(金石草木劑皆曰藥)	*藥房(약방) :藥을 調劑하는 곳. 藥局. 藥契 *藥方(약방) :약의 처방 *藥用(약용) :약으로 씀 *藥材(약재) :의약(醫藥)의 재료(材料). 藥種 *藥劑(약제) :조제(調劑)한 藥. 治療에 쓰는 藥 *藥草(약초) :약(藥)으로 쓰이는 풀 *藥效(약효) :약(藥)의 효력(效力) *藥房甘草(약방감초) :한약의 첩약에 대부분 들어가는 감초처럼 무슨 일에나 끼어듦	《약제효능》 치료(治療)에 쓰이는 약(藥)이 효력(效力)이 있음
劑	<部首> : 刂(칼도 방)=刀 ①약재료 제(藥劑) ②나눌 제(分也) ③싹문지를 자(翦齊) ④어음쪽 자(券書)	*劑刀(제도) :가위. 剪刀 *劑面(자면) :얼굴에 상처(傷處)를 냄 *劑熟(제숙) :잘 조합(調合)함 *劑錢(제전) :약값. 藥價 *劑信(자신) :符信으로써 증거(證據)를 삼음 *藥劑師(약제사) :여러가지 약재를 섞어 약을 조제하는 사람. 藥師	
效	<部首> : 攵(등글월문)=攴 ①효험 효(驗也) ②본받을 효(倣也) ③공 효(功也) ④힘쓸 효(勉也)	*效果(효과) :보람있는 좋은 결과(結果) *效能(효능) :효험(效驗)의 능력(能力) *效力(효력) :醫藥 등의 보람. 效驗. 效勞. 功勞 *效用(효용) :효험 *效命(효명) :목숨을 바침 *效率(효율) :노력과 결과의 비율(比率) *效則(효칙) :본받아 법(法)을 삼음 *尤而效之(우이효지) :남의 비행(非行)을 나무라면서 자기가 또한 비행을 함	
能	<部首> : 月(고기육 변)=肉 ①능할 능(勝任) ②곰 능(熊屬足似鹿)	*能動(능동) :제 마음에 내켜서 함 *能率(능률) :일정시간에 할 수 있는 일의 비율 *能力(능력) :감당해 낼 수 있는 힘 *能辯(능변) :말을 능숙(能熟)하게 잘 함 *能士(능사) :재능을 가진 선비. 能手. 能者 *能事(능사) :가장 잘할 수 있는 일 *能通(능통) :사물(事物)에 매우 통달(通達)함 *竭力盡能(갈력진능) :힘과 능력을 다함	

健	<部首> : 亻(사람**인** 변)=人 ①군셀 **건**(强有力) ②병없을 건(無病)	*健康(건강) :몸이 튼튼하고 병(病)이 없음 *健忘(건망) :잘 잊음. 善忘 *健勝(건승) :좋은 건강상태(健康狀態) *健實(건실) :씩씩하고 착실(着實)함 *健在(건재) :아무 탈없이 잘 있음 *健全(건전) :心身이 健康하고 온전(穩全)함 *健鬪(건투) :잘 싸워 나감. 善戰 *雄辭健筆(웅사건필) :말 잘하고 글을 잘 씀
康	<部首> : 广(**엄** 호) ①편안할 **강**(安也) ②풍년들 강(年豊) ③다섯거리 강(五達衢)	*康健(강건) :튼튼함. 康彊. 康勝. 健勝 *康衢(강구) :사통오달(四通五達)한 큰 길거리 *康年(강년) :풍년(豊年) *康寧(강녕) :몸이 튼튼하고 마음이 便安함 *康樂(강락) :평안히 즐김. 安樂 *康平(강평) :세상이 잘 다스려지고 태평함 *康濟(강제) :百姓을 平安히 하고 救濟함 *康衢煙月(강구연월) :태평시대의 평화스런 모습
回	<部首> : 囗(큰입**구** 몸) ①돌 **회**(遶也) ②돌아올 회(返也) ③돌이킬 회(旋也) ④도수 회(度數)	*回顧(회고) :돌아 봄. 지난 일을 돌이켜 봄 *回歸(회귀) :도로 돌아옴 *回答(회답) :물음에 대답함 *回復(회복) :이전(以前)의 狀態로 돌이킴 *回生(회생) :다시 살아남. 蘇生 *回轉(회전) :빙빙 돌아서 구름. 또는 굴림 *回避(회피) :꺼려서 피함. 回忌 *起死回生(기사회생) :죽음에서 일어나 다시 살아남
復	<部首> : 彳(두인 변) ①회복할 **복**(興復) ②돌아올 복(返也) ③다시 부, 또 부(又也, 再也)	*復古(복고) :옛 상태(狀態)로 돌아감 *復舊(복구) :그 전 모양으로 회복(回復)함 *復歸(복귀) :본래의 상태로 되돌아 감 *復習(복습) :배운 것을 다시 익힘. 溫習 *復活(부활) :죽었다가 다시 살아남. 復生(부생) *復興(부흥) :어떤 일을 다시 일으킴 *重言復言(중언부언) :조리가 안맞는 말을 　　　　　　　　　되풀이함

《건강회복》

몸에
병(病)이
없이 튼튼한
상태(狀態)로
다시 돌아감

念	<部首> : 心(마음**심**)=忄=⺗ ①생각할 **념**(常思) ②읽을 념(念誦) ③스물 념(二十曰念) ④대단히짧은시간 념(九十刹那)	*念經(염경) :경문(經文)을 욈 *念頭(염두) :생각의 시초. 마음 속 *念慮(염려) :걱정하는 마음 *念日(염일) :스무날 *念佛(염불) :나미아미타불을 생각하며 부름 *念願(염원) :마음속으로 생각하고 바람 *念念不忘(염념불망) :언제나 생각하여 잊지 못함 *一念通天(일념통천) :마음만 한결같이 먹으면 　　　　　　　　　어떤 일이라도 이룰 수 있음
慮	<部首> : 心(마음**심**)=忄=⺗ ①생각 **려**(謨慮) ②걱정할 려(憂也)	*慮外(려외) :뜻 밖. 意外. 念外. 案外 *考慮(고려) :생각하고 헤아림 *無慮(무려) :1.염려 없이 2.수효 앞에 틀림없이 *配慮(배려) :남을 위해 이리저리 마음을 씀 *思慮(사려) :여러가지 일에 대한 깊은 생각 *心慮(심려) :마음 속으로 근심함 *憂慮(우려) :근심하거나 걱정함 *無遠慮必有近憂(무원려필유근우) :멀리 내다 　　보고 심려치 않으면 머지 않아 근심이 생김
又	<部首> : 又(또**우**) ①또 **우**(更也) ②다시 우(復也) ③용서할 우(宥也)	*又賴(우뢰) :의뢰(依賴)받은 사람이 또 다른 　　　　　　사람에게 의뢰(依賴)함 *又況(우황) :하물며 *又重之(우중지) :더우기 *薄之又薄(박지우박) :박하고 또 박함 　　　　　<意>아주 야박(野薄)하게 함 *罪中又犯(죄중우범) :형기(刑期) 중에 또 다시 　　　　　　　　　죄(罪)를 저지름
深	<部首> : 氵(삼수 변)=水=氺 ①깊을 **심**(淺之對) ②감출 심(藏也)	*深刻(심각) :1.깊이 새김 2.대단히 酷毒함 *深谷(심곡) :깊은 골짜기. 幽谷 *深甚(심심) :매우 깊고 심함 *深深(심심) :깊고 깊음 *深奧(심오) :깊고 오묘함 *深淵(심연) :1.깊은 못 2.빠져나오기 힘든 구렁 *水深可知人心難知(수심가지인심난지) :열길 　　물속은 알아도 한길 마음속은 알기 어렵다

《염려우심》

걱정하는
마음이
또한 깊음

盗	<部首> : 皿(그릇명) ①도적 도, 훔칠 도(盜賊, 竊陰發私, 物非當有而取皆曰盜)	*盜難(도난) :物件을 도둑맞는 재난(災難) *盜犯(도범) :도둑질한 범죄(犯罪) *盜癖(도벽) :훔치는 버릇 *盜用(도용) :남의 것을 훔쳐서 씀 *盜賊(도적) :도둑놈. 盜人 *强盜(강도) :강제로 남의 재물을 빼앗는 도둑 *竊盜(절도) :물건을 몰래 훔침. 盜竊 *鷄鳴狗盜(계명구도) :천한 재주를 가진 사람	《도적약탈》 도적(盜賊)떼 가 노략질을 하여 마구 빼앗아 감
賊	<部首> : 貝(조개패) ①도적 적(寇賊盜也) ②헤칠 적(殘賊傷害)	*賊魁(적괴) :도둑의 괴수. 賊首 *賊窟(적굴) :도둑의 소굴 *賊漢(적한) :두둑놈 *賊黨(적당) :도둑의 무리. 賊徒. 賊匪 *賊習(적습) :도둑질하는 버릇 *賊心(적심) :헤치려는 마음 *賊子(적자) :부모에게 거역하는 자식. 不孝子 *賊反荷杖(적반하장) :도둑이 도리어 매를 듦 <喩>잘못한 사람이 도리어 남을 나무람	
掠	<部首> : 扌(재방 변)=手 *略·刦과 通 ①노략질할 략(抄掠劫人財物) ②빼앗을 량, 앗을 량(鹵掠奪取)	*掠盜(약도) :奪取하여 도둑질함. 剽掠. 盜掠 *掠定(약정) :탈취(奪取)하여 복종(服從)시킴. 공격(攻擊)하여 평정(平定)함 *掠治(약치) :채찍질로 죄인을 다스림. 捶治 *掠奪(약탈) :폭력(暴力)으로 무리하게 빼앗음. 攘奪. 略奪. 奪掠. 鹵掠. 掠劫 *掠奪經濟(약탈경제) :동식물을 키우거나 가꾸지 않고 자연상태의 자원을 착취하는 경제활동	
奪	<部首> : 大(큰대) ①빼앗을 탈(强取) ②잃어버릴 탈(失也)	*奪掠(탈략) :폭력으로 빼앗음. 奪略. 掠奪 *奪倫(탈륜) :질서를 문란(紊亂)케 함 *奪目(탈목) :빛 때문에 눈 앞이 캄캄해짐 *奪色(탈색) :특히 뛰어나 다른 것을 억누름 *奪情(탈정) :남의 정(情)을 억지로 빼앗음 *奪志(탈지) :수절과부(守節寡婦)를 개가시킴 *奪取(탈취) :억지로 빼앗아 가짐 *生殺與奪(생살여탈) :살리고 죽이고 주고 빼앗음	

刀	<部首> : 刀(칼도) ①칼 도(兵刃) ②거루 도(小船)	*刀刃(도인) :칼날 *刀魚(도어) :갈치 *刀子(도자) :작은 칼. 短刀 *刀俎(도조) :식칼과 도마 <轉>1.料理 2.危險 *單刀直入(단도직입) :한칼로 대적을 거침없이 쳐서 들어감 <喩>바로 본론으로 들어감 *快刀亂麻(쾌도난마) :잘 드는 칼로 어지럽게 얽힌 삼가닥을 자름 <喩>어지럽게 얽힌 일을 시원스럽게 처리함	《도검궁시》 칼과 활과 화살 <무기(武器)>
劍	<部首> : 刂(칼도 방)=刀 *劍과 同 ①칼 검(兵器)	*劍客(검객) :劍術을 잘하는 사람. 劍士. 劍俠 *劍戟(검극) :1.칼과 창 2.武器 3.戰爭 *劍道(검도) :劍術로 心身을 단련하는 일 *劍鋩(검망) :칼날 *劍把(검파) :칼자루 *劍術(검술) :칼을 쓰는 기술. 劍法. 劍道. 擊劍 *刻舟求劍(각주구검) :<故>강을 건너던 중 물에 빠뜨린 칼의 위치를 뱃전에 새겨두고서 강을 건넌 후 찾음 <喩>세상일에 어둡고 어리석음	
弓	<部首> : 弓 (활궁) ①활 궁(射器弧也)	*弓弩(궁노) :활과 쇠뇌 *弓腰(궁요) :굽은 허리 *弓師(궁사) :활을 만드는 사람. 궁장이. 弓人 *弓術(궁술) :활 쏘는 기술. 射法 *弓矢(궁시) :활과 화살. 弓箭 *弓弦(궁현) :길 따위가 곧게 뻗친 모양. 弓絃 *弓形(궁형) :굽은 형상(形象) ↔ 弓弦. 弓絃 *傷弓之鳥(상궁지조) :한번 화살을 맞은 새는 굽은 나무만 봐도 놀랄 정도로 늘 경계함	
矢	<部首> : 矢(화살시) ①화살 시(箭也) ②소리살 시(嚆矢響箭)	*矢笱(시가) :화살대. 箭竹 *矢心(시심) :마음 속으로 맹세함 *矢言(시언) :맹세하는 말. 誓言 *矢鏃(시족) :화살 촉. 箭鏃 *嚆矢(효시) :우는 살 <喩>일의 맨 처음 *迫不得已(박부득이) :일이 급하여 어쩔 수 없음 *已發之矢(이발지시) :쏘아 놓은 화살 <喩>이왕에 시작한 일을 중지하기 어려움	

武	<部首> : 止(그칠지) ①호반 무, 무반 무(軍官虎班, 武班) ②자취 무(迹也)	*武官(무관) :軍務를 맡아보는 官吏 ↔ 文官 *武器(무기) :전쟁(戰爭)에 쓰는 기구(器具) *武力(무력) :1.욱대기는 힘 2.軍隊의 힘 *武士(무사) :무사(武事)를 익힌 사람 *武術(무술) :무도(武道)의 기술(技術) *武勇(무용) :무예(武藝)와 용맹(勇猛) *武裝(무장) :전시(戰時)의 옷차림 *文武百官(문무백관) :모든 문신과 무신	《무장위협》 전쟁시(戰爭時) 무사(武士)의 위엄(威嚴)스 러운 차림을 하고서 위력(威力)으 로써 협박(脅迫)함
裝	<部首> : 衣(옷의)=衤 ①행장 장, 봇짐 장(裹也) ②꾸밀 장(飾也)	*裝甲(장갑) :철갑판(鐵甲板)으로 싸는 것 *裝飾(장식) :치장(治裝)하는 것. 꾸밈새 *裝身(장신) :몸을 꾸밈 *裝載(장재) :짐을 꾸려 수레나 배에 실음 *裝塡(장전) :1.집어넣어 장치함 2.장약(裝藥) *裝幀(장정) :책을 매어 겉 모양새를 꾸밈 *裝置(장치) :차리어 꾸며서 둠 *武裝解除(무장해제) :군사의 무장을 풀어버림	
威	<部首> : 女(계집녀) ①위엄 위(尊嚴) ②세력 위(勢也) ③으를 위(懼也)	*威力(위력) :권위(權威)에 찬 힘 *威勢(위세) :위엄(威嚴)이 있는 기세(氣勢) *威壓(위압) :위력(威力)으로 억누름 *威嚴(위엄) :의젓하고 엄숙(嚴肅)함 *威容(위용) :위엄(威嚴)있는 모습 *威脅(위협) :위력으로 으르고 협박(脅迫)함 *狐假虎威(호가호위) :여우가 호랑이 권세를 　　　　빌음 <喩>남의 권세를 빌어 위세를 부림	
脅	<部首> : 月(고기육 변)=肉 ①으를 협(脅迫, 威力恐人) ②갈비 협, 갈빗대 협(腋下)	*脅喝(협갈) :으르댐. 으르고 다잡음. 脅嚇 *脅肩(협견) :어깨를 으쓱거림. 몸을 웅송그림 *脅勒(협륵) :협박(脅迫)하여 우겨댐 *脅迫(협박) :으르고 다잡음. 脅逼 *脅制(협제) :을러메서 억누름 *脅奪(협탈) :을러대어 빼앗음 *脅威(협위) :으름 *脅肩諂笑(협견첨소) :몸을 간들거리며 아양을 　　　　부려 웃음	

放	<部首> : 攵(등글월문)=攴 ①놓을 방(釋也) ②버릴 방(棄也, 去也) ③방자할 방(肆也)	*放浪(방랑) :정처(定處)없이 떠다님 *放流(방류) :막았던 물을 흘려보냄 *放免(방면) :구속했던 사람을 놓아줌. 放赦 *放牧(방목) :가축(家畜)을 놓아 먹임 *放心(방심) :마음을 집주(集注)하지 않음. 放念 *放任(방임) :되는대로 내버려 둠 *放火(방화) :불을 놓음. 불을 지름 *放恣無忌(방자무기) :건방지고 거리낌 없음	《방화어촌》 마을에다 불을 놓음
火	<部首> : 火(불화)=灬 ①불 화(物燒而生光熱) ②급할 화(急也) ③화날 화(逆上心火)	*火急(화급) :매우 급함. 至急. *火力(화력) :불의 힘 *火氣(화기) :불 기운 *火焰(화염) :불꽃. 火炎 *火傷(화상) :불에 덴 *火病(화병) :울화병(鬱火病) *火災(화재) :불에 의한 재앙(災殃). 火難 *遠水不救近火(원수불구근화) :먼 데 물로는 　　　가까운 데 불을 끄지 못함 <喩>멀리 있는 　　　것은 화급할 때 도움이 되지 못함	
於	<部首> : 方(모방) ①어조사 어(語助辭) ②에 어(句讀) ③이보다 어(比也)	*於心(어심) :마음 속 *於是乎(어시호) :이제야. 이에 있어서 *於焉間(어언간) :어느덧. 아지 못하는 사이에 *於中間(어중간) :中間에. 엉거주춤한 狀態 *於此彼(어차피) :이렇게 하든지 저렇게 하든지 　　　　　於此於彼 *生於土歸於土(생어토귀어토) :흙에서 나서 　　　　　흙으로 돌아감	
村	<部首> : 木(나무목) ①마을 촌(聚落) ②시골 촌(山村)	*村家(촌가) :시골에 있는 집 *村居(촌거) :사골에 있는 삶 *村漢(촌한) :촌놈 *村落(촌락) :시골에 있는 마을. 村里 *村氓(촌맹) :시골에 사는 사람. 村民 *村長(촌장) :한 마을의 우두머리 *村巷(촌항) :먼 시골의 외진 길거리. 村路 *村村乞食(촌촌걸식) :이 마을 저 마을로 　　　　떠돌아 다니며 빌어먹음	

其	<部首> : 八(여덟**팔**) ①그 기, 그것 기(指物辭) ②어조사 기(語助辭) ③토씨 기(助辭)	*其間(기간) :그 동안 *其後(기후) :그 뒤 *其勢(기세) :그 세력(勢力). 그 형세(形勢) *其實(기실) :그 실제(實際) *其他(기타) :그것 외에 또 다른 것 *果若其言(과약기언) :과연 그 말과 같음 *目見毫末不見其睫(목견호말불견기첩) :터럭같은 작은 것은 보면서 자기의 눈썹은 못봄 <喩>남에 대해 알면서 자신은 정작 모름	《기타거증》 그 밖의 사건(事件)들을 일일이 들어가며 증명(證明)해 보임
他	<部首> : 亻(사람**인** 변)=人 ①다를 타(異也) ②남 타, 저 타(彼也, 自之對) ③간사할 타(邪也)	*他界(타계) :다른 세계. 사람의 죽음을 이름 *他關(타관) :고향이 아닌 다른 고장. 他鄕 *他國(타국) :다른 나라. 他邦. 他邦. 殊邦 *他力(타력) :남의 힘 ↔ 自力 *他殺(타살) :남에 의해 죽음 ↔ 自殺 *他意(타의) :1.다른 생각 2.남의 생각 *他人之宴曰梨曰栗(타인지연왈리왈률) :남의 잔치에 배놓아라 밤놓아라 함 <喩>남의 일에 간섭	
擧	<部首> : 手(손**수**)=扌 ①들 거(扛也) ②일으킬 거(起也) ③모두 거, 왼통 거(皆也) ④행할 거(行也)	*擧皆(거개) :거의 다 *擧國(거국) :온 나라 *擧動(거동) :행동이나 태도. 擧止. 擧措 *擧論(거론) :어떤 논제(論題)를 들어서 말함 *擧兵(거병) :군사를 일으킴 *擧事(거사) :큰 일을 일으킴 *擧證(거증) :사실을 들어 논증(論證)함. 立證 *行動擧止(행동거지) :몸을 움직이는 모든 짓 *擧族一致(거족일치) :온 겨레가 한마음이 됨	
證	<部首> : 言(말씀언) ①증거 증, 증험할 증(驗也) ②질정할 증(質也)	*證據(증거) :어떤 事實을 證明할 근거(根據) *證明(증명) :증거(證據)를 들어 밝힘 *證憑(증빙) :증거가 될만 함. 證據. 證左 *證書(증서) :증거가 되는 문서. 證文 *證言(증언) :사실(事實)을 증명(證明)하는 말 *證人(증인) :어떤 일에 증거로 나서는 사람 *證驗(증험) :실지로 사실을 경험(經驗)함 *證憑書類(증빙서류) :사실의 증거가 되는 서류	

被	<部首> : 衤(옷**의** 변)=衣 ①입을 피, 입힐 피(覆也) ②이불 피(寢衣, 被衾) ③창피할 피(褐被不帶)	*被告(피고) :고발(告發)을 당함 ↔ 原告 *被動(피동) :남에게 힘입어 움직임 ↔ 能動 *被服(피복) :옷 *被殺(피살) :죽임을 당함 *被襲(피습) :습격 당함 *被疑(피의) :혐의를 받음 *被害(피해) :남에게 해(害)를 입음 *一馬不被兩鞍(일마불피양안) :한 마리의 말 등에 두 개의 안장을 얹지 못함 <喩>한 여자가 두 남편을 섬기지 못함	《피해우심》 해(害)를 입힘이 더할 수 없이 심함
害	<部首> : 宀(갓머리) ①해할 해(傷也, 禍也) ②방해할 해(妨也)	*害惡(해악) :해(害)가되는 나쁜 일. 害毒 *害蟲(해충) :해(害)를 끼치는 벌레 ↔ 益蟲 *加害(가해) :남에게 해(害)를 끼침 *迫害(박해) :남을 핍박(逼迫)하여 해롭게 함 *妨害(방해) :해살을 놓아 해(害)를 끼침 *損害(손해) :해(害)를 입음 *利害(이해) :이익(利益)과 손해(損害). 得失 *利害得失(이해득실) :이익과 손해와 얻음과 잃음	
尤	<部首> : 尢(절름발이**왕**)=兀 ①더욱 우(甚也) ②허물할 우(怨也)	*尤極(우극) :더욱 *尤隙(우극) :틈이 생김. 사이가 나빠짐 *尤妙(우묘) :더욱 묘(妙)함. 더욱 신통함 *尤異(우이) :가장 뛰어남 *尤最(우최) :최상(最上) *尤悔(우회) :허물과 뉘우침 *誰怨孰尤(수원숙우) :누구를 원망하고 누구를 탓하랴 (不怨天不尤人)	
甚	<部首> : 甘(달**감**) ①심할 심(劇也) ②더욱 심, 몹시 심(尤也)	*甚口(심구) :1.큰 일 2.辯舌이 뛰어남 *甚急(심급) :매우 급함. 至急 *甚難(심난) :매우 어려움 *深甚(심심) :매우 깊음 *甚雨(심우) :심히 퍼붓는 비. 大雨. 豪雨 *甚至於(심지어) :심하게는 *去去益甚(거거익심) :가면 갈수록 더욱 심함 *防民之口甚於防水(방민지구심어방수) :백성의 원성이 없도록 하는 것은 물을 막는 것보다 어려움	

內	<部首> : 入(들**입**) ①안 내, 속 내(裏也) ②처 내(妻也)	*內廓(내곽) :안쪽 테두리 ↔ 外廓 *內面(내면) :안쪽, 속 바닥 *內部(내부) :안쪽의 부분(部分) *內外(내외) :1.안과 밖 2.부부(夫婦) *內容(내용) :그릇 따위의 속에 들어 있는 것 *內助(내조) :아내가 남편의 일을 도와 줌 *內淸外濁(내청외탁) :마음을 곧고 깨끗하게 　　　　　가지고 어지러운 세상에 뛰어들어 살아감	《내우외환》 나라 안의 걱정과 나라 밖에서 오는 환란(患亂)
憂	<部首> : 心(마음**심**)=忄=㣺 ①근심 우(愁思) ②병 우(疾也)	*憂國(우국) :나라 일을 걱정함 *憂慮(우려) :근심과 걱정. 念慮 *憂世(우세) :세상 일을 탄식(歎息)하고 걱정함 *憂愁(우수) :걱정과 근심 *憂鬱(우울) :걱정되는 일로 가슴이 답답함 *憂患(우환) :1.근심 2.질병(疾病) *杞人憂天(기인우천) :<故>杞國의 사람이 하늘이 　　　　　무너질까 근심함 <喩>쓸 데 없는 걱정. 杞憂	
外	<部首> : 夕(저녁**석**) ①바깥 외(內之對) ②겉 외(表面)	*外交(외교) :외부나 외국과의 교제(交際) *外國(외국) :자기나라 밖의 딴 나라. 外邦 *外來(외래) :1.밖에서 옴 2.외국에서 옴 *外道(외도) :1.正道를 벗어남 2.오입(誤入) *外貌(외모) :겉으로의 모습 *外出(외출) :집 밖에 잠시 나감 *臂不外曲(비불외곡) :팔이 안으로 굽음 <喩>자기 　　　　　쪽으로 유리하게 하는 것이 사람의 마음임	
患	<部首> : 心(마음**심**)=忄=㣺 ①근심 환(憂也) ②병들 환(疾也) ③어려울 환(難也) ④재앙 환(禍也)	*患難(환난) :근심과 재난(災難) *患亂(환란) :재앙(災殃). 變亂. 兵亂 *患部(환부) :병(病) 또는 상처가 난 곳. 患處 *患憂(환우) :근심 걱정 *患者(환자) :병(病)을 앓는 사람. 病者 *患候(환후) :웃어른의 병(病)을 높여 일컬음 *疾患(질환) :신체기능 장애로 생기는 병. 病 *有備無患(유비무환) :준비가 있으면 걱정이 없음	
宗	<部首> : 宀(갓머리) ①마루 종(上樑) ②밑둥 종, 근본 종(本也) ③겨레 종, 일가 종(同姓) ④교파 종(敎派)	*宗家(종가) :문중(門中)의 본가(本家). 宗室 *宗敎(종교) :超人的 神佛을 숭배하고 신앙함 *宗廟(종묘) :조상(祖上)의 사당(祠堂) *宗社(종사) :종묘(宗廟)와 사직(社稷) *宗孫(종손) :종가(宗家)의 맏손자 *宗主(종주) :1.으뜸. 根本 2.적장자(嫡長子) *宗中(종중) :한 문중(門中). 宗親. 宗班. 宗姓 *宗古施行(종고시행) :옛날에 하던 대로 행함	《종묘사직》 역대(歷代) 제왕(帝王)의 위패(位牌)를 모시는 사당(祠堂)과 토지(土地)와 곡물(穀物)을 주관(主管)하 는 신(神) <왕실(王室) 과 나라>
廟	<部首> : 广(엄 호) ①사당 묘(宗廟祠也) ②묘당 묘(廊廟前殿)	*廟啓(묘계) :朝廷에서 임금에게 上奏함 *廟堂(묘당) :祖宗의 靈을 모신 곳. 廟室. 祠堂 *廟略(묘략) :조정(朝廷)의 계략(計略) *廟社(묘사) :종묘(宗廟)와 사직(社稷) *廟謁(묘알) :임금이 宗廟에 참배(參拜)함 *廟議(묘의) :조정(朝廷)의 의론(議論) *宗廟社稷(종묘사직) :왕실과 나라를 함께 　　　　　　　이르는 말	
社	<部首> : 礻(보일시 변)=示 ①사직 사, 땅귀신 사(社稷 主土神) ②모일 사(結社, 賓朋聚會)	*社交(사교) :사회생활(社會生活)의 교제(交際) *社員(사원) :회사(會社)에 근무하는 사람 *社稷(사직) :1.토지신(土地神)과 곡신(穀神) 　　　　　2.국가(國家)와 조정(朝廷) *社會(사회) :공동생활을 하는 인류의 집단 *結社(결사) :공동의 목적을 위해 단체를 결성 *城狐社鼠(성호사서) :성안에 사는 여우와 사당에 　　　　　사는 쥐 <喩>권력자에 붙어 악행을 일삼는 간신	
稷	<部首> : 禾(벼화) ①사직 직, 흙귀신 직(社稷, 土神) ②피 직, 메기장 직(黍粟五穀之長)	*稷雪(직설) :싸라기 눈 *稷神(직신) :곡식(穀食)을 맡은 신(神). 稷正 *稷蜂(직봉) :곡물(穀物)의 신(神)을 모신 사당 　　　　　(祠堂)에 살고 있는 벌 <喩>奸臣 *稷狐(직호) :오곡(五穀)의 신(神)을 모신 사당 　　　　　(祠堂)에 사는 여우 <喩>奸臣 *社稷爲墟(사직위허) :사직이 폐허가 됨 　　　　　<意>나라가 멸망함	

忽	<部首> : 心(마음심)=忄=㣺 ①문득 홀, 깜짝할 홀(卒也) ②잊을 홀(忘也) ③가벼이여길 홀(輕視) ④올 홀(蠶吐絲)	*忽遽(홀거) :갑자기. 별안간. 卒遽 *忽待(홀대) :소홀(疎忽)히 대접(待接)함 *忽視(홀시) :1.소홀히 봄 2.깔봄. 輕視. 懇視 *忽然(홀연) :갑작스레. 忽焉. 忽地. 猝地 *忽傲(홀오) :소홀히 여겨 깔봄 *忽往忽來(홀왕홀래) :문득 가는가 하면 문득 옴 *東閃西忽(동섬서홀) :동에 번쩍, 서에 번쩍하고 　　　　　　　분주히 싸대고 돌아다님	
覺	<部首> : 見(볼견) ①깨달을 각(寤也曉也) ②깨우칠 각(知也) ③꿈깰 교(夢醒)	*覺得(각득) :깨달음 *覺悟(각오) :깨달음 *覺醒(각성) :깨달아 뉘우침 *覺書(각서) :約束을 記錄한 文書 *覺寤(각오) :1.잠에서 깨어남 2.깨달음 *覺者(각자) :진리(眞理)를 깨달은 사람 *不知不覺(부지불각) :알지 못하는 결. 모르는 결 *覺跌千里(각질천리) :큰 일을 그르치는 자를 　　　　　　　깨닫게 하는 뜻	《忽覺危局》 문득 깨달으니 위태(危殆)한 시국(時局)임
危	<部首> : 卩(병부절)=㔾 ①위태할 위(不安) ②높을 위(高也)	*危閣(위각) :높은 누각(樓閣). 峻閣 *危局(위국) :위태한 시국(時局)이나 형국(形局) *危急(위급) :위태(危殆)하고 급함 *危機(위기) :위태한 경우(境遇) *危亂(위란) :나라가 위태하고 혼란(混亂)함 *危殆(위태) :안전(安全)하지 못하고 위험함 *危險(위험) :안전하지 못함. 危殆함 *見危授命(견위수명) :위기를 보고 목숨을 바침	
局	<部首> : 尸(주검시 엄) ①판 국(棋盤) ②부분 국(部分)	*局量(국량) :도량(度量)과 재간(才幹) *局面(국면) :1.바둑판의 형세 2.일의 진행상태 *局部(국부) :1.身體 가운데의 일부분 2.陰部 *局所(국소) :전체(全體) 가운데의 一部分 *局地(국지) :한정(限定)된 지역(地域) *局限(국한) :일부(一部)에 한정(限定) *當局者迷(당국자미) :직접 그 일을 맡고 있는 　　　　사람은 오히려 그 실지 사정에 어두움	
直	<部首> : 目(눈목) ①곧을 직(不曲) ②바를 직(正也) ③바로 직(卽也, 直接, 直面) ④번들 직(侍也, 當直, 宿直)	*直徑(직경) :곡선의 중심을 지나는 현. 지름 *直立(직립) :똑바로 섬 *直視(직시) :똑바로 봄 *直面(직면) :직접으로 어떤 사물에 접함 *直線(직선) :곧은 줄 ↔ 曲線 *直前(직전) :바로 앞. 直後 *直接(직접) :중간에 매개가 없이 바로 접함 *不問曲直(불문곡직) :옳고 그름을 묻지 않고 　　　　함부로 함 <意>덮어놓고 마구함	
諫	<部首> : 言(말씀언) ①간할 간(諍也直言以悟人) ②충고할 간(忠告) ③풍간할 간(諷也)	*諫言(간언) :간(諫)하는 말. 충고(忠告)하는 말 *諫爭(간쟁) :굳세게 간(諫)함. 諫諍 *苦諫(고간) :고언(苦言)으로 간절히 간(諫)함 *固諫(고간) :굳이 간(諫)함. 기어이 간함 *直諫(직간) :맞 대하여 바른 말로 간함 *忠諫(충간) :충성(忠誠)스런 마음으로 간함 *往者不可諫來者猶可追(왕자불가간래자유가추) : 　과거의 일은 논치 말고 장래의 일이나 주의하라	《直諫決斷》 결단(決斷)을 내릴 것을 거리낌 없이 간(諫)함
決	<部首> : 氵(삼수 변)=水=氺 ①결단할 결(斷也) ②판단할 결(判也)	*決斷(결단) :망설이지 않고 딱 잘라 결정함 *決死(결사) :죽기를 각오하여 결심(決心)함 *決算(결산) :계산(計算)을 마감함 *決勝(결승) :최후의 승패(勝敗)를 결정함 *決心(결심) :뜻을 정하여 마음을 먹음. 決意 *決定(결정) :결단(決斷)하여 작정(作定)함 *決死反對(결사반대) :죽음을 걸고 반대함 *死生決斷(사생결단) :죽음을 각오하고 끝장냄	
斷	<部首> : 斤(날근) ①끊을 단(截也) ②한결같을 단(斷斷專一)	*斷交(단교) :교제나 국교관계를 끊음. 絶交 *斷面(단면) :물체(物體)의 잘라낸 면(面) *斷絶(단절) :관계(關係)가 끊어짐. 絶斷. 斷切 *斷定(단정) :딱 잘라서 결정(決定)함 *斷乎(단호) :딱 잘라 처리(處理)하는 모양 *判斷(판단) :생각하여 정(定)함 *斷末魔(단말마) :숨이 끊어질 때의 고통 *一刀兩斷(일도양단) :한칼로 나누듯 선뜻 결정함	

憤	<部首> : 忄(심방변)=忄=心 *賁과 同, 忿과 通 ①분할 분, 결낼 분(懣也)	*憤慨(분개) :1.분하여 한탄함 2.憤怒와 慨歎 *憤氣(분기) :분한 기운 *憤激(분격) :몹시 분하여 성을 냄 *憤怒(분노) :분하여 몹시 성냄. 忿怒. 憤恚 *憤痛(분통) :몹시 분하여 마음이 쓰리고 아픔 *雪憤(설분) :분을 풀음. 분풀이 *鬱憤(울분) :분한 마음이 가슴에 가득함 *憤氣撑天(분기탱천) :분한 기운이 하늘을 치받음	
慨	<部首> : 忄(심방변)=忄=心 *愾와 同 ①분할 개(高亢憤激) ②강개할 개(慷慨失意壯士不得志) ③슬플 개(悲也)	*慨慨(개개) :歎息하는 모양 *慨世(개세) :세상의 형편을 歎息하고 근심함 *慨然(개연) :1.분개(憤慨)하는 모양 　　　　　2.슬퍼 탄식(歎息)하는 모양 *慨嘆(개탄) :의분(義憤)이 북받쳐 歎息함. 慨歎 *慨恨(개한) :탄식(歎息)하고 원망(怨望)함 *悲憤慷慨(비분강개) :슬프고 분하여 마음이 　　　　　북받쳐 한탄함	《분개탄왈》 몹시 분하여 탄식(歎息)하 면서 가로대
歎	<部首> : 欠(하품흠 방) *嘆과 通 ①탄식할 탄, 한숨쉴 탄(吟息) ②아름답다할 탄(稱美) ③화답할 탄(讚和)	*歎感(탄감) :마음에 사무쳐 歎息함. 感歎 *歎服(탄복) :감탄(感歎)하여 심복(心服)함 *歎辭(탄사) :감탄(感歎)하여 하는 말 *歎聲(탄성) :1.탄식하는 소리 2.감탄하는 소리 *歎息(탄식) :한숨을 쉬며 한탄(恨歎)함 *歎願(탄원) :한숨을 쉬면서 願함. 몹시 願함 *亡羊之歎(망양지탄) :기로에서 양을 잃고 탄식함 　　　　　<喩>여러갈래의 학문을 바로잡기 어려움	
曰	<部首> : 曰(가로왈) ①가로되 왈, 가라사대 왈(語端) ②일컬을 왈(稱也) ③얌전치못한계집 왈(曰字, 曰牌)	*曰若(왈약) :말을 시작할 때의 어사(語詞) *曰牌(왈패) :言行이 단정(端正)치 못하고 　　　　　수선스러운 사람 　　　　　(주로 여자에게 씀) *曰是曰非(왈시왈비) :어떤 일에 잘함과 　　　　　　　　　잘 못함을 말함 *孟子曰孔子曰(맹자왈공자왈) :선비들이 책만을 　　　　　읽으며 실천없이 공리공론만 일삼음	

至	<部首> : 至(이를지) ①이를 지(到也) ②지극할 지(極也)	*至極(지극) :매우 *至今(지금) :이제. 시방. 現今 *至當(지당) :아주 타당(妥當)함 *至誠(지성) :매우 지극(至極)한 정성(精誠) *至大(지대) :아주 큼 *至嚴(지엄) :매우 엄함 *至尊(지존) :더없이 존귀(尊貴)함. 至高 *至于今(지우금) :지금까지, 지금에 와서 *道雖邇不行不至(도수이불행부지) :갈 길이 　　　　　비록 가까워도 가지 않으면 닿을 수 없음	
于	<部首> : 二(두이) ①부터 우(於也, 乎也) ②갈 우(往也) ③어조사 우(語助辭) *歎息의 뜻	*于歸(우귀) :신부(新婦)가 처음으로 　　　　　시가(媤家)에 들어가는 일 *于役(우역) :임금의 명(命)으로 외국(外國)에 　　　　　사자(使者)로 감. 行役 *于嗟(우차) :탄식(歎息)하는 소리. 　　　　　탄미(歎美)하는 소리. 아아! *獨立不慚于影(독립불참우영) :혼자 서 있어도 　　　　　그림자에 부끄럽지 않음 <喩>품행단정	《지우금혜》 오늘날에 이르름이여,
今	<部首> : 人(사람인)=亻 ①이제 금(對古之稱) ②오늘 금(今日也)	*今般(금반) :이번. 今番. 今期. 今次 *今明(금명) :오늘과 내일 *今方(금방) :이제 막. 지금 막. 今時. 方今 *今昔(금석) :이제와 예. 古今 *今天(금천) :오늘. 今日 *昨今(작금) :어제와 오늘 *今時初聞(금시초문) :이제야 처음 들음 *今昔之感(금석지감) :예와 지금을 비교하여 　　　　　너무 차가 크다고 느끼는 감회	
兮	<部首> : 八(여덟팔) ①어조사 혜(語助辭) ②노래후럼 혜(歌辭) ③말멈출 혜(語有所稽)	*兮呀(혜하) :목소리가 애처로워서 사람의 　　　　　마음을 움직이게 하는 것 　　　　　<九華眞人書>忍發哀音之兮呀 *富貴之畏人兮不若貧賤之肆志(부귀지외인혜 　불약빈천지사지) :부귀하게 되어 사람을 두려워 　　　　　하기보다는 빈천해도 기를 펴고 아무 　　　　　근심없이 사는 것만 못함	

嗚	<部首> : 口(입구) ①탄식할 오(歎辭)	*嗚啞(오아) :웃는 소리, 웃는 모양 *嗚咽(오열) :목이 메도록 울음 *嗚唈(오읍) :1.상심(傷心)함 2.흐느껴 욺 *嗚呼(오호) :탄식(歎息)의 소리. 　　　　　　감탄(感歎)의 말. 　　　　　　烏乎. 於乎 *嗚呼噫嘻(오호희희) :어어 참! 이라고 할 때에 　　　　　　나오는 감탄사	《오호석재》 오호! 애석(哀惜)하 도다!
呼	<部首> : 口(입구) ①숨내쉴 호(外息) ②부를 호(喚也) ③슬퍼할 호(嗚呼歎辭)	*呼價(호가) :값을 부름. 값을 정함 *呼名(호명) :이름을 부름 *呼出(호출) :불러 냄 *呼訴(호소) :사정(事情)을 남에게 간청(懇請)함 *呼稱(호칭) :불러 일컬음. 이름을 지어 부름 *呼吸(호흡) :숨의 내쉼과 들이마심 *呼兄呼弟(호형호제) :형이니 동생이니 하는 사이 *指呼之間(지호지간) :손짓해 부를 만큼 가까운 　　　　　　거리	
惜	<部首> : ↑(심방변)=忄=心 ①아낄 석, 아까울 석(恪也) ②가엾을 석(憐也) ③사랑할 석(愛也)	*惜別(석별) :아쉬운 이별 *惜福(석복) :검소한 생활로 사치를 하지 않음 *惜春(석춘) :가는 봄을 아깝게 여김 *惜敗(석패) :경쟁에서 아깝게 짐. 憤敗. 償敗 *哀惜(애석) :슬프고 가엾게 여김 *愛惜(애석) :사랑하고 아깝게 여김 *萬死無惜(만사무석) :만번 죽어도 아깝지 않음 　　　　　　<喩>죄가 무거워 용서의 여지가 없음	
哉	<部首> : 口(입구) ①어조사 재(語助辭) ②답다 재(間隔辭) ③그런가 재(疑辭) ④비로소 재(始也)	*哉生明(재생명) :달이 처음으로 보이는 때. 　　　　　　곧 음력(陰曆) 초사흘 *哉生魄(재생백) :달에 처음으로 魄이 생김. 　　　　　　곧 음력(陰曆) 十六日 *時哉時哉(시재시재) :좋은 때를 만나 기뻐 　　　　　　감탄하는 소리. 時乎時乎 *天何言哉(천하언재) :하늘이 어찌 말을 하겠 　　　　　　는가! <意>하늘은 말이 없지만 도를 행함	
使	<部首> : 亻(사람인 변)=人 ①부릴 사(役也) ②하여금 사(令也)	*使令(사령) :1.명령(命令)함 2.심부름하는 아이 *使命(사명) :1.지워진 임무(任務) 2.使君. 勅使 *使臣(사신) :사명을 띠고 외국에 파견되는 신하 *使用(사용) :부려서 씀 *使喚(사환) :잔 심부름꾼 *使者(사자) :심부름군. 使人 *使嗾(사주) :남을 부추겨서 나쁜 일을 시킴 *咸興差使(함흥차사) :함흥에 간 사신이 돌아오지 　　　　　　않은 고사 <喩>심부름을 가서 소식이 없음	《사신파견》 임금의 명(命)을 받은 사신(使臣)을 출장(出張)보 냄
臣	<部首> : 臣(신하신) ①신하 신(事君之稱)	*臣僚(신료) :모든 신하(臣下). 官吏. 有司. 百僚 *臣民(신민) :관리(官吏)와 민중(民衆). 臣庶 *臣節(신절) :신하가 지켜야 할 절개(節槪) *臣忠(신충) :신하로서의 충의(忠義) *君臣(군신) :임금과 신하 *股肱之臣(고굉지신) :팔다리와 같이 믿는 신하 *亂臣賊子(난신적자) :반란을 일으켜 나라를 　　　　　　어지럽히는 신하와 부모에 반역하는 자식	
派	<部首> : 氵(삼수 변)=水=氺 ①물갈래 파(分流) ②파벌 파(派閥) ③보낼 파(派遣)	*派遣(파견) :임무(任務)를 띠워서 나누어 　　　　　　출장(出張)을 보냄. 派送 *派閥(파벌) :신분(身分)이나 소속(所屬) 　　　　　　등을 같이 하는 연결(聯結) *派別(파별) :1.흩어져 헤어짐 2.나누어진 갈래 *派生(파생) :어떤 主體로부터 갈라져 나옴 *派爭(파쟁) :편싸움. 당파(黨派)싸움 *特派員(특파원) :특별히 파견한 사람	
遣	<部首> : 辶(책받침)=辵 ①보낼 견(送也祛也) ②쫓을 견(逐也) ③견전제 견(祖奠)	*遣歸(견귀) :돌려보냄 *遣外(견외) :해외(海外)에 파견(派遣)함 *遣悶(견민) :답답한 속을 풀음. 消悶 *遣奠(견전) :발인시(發靷時) 門前에서 지내는 　　　　　　제식(祭式). 遣奠祭. 路奠. 路祭 *遣情(견정) :어떤 생각을 發散시킴. 氣分풀이 *派遣部隊(파견부대) :전략상 또는 경비상의 　　　　　　필요로 파견된 군대	

紐	<部首> : 糸(실사 변) ①단추 뉴, 속단추 뉴(牡鈕) ②맺을 뉴, 맬 뉴(結也)	*紐鈕(유구) :(中)1.경첩 2.단추 *紐帶(유대) :상호관계(相互關係). 　　　　　　결합(結合)시키는 기능(機能)과 　　　　　　조건(條件) *紐星(유성) :북극성좌(北極星座)의 주된 별	《유대관계》 서로간에 가지고 있는 공통(共通)의 관심사(關心 事)에 대하여 서로가 우호적(友好 的)으로 상관(相關)함
帶	<部首> : 巾(수건건) ①띠 대(紳也) ②찰 대(佩也) ③데릴 대(隨行) ④둘레 대(圓也)	*帶劍(대검) :1.칼을 참 2.총구(銃口)에 꽂는 칼 *帶同(대동) :데리고 함께 감 *帶率(대솔) :부하나 식솔을 거느려 이끎. 領率 *連帶(연대) :서로 연결(連結)함 *一帶(일대) :어떤 지역의 전부(全部). 一圓 *地帶(지대) :한정(限定)된 땅의 구역(區域) *携帶(휴대) :어떤 물건(物件)을 몸에 지님 *緩衝地帶(완충지대) :어떤 영역 사이의 중립지대	
關	<部首> : 門(문문) ①빗장 관(완)(關鍵) ②관문 관(界上門) ③관계될 관(완)(要會處)	*關鍵(관건) :빗장과 자물쇠. 關鑰. (謎)要解處 *關係(관계) :서로 걸려 상관(相關)됨. 關與 *關聯(관련) :서로 걸리어 얽힘. 聯關 *關門(관문) :1.關의 門 2.중요한 門 3.문을 닫음 *關心(관심) :마음에 걸리어 잊지 못함. 關念 *關外(관외) :1.서울 밖 2.테두리 밖 3.관계 밖 *關節(관절) :뼈와 뼈를 연결하는 부분 *吾不關焉(오불관언) :나는 그 일에 상관하지 않음	
係	<部首> : 亻(사람인 변)=人 ①맬 계(縛也) ②이을 계(繼也) ③당길 계(曳也)	*係累(계루) :1.얽매여 관련됨 　　　　　　2.몸에 얽매인 累. 처자권속 　　　　　　(妻子眷屬)들의 累. 家累 *係嗣(계사) :代를 이을 양자(養子). 繼嗣. 繼後 *係員(계원) :사무를 갈라 맡아 일보는 사람 *係着(계착) :마음에 늘 꺼림칙하게 걸림 *因果關係(인과관계) :사물의 생성과 변화에는 　　　　　　반드시 원인과 결과의 연관이 있는 관계	

況	<部首> : 氵(삼수 변)=水=氺 　*況은 俗字 ①하물며 황(矧也, 況且) ②형편 황, 모양 황(樣也, 狀況)	*況味(황미) :체험(體驗)의 맛. 境地 *況然(황연) :종(鐘)소리의 형용(形容) 　　　　<呂覽>以椎毀之 鐘況然有音 *況且(황차) :하물며 *狀況(상황) :일이 되어가는 상태(狀態) *盛況(성황) :성대(盛大)한 상황(狀況) *盛況裏(성황리) :성황을 이룬 속 *狀況圖(상황도) :어떤 일의 상황을 나타내는 도표	《황차침략》 하물며 나라의 경계(境界)를 침노하여 노략질 함
且	<部首> : 一(한일) ①또 차, 또한 차(又也) ②우선 차(于先) ③구차할 차(苟且) ④거의 차(幾也)	*且月(차월) :陰曆 六月 <爾雅>六月爲且 *且置(차치) :우선(于先)으로 내버려 둠 *苟且(구차) :1.가난하고 군색함 2.떳떳치 못함 *重且大(중차대) :중요하고도 큼 *且驚且喜(차경차희) :한편 놀라고 한편 기뻐함 *且戰且走(차전차주) :한편 싸우면서 한편 달아남 *且置勿論(차치물론) :내버려 두고 논의 삼지 않음	
侵	<部首> : 亻(사람인 변)=人 ①침노할 침(犯也) ②점점 침(漸進) ③흉작 침(凶作)	*侵攻(침공) :남의 나라를 침입하여 쳐들어감 *侵略(침략) :침노하여 빼앗음. 侵掠. 侵抄 *侵掠(침략) :남의 물건을 폭력으로 빼앗음 *侵伐(침벌) :침범하여 침 *侵犯(침범) :침노하여 범(犯)함. 侵冒 *侵入(침입) :침범(侵犯)하여 들어감 *侵奪(침탈) :침범하여 빼앗음 *侵害(침해) :침범하여 해(害)를 끼침. 侵損	
略	<部首> : 田(밭전) 　*畧과 同 ①간략할 략(簡也) ②꾀 략(謀也, 方略) ③범할 략(犯也) *掠과 通	*略歷(약력) :대강(大綱)의 이력(履歷) *略少(약소) :간략(簡略)하고 적음 *略述(약술) :간략하게 논술함 *略式(약식) :간략한 의식(儀式)이나 양식(樣式) *簡略(간략) :손쉽고 간담(簡單)함 *計略(계략) :계책(計策)과 모략(謀略) *攻略(공략) :남의 땅을 쳐서 침범(侵犯)함 *雄才大略(웅재대략) :크게 뛰어난 재주와 꾀	

焉	<部首> : 灬(불화)=火 ①어조사 언(語助辭) ②어찌 언(何也)	*焉敢(언감) :어찌 감히 *焉烏(언오) :焉字와 烏字의 글자 모양이 비슷하여 틀리기 쉬운 것 ≒ 魯魚 *終焉(종언) :1.어떤 일에 종사(從事)하다가 그 일로 세상을 마침 2.일이 끝남 *忿莫甚焉(분막심언) :분함이 더할 나위 없음 *焉敢生心(언감생심) :어찌 감히 마음을 낼까? <意>감히 그런 마음을 먹을 수 없음	
敢	<部首> : 攵(등글월문)=攴 ①감히 감(冒昧辭) ②과단성있을 감(果敢) ③구태어 감(忍爲)	*敢然(감연) :용감(勇敢)한 모양 *敢戰(감전) :결사적(決死的)인 전투(戰鬪) *敢直(감직) :용감하리 만치 정직(正直)함 *敢行(감행) :용감(果敢)히 행함. 敢爲 *果敢(과감) :과단성(果斷性)있고 용감스러움 *勇敢(용감) :씩씩하고 겁이 없으며 기운참 *愛親者不敢惡於人(애친자불감악어인) :부모를 위하는 사람은 남에게 나쁜 짓을 못함	《언감용서》 어찌 감히 용서(容恕)를 바라겠는가!
容	<部首> : 宀(갓머리) ①얼굴 용, 모양 용(貌也) ②용납할 용(受也)	*容納(용납) :너그럽게 들어줌. 받아줌. 容受 *容量(용량) :그릇에 물건이 담기는 분량 *容貌(용모) :사람의 얼굴 모양 *容色(용색) :용모와 안색 *容顔(용안) :얼굴모양 *容恕(용서) :죄를 면하여 줌. 容貸. 容赦 *斷不容貸(단불용대) :단연코 용서하지 않음 *冶容誨淫(야용회음) :여자가 몸치장만 하면 음탕한 남자가 와서 음란한 짓을 하려고 함	
恕	<部首> : 心(마음심)=忄=㣺 ①용서할 서(以己體人) ②헤아릴 서(忖也) ③어질 서(仁也) ④동정심 서(同情心)	*恕諒(서량) :용서(容恕)하고 양해(諒解)함 *恕免(서면) :용서하여 죄(罪)를 면(免)해 줌 *恕思(서사) :남을 동정(同情)함 *恕宥(서유) :관대(寬大)하게 용서(容恕)함 *恕直(서직) :관대(寬大)하고 정직(正直)함 *情恕理遣(정서이견) :잘못이 있으면 온정으로 참고 이치에 비추어 용서함	
御	<部首> : 彳(두인 변) ①어거할 어, 거느릴 어(統也) ②임금에대한경칭 어 *馭와 同 ③막을 어(禦也)	*御駕(어가) :임금이 타는 수레. 大駕 *御命(어명) :임금의 명령(命令). 御令 *御用(어용) :임금이 쓰는 물건. 御物 *御冬(어동) :겨울 준비. 禦冬 *御史(어사) :임금의 명(命)을 띤 관리(官吏) *御璽(어새) :임금의 도장(圖章). 御寶. 玉璽 *暗行御史(암행어사) :우리나라에서 지방의 정치를 몰래 살피기 위해 특파한 사신	
意	<部首> : 心(마음심)=忄=㣺 ①뜻 의(志之發心所嚮) ②생각 의(思也)	*意見(의견) :자기 마음속에 느낀 생각 *意味(의미) :글이나 말이 가지고 있는 뜻. 意義 *意思(의사) :마음먹은 생각. 意志 *意識(의식) :느껴서 앎 *意慾(의욕) :무엇을 하고자 하는 마음 *意中(의중) :마음 속 *意志(의지) :1.뜻 2.결심하여 실행하는 능력 *萬事如意(만사여의) :모든 일이 뜻과 같이 됨	《어의윤허》 임금의 뜻으로 허락(許諾)함
允	<部首> : 儿(어진사람인 발) ①진실로 윤(眞實) ②허락할 윤(諾也, 允許)	*允恭(윤공) :진실(眞實)로 공손(公孫)함 *允納(윤납) :허락(許諾)하여 받아들임 *允當(윤당) :진실로 맞음 *允若(윤약) :진심(眞心)으로 순종(順從)함 *允許(윤허) :임금이 許可함. 允兪. 允下. 允可 *允諧(윤해) :잘 어울림. 誠實히 和合됨. 允協 *平允之士(평윤지사) :공평성실한 사람	
許	<部首> : 言(말씀언) ①허락할 허(與也) ②기약할 허(期也)	*許可(허가) :희망(希望)을 들어줌 *許多(허다) :몹시 많음. 수두룩 함. *許諾(허락) :청(請)하고 바라는 바를 들어줌 *許容(허용) :허락(許諾)하여 용납(容納)함 *免許(면허) :특정인에게 권리를 허가함 *特許(특허) :특별(特別)히 허가(許可)함 *夢中許人覺且不背其信(몽중허인각차불배기신) : 꿈에 승낙한 것을 깨어서도 실행함 <喩>信義	

巨	<部首> : 工(장인공) ①클 거(大也) ②많을 거(巨多) ③억 거(萬萬數也)	*巨軀(거구) :몸집이 큰 사람. 巨體 *巨金(거금) : 큰 돈. 많은 돈. 巨款. 巨額 *巨大(거대) :엄청나게 큼 *巨頭(거두) :우두머리. 重要人物 *巨物(거물) : 근 인물(人物)이나 물건(物件) *巨匠(거장) :學藝界에서 뛰어난 사람. 大家 *不以細疵棄巨美(불이세자기거미) :조그마한 　　결점 때문에 큰 아름다움을 버리는 않음	
視	<部首> : 衤(보일시 변)=示 ①볼 시(瞻也) ②대접 시(看待)	*視線(시선) :눈이 가는 방향(方向). 눈길 *視野(시야) :視力이 미치는 범위(範圍). 視界 *視察(시찰) :돌아다니며 사정을 살펴 봄 *視聽(시청) :눈으로 보고 귀로 들음 *恝視(괄시) :업신여겨 하찮게 대함. 恝待 *賤視(천시) :업신여겨 봄. 업신여김. 賤待 *虎視耽耽(호시탐탐) :범이 먹이를 노려 눈을 　　부릅뜨고 내려다 봄 <喩>기회를 엿봄	《거시안적》 국면(局面)을 크고 넓게 보는 안목(眼目)으 로
眼	<部首> : 目(눈목) ①눈 안(目也) ②볼 안(視也)	*眼瞼(안검) :눈꺼풀 *眼球(안구) :눈알. 눈망울 *眼鏡(안경) :시력(視力)을 돕기 위해 쓰는 것 *眼力(안력) :눈으로 보는 능력. 視力. 眼聰 *眼目(안목) :1.눈동자 2.사물을 분별하는 見識 *眼中(안중) :1.눈속 2.마음속 *眼中無人 *眼下無人(안하무인) :눈 아래 아무 사람도 없음 　　<喩>방자하고 교만하여 사람을 업신여김 *眼鼻莫開(안비막개) :눈코 뜰새 없음 <喩>바쁨	
的	<部首> : 白(흰백) ①과녁 적(射板) ②의 적, 것 적(形容助辭) ③밝을 적(明也) ④적실할 적, 꼭그러할 적(實也)	*的否(적부) :꼭 들어맞고 안맞음 *的實(적실) :틀림이 없음. 꼭 그러함 *的中(적중) :화살이 과녁에 들어 맞음 *的證(적증) :적확(的確)한 증거(證據). 確證 *的確(적확) :확실(確實)함 *近視眼的(근시안적) :사물을 극히 얕게 보는 것 *弓的相適(궁적상적) :활과 과녁이 서로 맞음 　　　　<喩>기회가 서로 부합함	

征	<部首> : 彳(두인 변) ①갈 정(行也) ②칠 정(上伐下) ③세받을 정(取稅)	*征途(정도) :1.적을 치러 나가는 길 2.여행 길 *征路(정로) :여행 길. 征途. 旅路 *征伐(정벌) :軍士로써 罪 있는 무리를 침 *征服(정복) :정벌(征伐)하여 복종(服從)시킴 *征稅(정세) :세금(稅金)을 징수(徵收)함 *征役(정역) :조세(租稅)와 부역(夫役) *征戰(정전) :출정(出征)하여 싸움 *東征西伐(동정서벌) :여러나라를 이리저리 정벌함	
伐	<部首> : 亻(사람인 변)=人 ①칠 벌(征也) ②벨 벌(斫也) ③자랑할 벌(自矜也)	*伐德(벌덕) :덕(德)을 어김 *伐木(벌목) :나무를 벰 *伐善(벌선) :자기(自己)의 선행(善行)을 뽐냄 *伐採(벌채) :산판(山坂)의 나무를 베어냄 *伐草(벌초) :무덤의 잡풀을 베어 냄 *討伐(토벌) :불온(不穩)한 무리를 군사로 침 *徼幸者伐性之斧(요행자벌성지부) :뜻밖의 행복을 　　얻는 것은 사람의 마음을 베는 도끼와 같음	《정벌계획》 군대(軍隊)를 동원(動員)하 여 가서 쳐 무찌를 것을 꾀하여 미리 작정(作定)함
計	<部首> : 言(말씀언) ①셀 계, 셈 계(數也) ②꾀할 계(籌策)	*計器(계기) :측량(測量)하는 기구(器具) *計略(계략) :계책(計策)과 모략(謀略). 計謀 *計算(계산) :수량(數量)을 헤아림. 셈함 *計策(계책) :계교(計巧)와 방책(方策) *計測(계측) :부피,무게,길이 등을 헤아려 봄 *計劃(계획) :꾀하여 미리 작정(作定)함 *苦肉之計(고육지계) :매우 궁박한 상태에서 　　자신의 희생도 각오하고 적을 속이는 계책	
劃	<部首> : 刂(칼도 방)=刀 ①그을 획(以刀破物) ②계획할 획(作事, 計劃)	*劃給(획급) :주어야 할 것을 갈라서 줌. 劃下 *劃然(획연) :명확(明確)하게 區別된 모양 *劃一(획일) :줄친 듯이 모두가 가지런함 *劃定(획정) :명확히 구별(區別)하여 정함 *劃期的(획기적) :1.새로운 時代를 긋는 狀態 　　　　2.새로운 紀元을 별러서 한 그 것 *毁瓦劃墁(훼와획만) :기와를 헐고 벽에 금을 　　긋는 일 <喩>남의 집에 해를 줌	

會	<部首> : 曰(가로왈) ①모을 회(聚也) ②모둘 회(合也) ③맞출 회(適也)	*會計(회계) :금전이나 물품의 출납을 계산함 *會談(회담) :회합(會合)하여 이야기 함 *會同(회동) :사람들의 모임 *會社(회사) :영리를 목적으로 하는 조직 *會心(회심) :마음에 흐뭇하게 들어맞음. 得意 *會議(회의) :서로 모여서 의논(議論)함 *會合(회합) :서로 모임. 集合 *以文會友(이문회우) :학문으로 친구를 사귐	
議	<部首> : 言(말씀언) ①의논할 의(定事之宜) ②말할 의(語也)	*議決(의결) :의논(議論)하여 결정(決定)함 *議論(의논) :각자가 의견을 내어 상의함 *議事(의사) :회의에서 어떤 일을 의논함 *議案(의안) :회의에서 토의하기 위한 안건 *議員(의원) :합의체(合議體)의 구성원(構成員) *議題(의제) :의안(議案)의 제목(題目) *議會(의회) :합의제(合議制)의 기관(機關) *不可思議(불가사의) :보통 생각으로는 헤아릴 수 없음	《회의토론》 여럿이 모여서 의논(議論)하 면서 의제(議題)에 대한 각자(各者)의 의견(意見)을 말함
討	<部首> : 言(말씀언) ①칠 토, 다스릴 토(治也) ②찾을 토(尋也) ③꾸짖을 토(訶也) ④구할 토(求也)	*討論(토론) :논제(論題)를 둘러싸고 의논함 *討捕(토포) :쳐서 잡음 *討滅(토멸) :쳐서 멸망(滅亡)시킴 *討伐(토벌) :군대(軍隊)를 보내어 침 *討索(토색) :금품(金品)을 억지로 구(求)함 *討議(토의) :의견(意見)을 내어 협의(協議)함 *討罪(토죄) :죄(罪)를 나무람 *爛商討議(난상토의) :하나하나 충분히 의논함	
論	<部首> : 言(말씀언) ①의논할 론(議也) ②말할 론(說也)	*論客(논객) :의논(議論)을 잘하는 사람 *論及(논급) :논한 말이 어떤 데에 미침. 言及 *論理(논리) :의논이나 논증(論證)의 이치 *論說(논설) :사물을 평론(評論)하고 설명함 *論議(논의) :서로 의견을 논술하여 토의함 *論爭(논쟁) :의논(議論)으로써 서로 싸움 *論評(논평) :논의(論議)하여 비평(批評)함 *甲論乙駁(갑론을박) :서로 논란하고 반박함	

是	<部首> : 日(날일) ①옳을 시(非之對) ②이 시(此也)	*是非(시비) :1.옳음과 그름. 是是非非 　　　　　2.옳으니 그르니 말다툼 *是認(시인) :옳다고 인정(認定)함 ↔ 否認 *是正(시정) :잘못을 고침 *是非調(시비조) :시비를 거는 말투 *是非曲直(시비곡직) :옳고 그름. 是非善惡 *口是傷人斧(구시상인부) :입은 남을 상하게 하는 　　　　　도끼임 <意>말을 함부로 하면 화를 부름	
非	<部首> : 非(아닐비) ①그를 비(不正) ②아닐 비(不是) ③어길 비(違也)	*非但(비단) :다만 (否定하는 말 앞에) *非禮(비례) :禮가 아님. 예에 어긋남. 無禮 *非理(비리) :이치(理致)에 어긋남. 非道. 非違 *非常(비상) :보통이 아님. 예사(例事)가 아님 *非違(비위) :법(法)에 어긋남 *非情(비정) :인정(人情)이 없음. 無情 ↔ 有情 *非一非再(비일비재) :한두 번이 아님 *是非之心(시비지심) :시비를 가릴 줄 아는 마음	《시비곡절》 옳으니 그르니 하면서 복잡(複雜)하 게 시시비비(是 是非非)를 논(論)하게 됨
曲	<部首> : 日(가로왈) ①굽을 곡(不直) ②곡조 곡, 가락 곡(歌詞調也)	*曲法(곡법) :법(法)을 왜곡(歪曲)함 *曲辯(곡변) :1.歪曲하는 말 2.仔細히 辯論함 *曲線(곡선) :굽은 선(線) *曲說(곡설) :편벽(偏僻)되고 그른 이론. 曲論 *曲藝(곡예) :눈을 속이는 재주. 曲馬. 妖術 *曲折(곡절) :1.구부러지고 꺾어짐. 　　　　　2.복잡(複雜)한 내용(內容) *九曲肝腸(구곡간장) :굽이굽이 사무친 마음 속	
折	<部首> : 扌(재방 변)=手 ①꺾을 절(拗也) ②절단할 절(斷之) ③굽힐 절(屈也, 曲也) ④일찍죽을 절(夭也)	*折米(절미) :토막 쌀. 싸라기 *折半(절반) :하나를 둘로 나눈 반. 半折 *折草(절초) :풀이나 잎나무를 벰. 伐草 *折衷(절충) :양쪽 입장을 중간에서 調整함 *斷折(단절) :꺾음. 부러뜨림 *夭折(요절) :나이가 젊어서 죽음. 夭死. 短折 *百折不屈(백절불굴) :수없이 꺾어도 꺾이지 않음 *迂餘曲折(우여곡절) :뒤얽힌 복잡한 사정	

贊	<部首> : 貝(조개패) ①도울 찬(佐也) ②기릴 찬(頌也)	*贊決(찬결) :일을 도와서 맺음 *贊反(찬반) :찬성(贊成)과 반대(反對). 贊否 *贊成(찬동) :1.도와서 함께 함. 助成 　　　　　　2.옳다고 동의(同意)함. 贊同 *贊意(찬의) :찬성(贊成)하는 뜻 *贊頌(찬송) :찬성하고 칭찬(稱讚)함. 讚頌 *贊助(찬조) :뜻을 같이해 도와줌. 贊翼. 贊佐 *贊助演說(찬조연설) :도와서 덧붙여 하는 연설	
反	<部首> : 又(또우) ①돌이킬 반(正之對) ②배반할 반(叛也) ③그런데 반 ④이치에 뒤칠 번(平反理枉)	*反對(반대) :방향이 맞서서 등지게 되는 상태 *反面(반면) :반대(反對)의 방면(方面) *反復(반복) :되풀이 함 *反省(반성) :돌이켜 살핌. 反求. 自責 *反逆(반역) :배반(背反)하고 모역(謀逆)함 *反應(반응) :어떤 현상에 대해 돌이켜 응함 *反面教師(반면교사) :다른 사람이나 사물의 　　　　　　부정적인 측면에서 가르침을 얻음	《찬반투표》 찬성(贊成)과 반대(反對)의 의사(意思)를 표시(標示)한 쪽지를 냄
投	<部首> : 扌(재방 변)=手 ①던질 투(擲也) ②버릴 투(棄也) ③줄 투(贈也) ④의탁할 투(適也, 託也)	*投棄(투기) :던져 버림 *投入(투입) :던져 넣음 *投機(투기) :기회를 보아 이익을 보려는 짓 *投宿(투숙) :여관(旅館)에 들어서 잠 *投身(투신) :어떤 일에 몸을 던져 관계함 *投資(투자) :자금(資金)을 투입(投入)함 *投擲(투척) :내던짐. 던짐. 棄擲 *漢江投石(한강투석) :한강에 돌 던지기 　　　　　　<喩>아무리 애를 써도 보람이 없음	
票	<部首> : 示(보일시)=礻 ①쪽지 표, 표 표, 문서 표(傳票) ②날랠 표(票姚, 勁疾)	*票決(표결) :투표(投票)로 결정(決定)함 *票子(표자) :1.지폐(紙幣) 2.어음. 수표(手票) *記票(기표) :투표용지(投票用紙)에 써 넣음 *得票(득표) :투표에서 찬성을 표를 얻음 *投票(투표) :표결시 各人이 표지(票紙)에 　　　　　　자기의 의사를 밝혀서 내는 일 *議事票決(의사표결) :회의에서 어떤 일을 　　　　　　의논하고 투료로써 결정함	

志	<部首> : 心(마음심)=忄=⺗ ①뜻 지(心之所之) ②기록할 지(記也) *誌와 通	*志氣(지기) :의지(意志)와 기개(氣槪). 志槪 *志慮(지려) :뜻과 생각, 마음 *志望(지망) :뜻하여 바람. 志願. 希望 *志士(지사) :기개가 높고 포부가 큰 사람 *志節(지절) :지조(志操)와 절개(節槪) *意志(의지) :생각. 의향(意向). 志意 *志學之年(지학지년) :학문에 뜻을 둘 나이 *靑雲之志(청운지지) :세상에 크게 출세할 뜻	
士	<部首> : 士(선비사) ①선비 사(儒也, 四民之首) ②벼슬 사(官之總名) ③군사 사(士氣, 勇士) ④남자 사(尊稱)	*士官(사관) :兵士를 지휘하는 武官. 將校 *士氣(사기) :무사(武士)의 씩씩한 기운(氣運) *士林(사림) :선비들의 세계. 士類 *士兵(사병) :모든 졸병(卒兵). 兵士 *士操(사조) :선비의 지조(志操) *士族(사족) :문벌(門閥)이 높은 집안. 士大夫 *忠臣烈士(충신열사) :충성스러운 신하와 　　　　　　절개가 굳은 선비	《지사단합》 정의(正義)로 운 뜻을 가진 사람들이 모여서 뭉침
團	<部首> : 囗(큰입구 몸) ①둥글 단(圓也) ②모을 단(聚也) ③덩이질 단(聚結貌)	*團結(단결) :많은 사람이 뭉쳐서 행동(行動)함 *團飯(단반) :둥근 주먹밥 *團束(단속) :잡도리를 단단히 함 *團員(단원) :단체(團體)의 일원(一員) *團圓(단원) :1.둥글음 2.집안이 원만(圓滿)함 　　　　　　3.소설이나 연극 따위의 끝장 *大同團結(대동단결) :크게 한가지로 단결함 *一致團結(일치단결) :여럿이 한덩어리로 결합함	
合	<部首> : 口(입구) ①합할 합, 모일 합(結合,會也) ②같을 합(同也) ③짝 합(配也)	*合格(합격) :1.격(格)에 맞음 2.試驗에 通過 *合計(합계) :한 데 몰아서 계산함. 合算 *合當(합당) :꼭 알맞음 *合理(합리) :이치에 맞음 *合同(합동) :여럿이 모여 하나로 함께 함 *合流(합류) :둘 이상의 강물이 합쳐 흐름 *合成(합성) :둘 이상이 합쳐서 하나가 됨 *塵合泰山(진합태산) :티끌 모아 태산 　　　　　　<喩>작은 것도 모이면 크게 이루어짐	

同	<部首> : 口(입구) ①같을 동, 한가지 동(共也) ②같이할 동(等也)	*同感(동감) :남과 같게 느낌 *同甲(동갑) :나이가 같음. 同庚 *同居(동거) :한 집에서 같이 삶 *同氣(동기) :형제자매(兄弟姉妹). 同胞 *同等(동등) :같이 평등(平等)함 *同一(동일) :서로 한가지로 같음 *同調(도조) :남과 보조(步調)를 같이함 *異口同聲(이구동성) :여러사람의 말이 한결같음	《동조협조》 보조(步調)를 같이 하여 서로 힘을 보태어 도움
調	<部首> : 言(말씀언) ①고를 조(和也) ②곡조 조, 가락 조(音調樂律)	*調達(조달) :잘 조정(調整)하여 통하게 함 *調練(조련) :병사(兵士)를 훈련(訓練)시킴 *調査(조사) :내용을 자세히 살펴 알아봄 *調律(조율) :악기의 음(音)을 알맞게 고름 *調節(조절) :정도(定度)에 맞추어 알맞게 함 *調整(조정) :고르게 하여 정돈(整頓)함 *調和(조화) :서로가 잘 어울림 *雨順風調(우순풍조) :기후가 순조로워 태평함	
協	<部首> : 十(열십) ①도울 협(助也) ②화할 협(和也)	*協同(협동) :힘과 마음을 함께 합함 *協力(협력) :힘을 합하여 서로 도움 *協商(협상) :협의(協議)하여 계획하고 약속함 *協議(협의) :서로 논의(論議)함 *協助(협조) :힘을 보태어 서로 도움 *協調(협조) :힘을 모아 서로 조화(調和)함 *協同生活(협동생활) :여럿이 서로 마음과 　　　　　　힘을 같이 합하여 살아가는 생활	
助	<部首> : 力(힘력) ①도울 조(輔佐)	*助力(조력) :힘을 도와 줌. 助勢 *助味(조미) :음식 맛을 좋게 함 *助産(조산) :분만(分娩)을 도움 *助手(조수) :主張되는 사람의 일을 돕는 사람 *助言(조언) :옆에서 남의 말을 도움. 도움말 *助役(조역) :남의 일을 도와주는 역할(役割) *助援(조원) :도와줌. 援助 *天佑神助(천우신조) :하늘과 신령의 도움	

何	<部首> : 亻(사람인 변)=人 ①어찌 하, 무엇 하(曷也) ②누구 하, 어느 하(孰也)	*何等(하등) :어떠한 따위. 아무런. 조금도 *何物(하물) :무슨 물건(物件). 어떤 것 *何時(하시) :어느 때. 언제 *何如(하여) :어떻게. 어찌. 如何 *何人(하인) :누구 *何處(하처) :어느 곳, 어디 *何必(하필) :어찌 반드시. 무슨 필요가 있어서 *不煙之突煙何生(불연지돌연하생) :아니 땐 굴뚝에 　　어찌 연기가 날 것인가? (突不煙不生煙)	《하필구녕》 어찌 반드시 편안(便安)함 을 구하랴!
必	<部首> : 心(마음심)=忄=㣺 ①반드시 필(定辭) ②오로지 필(專也)	*必讀(필독) :꼭 읽어야 함 *必勝(필승) :꼭 이김 *必罰(필벌) :죄 있는 자는 반드시 처벌함 *必死(필사) :반드시 죽음. 죽기를 결심함 *必須(필수) :꼭 있어야 함. 必需. 必要. 必用 *必然(필연) :반드시 그렇게 됨. 必至 ↔ 偶然 *必要(필요) :꼭 소용이 됨. 반드시 있어야 함 *轡長必踐(비장필천) :고삐가 길면 반드시 밟힘 　　<喩>옳지 못한 일을 계속하면 끝내 들킴	
求	<部首> : 水(물수)=水=氵 ①구할 구(覓也) ②요할 구(要也) ③찾을 구(索也)	*求乞(구걸) :남에게 돈 따위를 비는 일 *求道(구도) :1.길을 찾음 2.바른 도리를 구함 *求愛(구애) :이성(異性)의 사랑을 구함 *求心(구심) :1.마음에 구함 2.중심으로 쏠림 *求刑(구형) :형벌(刑罰)에 처할 것을 요구함 *求婚(구혼) :혼인(婚姻) 자리를 찾음 *上山求魚(상산구어) :산위에 올라 물고기를 구함 　　<喩>당치않은 데 가서 되지도 않을 것을 구함	
寧	<部首> : 宀(갓머리) ①편안할 녕(安也) ②차라리 녕(願詞) ③어찌 녕(何也) ④정녕 녕(諄復丁寧)	*寧居(영거) :안심하고 편안히 삶. 寧處 *寧儉(영검) :절약하고 검소하게 함. 節儉 *寧歲(영세) :별다른 일이 없고 평화로운 해 *寧日(영일) :별다른 일이 없고 편안한 하루 *寧息(영식) :1.편히 쉼 2.평온하게 다스림 *寧晏(영안) :편안하고 평화로움. 晏寧. 安寧 *壽福康寧(수복강녕) :오래 살고 행복하고 　　　　　　건강하고 마음이 평안함	

壯	<部首> : 士(선비사) ①장할 장, 씩씩할 장(大也) ②젊을 장(盛年)	*壯觀(장관) :웅장한 경치. 大觀. 偉觀 *壯年(장년) :기운이 한창인 30살 전후의 나이 *壯圖(장도) :씩씩하고 큰 계획이나 포부. 雄圖 *壯烈(장렬) :씩씩하고 열렬함 *壯士(장사) :혈기 넘치는 용감한 사내. 壯丁 *壯志(장지) :씩씩한 뜻. 매우 크게 품은 뜻 *老當益壯(노당익장) :늙었어도 더욱 씩씩함 *血氣方壯(혈기방장) :피와 기운이 한창 씩씩함	《장정모집》 기운(氣運)이 왕성(旺盛)하 고 씩씩한 젊은 사나이들을 널리 구(求)하여 불러 모음
丁	<部首> : 一(한일) ①장정 정(成年者) ②일꾼 정(僕役者) ③백정 정(庖丁) ④당할 정(當也)	*丁艱(정간) :상(喪)을 당함. 丁憂 (外艱은 父喪, 內艱은 母喪) *丁男(정남) :한창때의 남자. 丁壯.丁夫 ↔ 丁女 *丁年(정년) :남자의 스무 살 *藁履丁粉(고리정분) :짚신에 분 바르기 <喩>일이 격에 맞지 않음 *目不識丁(목불식정) :낫 놓고 기억자도 모름 <喩>매우 무식함	
募	<部首> : 力(힘력) ①널리구할 모(廣求) ②부를 모(召也)	*募軍(모군) :1.군인을 모집함 2.품팔이꾼 *募金(모금) :기부금(寄附金)을 모음. 集金 *募兵(모병) :급료를 조건으로 兵丁을 모집함 *募選(모선) :여럿을 모아 그 중에서 가려 뽑음 *募債(모채) :공채(公債)나 사채(社債)를 모음 *募集(모집) :뽑아서 모음 *公募(공모) :널리 공개(公開)하여 모집함	
集	<部首> : 隹(새추) ①모을 집(聚也會也) ②문집 집(經史子集諸書總要)	*集結(집결) :한 곳으로 모임. 結集 *集計(집계) :모아서 합계(合計)함 *集團(집단) :떼. 모임. 團體 *集散(집산) :모임과 흩어짐 *集中(집중) :한 곳을 중심(中心)으로 모임 *集合(집합) :한 곳으로 모임 *集會(집회) :여러 사람이 모임 *集小成多(집소성다) :작은 것을 모아 많이 이룸	
兵	<部首> : 八(여덟팔) ①군사 병(從戎戰鬪者) ②무기 병(戎器) ③전쟁 병(戰爭)	*兵器(병기) :전쟁에 쓰는 모든 기구. 兵械 *兵力(병력) :군대(軍隊)의 힘 *兵馬(병마) :무기(武器)와 군마(軍馬) <轉>戰爭 *兵法(병법) :전쟁의 요령(要領)과 방법. 戰術 *兵士(병사) :군사(軍士). 土兵. 兵卒. 兵丁 *兵役(병역) :병사가 되어 군무에 종사하는 일 *勝負兵家常事(승부병가상사) :이기고 지는 것은 병가의 흔한 일 <喩>한번 실패에 낙심 말 것	《병졸소환》 군사(軍士)들 을 불러서 오게 함
卒	<部首> : 十(열십) ①마칠 졸(終盡) ②별안간 졸(倉卒) ③종 졸(僕卒, 從卒) ④항오 졸(軍伍)	*卒遽(졸거) :갑자기, 별안간. 卒暴(졸포). 卒然 *卒去(졸거) :갑자기 죽음. 急去. 急逝 *卒年(졸년) :죽은 해. 沒年 *卒倒(졸도) :갑자기 정신(精神)을 잃고 쓰러짐 *卒業(졸업) :학업(學業)을 마침 *卒逝(졸서) :사거(死去)의 존칭(尊稱). 逝去 *烏合之卒(오합지졸) :갑자기 모인 훈련 안 된 병정 *倉卒之間(창졸지간) :갑작스러운 순간 졸지에	
召	<部首> : 口(입구) ①부를 소(呼也) ②청할 소(招也) ③과부 소(寡婦召史)	*召命(소명) :임금이 신하를 부르는 명령 *召募(소모) :의병(義兵) 등을 모집(募集)함 *召史(소사) :과부(寡婦). 성(姓) 다음에 붙임 *召集(소집) :구성원(構成員)을 불러서 모음 *召喚(소환) :관청(官廳)에서 부름 *召還(소환) :중도(中途)에 돌아오게 함 *遠禍召福(원화소복) :화를 멀리하고 복을 부름 *言有召禍(언유소화) :말 때문에 화를 부름	

喚	<部首> : 口(입구)
	①부를 환(呼也)
	②새이름 환(禽名喚起)
		*喚起(환기) :1.사라지려는 기억(記憶)을
		         부러 일으킴 2.새의 이름
		*喚想(환상) :지나간 생각을 불러 일으킴. 想起
		*喚醒(환성) :잠자는 사람을 불러 깨움
		         <喩>어리석은 사람을 깨우침
		*喚呼(환호) :소리 높이 부름
		*阿鼻叫喚(아비규환) :많은 사람이 지옥과 같은
		       고통에 못 견뎌 구원을 부르짖는 모양	

忠	<部首> : 心(마음심)=忄=⺗ ①충성 충(盡心不欺) ②공변될 충(無私)	*忠告(충고) :충심으로 남의 허물을 경계함 *忠誠(충성) :참마음에서 나오는 정성(精誠) *忠臣(충신) :충성(忠誠)스러운 신하(臣下) *忠言(충언) :진심(眞心)에서 나오는 말 *忠節(충절) :충성스러운 절개(節槪) *忠直(충직) :충실하고 정직함. 忠正 *忠不避危(충불피위) :충의를 위해서는 위험도 　　　　　　　　　　　피하지 않음	《충성맹서》 참마음에서 우러나는 충의(忠義)의 정성(精誠)을 바칠 것을 다짐하여 약속(約束)함
誠	<部首> : 言(말씀언) ①정성 성(純一無僞) ②진실 성(眞實)	*誠懇(성간) :정성스럽고 간절한 것. 誠悃 *誠款(성관) :참된 마음. 誠心 *誠敬(성경) :정성(精誠)으로 공경(恭敬)함 *誠金(성금) :정성으로 내는 돈 *誠實(성실) :정성스럽고 참되어 거짓이 없음 *誠心(성심) :정성스러운 마음. 誠款. 眞心 *誠意(성의) :참된 마음 *至誠感天(지성감천) :지성이면 하늘도 감동함	
盟	<部首> : 皿(그릇명) ①맹세 맹(誓約) ②믿을 맹, 미쁠 맹(信也)	*盟邦(맹방) :동맹(同盟)을 맺은 나라 *盟約(맹약) :약속(約束)함. 盟誓 *盟言(맹언) :맹세하는 말 *盟友(맹우) :친한 교제(交際)를 맺은 벗 *盟主(맹주) :同盟의 주재자(主宰者). 盟首 *盟誓(맹서, 맹세) :1.신불(神佛) 앞에 約束함 　　　　　　　2.將來를 두고 다짐하여 約束함. 盟約 *海誓山盟(해서산맹) :바다와 산과 같이 굳은 맹서	
誓	<部首> : 言(말씀언) ①맹세할 서(約信戒也) ②약속 서(約束)	*誓告(서고) :임금이 큰일을 종묘(宗廟)에 고함 *誓盟(서맹) :맹세함. 盟誓. 盟約 *誓約(서약) :굳은 약속(約束). 盟誓. 契約 *誓文(서문) :맹세하는 글. 誓書. 誓約文 *誓言(서언) :맹세하는 말. 誓詞 *誓願(서원) :맹세(盟誓)하고 원(願)하는 것 *指天爲誓(지천위서) :하늘에 맹세함 *齧臂之誓(설비지서) :팔뚝을 깨물어 맹세함	

軍	<部首> : 車(수레거) ①군사 군(衆旅) ②진칠 군(師所駐)	*軍紀(군기) :군대의 규율 또는 풍기. 軍律 *軍隊(군대) :장병(將兵)의 조직집단(組織集團) *軍令(군령) :군사상(軍士上)의 명령(命令) *軍事(군사) :군대나 전쟁(戰爭)에 관한 일 *軍營(군영) :군인이 군무를 위해 있는 곳 *軍用(군용) :군사 또는 군대에 소용되는 것 *軍人(군인) :장병(將兵)의 통칭. 兵士. 軍士 *孤軍奮鬪(고군분투) :홀로 여럿을 상대로 싸움	《군대계급》 일정(一定)한 규율(規律) 아래 편성(編成)된 장병(將兵)의 집단(集團)에 는 상명하복(上 命下服)을 위한 관위(官位)나 신분(身分)의 높고 낮음을 구분(區分)짓 는 계급(階級)의 체계(體系)가 있음
隊	<部首> : 阝(좌부 변)=阜 ①떼 대, 무리 대 　(隊伍, 部也, 群也)	*隊列(대열) :떼를 지어 늘어선 행렬(行列) *隊員(대원) :무리를 이루는 구성원(構成員) *隊伍(대오) :軍隊의 行伍(항오). 伍는 五人組 *部隊(부대) :일부(一部)의 군대(軍隊) *編隊(편대) :隊伍를 편성함. 또는 그 隊伍 *艦隊(함대) :군함(軍艦)으로 편성된 부대 *五馬作隊(오마작대) :마병(馬兵)이 행군할 때 　　　　　　　　오열종대(五列縱隊)로 편성하는 방식	
階	<部首> : 阝(좌부 변)=阜 ①섬돌 계(陛也) ②층뜰 계(登堂道) ③층 계(階梯差等) ④벼슬차례 계(級也)	*階級(계급) :官位, 身分 等의 上下. 等級 *階段(계단) :1.층층대. 階除 2.順序. 等級 階序 *階除(개제) :층층대. 階段 *階梯(계제) :1.사닥다리. 階段 2.일의 좋은 기회 *階層(계층) :차례(次例)와 층(層) *階次(계차) :地位, 品階, 等級의 순서(順序) *釋階登天(석계등천) :사다리를 버리고 하늘을 　　　　　　　　오르려 함 <喩>불가능한 일	
級	<部首> : 糸(실사 변) ①차례 급, 등급 급, 층 급(等次) ②실갈피 급(絲次第) ③두름 급(編魚二十) *國字	*級數(급수) :1.계급(階級) 2.배열한 수열(數列) *級差(급차) :지위(地位)의 순서(順序). 等級 *高級(고급) :높은 계급(階級) *等級(등급) :여러층으로 나눈 급수(級數) *上級(상급) :윗 등급(等級). 높은 계급(階級) *進級(진급) :上級으로 등급(等級)이 올라감 *特級(특급) :특별(特別)한 등급이나 계급 *一資半級(일자반급) :보잘 것 없는 작은 벼슬	

先	<部首> : 儿(어진사람인 발) ①앞 선(前也) ②먼저 선(始也) ③선조 선(先祖)	*先代(선대) :조상(祖上)의 대(代). ↔ 後代 *先導(선도) :앞장서서 이끌음 *先頭(선두) :첫머리. 先端 *先輩(선배) :학교나 직장을 먼저 거친 사람 *先鋒(선봉) :맨 앞장 *先親(선친) :돌아가신 아버지. 先考 ↔ 先妣 *先公後私(선공후사) :공변된 일을 먼저하고 　　　　　　　　사사로운 일은 나중에 함	
整	<部首> : 攵(등글월문)=攴 ①가지런할 정, 정돈할 정(齊也) ②신칙할 정(飭也)	*整頓(정돈) :가지런히 바로잡음. 整理 *整列(정렬) :바르게 나란히 섬 *整理(정리) :가지런히 바로잡아 다스림. 整頓 *整然(정연) :잘 정돈(整頓)된 모양 *調整(조정) :골라서 잘 정돈(整頓)함 *李下不整冠(이하부정관) :오얏나무 밑에서 갓을 　　　바로 하지 말라 <喩>의심받을 짓을 하지 　　　말라 (李下不整冠 瓜田不納履)	《선정질서》 먼저 질서(秩序)를 가지런히 함
秩	<部首> : 禾(벼화) ①차례 질(次序) ②품수 질(品秩, 祿廩) ③봉급 질(俸給)	*秩高(질고) :관직(官職)이나 녹봉(祿俸)이 　　　　　　높음 ↔ 秩卑 *秩米(질미) :봉급(俸給)으로 받는 쌀. 祿米 *秩滿(질만) :관직에서 일정한 임기가 참. 滿任 *秩序(질서) :사물(事物)의 조리(調理), 또는 　　　　　　그 순서(順序). 秩次 *秩序整然(질서정연) :사물의 조리 또는 　　　　　　올바른 차례가 잘 정돈된 모양	
序	<部首> : 广(엄 호) ①차례 서(次第) ②학교 서, 고남 서(學也) ③서지을 서(陳經旨) *叙와 通	*序頭(서두) :어떤 차례의 첫머리 *序論(서론) :머릿말의 논설(論說). 緒論. 序說 *序幕(서막) :1.처음 여는 幕 2.일의 처음 始作 *序文(서문) :머릿글. 序言. 叙文 緒言 ↔ 跋文 *序跋(서발) :서문(序文)과 발문(跋文). 題跋 *序列(서열) :1.차례(次例)로 늘어섬 2.順序 *序齒(서치) :나이먹은 차례대로 함 *次序(차서) :차례(次例). 순서(順序)	

規	<部首> : 見(볼견) ①법 규(規律法也) ②그림쇠 규(規矩正圓器)	*規格(규격) :일정(一定)한 표준(標準) *規模(규모) :1.컴퍼스와 본 2.본보기가 될 基準 *規範(규범) :판단,평가,행위의 기준. 規模 *規律(규율) :행위의 준칙(準則)이 되는 본보기 *規定(규정) :규칙(規則)을 정(定)함 *規程(규정) :준칙(準則)이 되는 규칙(規則) *規則(규칙) :지키고 따라야 할 준칙(準則) *規矩準繩(규구준승) :일상에서 지켜야 할 법도	
律	<部首> : 彳(두인 변) ①법 률(法也) ②풍류 률(律呂)	*律動(율동) :규칙적이거나 리듬에 맞게 움직임 *律呂(율려) :1.육률(六律)과 육려(六呂) 　　　　　　2.음악(音樂) 또는 가락 *律令(율령) :법률(法律)과 명령(命令) *律法(율법) :규정된 규범(規範). 法律. 法度 *律師(율사) :변호사(辯護士) *二律背反(이율배반) :서로 모순되는 사실이 　　　한 행동이나 사건 속에 동등하게 주장됨	《규율엄격》 행위(行爲)의 준칙(準則)이 되는 규칙(規則)과 기율(紀律)이 엄숙(嚴肅)하 고 정당(正當)함
嚴	<部首> : 口(입구) ①엄할 엄(威也) ②혹독할 엄(寒氣凜列) ③계엄할 엄(戒嚴防衛)	*嚴格(엄격) :말과 행동이 嚴肅하고 正當함 *嚴禁(엄금) :엄하게 막음 *嚴斷(엄단) :엄하게 처단(處斷)함 *嚴冬(엄동) :혹독(酷毒)하게 추운 겨울. 隆冬 *嚴命(엄명) :엄중(嚴重)하게 명령(命令)함 *嚴父(엄부) :자기 아버지의 경칭(敬稱). 嚴親 *嚴肅(엄숙) :장엄(莊嚴)하고 정숙(靜肅)함 *嚴冬雪寒(엄동설한) :눈이 오고 몹시 추운 겨울	
格	<部首> : 木(나무목) ①격식 격(法式) ②자품 격(資格) ③바를 격(正也) ④대적할 격(敵也)	*格物(격물) :사물의 이치(理致)를 연구함 *格上(격상) :품격이 높아짐 *格式(격식) :격(格)에 어울리는 법식(法式) *格言(격언) :교훈이 될 만한 짧은 말. 金言 *格調(격조) :품위에 맞는 格과 어울리는 調 *格鬪(격투) :서로 맞붙어 치고받고 싸움 *格物致知(격물치지) :사물의 본질이나 이치를 　　　　　　끝까지 연구하여 많은 지식을 닦음	

命	<部首> : 口(입구) ①목숨 명(天之所賦人所稟受) ②명령할 명(敎令)	*命令(명령) :분부(分付, 吩咐). 지휘(指揮) *命脈(명맥) :목숨과 혈맥(血脈) *命名(명명) :이름을 지어 붙임 *命分(명분) :하늘이 정한 운수(運數). 運命 *命運(명운) :운명(運命) *命中(명중) :겨냥한 곳을 바로 맞춤. 的中 *盡人事待天命(진인사대천명) :사람으로서 할 　　　　일을 다한 뒤에 천명을 기다림	《명령복종》 지휘체계(指 揮體系)를 통한 윗사람의 분부(吩咐)에 대해 부하(部下)로 서 좇고 따름
令	<部首> : 人(사람인)=亻 ①하여금 령(使也) ②명령할 령(命也) ③벼슬이름 령, 원 령(官命) ④착할 령(善也)	*令監(영감) :1.正三品, 從二品 官員 2.늙은이 *令室(영실) :남의 婦人에 대한 존칭. 令閨令正 *令息(영식) :남의 아들에 대한 존칭. 令子.令胤 *令愛(영애) :남의 딸에 대한 존칭. 令媛.令孃 *令尊(영존) :남의 아버지에 대한 존칭. 椿府丈 　　　　　↔ 令母.令慈 令堂 *三尺鬚食令監(삼척염식영감) :수염이 석자라도 먹어야 양반 <喩>배가 불러야 체면도 차림	
服	<部首> : 月(달월) ①옷 복, 옷입을 복(衣也) ②복종할 복, 좇을 복(服從) ③직분 복, 일할 복(職也) ④약먹을 복(服藥)	*服務(복무) :직무(職務)를 맡아 봄 *服飾(복식) :의복(衣服)과 장신구(裝身具) *服役(복역) :공공(公共)의 일에 종사(從事)함 *服用(복용) :1.옷을 입음 2.몸에 붙임 3.먹음 *服從(복종) :좇고 따름. 部下가 됨. 服屬. 從屬 *國難克服(국난극복) :나라의 어려움을 이겨나감 *驥服鹽車(기복염차) :천리마가 소금수레를 끎 　　<喩>유능한 인재가 하찮은 일에 종사함	
從	<部首> : 彳(두인 변) ①따를 종, 좇을 종(隨也) ②부터 종(自也) ③조용할 종(舒緩貌)	*從今(종금) :이제부터 *從來(종래) :이제까지 *從當(종당) :이 뒤에 마땅히 *從事(종사) :어떤 일을 일삼아 함 *從屬(종속) :주(主) 되는 것에 딸려 붙음 *從容(종용) :1.요란하지 않음 2.부추김. 慫慂 *從前(종전) :이전(以前)부터의 일을 좇음. 以前 *病從口入禍從口出(병종구입화종구출) :병은 　　입을 따라 들어오고 화는 입을 따라 나감	
將	<部首> : 寸(마디촌) ①장차 장(漸也) ②장수 장(將帥) ③거느릴 장(將之) ④나아갈 장(進也) ⑤행할 장(行也)	*將校(장교) :군대(軍隊)의 무관(武官). 軍官 *將軍(장군) :軍의 장성급(將星級) 지휘자 *將來(장래) :앞으로 닥쳐올 때. 後來. 未來 *將兵(장병) :장교와 병졸. 將卒. 將士 *將帥(장수) :軍의 우두머리. 將領. 大將. 將率 *將次(장차) :차차. 앞으로 *獨不將軍(독불장군) :혼자서는 장군이 못됨 　　<意>따돌림을 당하며 모든 일을 혼자 하는 사람	《장수지휘》 군사(軍士)를 거느리는 우두머리가 병사(兵士)들 이 해야 할 일과 방략(方略)을 지시(指示)하 여 시킴
帥	<部首> : 巾(수건건) ①장수 수(將帥) ②주장할 수(主也) ③거느릴 솔(領兵) *率과 同 ④좇을 솔(循也)	*帥臣(수신) :병사(兵使)와 수사(水使)를 　　　　　일컫던 말 *元帥(원수) :군인의 가장 높은 계급(階級) *統率(통솔) :온통 몰아서 거느려 지도(指導)함 *統帥(통수) :온통 몰아 거느림. 統率. 統領 *帥先(솔선) :남에 앞장서서 함. 率先 *統帥權(통수권) :대통령(大統領)이 국군(國軍) 을 지휘(指揮) 통수(統帥)하는 권한(權限)	
指	<部首> : 扌(재방 변)=手 ①가리킬 지(示也) ②뜻 지(歸趣)	*指導(지도) :가르쳐 인도(引導)함 *指示(지시) :가리켜 보임. 일러 가르침 *指定(지정) :이것이라고 가리켜 정함 *指針(지침) :1.가리키는 바늘 2.지시하는 要因 *指向(지향) :가리켜 그쪽으로 향하게 함 *指揮(지휘) :어떤 일을 지시하여 시킴. 指麾 *指鹿爲馬(지록위마) :사슴을 가리켜 말이라 함 　　<喩>윗사람을 농락하여 권세를 마구 휘두름	
揮	<部首> : 扌(재방 변)=手 ①휘두를 휘(振也) ②지휘할 휘(指揮) ③흩을 휘(散也)	*揮劍(휘검) :칼을 휘두름 *揮淚(휘루) :눈물을 뿌림 *揮發(휘발) :液體가 氣體로 되어 蒸發함 *揮帳(휘장) :둘러친 장막(帳幕) *揮毫(휘호) :붓을 휘두름. 글씨를 씀. 揮筆 *發揮(발휘) :떨쳐서 드러냄 *一筆揮之(일필휘지) :한숨에 줄기차게 글씨를 　　　　　내리씀	

參	<部首> : ㅿ(마늘**모**) ①**참여할 참**(間厠干與) ②층날 참, 가지런하지않을(不齊) 　*參差不齊(참치부제) ③석 삼(數名)	*參加(참가) :어떤 모임이나 단체에 참여함 *參考(참고) :참조(參照)하여 생각함 *參謀(참모) :1.모의(謀議)에 참여(參與)함 　　　　　　2.作戰의 計劃을 맡아보는 將校 *參席(참석) :모임의 자리에 참여(參與)함 *參與(참여) :참가(參加)하여 관계(關係)함 *參照(참조) :참고(參考)로 대어 봄 *亦參其中(역참기중) :남의 일에 참여(參與)함	《참모보좌》
謀	<部首> : 言(말씀**언**) ①**꾀 모**(計也) ②도모할 모(圖也) ③의논할 모(議也)	*謀略(모략) :꾀와 방략(方略). 謀計 *謀利(모리) :이익(利益)만을 꾀함 *謀免(모면) :꾀를 써서 면(免)함. 벗어남 *謀叛(모반) :임금에게 배반을 꾀함. 謀反 *謀士(모사) :계략을 잘 꾸미는 사람. 策士 *謀議(모의) :일을 논의(議論)하여 계획(計劃)함 *謀陷(모함) :꾀를 써서 빠지게 함 *深謀遠慮(심모원려) :깊은 계략과 멀리 보는 생각	군(軍)의 작전(作戰)이 나 용병(用兵) 등(等)에 관(關)한 계획(計劃)이 나 지도(指導)를 맡아보는 장교(將校)가 지휘(指揮)하 는 장수(將帥)를 도움
輔	<部首> : 車(수레**거**) ①**도울 보**(弼也, 助也) ②수레덧방나무 보(兩旁夾車木)	*輔國(보국) :나라 일을 도움 *輔相(보상) :1.서로를 도와 줌 2.大臣, 宰相 *輔翼(보익) :도와서 좋은 데로 인도함. 輔導 *輔仁(보인) :벗끼리 서로 도와서 仁德을 닦음 *輔佐(보좌) :자기보다 윗사람을 도움. 補佐 *輔弼(보필) :1.천하의 政事를 도움 2.宰相 *脣齒輔車(순치보거) :서로 밀접한 관계로 돕고 　　　　　　의지함. 脣亡齒寒과 輔車相依의 합친 말	
佐	<部首> : 亻(사람**인** 변)=人 ①**도울 좌**(輔也) ②보좌관 좌(輔佐官)	*佐戴(좌대) :도움을 받음 *佐命(좌명) :임금이나 천명(天命)을 받아 　　　　　　임금이 될 사람을 도움 *佐飯(좌반→자반) :생선(生鮮)을 소금에 　　　　　　절인 반찬(飯饌) *佐治(좌치) :정치를 도와 나라를 다스림. 佐理 *王佐之材(왕좌지재) :임금을 도와서 나라의 큰 　　　　　　일을 할 만한 인재	

臨	<部首> : 臣(신하**신**) ①**임할 림**(苻也) ②군림할 림(君臨)	*臨檢(임검) :현장(現場)에 가서 조사(調査)함 *臨機(임기) :시기(時機)에 다달음 (例)臨機應變 *臨迫(임박) :어떤 때가 가까이 닥쳐 옴 *臨席(임석) :자리에 나아감 *臨時(임시) :정기적이 아닌 그때 그때 *臨終(임종) :죽게 된 때를 당함. 臨命 *臨渴掘井(임갈굴정) :목이 말라서야 샘을 팜 　　　　<喩>준비없이 일을 당하고서야 허둥댐	《임전용맹》
戰	<部首> : 戈(창**과**) ①**싸움 전**(鬪也) ②무서워떨 전(戰戰懼也)	*戰功(전공) :전쟁(戰爭)에서 세운 공훈(功勳) *戰亂(전란) :전쟁으로 세상이 어지러움. 兵亂 *戰死(전사) :싸움터에서 싸우다가 죽음. 戰亡 *戰勢(전세) :전쟁이 되어가는 형편. 戰況 *戰術(전술) :전쟁(戰爭)하는 방법(方法) *戰慄(전율) :두려워서 몸이 벌벌 떨림 *戰爭(전쟁) :무력에 의한 국가간의 싸움. 戰鬪 *山戰水戰(산전수전) :세상의 온갖 고생을 다 겪음	
勇	<部首> : 力(힘**력**) ①**날랠 용**(氣健, 銳也) ②**용기 용**(勇氣) ③**용맹할 용**(果敢) ④억센사람 용(猛士)	*勇敢(용감) :용기있고 과단성(果斷性) 있음 *勇斷(용단) :용기있게 결단함. 勇決. 果斷 *勇氣(용기) :씩씩하고 굳센 기운(氣運) *勇猛(용맹) :날래고 사나움 *勇士(용사) :용기있는 병사(兵士). 勇兵 *勇將(용장) :용감한 장수(將帥) ↔ 庸將 *勇將手下無弱兵(용장수하무약병) :용감한 　　　　　장수 밑에는 약한 군사가 없음	싸움에 임(臨)해서는 날래고 사나움
猛	<部首> : 犭(개사슴록 변)=犬 ①**사나울 맹, 모질 맹**(惡也) ②날랠 맹(勇也)	*猛攻(맹공) :맹렬(猛烈)한 공격(攻擊). 猛擊 *猛烈(맹렬) :기세(氣勢)가 몹시 사납고 세참 *猛獸(맹수) :사나운 짐승 *猛威(맹위) :사나운 위세(威勢) *猛將(맹장) :강하고 사나운 장수(將帥) *猛虎(맹호) :몹시 사나운 범 *猛虎伏草(맹호복초) :사나운 범이 풀숲에 엎드려 　　　　있음 <喩>영웅이 때를 기다려 숨어 지냄	

優	<部首>：亻(사람인 변)=人 ①나을 우(劣之對) ②이길 우(勝也) ③광대 우(倡優俳優)	*優待(우대) :특별(特別)히 잘 대우(待遇)함 *優等(우등) :훌륭히 빼어난 등급(等級) *優良(우량) :뛰어나게 좋음 *優伶(우령) :優는 광대, 伶은 樂人 優倡 俳優 *優勢(우세) :세력(勢力)이 우수함 ↔ 劣勢 *優秀(우수) :여럿 가운데 가장 빼어남 *優勝(우승) :가장 빼어남. 첫째로 이김 *優柔不斷(우유부단) :어물거리며 결단하지 못함	《우승열패》
勝	<部首>：力(힘력) ①이길 승(負之對) ②나을 승(優也) ③경치좋을 승(景勝)	*勝境(승경) :경치가 좋은 곳. 勝地. 勝區 *勝景(승경) :빼어나게 좋은 경치. 勝致 *勝利(승리) :다툼이나 싸움에서 이김 *勝友(승우) :훌륭한 동무. 좋은 벗. 良友 *勝戰(승전) :싸움에 이김. 勝捷 *勝敗(승패) :이김과 짐. 勝負 *戰勝易守勝難(전승이수승난) :싸움에 승리하기 　는 쉬우나 그 승리를 지키는 것은 어려움	힘이 남보다 세면 이기고 힘이 남보다 약하면 짐
劣	<部首>：力(힘력) ①용렬할 열(拙弱) ②못날 열(優之反)	*劣等(열등) :남보다 못한 등급(等級) *劣勢(열세) :세력이나 힘이 줄어듦 ↔ 優勢 *劣惡(열악) :저열(低劣)하고 나쁨 *劣敗(열패) :힘이 남보다 못하여 짐 *卑劣(비열) :성품과 행실이 천하고 용렬함 *鄙劣(비열) :마음이 더럽고 못남 *優勝劣敗(우승열패) :나은 자는 이기고 못난 　자는 지게 됨	
敗	<部首>：攵(등글월문)=攴 ①패할 패(勝之對) ②멸망할 패(滅亡)	*敗家(패가) :가산(家産)을 다 써 없앰 *敗德(패덕) :덕(德)을 그르침 *敗亡(패망) :패하여 망해버림. 敗喪. 敗滅 *敗北(패배) :싸움에 지고 도망감. 敗走 *敗殘(패잔) :패(敗)하여 처진 나머지 *敗戰(패전) :싸움에 짐 ↔ 勝戰 *敗退(패퇴) :싸움에 지고 물러섬 *敗家亡身(패가망신) :가산을 없애고 몸을 망침	

終	<部首>：糸(실사 변) ①마칠 종, 마침내 종(竟也) ②마지막 종, 다할 종(窮極) ③끝 종(末也) ④죽을 종(卒也)	*終結(종결) :끝판, 끝마침. 終局 *終乃(종내) :마침내. 畢竟 *終日(종일) :하룻동안 *終了(종료) :일을 끝냄. 完了 *終末(종말) :나중의 끝. 끝판. 結末 *終身(종신) :1.한평생. 죽을 때까지 2.臨終 *自初至終(자초지종) :처음부터 끝까지의 동안 *始終一貫(시종일관) :처음부터 끝까지 한결같음 　　　(同)始終如一	《종내의세》
乃	<部首>：丿(삐침) ①이에 내(接續詞) ②어조사 내, 곧 내(語助辭, 卽也) ③접때 내(古也) ④너 내(汝也)	*乃父(내부) :그이의 아버지. 乃翁 *乃者(내자) :전에. 前者 *乃兄(내형) :그의 형 *乃祖(내조) :그의 祖上 ↔ 乃後 *乃至(내지) :순서나 정도를 나타낼 때, 　　　그 사이를 줄일 적에 쓰는 말 *欲加食乃糠粥(욕가식내강죽) :언제나 좋은 음식 　으로 배를 불리면 마침내는 죽이나 먹게 됨 *必亡乃已(필망내이) :반드시 꼭 망하고야 맒	마침내는 세력(勢力)에 따라 좌우(左右)됨
依	<部首>：亻(사람인 변)=人 ①의지할 의, 기댈 의(倚也, 賴也) ②따를 의(循也)	*依據(의거) :증거 또는 근거에 따라 행함 *依賴(의뢰) :남에게 의탁(付託)함. 依恃 *依支(의지) :몸을 기대어 부지(扶支)함 *依存(의존) :의지(依支)하고 있음 *依他(의타) :남에게 의지(依支)함 *依託(의탁) :남에게 의뢰하여 부탁(付託)함 *輔車相依(보거상의) :수레의 덧방나무와 바퀴 　처럼 밀접한 관계로 서로 돕고 의지함	
勢	<部首>：力(힘력) ①권세 세, 기세 세(權力, 氣勢) ②형세 세(形勢) ③불알 세(外腎)	*勢家(세가) :권세가 있는 집안. 權門. 勢門 *勢客(세객) :세도(勢道) 있는 사람. 勢力家 *勢力(세력) :권세(權勢)의 힘 *勢利(세리) :권세(權勢)와 이익(利益) *勢威(세위) :뻗치는 형세(形勢)와 위엄(威嚴) *勢族(세족) :권세(權勢)가 있는 겨레 *權門勢家(권문세가) :권력있는 문중과 세력 　　　있는 집안	

興	<部首> : 臼(절구구) ①일 흥, 일어날 흥(起也) ②일으킬 흥(擧也) ③성할 흥(盛也) ④흥치 흥(興況意思)	*興隆(흥륭) :일이 잘 되어 매우 번영(繁榮)함 *興亡(흥망) :일어남과 망함. 興隆과 衰亡 *興味(흥미) :흥취(興趣)를 느끼는 재미. 興感 *興奮(흥분) :일시적으로 상기(上氣)하는 상태 *興盛(흥성) :매우 번성(繁盛)하게 일어남 *興行(흥행) :1.일으켜 행함 2.돈을 받고 구경시킴 *興盡悲來(흥진비래) :즐거운 일이 다하면 슬픈 　　　　　일이 닥쳐옴 <喩>흥망성쇠의 바뀌는 이치	
隆	<部首> : 阝(좌부 변)=阜 ①성할 륭(盛也) ②높을 륭(尊也) ③가운데우뚝할 륭(物之中高)	*隆冬(융동) :한겨울. 隆寒. 嚴冬 ↔ 隆暑. 酷暑 *隆起(융기) :1.높이 들어올림 2.높아짐 *隆禮(융례) :예(禮)를 존중하여 성(盛)케 함 *隆盛(융성) :번영(繁榮)하여 성(盛)함 *隆崇(융숭) :높음. 산이 높은 모양 *隆運(융운) :번영(繁榮)해 가는 운명. 昌運 *隆替(융체) :성(盛)하고 쇠(衰)함. 興替. 盛衰 *德隆尊望(덕융존망) :덕성과 인망이 높음	《흥륭쇠멸》 세력(勢力)이 흥성(興盛)하 면 번영(繁榮)하 고 세력(勢力)이 쇠잔(衰殘)하 면 멸망(滅亡)함
衰	<部首> : 衣(옷의)=衤 ①쇠할 쇠(浸微也) ②모손할 쇠(耗損也) ③약할 쇠(弱也)	*衰年(쇠년) :정력(精力)이 쇠약하여 진 나이 *衰老(쇠노) :늙어서 심신이 쇠약해 짐. 衰暮 *衰滅(쇠멸) :쇠퇴(衰退)하여 멸망함. 衰亡 *衰弱(쇠약) :몸이 쇠(衰)하여 약하여짐 *衰殘(쇠잔) :힘이 빠져 거의 죽게 됨. 零落 *衰退(쇠퇴) :쇠하여 세력이 없어짐. 衰頹 *盛者必衰(성자필쇠) :한번 성한 자는 반드시 　　　　　쇠할 때가 오게 되어 있음	
滅	<部首> : 氵(삼수 변)=水=氺 ①멸할 멸, 다할 멸(盡也) ②끊을 멸(絶也) ③불꺼질 멸(火熄)	*滅裂(멸렬) :찢기고 흩어져 없어짐 *滅亡(멸망) :망하여 없어짐. 滅沒 *滅門(멸문) :한 집안이 멸망하여 없어짐 *滅絶(멸절) :멸망(滅亡)하여 끊어져 없어짐 *滅種(멸종) :씨를 없애버림 *滅族(멸족) :한 겨레가 망하여 없어짐 *生者必滅(생자필멸) :살아 있는 생명은 반드시 　　　　　죽게 되어 있음	

歷	<部首> : 止(그칠지) ①지날 력, 겪을 력(過也) ②차례 력(次也) ③다닐 력(行也)	*歷年(역년) :해를 지냄. 여러 해를 지냄 *歷代(역대) :대를 지나옴. 代代. 累代. 歷世 *歷歷(역력) :분명(分明)함. 또렷함 *歷路(역로) :지나는 길 *歷訪(역방) :차례로 방문 *歷史(역사) :인류사회의 변천과정이나 그 기록 *歷然(역연) :확실(確實)한 모양. 또렷함 *野人無歷日(야인무력일) :시골에 묻혀 살면 　　　　　날짜 가는 것도 모름	
史	<部首> : 口(입구) ①역사 사, 사기 사(冊也) ②사관 사(太史掌書官)	*史錄(사록) :역사의 기록. 史冊. 史策. 史籍 *史料(사료) :역사 연구의 자료(資料) *史書(사서) :1.역사책(歷史冊) 2.사관의 글씨 *史乘(사승) :역사에 실음 (轉)歷史書. 史牒 *史蹟(사적) :역사에 남아있는 자취 *有史以來(유사이래) :역사가 있어 온 이래 *史有三長(사유삼장) :역사를 기록하는 史官은 　　　　　才,學,識의 세가지 장점을 갖추어야 함	《역사기록》 인류(人類) 사회(社會)의 변천(變遷) 과정(過程)을 글로 적어서 남김
記	<部首> : 言(말씀언) ①적을 기, 기록할 기(疏也, 志也) ②기억할 기(記憶, 記念)	*記念(기념) :오래도록 기억하여 잊지 않음 *記錄(기록) :1.적음 2.어떤 일을 적은 서류 *記事(기사) :사실(事實)을 그대로 적음 *記述(기술) :기록(記錄)하며 진술(陳述)함 *記憶(기억) :잊지 않고 외워 둠 *記載(기재) :기록(記錄)하여 실음 *記號(기호) :적어서 무슨 뜻을 나타내는 표 *博覽强記(박람강기) :책을 많이 읽어 잘 기억함	
錄	<部首> : 金(쇠금 변) ①기록할 록(記也) ②문서 록(籍也)	*錄音(녹음) :음의 재생을 위해 기록하여 넣음 *錄牒(녹첩) :이름을 적은 장부(帳簿). 名簿 *錄勳(녹훈) :훈공(勳功)을 장부(帳簿)에 적음 *錄勳(등록) :문서(文書)에 올림 *目錄(목록) :제목(題目)을 적어 놓은 차례 *收錄(수록) :계통이 같은 것들을 모아 적음 *實錄(실록) :사실(事實)을 그대로 적은 기록 *拔萃抄錄(발췌초록) :뛰어난 것을 뽑아 略記한 것	

吾	<部首> : 口(입구) ①나 오(我也) ②내 오(自己也) ③우리 오(吾等, 吾黨)	*吾黨(오당) :우리의 무리 *吾等(오등) :우리들 *吾門(오문) :우리 문중(門中) *吾人(오인) :나. 우리 인류(人類) *吾兄(오형) :1.나의 兄 2.親舊에 대한 존칭 *吾亦不知(오역부지) :나 또한 알 수 없음 *莫交三公愼吾身(막교삼공신오신) :정승 사귀지 　　　　　　　　　 말고 내 한몸을 조심하라	
暫	<部首> : 日(날일) ①잠깐 잠, 얼른 잠(不久須臾) ②마칠 잠(卒也)	*暫間(잠간) :잠깐. 매우 짧은 동안. 暫時. 暫且 *暫見(잠견) :잠시 봄 *暫留(잠류) :잠시 머묾 *暫逢(잠봉) :잠시 서로 만나 봄 *暫時(잠시) :잠깐 동안. 暫且. 暫間 *暫定(잠정) :1.잠시의 安定 2.잠시의 決定 *暫借(잠차) :잠시 빌림 *暫不離側(잠불이측) :잠시도 곁을 떠나지 않음	《오잠훈계》 내가 잠시(暫時) 타일러 경계(警戒)하 노니
訓	<部首> : 言(말씀언) ①가르칠 훈(誨也) ②인도할 훈(導也) ③경계할 훈(誡也)	*訓戒(훈계) :타일러 경계(警戒)함. 訓誡 *訓導(훈도) :가르치고 인도(引導)함 *訓練(훈련) :충분히 연습시켜 익숙케 함. 訓鍊 *訓蒙(훈몽) :어린아이를 가르침 *訓示(훈시) :가르쳐 보임 *訓育(훈육) :훈계(訓戒)하여 기름 *訓化(훈화) :가르치고 타일러 착하게 함 *詩禮之訓(시례지훈) :아비가 아들에게 주는 교훈	
誡	<部首> : 言(말씀언) ①경계할 계(警敕辭命也) ②명할 계(命也) ③고할 계(告也)	*誡勉(계면) :훈계(訓戒)하고 교도(敎導)함 *誡命(계명) :도덕상(道德上) 또는 　　　　　　 종교상(宗敎上) 지킬 규범(規範) *斷機之誡(단기지계) :孟子가 학업을 중단하고 　　　　 돌아왔을 때 그 어머니가 짜던 베를 칼로 　　　　 끊어서, 학업을 중단해서는 안됨을 경계함. 　　　　 혹은 斷機之戒. 孟母斷機와 동의(同義)	
文	<部首> : 文(글월문) ①글월 문, 글 문(錯畫) ②글자 문(書契) ③문채 문(文章)	*文敎(문교) :학문으로써 사람을 가르쳐 인도함 *文明(문명) :문덕(文德)이 빛남. 인지가 발달함 *文書(문서) :인식기호로 표시한 모든 것 *文字(문자) :말의 음과 뜻을 표시하는 기호. 글자 *文化(문화) :문덕(文德)으로써 교화(敎化)함 *能文能筆(능문능필) :문장과 글씨의 솜씨가 좋음 *文房四友(문방사우) :문방의 네 벗. 筆硯紙墨 *語文一致(어문일치) :실제의 말과 글이 꼭 맞음	《문자지혜》 문자(文字)는 지혜(智慧)임 <사람이 서로에게 의사(意思)를 전달(傳達)하 고 기록(記錄)하 여 남기기 위한 말의
字	<部首> : 子(아들자) ①글자 자, 글씨 자(文字) ②자 자(副名) ③젖먹일 자(乳也)	*字句(자구) :글자와 글귀 *字源(자원) :글자의 근원(根源) *字乳(자유) :젖을 먹여 기름. 哺乳 *字典(자전) :글자의 音訓 따위를 밝힌 책. 字彙 *字義(자의) :글자의 뜻 *字解(자해) :글자의 풀이 *無子息上八字(무자식상팔자) :자식이 없는 것이 　　　　　　　 도리어 걱정이 없어 편하다는 말	음(音:소리)과 훈(訓:뜻)을 기호(記號)로 써 표시(表示)한 소위(所謂) 글자라는 것은
智	<部首> : 日(날일) ①슬기 지(心有所知知有所合) ②사리에밝을 지(聰明叡智)	*智見(지견) :지혜(智慧)와 식견(識見) *智略(지략) :슬기로운 계략(計略) *智慮(지려) :슬기롭고 민첩(敏捷)한 생각 *智謀(지모) :슬기로운 계책(計策). 智術 *智齒(지치) :사랑니 *智慧(지혜) :슬기. 分別하는 마음의 作用 *益人神智莫若書籍(익인신지막약서적) :사람의 　　　　 지식을 늘리는 데는 책보다 나은 게 없음	인간(人間)의 문화생활(文 化生活)을 가능(可能)케 한 슬기의 소산(所産)임>
慧	<部首> : 心(마음심)=忄=㣺 ①지혜 혜(才智) ②총명할 혜(智也) ③영리할 혜(儇敏)	*慧巧(혜교) :영리한 슬기와 교묘한 기교 *慧敏(혜민) :총명(聰明)하고 민첩함. 慧悟 *慧性(혜성) :슬기로운 성품(性品). *慧心(혜심) :슬기로운 마음 *慧聖(혜성) :뛰어나게 슬기로운 사람 *慧眼(혜안) :안식(眼識)이 예리(銳利)함. 活眼 *智慧利劍(지혜이검) :지혜가 번뇌를 끊고 　　　　 사리 일체를 날카롭게 관조함	

言	<部首> : 言(말씀언) ①말씀 언(辭章) ②말할 언(語也)	*言及(언급) :말이 미침.<轉>어떤 것에 대해 말함 *言動(언동) :언어(言語)와 행동(行動). 言行 *言論(언론) :말이나 글로써 생각을 표현함 *言辯(언변) :말솜씨. 말재주 *言辭(언사) :말. 말씨. 말투 *言聲(언성) :말소리 *言語(언어) :音聲으로 의사를 전달하는 것. 말 *無足之言飛千里(무족지언비천리) :발 없는 말이 　　　　　　　　　　천리까지 감 <喩>말조심	《언어요결》 말은 중요(重要)한 비결(秘訣)이 됨
語	<部首> : 言(말씀언) ①말씀 어(論難) ②말할 어(告人)	*語文(어문) :언어(言語)와 문장(文章) *語源(어원) :말이 생겨난 역사적 근원(根源) *語義(어의) :말의 뜻. 語意 *語套(어투) :말 버릇 *語彙(어휘) :낱말의 수효 *語弊(어폐) :말의 결점(缺點). 語病 *語學(어학) :언어에 관해 연구하는 학문 *語不成說(어불성설) :말이 사리에 맞지 않음 *言語道斷(언어도단) :어이가 없어 말문이 막힘	<사람이 말로써 의사소통(意 思疏通)을 자유자재(自 由自在)로 구사(驅使)한 다는 것은 인간(人間)의 사회(社會)생
要	<部首> : 襾(덮을아) ①종요로울 요(樞也) ②반드시 요, 꼭 요(要當, 必也) ③구할 요(求也)	*要綱(요강) :중요한 근본되는 사항(事項) *要件(요건) :필요한 중요한 조건(條件) *要求(요구) :필요한 것을 청구(請求)함 *要緊(요긴) :중요(重要)하고도 긴(緊)함 *要領(요령) :허리와 목 (轉)要緊한 곳 *要素(요소) :사물의 성립에 꼭 필요한 조건 *要請(요청) :요긴(要緊)하게 청(請)함 *要言不煩(요언불번) :긴요한 말은 번거롭지 않음	활(生活)에 있어서 가장 큰 강점(强點) 이자 비결(秘訣)임>
訣	<部首> : 言(말씀언) ①비결 결(方術要法) ②이별할 결(別也) ③영결할 결(死別) ④사례할 결(辭也)	*訣別(결별) :기약없는 작별. 永遠한 離別 *訣飮(결음) :이별주를 마심. 別杯를 들음 *秘訣(비결) :세상에 알려지지 않은 묘한 秘法 *永訣(영결) :영원한 이별. 生과 死의 離別 *要訣(요결) :종요로운 비결(秘訣) *永訣終天(영결종천) :죽어서 영원토록 이별함 *土亭秘訣(토정비결) :토정 이지함이 지었다는 　　　　　책으로 한해의 신수(身數)를 보는 데 씀	

傲	<部首> : 亻(사람인 변)=人 *慠와 同 ①업신여길 오(慢也) ②거만할 오(倨也) ③놀 오(遊也) ④즐길 오(樂也)	*傲氣(오기) :남에게 지기 싫어하는 마음 *傲慢(오만) :태도(態度)가 거만(倨慢)함 *傲視(오시) :교만(驕慢)하여 만을 깔봄 *傲霜(오상) :서리에도 굽히지 않음. (喩)菊花 *傲然(오연) :거만(倨慢)하여 뽐내는 모양 *傲慢無禮(오만무례) :태도가 오만하고 무례함 *傲霜孤節(오상고절) :서릿발이 심한 속에서도 　　　　　굴하지 않고 외로이 지키는 절개	
慢	<部首> : 忄(심방변)=忄=心 ①업신여길 만(侮慢, 輕慢) ②거만할 만(倨也) ③방자할 만(放肆) ④게으를 만(怠也)	*慢罵(만매) :거만하게 꾸짖음 *慢侮(만모) :남을 업신여김. 侮慢. 慢易. 倨侮 *慢性(만성) :오래 끌어 難治한 病 ↔ 急性 *慢心(만심) :자신을 지나치게 믿고 거만함 *慢易(만이) :남을 쉽게 보아 깔봄 *慢遊(만유) :내키는 대로 돌아다니며 놂. 漫遊 *驕蹇慢上(교건만상) :거만하여 웃사람을 깔봄 *傲慢放恣(오만방자) :태도가 오만하고 제멋대로 놂	《오만상근》 남에게 거만(倨慢)한 태도(態度)는 자신(自身)의 언행(言行)을 조심하고 남을 공경(恭敬)하 는 마음을 해치게 됨
傷	<部首> : 亻(사람인 변)=人 ①다칠 상, 상할 상(創損) ②해할 상(戕害) ③아플 상(痛也)	*傷心(상심) :마음을 상함. 걱정함. 傷神. 傷魂 *傷痍(상이) :상처(傷處)를 입음. 創痍. 傷創 *傷處(상처) :다친 자리 *傷痕(상흔) :다친 흉터 *傷寒(상한) :추위로 인해 생긴 병 *傷害(상해) :남의 몸에 상처(傷處)를 입힘 *傷風敗俗(상풍패속) :미풍과 양속을 망가뜨림 *平地落傷(평지낙상) :평지에서 넘어져 다침 　　　　　　　　　　<喩>뜻밖의 일을 당함	
謹	<部首> : 言(말씀언) ①삼갈 근(愼也, 慤也) ②공경할 근(敬也)	*謹啓(근계) :삼가 아룀(便紙序頭). 謹告. 拜啓 *謹拜(근배) :삼가 절함. 便紙 끝에 쓰는 말 *謹上(근상) :삼가 올림. 便紙 끝에 쓰는 말 *謹呈(근정) :삼가 드림. 삼가 증정(贈呈)함 *謹愼(근신) :과오를 반성하고 행동을 삼감 *謹嚴(근엄) :깊이 삼가고 엄숙히 함 *謹賀(근하) :삼가 축하(祝賀)함 *謹敕之人(근칙지인) :언행을 조심하여 삼가는 사람	

謙	<部首> : 言(말씀언) ①겸손할 겸(致恭不自滿) ②사양할 겸(敬也讓也)	*謙恭(겸공) :자기를 낮추고 남을 높임 *謙卑(겸비) :자기의 몸을 겸손하게 낮춤. 謙下 *謙辭(겸사) :겸손한 말. 자기를 낮추는 말 *謙遜(겸손) :자기를 낮춤. 謙讓. 謙虛. 謙退. *謙讓(겸양) :겸손(謙遜)하고 사양(辭讓)함 *謙稱(겸칭) :겸손하게 이르는 칭호(稱號) *謙虛(겸허) :겸손하여 驕氣가 없음. 謙遜 謙退 *謙讓之德(겸양지덕) :겸손한 태도로 사양하는 덕	《겸손미덕》 겸손(謙遜)한 것은 아름다운 덕행(德行)임
遜	<部首> : 辶(책받침)=辵 ①겸손할 손(謙恭) ②사양할 손(辭避) ③도망할 손(遁也)	*遜遁(손둔) :물러나서 피(避)함. 遜避 *遜辭(손사) :겸손한 말 *遜色(손색) :서로 견주어 못한 점 *遜位(손위) :王位나 官位를 물려줌. 讓位 *遜讓(손양) :제몸을 낮추어 양보(讓步)함. 謙讓 *遜志(손지) :교만하지 않고 몸을 낮추는 마음	
美	<部首> : 羊(양양) ①아름다울 미(嘉也) ②좋을 미(好也) ③맛날 미(甘也)	*美女(미녀) :얼굴이 예쁜 여자. 美人 *美談(미담) :칭찬할 만한 갸륵한 이야기 *美德(미덕) :아름다운 덕(德). 훌륭한 德行 *美名(미명) :1.좋은 名聲 2.훌륭한 名目 *美貌(미모) :아름다운 얼굴. 美容. 美色 *美食(미식) :맛난 음식 *美辭麗句(미사여구) :아름다운 말과 고운 글귀 *有終之美(유종지미) :끝 맺음을 잘 마무림	
德	<部首> : 彳(두인 변) *悳과 同 ①큰 덕(行道有得) ②품행 덕(品行) ③은혜 덕(惠也)	*德談(덕담) :잘 되기를 비는 말 *德望(덕망) :덕행(德行)과 인망(人望) *德分(덕분) :남에게 고마운 일을 함. 德澤 *德性(덕성) :덕의(德義)를 갖춘 인성(人性) *德業(덕업) :덕(德)을 세우는 사업(事業) *德行(덕행) :덕성(德性)스러운 행실(行實) *感之德之(감지덕지) :감사히 여기고 덕으로 여김 *忍之爲德(인지위덕) :매사에 참는 것이 덕이 됨	

寸	<部首> : 寸(마디촌) ①마디 촌(節也) ②조금 촌(少也) ③치 촌(度名十分) ④헤아릴 촌(忖也)	*寸劇(촌극) :짧은 연극(演劇) *寸謝(촌사) :약소한 사례. 薄謝. 謙謝. 菲儀 *寸數(촌수) :친족간의 관계를 나타내는 수 *寸陰(촌음) :아주 짧은 겨를. 눈깜짝할 사이. 　　寸暇 寸刻 寸晷 寸隙 寸時 寸閑 *寸志(촌지) :자그마한 뜻. 寸誠. 寸心. 微衷 *寸鐵殺人(촌철살인) :한 치 칼로 사람을 죽임 　　<喩>간결한 말과 글로 급소를 잡아 표현	《촌설여비》 한 치의 혀가 비수(匕首)와 같음 <얼마 안되는 짧은 길이의 혀지만, 그 혀로 내뱉는 말은 경우(境遇)에 따라서 남을 해칠 수 있음>
舌	<部首> : 舌(혀설) ①혀 설(在口所以言語辨味)	*舌耕(설경) :연설(演說), 강연(講演) 등 변설 　　(辯說)로써 생계(生計)를 이어감 *舌鋒(설봉) :날카로운 변론(辯論). 論鋒. 舌劍 *舌戰(설전) :말다툼. 舌論. 舌爭 *舌盒(설합) :<國>서랍. 穴盒 *舌禍(설화) :말로 인(因)한 재앙(災殃) *筆舌(필설) :붓과 혀, 곧 글과 말 *舌芒於劍(설망어검) :혀가 칼보다 날카로움	
如	<部首> : 女(계집녀 변) ①같을 여(似也) ②맞먹을 여, 등비할 여(等比) ③어떠할 여(疑問詞) *如何	*如干(여간) :1.얼마간. 若干. 어지간하게 2.오죽 *如今(여금) :이제. 方今. 至今 *如此(여차) :이와 같음. 如斯. 如是. 若此. 若是 *如一(여일) :한결같음 *如前(여전) :전과 같음 *如何(여하) :어찌할꼬. 어찌하여. 어떠한가 *如反掌(여반장) :손바닥을 뒤집듯이 쉬움 *一日如三秋(일일여삼추) :하루가 삼년 같음 　　<喩>몹시 애타게 기다림	
匕	<部首> : 匕(비수비) ①비수 비(劍名) ②술 비, 숟가락 비(匙也)	*匕首(비수) :날이 날카로운 단도(短刀) *匕箸(비저) :숟가락과 젓가락. 수저. 匙箸	

辯	<部首> : 辛(매울신) ①말잘할 변(善言) ②풍유할 변(諷諭) ③논쟁할 변(論爭) ④가릴 변(分別)	*辯論(변론) :변명(辨明)하여 논(論)함 *辯難(변란) :언론으로 반대하고 非難함. 論難 *辯明(변명) :시비(是非)를 가려서 밝힘 *辯舌(변설) :말 솜씨. 辯口 *辯才(변재) :말 재주 *辯護(변호) :남을 위하여 변명(辨明)함 *懸河口辯(현하구변) :거침없이 유창한 말솜씨 *大辯如訥(대변여눌) :말을 너무 잘하는 것은 　　　　　　　　　도리어 말이 서툴러 보임	《변재신구》 말을 잘하는 재주가 있는 사람은 입을 조심해야 함
才	<部首> : 扌(재방변)=手 ①재주 재(技能) ②능할 재(能也)	*才幹(재간) :才는 재주, 幹은 재능의 뜻 *才能(재능) :재주와 능력(能力) *才量(재량) :재주와 도량(度量). 才度 *才弄(재롱) :슬기로운 말과 귀여운 짓 *才辯(재변) :재치있게 잘하는 말 *才士(재사) :재주가 있는 남자 *才質(재질) :재주가 뛰어난 성질 *多才多能(다재다능) :재주도 많고 능력도 많음	<말을 잘하는 재주가 있는 사람은 그 입에서 나오는 말을 조심해야 함>
愼	<部首> : 忄(심방변)=忄=心 ①삼갈 신(謹也) ②삼가하게할 신(禁戒) ③정성스러울 신(誠也)	*愼戒(신계) :삼가고 경계(警戒)함. 注意함 *愼謹(신근) :언행이나 행동을 조심함. 謹愼 *愼口(신구) :함부로 지껄임을 삼감. 愼言 *愼機(신기) :기회를 소홀(疎忽)히 하지 않음 *愼微(신미) :작은 일에도 경솔(輕率)하지 않음 *愼重(신중) :삼가하여 경솔(輕率)하지 않음 *戒愼恐懼(계신공구) :경계하고 삼가며 두려워함 *愼終如始(신종여시) :마지막에도 처음처럼 신중함	
口	<部首> : 口(입구) ①입 구(人所以言食) ②말할 구(辯舌) ③인구 구(人口) ④어귀 구(洞口, 港口)	*口腔(구강) :입 안의 빈 곳 *口令(구령) :단체동작을 위한 호령(號令) *口頭(구두) :직접 입으로 하는 말. 口述 *口舌(구설) :시비하고 비방하는 말. 是非 *口傳(구전) :입으로 전함. 말로 전함. 口訣 *寧爲鷄口勿爲牛後(영위계구물위우후) :차라리 　　닭의 입이 될지언정 소의 꼬리는 되지 말라 　<喩>작은 일이라도 책임자가 되는 게 낫다	

時	<部首> : 日(날일) ①때 시, 끼니 시(辰也) ②가끔 시(往往)	*時刻(시각) :時,分,秒로 표시하는 시간(時間) *時間(시간) :어느 때부터 어느 때까지의 사이 *時急(시급) :때가 절박(切迫)하여 급(急)함 *時期(시기) :그 즈음. 機會 *時代(시대) :1.때와 연대(年代) 2.時期 3.當代 *時節(시절) :1.사시(四時)의 계절 2.좋은 기회 *見卵求時(견란구시) :달걀을 보고 시간을 　　　　알려고 함 <喩>성급하게 지레짐작함	
逝	<部首> : 辶(책받침)=辵 ①갈 서(往也, 行也) ②지나갈 서(過也) ③죽을 서(死也)	*逝去(서거) :사망(死亡)의 경칭(敬稱). 長逝 　　　　<東坡集>堂兄中舍九月中逝去 *逝者(서자) :한번 가면 다시는 돌아오지 　　　　않는 것들 *逝川(서천) :흘러가는 냇물. 逝水 <喩>逝者 　　　　<論語>子在川上曰 逝者如是夫	《시서물실》 시간(時間)은 흘러가니 놓치지 말라
勿	<部首> : 勹(쌀포 몸) *無와 通 ①말 물(禁言) ②없을 물(毋也)	*勿驚(물경) :엄청난 것을 말할 때 놀라지 말라 　　　　는 뜻으로 문장 앞에 두는 말 *勿拘(물구) :얽매임이 없음. 不拘 *勿論(물론) :말할 것도 없이 *勿入(물입) :들어오지 말 것 *勿問(물문) :묻지 않음. 내버려 둠. 不問 *疑人勿用用人勿疑(의인물용용인물의) :사람을 　　　　의심하면 쓰지 말고, 썼으면 의심치 말라	
失	<部首> : 大(큰대) ①잃을 실(得之反) ②잊을 실(忘也) ③허물 실(過也) ④그릇될 실(錯也)	*失禮(실례) :예의(禮儀)를 잃음. 無禮 *失望(실망) :희망(希望)을 잃음. 失意 *失手(실수) :무슨 일에서 잘못함 *失業(실업) :직업(職業)을 잃음 *失踪(실종) :종적(蹤迹)을 잃어버림. 失蹤 *失策(실책) :잘못된 계책(計策). 失計 *失敗(실패) :일을 잘못하여 그르침 ↔ 成功 *盲者失杖(맹자실장) :소경이 지팡이를 잃음	

空	<部首> : 穴(구멍혈) ①빌 공(虛也) ②하늘 공(太空, 天也)	*空間(공간) :上下左右가 다 빈 곳 ↔ 時間 *空氣(공기) :지구표면을 둘러싼 氣體. 大氣 *空想(공상) :이루어질 수 없는 헛된 생각 *空席(공석) :비어 있는 자리 또는 지위(地位) *空中(공중) :하늘. 中天 *空港(공항) :항공기가 뜨고 내리는 비행장 *空虛(공허) :속이 텅 빔. 아무것도 없음 *獨宿空房(독숙공방) :홀로 빈 방에서 잠. 獨守空房	
止	<部首> : 止(그칠지) ①그칠 지(亭也) ②머무를 지(留也) ③고요할 지(靜也) ④거동 지(行儀)	*止戈(지과) :전쟁(戰爭)을 멈춤. 休戰 *止息(지식) :멈춤. 머물러 쉼 *擧止(거지) :行動擧止의 준말. 몸의 온갖 동작 *禁止(금지) :금(禁)하여 못하게 함 *停止(정지) :하던 일을 중도(中途)에서 그침 *中止(중지) :일의 중도(中途)에서 그만 둠 *明鏡止水(명경지수) :맑은 거울과 고여있는 물 　<喩>사념없이 아주 깨끗하고 청아한 마음	《공지막대》 공간(空間)에 머물러 있는 것들을 기다리고 있지만 말라
莫	<部首> : ++(초 두)=++=艸 ①말 막(勿也) ②없을 막(無也) ③클 막(大也) ④나물 모, 푸성귀 모(菜也)	*莫强(막강) :매우 강함 *莫上(막상) :극상(極上) *莫非(막비) :아닌 게 아니라 *莫大(막대) :매우 큼 *莫甚(막심) :대단히 심함 *莫重(막중) :아주 중요함 *莫逆(막역) :서로 허물없이 썩 친함 *莫無可奈(막무가내) :어찌할 수가 없음 *莫不得已(막부득이) :마지 못하여 *後悔莫及(후회막급) :후회해야 미칠 수 없음	
待	<部首> : 彳(두인 변) ①기다릴 대(俟也) ②대접할 대(遇也)	*待機(대기) :기회(機會)가 오기를 기다림 *待期(대기) :一定한 時期가 오기를 기다림 *待令(대령) :<國>명령을 기다림 *待罪(대죄) :1.처벌을 기다림 2.벼슬살이(謙稱) *待避(대피) :난(亂)을 피하여 때를 기다림 *待遇(대우) :예의를 갖추어 대함. 待接. 接待 *歲月不待人(세월불대인) :흐르는 세월은 　　　　　　　사람을 기다려 주지 않음	

務	<部首> : 力(힘력) ①힘쓸 무(勉强) ②일 무(事也)	*務得(무득) :얻으려고 애씀 *務實(무실) :실사(實事)에 힘씀 *勤務(근무) :직무에 종사(從事)함. 일을 함 *事務(사무) :맡고 있는 일을 처리하는 활동 *業務(업무) :직업으로 하는 일 *用務(용무) :볼일 *任務(임무) :맡은 일 *修學務早(수학무조) :학문의 수행은 일찍이 　　　　　　　어린시절에 힘써야 함	
則	<部首> : 刂(칼도 방)=刀 ①곧 즉, 어조사 즉(助辭) ②법칙 칙(常法)	*則度(칙도) :표준(標準). 法. 法度 *則效(칙효) :모범(模範)을 삼아 배움. 則傚 *規則(규칙) :표준(標準)으로 정한 준칙(準則) *法則(법칙) :반드시 지켜야 할 규범. 典則 *原則(원칙) :근본적인 규칙(規則) *準則(준칙) :표준을 삼아서 따라야 할 규칙 *源淸則流淸(원청즉유청) :윗물이 맑으면 아랫물 　도 맑음 <喩>윗사람이 모범이 돼야 함	《무즉득지》 힘써서 열심히 하면 얻음
得	<部首> : 彳(두인 변) ①얻을 득(獲也) ②만족할 득(滿足)	*得男(득남) :아들을 낳음. 生男 *得達(득달) :목적지에 도달함. 목적을 달성함 *得聞(득문) :얻어 들음 *得勢(득세) :세력을 얻음. 시세가 좋게 됨 *得失(득실) :얻음과 잃음. 이익과 손해. 得喪 *得意(득의) :생각대로 되어 만족함 ↔ 失意 *自業自得(자업자득) :자신이 저지른 일의 　　　　　　　과오를 자신이 받음	
之	<部首> : 丿(삐침) ①갈 지(往也) ②의 지(所有格) ③이 지(此也) ④어조사 지(語助辭)	*之字路(지자로) :지자(之字) 모양으로 　　　　　　　꼬불꼬불한 치받잇길 *之東之西(지동지서) :동으로 갔다 서로 갔다 함 　　　<喩>어떤 일에 주견(主見)없이 갈팡질팡함 *覆盃之水(복배지수) :엎지른 물 <喩>이미 　　　저지른 일은 다시 수습하기 어려움 *一日之狗不知畏虎(일일지구부지외호) :하룻강아지 　　　범 무서운 줄 모름 <喩>약한 자의 객기	

줄거리

1. 하늘과 땅 사이에 사람이 있고,

2. 우주(宇宙)는 가없이 넓고 커서

3. 온갖 성좌(星座)의 별들이 죽 벌리어 펼쳐져 있으며,

4. 헤일 수 없이 많은 별들이 마치 영롱(玲瓏)한 옥구슬들을 뿌려 놓은 듯 하다.

5. 혹성(惑星) 주위(周圍)를 도는 위성(衛星)은 그 궤도(軌道)를 따라 자리를 옮겨 다니고

6. 지구(地球) 역시(亦是) 그 축(軸)이 옆으로 비스듬히 기울어진 상태(狀態)로

7. 스스로 돌면서 천체(天體)가 서쪽에서 동쪽으로 돌면서

8. 끝도 없이 돌고 돌아감으로 말미암아

9. 아침이 되면 해가 떠오르고 저녁이 되면 날이 저물게 되는데

10. 해는 동녘에서 나와서 서녘으로 들어가기 때문이다.

11. 해가 비치는 부분(部分)은 밝고 그림자 진 부분(部分)은 어두워지는 이치(理致)대로

12. 밝고 어두움이 서로 번갈아 들며 바뀌면서

13. 해가 뜨면 낮이 되고, 달이 뜨면 밤이 되는 것이 거듭되면서

14. 한 계절(季節)을 이루고, 이 계절(季節)도 때가 되면 바뀌게 되어

15. 한 해를 이루고, 매번 돌아오는 새해아침마다

16. 가는 해를 보내고 새해를 맞이하는 것이 연수(年數)를 더해 가면서

17. 수효(數爻)가 하나, 둘

18. 셋, 넷, 다섯, 여섯

19. 일곱, 여덟, 아홉, 열

20. 이렇게 새해를 맞이하는 횟수(回數)가 점점 늘어감에 따라

21. 이러한 일정(一定)한 주기(週期)를 가지고 역법(曆法)을 만들었는데

22. 윤달을 두어서 모자라는 부분(部分)을 보충(補充)하였다.

23. 날씨가 보여주는 상태(狀態)는

24. 늘 다르게 변(變)하여

25. 구름은 비나 눈으로 지상(地上)에 내리게 된다.

26. 봄이 오면 날씨가 따뜻하여 온갖 꽃과 풀들이 돋아 나오고

27. 벌과 나비는 꽃의 꿀을 찾아 탐하여 찾아다니며

28. 농부(農夫)는 소를 부려서 밭과 논을 갈아

29. 논밭에 곡식(穀食)의 씨앗을 뿌려서 싹을 틔운다.

30. 여름이 오면 더워져서 날씨가 찌는 듯이 무덥고

31. 나뭇가지에는 잎사귀가 푸르러지고

32. 나무가 우거진 숲은 무성(茂盛)해 지는데

33. 어린 싹을 심어서 북돋아 기른다.

34. 가을이 오면 서늘하여져서 서리가 내리고 단풍(丹楓)이 붉게 물들어

35. 황혼기(黃昏期)를 맞아 시들어 떨어지게 되며,

36. 벼이삭이 열매를 맺는 시기(時期)가 되므로

37. 곡식(穀食)을 거두어 들이게 된다.

38. 겨울이 오면 추워져서 만물(萬物)이 활동(活動)을 멈추고,

39. 밖에는 얼음이 딱딱하게 얼어붙고,

40. 온 누리가 고요하고 쓸쓸한 상태(狀態)로

41. 농사(農事)도 쉬게 된다.

42. 천하를 둘러보면, 뭍에는 고을이 있고 바다에는 섬이 있으며,

43. 산은 높이 솟아 있고 물은 낮은 곳으로 흘러가면서

44. 위와 아래의 자리가 정해지며,

45. 멀고 가까운 것이 구분(區分)지어진다.

46. 높은 산봉우리에 올라서 보니

47. 기이(奇異)하고도 괴상(怪狀)한 바위와 돌들이 솟아 있고,

48. 산골짜기에는 물이 모여서 시내가 되어 흐르는데

49. 냇물은 모여서 강(江)이 되어 바다로 향(向)해 흘러간다.

50. 바다에는 바람에 물결이 일면서 파도(波濤)가 일고,

51. 밀물과 썰물이 밀려갔다 왔다를 반복하는데

52. 두루 돌아다니면서 구경해 보니

53. 훌륭한 경치(景致)가 빼어나게 아름답도다.

54. 무궁화(無窮花) 피고 지는 우리가 사는 지역(地域)은 팔괘에서 간방(艮方)이며,

55. 우리나라를 한국(韓國)이라 부른다.

56. 태초(太初)에 혼돈(混沌)한 상태(狀態)는 음(陰)과 양(陽)으로 기운(氣運)이 나뉘어져서

57. 하늘과 땅이 비로소 열렸고,

58. 그 기원(紀元)은 아주 오래되었다.

59. 그 맨 처음에는 사물(事物)의 구별(區別)이 확실(確實)치 않았으나

60. 차츰 올바른 도리(道理)를 나타내 보이기 시작(始作)하며,

61. 풀과 나무와 꽃들과

62. 수많은 생명을 가진 것들이

63. 천차만별(千差萬別)의 상태(狀態)로 여러 가지 형상(形象)과

64. 제 각각(各各)의 모양과 각기(各其)의 다른 색깔을 띠고

65. 얼굴의 생김이 서로 다르며

66. 낱낱이 각기(各其)의 눈에 띄는 표적(表迹)이 있어서

67. 각자(各自)가 현존(現存)하여 있는 그 나름대로의 가치(價値)를 지니고 있고

68. 일컬어지는 이름이 주어지게 되었다.

69. 땅을 굽어보고 하늘을 쳐다보니 가없이 넓은데

70. 사람이 사는 세상(世上)에는 한계(限界)가 있어서

71. 세상(世上)에 태어나 늙고 병들어서 죽는 이치(理致)는

72. 벗어나 자유(自由)로울 수가 없음이로다.

73. 수많은 뭇사람들은

74. 자신(自身)만을 이롭게 하고자 하는 마음이 본디의 타고난 성품(性稟)인고로

75. 모든 여러 가지 일에 대한 마음으로부터의 갈등(葛藤)과 괴로움이 일어나

76. 혹은 기뻐하고, 혹은 성내고, 혹은 슬퍼하고, 혹은 즐거워하는 것이

77. 평범(平凡)하고도 일상적(日常的)인 세속(世俗)의 이치(理致)인 것이며,

78. 따라서 지위(地位)의 높고 낮음과 신분(身分)의 귀(貴)하고 천(賤)한 것,

79. 그리고 살면서 길(吉)한 일과 흉(凶)한 일, 화(禍)를 입거나 복(福)을 받는 것에 대한

80. 인과(因果)는 나로부터 말미암는 것이다.

81. 모든 것들이 자연(自然) 그대로의 생태(生態)를 유지(維持)하고 있던 태고(太古)에는

82. 문명(文明)으로 교화(敎化)되지 못하여 문화(文化)가 유치(幼稚)하였던 관계(關係)로

83. 강자(强者)가 약자(弱者)를 침해(侵害)하여 생존(生存)하던 시대(時代)로

84. 날짐승과 길짐승

85. 물고기와 조가비 또는 벌레 따위를

86. 사냥하거나 고기잡이를 하면서

87. 굴(窟)속이나 움집에서 정착생활(定着生活)을 시작(始作)하였다

88. 우리의 고대(古代) 선조(先祖)이신 환웅(桓雄)께서도 짝을 고르실 때

89. 근거지(根據地)로부터 북녘에 사는 웅(熊)씨(氏) 집안의 딸을 배필(配匹)로 삼았기로

90. 바로 이것이 남녘마을의 남자(男子)와 북녘마을의 여자(女子)라는 말이 나온 이유다.

91. 나중에 그 후손(後孫)이신 단군왕검(檀君王儉)이

92. 배달민족(倍達民族)의 거룩한 조상(祖上)이 되었고,

93. 널리 이롭게 하고자 하는 사상(思想)으로 나라를 경영(經營)하였으며

94. 모든 사람을 동등(同等)하게 대우(待遇)하고 널리 모든 사람들을 사랑하여

95. 서로가 은혜(恩惠)로운 삶을 누렸다.

96. 어느 시골의 작은 마을에

97. 젊은 처자(處子)가

98. 수줍은 듯 발그레한 얼굴에 살포시 미소(微笑)를 지으니

99. 너와 나 피차간(彼此間)에 서로의 좋아하는 느낌을 가지고

100. 매파(媒婆)에게 혼인(婚姻)을 주선(周旋)해 줄 것을 부탁(付託)하게 되니

101. 결국(結局)은 한쪽에서 청하여 부르게 되고, 이에 응(應)하여 찾아가 보기에 이르는데

102. 사랑(舍廊)채에서 손님을 맞이하여

103. 주인(主人)과 손이 서로 마주보고 앉아서

104. 양쪽이 서로 자기(自己)의 소개(紹介)를 하면서

105. "아무개입니다." 라고 말하고 나서

106. 저 녘과 이 녘이 서로 안부(安否)를 묻고

107. 서로간에 궁금한 것을 물으면 대답(對答)을 하면서

108. 즐겁고 기쁘게 얘기를 하다가

109. "참마음으로 사랑하고 그리워하는 사이라면

110. 마땅히 좋은 인연(因緣)이 될 것입니다." 하니

111. 이에 곧 혼인(婚姻)의 예식(禮式)을 치르게 된다.

112. 아이를 배면 몸을 삼가서 잘 보호(保護)하여 보살피는 것을 덕목(德目)으로 하는데

113. 뱃속에 있는 아이의 몸뚱이와 손과 발은

114. 힘줄과 뼈가 얽혀서 이루어지고

115. 피가 체내(體內)를 두루 거치면서 쉬지 않고 돌면서

116. 머리의 골 속에는 정신(精神)이 깃들게 된다.

117. 해산(解産)할 때가 되면 복통(腹痛)을 겪어서 아이를 낳는데, 고통(苦痛)이 심하다.

118. 이렇게 낳은 어린애를 젖을 먹여 키우면서

119. 크게 사랑하여 가엾게 여겨 아껴주는 어진 덕택(德澤)으로

120. 자손(子孫)이 번창(繁昌)하게 되면

121. 혈연(血緣) 관계(關係)를 나타낸 계보(系譜)를 만들어 관리(管理)하고 전한다.

122. 가정(家庭)에는 돌보아 주어야 할 식구(食口)들이 딸려 있게 마련이고

123. 선대(先代)에서 물려 준 가업(家業)을 이어서 물려받게 되는데,

124. 효(孝)는 곧 인륜(人倫)의 바탕이며

125. 부모(父母)를 공경(恭敬)하며

126. 형제자매(兄弟姉妹)가 된 동기간(同氣間)은

127. 서로 화목(和睦)하고 정(情)이 도타워야 하며

128. 벗 간(間)에는 믿음과 의리(義理)로써 하며

129. 부부(夫婦)는 서로 의지(依支)해서 평생(平生)을 같이 해로(偕老)해야 한다.

130. 살아 갈 집을 건축(建築)해서

131. 일상생활(日常生活)에 쓰이는 도구(道具)들을 골고루 갖추어 놓고

132. 아침 일찍부터 힘써 일하고 저녁 늦게서야 일을 마치고 쉬면서

133. 부지런히 일하고 스스로 힘쓰면

134. 재물(財物)이 풍족(豊足)해 지고

135. 부유(富裕)해 져서 영화(榮華)를 누리게 되지만,

136. 나태(懶怠)하여 게으르면

137. 가난하여 지고 고생(苦生)스러워 져서

138. 오로지 가진 게 없이 곤궁(困窮)하기만 하여

139. 오직 후회(後悔)만이 남을 뿐

140. 다시 돌아본들 역시 구차(苟且)스럽기는 마찬가지이니

141. 어찌 누구를 원망(怨望)할 것인가!

142. 흔히 얘기하는 정치(政治)라는 것은

143. 모름지기 균형(均衡)이 잘 맞아야 한다.

144. 그러므로 권세(權勢)를 잡은 사람은 한쪽으로 치우치지 말고 중간의 위치를 지켜야 하며

145. 아울러 강직(剛直)함과 유연(柔軟)함을 아울러 갖추어서

146. 나라의 근본(根本)되는 법제(法制)와 문물(文物)을 정비(整備)하여

147. 나라에 훈공(勳功)이 있으면 표창(表彰)하여 선양(宣揚)하고

148. 죄(罪)를 범(犯)하면 형법(刑法)을 적용(適用)하여 처벌을 함으로써

149. 착한 행실(行實)은 권장(勸獎)하고, 나쁜 행실(行實)은 징계(懲戒)한다.

150. 한편 관리등용시험(官吏登用試驗)을 통하여 급제(及第)한 사람이 벼슬길에 나가게 되는데,

151. 벼슬아치의 감독(監督)하에

152. 문제(問題)를 나누어주고 시험(試驗)을 치러서

153. 빈자리에 시험(試驗)에 합격(合格)한 사람을 채워서

154. 맡겨진 임무(任務)를 완수(完遂)케 한다.

155. 나이가 어린 아이 적에는

156. 보고 들은 바를 그대로 따라서 본받게 되므로

157. 학교(學校)에서는 어린 아이들을 가르쳐서 지도하는데

158. 스승이 알고 있는 내용(內容)들을 가르쳐 주고

159. 자세(仔細)하게 설명(說明)하면서 가르쳐 주는 말소리에

160. 아이들은 눈 여겨 보고 귀 기울여 들으며

161. 조용하고 엄숙(嚴肅)한 분위기(雰圍氣)로 강의(講義)를 듣고

162. 글을 읽으며 깊이 연구(硏究)하고

163. 자료(資料)를 자세(仔細)히 상고(詳考)하기도 하고

164. 더하기, 빼기, 곱하기, 나누기 등의

165. 계산(計算) 방식(方式)은 복잡(複雜)하여 어렵지만

166. 자신(自身)의 사사로운 욕심(慾心)을 눌러 이겨내면서 참고 견디어 가며

167. 계속(繼續)하여 꾸준히 노력(努力)해야 한단다.

168. 대개(大槪) 자기(自己)가 지니고 있는 소질(素質)로써 업(業)을 삼게 되는데

169. 기술(技術)을 익혀서

170. 물건(物件)을 만드는 사람은 오로지 제조(製造)에만 몰두(沒頭)하여

171. 원료(原料)가 되는 재료(材料)를 써서 물건(物件)을 만들며

172. 크고, 작고, 가볍고, 무겁고

173. 많고, 적음을 달아서 헤아리고

174. 자로 길고 짧음을 재어서

175. 서로 견주어 보고서 더 좋게 고쳐 나가다 보니

176. 개량(改良)된 기계(機械)를 가지고 물건(物件)을 편리(便利)하게 만들어 내게 되었고,

177. 차량(車輛)으로 화물(貨物)을 옮겨 날라서

178. 서울과 서울을 중심(中心)으로 한 부근지역(附近地域)에 나가니

179. 전후좌우(前後左右) 사방(四方)으로

180. 길이 활달(豁達)하게 잘 통(通)하여 있는데,

181. 시장(市場)에는 물건(物件)을 거래(去來)하는 상점(商店)들이 모인 거리가 나오고

182. 팔 물건(物件)들을 펼쳐 놓고 사람들에게 보여주면서 장사를 하고 있는데

183. 어떤 장사꾼들은 배를 타고 바다를 건너가서

184. 외국(外國) 사람들과 장사를 하기도 한단다.

185. 물건(物件)을 팔아서 사람들이 필요로 하는 수요(需要)에 공급(供給)을 하고

186. 물건(物件)을 사들여서 수요(需要)에 따라 사용(使用)하고 소비(消費)하는 데는

187. 금(金)을 융통(融通)시켜서 물물교환(物物交換)의 매개수단(媒介手段)으로 하므로써

188. 인간(人間)의 생활(生活)에 필요(必要)한 경제활동(經濟活動)이 이루어진단다.

189. 남보다 재지(才智)나 담력(膽力)이 뛰어난 영웅(英雄)과 호걸(豪傑)들이

190. 자신(自身)의 명예(名譽)와 이익(利益)을 놓고 서로 쫓고 쫓기며 다투게 되고,

191. 한편 나라 사이에서도 영토(領土)를 둘러싸고 엉클어져 다투는 시대(時代)가 되었다.

192. 아울러 국경(國境) 지역(地域)을 돌아다니며 살피던 중(中)

193. 긴요(緊要)하고도 급한 일로 윗사람에게 알리기를,

194. "집집마다

195. 유행병(流行病)이 옮아다니며 퍼져서

196. 공공시설(公共施設)에다가

197. 환자(患者)들을 보호(保護)하면서 병증(病症)을 치료(治療)하고 있습니다.

198. 다행(多幸)히 약제(藥劑)의 효능(效能)으로

199. 건강(健康)을 회복(回復)해 가는 상황(狀況)에서

200. 염려(念慮) 또한 깊으니

201. 도적(盜賊)들이 침략(侵略)해서 노략질을 하여 물건(物件)들을 마구 빼앗아 가고

202. 칼과 활 등(等)으로

203. 무장(武裝)하고서 위협(威脅)하고

204. 마을에다 불을 지르고...

205. 그 밖의 사건(事件)들을 일일이 들어가며 증명(證明)해 보이면서

206. 해(害)를 입힘이 더 할 수 없이 심하여

207. 나라 안의 걱정과 나라 밖의 걱정이 동시(同時)에 겹치어

208. 왕실(王室)과 나라가

209. 문득 위급(危急)한 상황(狀況)임을 깨달아

210. 결단(決斷)을 내릴 것을 거리낌 없이 간(諫)하나이다." 하니

211. 분개(憤慨)하여 탄식(歎息)하여 가로대

212. "오늘날에 이르러

213. 오호(嗚呼)! 애석(哀惜)하도다.

214. 그동안 사신(使臣)을 보내서

215. 서로의 관심사(關心事)에 대해 우호적(友好的)인 관계(關係)를 맺어왔음에도

216. 하물며 침략(侵略)을 하다니!

217. 어찌 감(敢)히 용서(容恕)를 바라겠는가! "라면서

218. 임금의 뜻으로 허락(許諾)을 하게 되고

219. 국면(局面)을 크게 보는 안목(眼目)으로

220. 원정(遠征)을 하여 토벌(討伐)할 계획(計劃)으로

221. 모여서 회의(會議)하고 토론(討論)하는 과정(過程)에서

222. 옳으니 그르니 하면서 시비(是非)를 논(論)하게 되자

223. 찬성(贊成)과 반대(反對)에 대한 투표(投票)로써 결정(決定)하고 나니,

224. 정의(正義)로운 뜻을 가진 사람들이 모여서 힘을 뭉치고

225. 보조(步調)를 같이하여 서로 힘을 보태어 도우면서

226. "어찌 안녕(安寧)만을 구하랴!" 하고

227. 기운(氣運)이 왕성(旺盛)한 젊은 사나이들을 널리 구(求)하여 불러 모으고

228. 제 위치(位置)에 있지 않은 군사(軍士)들은 불러서 제 자리로 오게 하여 다 모아 놓고서

229. 충의(忠義)로써 정성(精誠)을 바칠 것을 굳게 맹세(盟誓)하고 나서

230. 군대(軍隊)의 계급(階級)으로

231. 먼저 질서(秩序)를 가지런히 하고

232. 규율(規律)을 엄격(嚴格)히 하여

233. 명령(命令)에 복종(服從)토록 한 다음에

234. 장수(將帥)가 지휘(指揮)를 하면

235. 참모(參謀)는 옆에서 보좌(輔佐)를 하면서

236. 싸움에서는 용맹(勇猛)스럽게 임(臨)해야 하나니

237. 힘이 세면 이기고, 약하면 지는 것이다.

238. 마침내는 세력(勢力)의 여하(如何)에 따라 승패(勝敗)가 좌우(左右) 됨으로써

239. 흥륭(興隆)과 쇠멸(衰滅)에 관한 일이

240. 역사(歷史)로 기록(記錄)된다.

241. 내가 잠시 타일러 경계(警戒)할 일이 있다네.

242. 문자(文字)라는 것은 인간(人間)이 가진 지혜(智慧)의 소산(所産)이며

243. 말이란 인간(人間)의 고등(高等)한 생활(生活)에 있어서 가장 큰 비결(秘訣)이기는 하지만,

244. 오만(傲慢)한 마음이란 삼가 조심하고 남을 공경(恭敬)하는 마음을 해치게 되므로

245. 겸손(謙遜)한 마음을 지니고 생활(生活)하는 것을 미덕(美德)으로 생각해야 한다.

246. 비록 한 치에 불과(不過)한 짧은 혀지만, 그 말의 위력(威力)은 비수(匕首)와도 같은 것이니

247. 말 잘하는 재주 있는 사람들은 삼가 입을 조심할 일이다.

248. 시간(時間)과 함께 하는 기회(機會)는 흘러가면 다시 오지 않으니 놓치지 말 일이며,

249. 공간(空間)과 함께 하는 물체(物體)는 머물러 있을 뿐이니 기다리고 있지만 말라.

250. 힘써 열심히 행한다면 뜻한 바를 이룰 수 있다네.

찾아보기

( )안은 원음(原音)이 아닌 어두음(語頭音)의 경우

部首 要訣

부수 (部首)	부수명칭 (部首名稱)	부수요결 (部首要訣)	부수요결 해석 (部首要訣 解釋)
一	한 **일**	一數之始 (일수지시)	'一'은 수(數)의 시작임
丨	뚫을 **곤**	丨上下通 (곤상하통)	'丨'은 위에서 아래로 통하는 것임
丶	점 (불똥 **주**)	丶落點標 (주락점표)	점을 찍어서 표(標)를 하는 것임
丿	삐침 (삐칠 **별**)	丿之左引 (별지좌인)	삐쳐서 왼쪽으로 끌어당김
乙	새 **을** 굽을 **을**	乙若鳥也 (을약조야)	'乙'은 마치 새와 같이 생겼음이라
亅	갈고리 **궐**	亅形鉤逆 (궐형구역)	'亅'은 형상이 갈구리가 거꾸로 놓인 것 같음
二	두 **이**	二分兩面 (이분양면)	둘로 나누면 양쪽 면이 생김
亠	돼지해 머리 (머리부분 **두**)	亠義未詳 (두의미상)	'亠'는 뜻이 명확치 않음
人	사람 **인** 사람 **인** 변(亻)	人像立人 (인상립인)	'人'의 형상은 서있는 사람의 모습임
儿	어진사람 **인** 발 (걷는사람 **인**)	儿像行人 (인상행인)	'儿'의 형상은 걸어가는 사람의 모습임
入	들 **입**	入內出外 (입내출외)	들어가면 안이고, 나가면 바깥임
八	여덟 **팔**	八貌鬚髥 (팔모수염)	'八'은 모양이 수염같음
冂	멀 **경** 몸	冂義遠野 (경의원야)	'冂'의 뜻은 멀리 보이는 들판임
冖	민갓머리 (덮을 **멱**)	冖像巾覆 (멱상건복)	'冖'의 형상은 수건 따위로 덮는 것
冫	이수 변 (얼음 **빙**)	冫寒水結 (빙한수결)	'冫'은 추워서 물이 어는 것
几	안석 **궤** 책상 **궤**	几席凭坐 (궤석빙좌)	'几席(안석과 돗자리)'에 기대어 앉음
凵	위튼입구 몸 (입벌릴 **감**)	凵貌容器 (감모용기)	'凵'의 모양은 무엇을 담기 위한 그릇의 형태임
刀	칼 **도**(刂)=(刂)	刀刃使割 (도인사할)	칼날은 무엇을 베이게 함
力	힘 **력**	力作運動 (역작운동)	'力'은 무억을 움직이게 함
勹	쌀 **포** 몸	勹形抱物 (포형포물)	'勹'의 형상은 어떤 물건을 품어 안고 있는 모양임
匕	비수 **비**	匕首短刀 (비수단도)	비수(匕首)는 썩 잘 드는 단도(短刀)를 뜻함
匚	터진입구 변 (상자 **방**)	匚者方器 (방자방기)	'匚'이란 모난 그릇을 뜻함
匸	터진에운담 (감출 **혜**)	匸義覆藏 (혜의복장)	'匸'의 뜻은 덮어서 감추는 것임
十	열 **십**	十數之具 (십수지구)	'十'은 십진법에서 한단위의 마지막 글자로 완성을 뜻함
卜	점 **복**	卜筮占卦 (복서점괘)	길흉을 점쳐서 점괘를 얻음

卩	병부 **절** 마디 **절**	卩是兵符 (절시병부)	'卩'은 바로 병부(兵符)임
厂	민**엄** 호 (굴바위 **엄**)	厂形匡窟 (엄형애굴)	'厂'은 모양이 깎아지른 절벽에 사람이 은신할 수 있는 굴
厶	마늘 모 (사사 **사**)	厶字古私 (사자고사)	'厶'字는 옛날의 '私'字임
又	또 **우**	又義反復 (우의반복)	'又'의 뜻은 다시 되풀이함
口	입 **구**	口能言食 (구능언식)	입으로 능히 말하고 음식을 먹음
囗	큰입구 몸 (에울 **위**(국))	囗稱大口 (국칭대구)	'囗'란 '큰입구'라 칭함
土	흙 **토**	土養生物 (토양생물)	흙은 온갖 생물을 길러냄
士	선비 **사**	士崇儒學 (사숭유학)	선비는 유학을 실천하고 숭상하는 사람임
夂	뒤져올 **치**	夂卽後至 (치즉후지)	'夂'는 곧 뒤미처 따라옴
夊	천천히걸을 **쇠** 발	夊卽徐行 (쇠즉서행)	'夊'는 곧 편안한 걸음으로 천천히 걸어가는 것임
夕	저녁 **석**	夕暮朝昇 (석모조승)	저녁에 날이 저물면 아침에는 해가 떠오름
大	큰 **대**	大者肉重 (대자육중)	'大'란 덩치가 크고 무거운 것을 말함
女	계집 **녀**	女尙未嫁 (여상미가)	'女'는 아직 시집가지 않은 계집임
子	아들 **자**	子孫嗣續 (자손사속)	자손으로 대를 이음
宀	갓머리 (집 **면**)	宀像蓋屋 (면상개옥)	'宀'은 그형상이 이엉 따위로 지붕을 덮어 이은 모양
寸	마디 **촌**	寸長十分 (촌장십분)	'寸'은 길이가 열 푼임
小	작을 **소**	小者輕微 (소자경미)	'小'란 가볍고 작은 것을 뜻함
尢	절름발이 **왕**(尤)	尢者跛行 (왕자파행)	절름발이가 절뚝거리며 걸어감
尸	주검 **시**	尸卽死體 (시즉사체)	'尸'란 죽은 몸을 뜻함
屮	싹날 **철** 왼손 **좌**(屮)	屮貌初生 (철모초생)	'屮'은 풀이 막 처음 돋아나는 모양임
山	메 **산**	山嶽峰嶺 (산악봉령)	크고 작은 모든 산에는 산봉우리와 산등성이가 있음
巛	개미허리 셋 (내 **천**) = 川	巛是流水 (천시류수)	'巛'이란 바로 흐르는 물을 말함
工	장인 **공**	工匠作業 (공장작업)	물건 만드는 것을 업으로 삼는 사람이 일터에서 일을 함
己	몸 **기**	己也自身 (기야자신)	'己'란 스스로의 몸을 말함
巾	수건 **건**	巾帨拭汗 (건세식한)	수건으로 땀을 닦음
干	방패 **간**	干戈兵器 (간과병기)	방패와 창은 병장기임
幺	작을 **요**	幺麼微細 (요마미세)	매우 작아서 보잘 것 없고 작고 가늘음
广	**엄** 호 (집 **엄**)	广形巖屋 (엄형암옥)	'广'의 형상은 바위굴 따위의 거처가 가능한 곳의 모습임

廴	민책받침 (길게걸을 **인**)	廴義長行 (인의장행)	'廴'의 뜻은 길게, 즉 멀리 걷는 것을 뜻함
廾	스물입 발 (들 **공**)	廾形竦手 (공형송수)	'廾'은 그 형상이 팔짱을 끼고 있는 모습임
弋	주살 **익** 푯말 **익**	弋射狩獵 (익사수렵)	주살로 새를 쏘아서 잡고, 짐승을 사냥함
弓	활 **궁**	弓矢射器 (궁시사기)	활과 화살은 쏘는 무기임
彐	터진가로왈(彐) (돼지머리 **계**(彑))	彐義豕頭 (계의시두)	'彑'의 뜻은 산돼지 머리를 뜻함
彡	터럭 **삼** 방 (삐친 석 **삼**)	彡若繪毛 (삼약회모)	'彡'은 마치 털을 그려놓은 것과 같음
彳	두인 변 (자축거릴 **척**)	彳亍爲行 (척촉위행)	'彳'과 '亍'이 어우러져서 '行'자가 되었음
心	마음 **심** 심 **방** 변(忄=㣺)	心府神明 (심부신명)	마음이 있는 곳에 신명이 깃듦
戈	창 **과**	戈平頭戟 (과평두극)	'戈'는 머리가 평평한 창임
戶	지게문 **호** 문 **호**	戶形室口 (호형실구)	'戶'는 집의 입구(入口)를 형상화(形象化)한 것임
手	손 **수** 재방 변(扌)	手腕才幹 (수완재간)	사람은 손과 팔에서 재주와 재능이 나옴
支	지탱할 **지**	支撐不壞 (지탱불괴)	고여서 버티어 주니 무너지지 않음
攴	등글월문(攵) (칠 **복**)	攴義小叩 (복의소고)	'攴'의 뜻은 작게 똑똑 두드리는 것임
文	글월 **문**	文教開化 (문교개화)	글로써 가르쳐서 문화(文化)를 열어 문명(文明)이 진보함
斗	말 **두**	斗量十升 (두량십승)	한 말(斗)의 분량(分量)은 열 되(升)에 해당함
斤	날(무게) **근** 도끼 **근**	斤十六兩 (근십육량)	'斤'은 무게단위로 열엿냥임
方	모 **방**	方者中矩 (방자중구)	'方'이란 중구(中矩)로서 곡척(曲尺), 전(轉)하여 모가 남의 뜻
无	이미기 몸(旡) (없을 **무**)	无字古無 (무자고무)	'无'字는 옛날의 '無'字임
日	날 **일**	日輝陽晝 (일휘양주)	해는 빛나니 밝은 낮임
曰	가로 **왈**	曰發語辭 (왈발어사)	'曰'은 말을 시작할 때 쓰는 말로 어단사(語端詞)임
月	달 **월**	月明陰夜 (월명음야)	달이 밝으니 음침한 밤임
木	나무 **목**	木本根土 (목본근토)	나무(木本:나무의 총칭)는 땅에 뿌리를 둠
欠	하품 **흠** 방	欠伸氣解 (흠신기해)	하품을 하고 기지개를 켜면서 입을 벌리고 숨을 토해냄
止	그칠 **지**	止於止處 (지어지처)	그쳐야 옳을 자리에서 그침
歹	죽을사 변 (뼈앙상할 **알**(歺))	歹義剔抉 (알의척결)	'歹'이란 고기를 발려서 뼈를 추림을 뜻함
殳	갖은등글월 문 (칠 **수**)	殳無刃戟 (수무인극)	'殳'는 날이 없는 창(槍)
毋	말 **무**	毋卽勿爲 (무즉물위)	'毋'란 곧 하지 말라는 말임
比	견줄 **비**	比肩竝行 (비견병행)	어깨를 견주고 나란히 걸어감

毛	터럭 **모**	毛生於皮 (모생어피)	털은 살가죽에서 나옴
氏	각시 **씨** 성씨 **씨**	氏族姓分 (씨족성분)	씨족(氏族)은 성(姓)을 가지고 구분함
气	기운기 엄	气雰圍氣 (기분위기)	'气'란 지구(地球)를 둘러싸고 있는 대기(大氣)임
水	물 **수** 삼수 변(氵·氺)	水謂地血 (수위지혈)	'水'란 땅의 피로 비견(比肩)될 만큼 땅의 신진대사를 도움
火	불 **화**(灬)	火生光熱 (화생광열)	불은 빛과 열을 냄
爪	손톱 **조** 손톱 **조** 머리(爫)	爪甲於脂 (조갑어지)	손톱은 손가락에 있음
父	아비 **부**	父生己者 (부생기자)	'父'는 몸을 생기게 해준 사람
爻	점괘 **효** 사귈 **효**	爻交變化 (효교변화)	'爻'는 서로 어울리면서 변화(變化)함
爿	장수 **장** 변 (조각널 **장**)	爿左判木 (장좌판목)	'爿'이란 나무를 쪼갰을 때 왼쪽의 변(邊)을 말함
片	조각 **편**	片右判木 (편우판목)	'片'이란 나무를 쪼갰을 때 오른쪽의 변(邊)을 말함
牙	어금니 **아**	牙口牡齒 (아구모치)	'牙'란 입속의 어금니
牛	소 **우**(牜)	牛耕畜生 (우경축생)	'牛'는 밭을 가는 가축임
犬	개 **견** 개사슴록 변(犭)	犬也狗也 (견야대구)	'犭'이란 큰개를 이름
玄	검을 **현**	玄天黃地 (현천황지)	검은 하늘과 누른 땅, 곧 온 천지(天地)를 말함
玉	구슬 **옥**(王)	玉者美石 (옥자미석)	'玉'이라는 것은 곱고 아름다운 돌
瓜	오이 **과**	瓜葛蔓草 (과갈만초)	오이와 칡은 덩굴 풀임
瓦	기와 **와**	瓦蓋屋陶 (와개옥도)	'瓦'란 지붕을 덮는 흙으로 구운 오지임
甘	달 **감**	甘也美味 (감자미미)	달다는 것은 좋은 맛임
生	날 **생**	生也出産 (생야출산)	'生'이란 낳아서 내보내는 것임
用	쓸 **용**	用途施行 (용도시행)	쓰임이 있는 곳에 베풀어 행함
田	밭 **전**	田畓耕地 (전답경지)	밭과 논은 농사(農事)를 짓기 위해 경작(耕作)하는 땅임
疋	필 **필** 발 **소**	疋緞織造 (필단직조)	필(疋)로 된 비단은 한올한올 짱아서 만들어짐
疒	병질 엄 (병들 **녁**)	疒像疾倚 (역상질의)	'疒'의 형상은 병이 들어서 병상(病床)에 기댄 모양임
癶	필 **발** 머리 (걸을 **발**)	癶義進步 (발의진보)	'癶'이란 걸어서 점차 나아감의 뜻
白	흰 **백**	白也雪色 (백야설색)	'白'이란 눈 색깔임
皮	가죽 **피**	皮膚體表 (피부체표)	살갗은 몸뚱이의 겉면임
皿	그릇 **명**	皿屬食器 (명속식기)	'皿'은 식기류(食器類)에 속함
目	눈 **목** 누운눈 **목**	目卽瞳子 (목즉동자)	'目'은 곧 눈동자임

矛	창 **모**	矛柄頭刃 (모병두인)	‘矛’는 자루 끝에 달린 날이 달린 창(槍)임
矢	화살 **시**	矢苛箭鏃 (시가전족)	화살대에는 화살촉이 있음
石	돌 **석**	石者土精 (석자토정)	돌이란 것은 흙의 精强(뛰어나게 굳셈)한 것임
示	보일 **시**(礻)	示明使視 (시명사시)	일반에 널리 알도록 자세히 포고하여 보도록 함
禸	짐승발자국 **유**	禸形獸跡 (유형수적)	‘禸’의 형상은 짐승의 발자국 모양임
禾	벼 **화**	禾穀稼穡 (화곡가색)	벼 종류의 곡식을 심고 거둠. 즉 농사를 지음
穴	구멍 **혈**	穴居定着 (혈거정착)	움집(土穴)에 살면서 자리를 잡고 떠나지 않음
立	설 **립**	立脚起住 (입각기주)	다리를 세워서 일어서 있음
竹	대 **죽**	竹節枝空 (죽절지공)	대나무는 마디가 있고 가지는 속이 비었음
米	쌀 **미**	米者精穀 (미자정곡)	‘米’란 것은 껍질을 벗긴 곡식 알갱이를 뜻함
糸	실 **사**	糸卽蠶絲 (사즉잠사)	‘糸’란 곧 누에가 입으로 뽑은 가는 실을 뜻함
缶	장군 **부**	缶腹大盎 (부복대앙)	‘缶’는 배가 불룩한 모양으로 생긴 질그릇임
网	그물 **망**(罒·冖)	网總羅罟 (망총라고)	‘网’이란 새 잡는 그물과 고기잡는 그물을 통털어 일컬음
羊	양 **양**	羊柔毛畜 (양유모축)	‘羊’은 부드러운 털을 가진 가축(家畜)임
羽	깃 **우**	羽鳥之翅 (우조지시)	‘羽’는 새의 날개임
老	늙을 **로**(耂)	老衰年高 (노쇠년고)	늙어서 쇠약해지고 나이가 많음
而	말이을 **이**	而語助辭 (이어조사)	‘而’는 어조사(語助辭)임. 그리고~, 그러나~의 뜻을 지님
耒	가래 **뢰** 쟁기 **뢰**	耒鍤耕具 (뢰삽경구)	쟁기는 밭을 가는 기구(機具)임
耳	귀 **이**	耳主聽覺 (이주청각)	‘耳’는 주로 들어서 느끼게 됨
聿	오직 **률** 붓 **률**	聿其義惟 (률기의유)	‘聿’은 그 뜻이 ‘오직’의 뜻임
肉	고기 **육** 육달월(月)	肉質皮下 (육질피하)	살로 된 부분은 살가죽 아래에 있음
臣	신하 **신**	臣仕於公 (신사어공)	‘臣’은 나라의 공무(公務)에 나아가 벼슬을 하는 사람임
自	스스로 **자**	自己由從 (자기유종)	자신(自身)으로 말미암아 쫓는 바임
至	이를 **지**	至卽到也 (지즉도야)	‘至’란 ‘~에 이르다’의 뜻임
臼	절구 **구** 확 **구**	臼杵舂粒 (구저용립)	절구와 공이로 곡식 낟알을 찧음
舌	혀 **설**	舌以言味 (설이언미)	혀로써 말하고 음식 맛을 봄
舛	어그러질 **천**	舛錯相違 (천착상위)	어그러져서 서로 맞지 않음
舟	배 **주**	舟艇渡航 (주정도항)	배로 물을 건넘

艮	그칠 **간** 머무를 **간**	艮卦釋山 (간괘석산)	'艮卦'는 산(山)으로 풀이함
色	빛 **색**	色所彩感 (색소채감)	'色'이란 사물이 띠는 채색(彩色)에 대해 느끼는 바임
艸	풀 **초** 초 두(艹·⺾)	艸貌發芽 (초모발아)	'艸'는 풀의 싹이 돋아나는 모양임
虍	범 **호** 엄 (범의문채 **호**)	虍義虎文 (호의호문)	'虍'의 뜻은 범의 문채(文彩)임
虫	벌레 **충** 벌레 **훼**	虫總鱗介 (충총린개)	'虫'란 물고기와 조개 종류를 통털어 일컬음
血	피 **혈**	血液循環 (혈액순환)	피(血液)는 몸속을 돌고 돌음
行	다닐 **행**	行步足跡 (행보족적)	걸어가면 발자욱이 남음
衣	옷 **의** 옷 의 변(衤)	衣裳庇身 (의상비신)	옷(저고리와 치마)으로 알몸을 가림
襾	덮을 **아**	襾義覆隱 (아의복은)	'襾'의 뜻은 덮어서 숨기는 것을 말함
見	볼 **견**	見卽視感 (견즉시감)	'見'이란 곧 보고서 느끼는 것임
角	뿔 **각**	角逐獸鬪 (각축수투)	뿔로 찌르려고 서로 쫓고 쫓기며 짐승이 싸움
言	말씀 **언**	言語傳意 (언어전의)	말로써 뜻을 전함
谷	골 **곡**	谷有山間 (곡유산간)	골짜기는 산과 산 사이에 있음
豆	콩 **두**	豆謂菽類 (두위숙류)	'豆'는 콩 종류를 일컬음
豕	돼지(돝) **시**	豕是成豚 (시시성돈)	'豕'는 다 자란 도야지를 말함
豸	발없는벌레 **치** 해태 **치**	豸無足蟲 (치무족충)	'豸'는 발이 없는 벌레임
貝	조개 **패** 자개 **패**	貝類甲殼 (패류갑각)	조개 종류는 몸을 보호하는 딱딱한 껍질을 가지고 있음
赤	붉을 **적**	赤色似火 (적색사화)	붉은 색은 불의 색깔과 비슷함
走	달아날 **주**	走獸疾行 (주수질행)	달아나는 짐승이 줄달음질을 쳐서 감
足	발 **족**	足部脚下 (족부각하)	'足'의 부위(部位)는 다리 아래 부분임
身	몸 **신**	身體筋骨 (신체근골)	몸은 근육과 뼈로 이루어졌음
車	수레 **거**	車輛乘用 (차량승용)	수레는 사람이 타기 위한 용도의 것임
辛	매울 **신**	辛味似椒 (신미사초)	매운 맛이 후추와 비슷함
辰	별 **신** 날 **진**	辰謂星宿 (신위성수)	'辰'이란 모든 성좌(星座)의 별들을 통털어 일컬음
辵	책받침(辶) (쉬엄쉬엄갈 **착**)	辵義漸行 (착의점행)	'辵'이란 뜻은 점차 조금씩 나아가는 것을 말함
邑	고을 **읍** 우부 방(阝)	邑內都會 (읍내도회)	고을 안에는 사람이 많이 모여 삶
酉	닭 **유** 술 **유**	酉方正西 (유방정서)	'酉'의 방위(方位)는 정서(正西) 쪽임
采	분별할 **변** 나눌 **변**	采是辨別 (변시변별)	'采'이란 변별하는 것. 즉 판단하고 분간함을 이름

里	마을 **리**	里爲五隣 (리위오린)	'里'는 오린(五隣)을 합해서 된 마을 단위임
金	쇠 **금**	金者貴鐵 (금자귀철)	'金'이란 것은 귀한 쇠붙이임
長	길(긴) **장**(镸)	長短尺度 (장단척도)	길고 짧은 것을 자로 잼
門	문(두짝문) **문**	門形兩戶 (문형양호)	'門'은 그 형상(形象)이 지게문이 양쪽으로 달린 모양임
阜	언덕 **부** 좌부 변(阝)	阜陵土山 (부릉토산)	언덕은 흙으로 된 야트막한 산을 이름
隶	미칠 **이** 밑 **이**	隶本或及 (이본혹급)	'隶'는 뿌리, 혹은 '~에 미치다'는 뜻임
隹	새 **추**	隹短尾鳥 (추단미조)	'隹'는 꼬리가 짧은 새를 이름
雨	비 **우**	雨卽雲降 (우즉운강)	'雨'란 곧 물기 있는 구름이 내리는 것임
靑	푸를 **청**	靑色似天 (청색사천)	'靑色'은 마치 하늘의 빛깔과 같음
非	아닐 **비**	非卽不是 (비즉불시)	'非'는 곧 '옳지 않다'의 뜻임
面	낯 **면**	面貌各樣 (면모각양)	얼굴은 그 모양이 각각 다름
革	가죽 **혁**	革去毛皮 (혁거모피)	'革'은 털을 없앤 가죽임
韋	다룬가죽 **위**	韋者柔革 (위자유혁)	'韋'라는 것은 부드럽게 가공(加工)한 가죽임
韭	부추 **구**	韭屬葷菜 (구속훈채)	'韭'는 훈채(葷菜: 매운 맛이 나는 채소)에 속함
音	소리 **음**	音聲可聽 (음성가청)	소리는 들을 수 있음
頁	머리 **혈**	頁義頭部 (혈의두부)	'頁'이란 사람의 머리 부분을 뜻함
風	바람 **풍**	風卽氣流 (풍즉기류)	'風'이란 대륙에서 공기의 흐름을 말함
飛	날 **비**	飛翔以羽 (비상이우)	하늘을 날아다니는 것은 날개로써 함
食	밥 **식** 먹을 **식**	食餌攝取 (식이섭취)	먹이를 먹어서 양분을 빨아들임
首	머리 **수**	首腦宗要 (수뇌종요)	'首腦'란 우두머리, 혹은 중요한 자리로서 종요로운 곳임
香	향기 **향**	香氣芬芳 (향기분방)	'香氣'는 꽃과 같은 향초(香草)에서 나는 좋은 냄새
馬	말 **마**	馬乘畜生 (마승축생)	'馬'는 사람이 타고 다니는 가축(家畜)임
骨	뼈 **골**	骨肉之核 (골육지핵)	'骨'은 살 속에서 중요한 역할(役割)을 함
高	높을 **고**	高低上下 (고저상하)	높고 낮음은 위와 아래의 위치(位置)임
髟	터럭발 (긴털드리울 **표**)	髟義髮垂 (표의발수)	'髟'는 회의자(會意字)로서 '긴 머리털이 늘어지다'의 뜻임
鬥	싸울 **투**	鬥形相鬪 (두형상투)	'鬥'는 두사람이 마주서서 싸우는 형상임
鬯	울창주 **창** 활집 **창**/술 **창**	鬯茂鬱然 (창무울연)	초목이 쭉쭉 자라서 무성한 것이 울창한 모습임
鬲	다리굽은솥 **력** (오지병 **격**)	鬲曲脚鼎 (격곡각정)	'鬲'은 굽은 다리가 달린 솥을 말함

鬼	귀신 귀	鬼無依魂 (귀무의혼)	'鬼'란 의지할 곳이 없는 죽은 사람의 떠도는 혼(魂)임
魚	물고기 어	魚類鱗蟲 (어류린충)	물고기 종류는 비늘 있는 고기를 일컬음
鳥	새 조	鳥類羽族 (조류우족)	새 종류는 날짐승에 속(屬)함
鹵	소금밭 로 짠땅 로	鹵田鹽分 (로전염분)	'鹵田' 즉 염전에는 소금기가 있음
鹿	사슴 록	鹿有壯角 (록유장각)	사슴은 크고 잘 생긴 뿔이 있음
麥	보리 맥	麥類芒穀 (맥류망곡)	'麥類'의 곡식(보리,쌀보리,밀 등)은 가시랭이가 붙은 곡식임
麻	삼 마	麻者枲屬 (마자시속)	'麻'는 수삼류(水蔘類)에 속(屬)함
黃	누를 황	黃土之色 (황토지색)	누런 흙의 색깔
黍	기장 서	黍者禾屬 (서자화속)	'黍'는 벼의 종류(種類)에 속함
黑	검을 흑	黑色晦冥 (흑색회명)	'黑色'은 그믐밤처럼 어둡고 깜깜한 색임
黹	바느질할 치	黹義縫紩 (치의봉질)	'黹'란 옷을 바느질하는 뜻임
黽	맹꽁이 민(맹)	黽者蛙屬 (민자와속)	'黽'이란 놈은 개구리과에 속함
鼎	솥 정	鼎足三峙 (정족삼치)	'鼎'은 발이 셋 달린 솥임
鼓	북 고	鼓動革音 (고동혁음)	북을 울리는 소리는 가죽 소리임
鼠	쥐 서	鼠族遁穴 (서족둔혈)	쥐라는 족속은 구멍으로 숨어다니는 놈임
鼻	코 비	鼻腔肺竅 (비강폐규)	콧구멍은 폐의 밖으로 통하는 구멍임
齊	가지런할 제	齊等整然 (제등정연)	모두가 같은 것이 가지런히 정돈된 모양
齒	이 치	齒前牙後 (치전아후)	'齒'는 앞쪽에 난 이, '牙'는 뒷쪽에 난 이를 말함
龍	용 룡	龍想像獸 (용상상수)	'龍'은 상상(想像)의 짐승임
龜	거북 구(귀)	龜甲殼類 (구갑각류)	'龜'는 딱딱한 껍질로 둘러싸인 파충류임
龠	피리 약	龠三孔管 (약삼공관)	'龠'은 세 개의 구멍이 뚫린 피리임

쓰기 순서 (筆順)

□ 필순(筆順)의 대요(大要)

신체구조적(身體構造的) 특징(特徵)을 가장 자연(自然)스럽게 운필(運筆)에 적용(適用)함을 대요(大要)로 함.

- □ 丶 : 왼쪽 위(左上)에서 오른쪽 아래(右下)로

- □ 一 : 왼쪽(左)에서 오른쪽(右)으로

- □ ㅣ : 위(上)에서 아래(下)로

- □ ノ : 오른쪽 위(右上)에서 왼쪽 아래(左下)로

- □ 口 : 한글 'ㅁ'의 필순(筆順)과 동일(同一)

□ 글자 결구(結構)에 따른 요령(要領)

- □ 가로획(橫劃)과 세로획(縱劃)이 어울릴 경우(境遇)
  가로획(橫劃)을 먼저 쓰고 세로획(縱劃)을 쓴다.

- □ 가로획(橫劃)이 겹칠 경우(境遇)
  가로획(橫劃)을 위(上)에서부터 아래(下)로 차례대로 쓴다.

- □ 세로획(縱劃)이 겹칠 경우(境遇)
  세로획(縱劃)을 왼쪽(左)에서부터 오른쪽(右)으로 차례대로 쓴다.

- □ 글자의 한가운데(中央)를 꿰뚫는 가로획(橫劃)은 나중에 가로 긋는다.

- □ 글자의 한가운데(中央)를 꿰뚫는 세로획(縱劃)은 맨 나중에 내려 긋는다.

- □ 점(丶)은 모든 획(劃)을 완성(完成)한 다음 맨 나중에 찍는다.

□ 글자 구성요소(構成要素)에 따른 요령(要領)

- □ 머리와 받침으로 어울릴 경우(境遇)
  머리를 먼저 쓰고 받침을 쓴다.

- □ 변(偏:편)과 방(旁)으로 어울릴 경우(境遇)
  변(偏)을 먼저 쓰고 방(旁)을 쓴다.

맺음말

이제 저는 졸속(拙速)하기 그지없는 이 책을 강호제현(江湖諸賢) 앞에 부끄럽게 내놓으면서 감히 평소(平素)에 제가 생각해 왔던 나랏글과 말에 대한 소견(所見)의 일단(一端)을 피력(披瀝)하여 하나의 문제점(問題點)을 적시(摘示)하는 동시(同時)에 하나의 가능성(可能性)을 제안(提案)하고자 합니다.

인류(人類)의 역사(歷史)를 더듬어 보면 언어(言語)는 바로 그 언어권(言語圈)의 흥망성쇠(興亡盛衰)와 궤(軌)를 같이 해 왔음을 볼 수 있습니다. 따라서 우리 겨레도 결코 짧지만은 않은 동안을 두고 주역(主役)의 역할(役割)이기보다는 주변(周邊) 강국(强國)의 위상(位相)에 따라 좌우(左右)되어 마지 않은 역사(歷史)의 우여곡절(迂餘曲折)을 남긴 부분이 많습니다. 그 동안의 역사(歷史)에서 우리가 감내(堪耐)해야 했던 어려움 중(中)에서도 언어(言語)의 영역(領域)은 가장 커다란 고뇌(苦惱)를 요구(要求)한 부분(部分)일 것입니다. 시대(時代)에 따라 우리는 그 시대(時代) 주역(主役)의 언어(言語)를 배우고, 또 시대(時代)가 바뀌면 또 다른 주역(主役)의 언어(言語)를 흉내내야 하는 악순환(惡循環)의 과정(過程)에서 우리의 말은 태반(太半)이 사장(死藏)되거나 창달(暢達)되지 못해 그 틈새를 그 시대(時代) 주역(主役)의 외래어(外來語)가 비집고 들어와 자리를 잡다 보니 언어(言語)의 구성체계(構成體系)는 극(極)히 혼란(混亂)스럽게 되고, 그 대가(代價)로 우리는 선조(先祖)들의 행적(行蹟)이나 지나간 역사(歷史)의 편린(片鱗)들을 열람(閱覽)하거나 고찰(考察)하는 데만도 별도(別途)의 어학(語學)을 공부(工夫)해야 하는 소득(所得)없는 낭비(浪費)와 지출(支出)의 악순환(惡循環)을 유산(遺産)으로 물려받지 않을 수 없는 현실(現實)의 비효율(非效率)을 그 하나의 문제점(問題點)으로 적시(摘示)하고자 합니다.

한편 어학적(語學的) 차원(次元)에서 보자면 우리의 언어체계(言語體系)는 원래(原來)가 교착어(膠着語)라는 점(點)에서 뜻글자와 소리글자의 장단점(長短點)을 취사선택(取捨選擇)하면 표현(表現)과 기록(記錄)에 있어 그 효용성(效用性)이 탁월(卓越)히 제고(提高)될 수 있을 것이라는 점을 그 하나의 가능성(可能性)으로 조심스럽게 제안(提案)하는 바입니다.

우리의 상고사(上古史)에서 화려(華麗)한 문화(文化)와 막강(莫强)한 힘의 우위(優位)를 자랑했던 저 환웅시대(桓雄時代)에 신지 혁덕(神誌 赫德)으로 하여금 천부(天符)의 유의(遺意)를 녹도문(鹿圖文)으로 남겼다는 기록(記錄)이나, 단군왕검(檀君王儉) 시대(時代)에 문자(文字)를 담당(擔當)하는 신지(臣智)라는 벼슬이 있었다는 기록(記錄)이나, 3세단군(三世檀君) 가륵(嘉勒) 시대(時代)에 한글의 전형(前型)이랄 수 있는 소위(所謂) 가림다(加臨多) 혹(或)은 가림토(加臨土)라 이르는 정음(正音) 38자(字)에 대한 기록(記錄) 등(等)은 이미 그 시대(時代)에 뜻글자와 소리글자의 병용(竝用) 가능성(可能性)을 제시(提示)할 뿐만 아니라 문자혁명(文字革命)의 도래기(到來期)를 선구적(先驅的)으로 이끈 문화권(文化圈)이었음을 입증(立證)하는 부분(部分)으로 한자(漢字)의 기원(起源)과 언어권(言語圈)에 대한 재고(再考)의 여지(餘地)를 던져주는 새로운 명제(命題)이기도 합니다.

때문에 일부(一部) 국어학자(國語學者)들의 우리말 전용(專用)도 아닌 한글 전용정책(專用政策)에는 뜻을 달리할 수 있습니다. 모름지기 국어학자(國語學者)들은 우리의 글이 있다고 자랑만 할 것이 아니라, 정작 중요(重要)한 것은 우리의 말이 얼마나 활용(活用)되고 있으며 어떻게 창달(暢達)되도록 할 것인가라는 점(點)에 대해 고민(苦悶)해야 할 일이라고 봅니다.

또한 기존(既存)의 외래어(外來語)는 그 차용(借用)에 있어 가능(可能)한 원자(原字)에 충실(充實)한 것이 어휘(語彙)에 대(對)한 변별력(辨別力)과 독해력(讀解力)을 도울 수 있을 뿐 아니라 국어순화(國語醇化)에 대(對)한 가능성(可能性)도 열어 놓는 길일 것입니다.

학동(學童)들이여! 나는 그대들에게 강요(强要)하지 않으나 현명(賢明)한 선택(選擇)이 있기를 바랍니다.

수없이 명멸(明滅)한 지구상(地球上)의 종족(種族)과 국가(國家)의 운명(運命)은 다름 아닌 문명(文明)의 경쟁(競爭)에서 좌우(左右)되었습니다. 바로 그 문명(文明)의 척도(尺度)는 언어(言語)이며, 언어(言語)의 경쟁력(競爭力)은 최소한(最小限) 역사(歷史)의 기록성(記錄性)과 소통(疏通)의 원활성(圓滑性)이라는 두가지 다른 측면(側面)의 요건(要件)을 함께 충족(充足)시킬 수 있어야 했기 때문입니다.

언필칭(言必稱) 백년대계(百年大計)를 논(論)하는 분들께 고(告)하고자 합니다.

나무를 심는 것은 십년지계(十年之計)요, 사람을 가르침은 백년대계(百年大計)라 했습니다. 그러나

언어(言語)를 순화(醇化)함은 천년비업(千年丕業)이라고 말입니다.

檀紀 4340年(西紀 2007年) 1月

제어재(祭魚齋)에서 저자(著者) 박 영 신(朴 永 信) 숙기(肅記)

追記

　　이 책(冊)은 서기(西紀) 2007년에 초판(初版)한 근역천자문(槿域千字文)의 정정본(訂正本)입니다.

　　처음에 여러 해의 작업 끝에 1998년 1월에 먼저 근역편답(槿域遍踏) 초고(草稿)의 성구(成句)부터 마치고 나서 청사(晴斯) 안광석(安光碩) 선사(先師)께 보여드리고, 다시 2002년 3월에 근역천자문(槿域千字文) 초고(草稿)를 마저 보여드리니 모두 허여(許與)하시어, 우선은 근역천자문(槿域千字文)부터 교재용(敎材用)으로 편집(編輯)하여 2005년 3월초(月初)에 난대(蘭臺) 이응백(李應百) 선생(先生)께 글월을 올리니 당장(當場) 만나자는 연락(連絡)을 주셨습니다.

　　평소(平素) 난대(蘭臺) 선생(先生)의 어문학(語文學)에 대한 고견(高見)에 공감(共感)하여 흠모(欽慕)의 정(情)으로 사숙(私淑)하여 오다가 처음으로 뵙고 졸고(拙稿)의 감수(監修)를 청(請)하여 아뢰니, 선생(先生)께서는 그 자리에서 식사(食事)도 거르신 채 몇 시간(時間)에 걸쳐 수차례 살펴보시고는 노구(老軀)를 일으키시어 두 손으로 내 손을 감싸 주셨습니다. 난대(蘭臺) 선생(先生)의 주문(注文)에 따라 교재(敎材)의 내용(內容)을 초학아동(初學兒童)의 수준(水準)에 맞도록 쉽게 재편집(再編輯)하여 아뢰니 비로소 출간(出刊)을 허락(許諾)하셨습니다.

　　그렇게 초판(初版) 교재(敎材)가 출간(出刊)되었으나, 청사(晴斯) 선사(先師)께서는 이미 2004년에 세상(世上)을 뜨신 후(後)인지라 뒤늦게 영전(靈前)에 바치는 게으름을 피웠고, 그 해 가을 난대(蘭臺) 선생(先生)께서 초판(初版) 내용(內容)에 대한 정오표(正誤表)를 두 차례에 걸쳐 작성(作成)하여 건네주시며 정정판(訂正版) 간행(刊行)을 원(願)하셨으나, 개인사(個人事)를 핑계로 미루어 오다가 2010년 난대(蘭臺) 선생(先生) 마저 타개(他界)하시었으니, 다시 또 난대(蘭臺) 선생(先生) 영전(靈前)에 정정판(訂正版)을 바쳐야 하는 게으름을 면(免)치 못한 막급(莫及)한 후회(後悔)를 어찌 필설(筆舌)로 다하리까!

　　처음이 있으면 끝이 있는 법(法)이거늘, 시작(始作)은 했으나 마무리를 짓지 못하고 오랜 세월(歲月)을 허송(虛送)하며 서성이는 답답한 나를 크게 경책(警策)하여 정정판(訂正版) 간행(刊行)을 촉구(促求)한 주위(周圍)의 권유(勸誘)와 독려(督勵)에 머리 숙여 감사(感謝)드립니다.

　　일찍이 본교재(本敎材)를 엮어가는 과정(過程)에서 삼가 떨리는 마음으로 감수(監修)를 청(請)함에 있어, 기꺼이 노구(老軀)를 일으키시어 격려(激勵)의 말씀과 아울러 하나하나의 내용(內容)과 편집(編輯)에 이르기까지 예리(銳利)한 지적(指摘)과 조언(助言)으로 이끌어주신 서울대학교(大學校) 명예교수(名譽敎授)이시자 한국어문학계(韓國語文學界)의 태두(泰斗)이셨던 이응백(李應百) 선생(先生)의 영전(靈前)에 이 자리를 빌려 경의(敬意)를 표(表)하며, 부끄러운 머리를 조아립니다.

　　후학(後學)들이여! 이 정정판(訂正版)에 추기(追記)를 덧붙이는 뜻은 스승에 대한 사죄(謝罪)의 의미(意味)이기도 하지만, 촌음(寸陰)도 아껴서 공부(工夫)에 전념(專念)해야 할 학동(學童)들에게 고(誥)하여 나의 게으른 타성(惰性)으로 말미암아 허송세월(虛送歲月)로 일을 그르친 사례(事例)를 본받지 마시기를 바라는 간절(懇切)함이 더 크다고 할 것입니다.

西紀 2021年(檀紀 4354年) 10月

제어재(祭魚齋)에서 저자(著者) 박영신(朴永信) 숙계(肅啓)

근역천자문

인쇄일 2022년 6월 5일

발행일 2022년 6월 10일

저 자 박영신

발행처 뱅크북

신고번호 제2017-000055호

주 소 서울시 금천구 가산동 시흥대로 123 다길

전 화 (02) 866-9410

팩 스 (02) 855-9411

이메일 san2315@naver.com